소리의
탄생

NOISE by David Hendy

소리의 NOISE 탄생

소리와 듣기에 대한 폭넓은 역사적 탐험

데이비드 헨디 지음
배현, 한정연 옮김

시공사

헨리에타Henrietta, 엘로이즈Eloise, 모건Morgan에게

머리말

불협화음은 누구도 좋아하지 않는다. 그러나 나는 몇 년 전 어느 싸늘한 겨울의 베를린에서 소음의 다른 면모를 엿본 적이 있다. 고요 속에 이따금 깃드는 공포, 그리고 소음에서 발산되는 인간적인 따사로움을 느낀 것이다.

베를린 중심에서 북쪽으로 가는 통근열차를 타고, 10대 딸과 함께 오라니엔부르크Oranienburg에 남아 있는 작센하우젠 강제수용소를 방문했을 때였다. 나치가 지배할 당시 20만 명 넘는 사람들이 감금되었던 곳이다. 우리가 도착했을 때는 아직 이른 시간이어서 주변에 사람이 별로 없었다. 아침 내내 물러나지 않던 싸늘한 안개가 황량한 기운을 더할 뿐이었다. 소음이 완전히 부재한 환경이 억압적이면서도 한편으로는 적절하게 느껴졌다. 여러 해 전 수용소가 억류했던 생명은 모두 잔인하게 말살되었기 때문이다. 잔학 행위가 벌어진 증거를 하나하나 살피며 걷자니, 딸과 나는 서로에게 무슨 말을 해야 할지 막막했다. 그래서 다른 이들처럼 우리도 침묵했다.

우리는 바로 몇 시간 뒤 귀국하는 여객기를 타야 했으므로 한시바삐 시내로 가서 기분 전환을 하기로 했다. 열차를 타고 베를린 도심으로 돌아와 케이크와 커피를 즐기러 '카페 아인슈타인'으로 갔다. 바이마르 공화국 시대(1919~1933년-옮긴이)에 세워진, 나무판자를 둘러친 고색창연한 카페는 일요일 오후를 즐기는 사람들로 터져나갈 듯 했다. 카페 입구에 들어서자마자 우리는 엄청난 소리의 벽에 부딪쳤다. 그러나 더 조용한 곳을 찾고 싶다는 생각은 전혀 들지 않았다. 직원들이 이 자리 저 자리로 분주히 옮겨 다니면서 그릇 따위가 덜그럭거리거나 쨍그랑거리고, 계산대는 딸랑거리고, 주방에서는 주문 내용을 외쳐댔지만 단연 압권은 모든 이들의 대화와 웃음이 끊임없이 윙윙대는 소리였다. 오전의 오랜 고요 뒤에 찾아온 이 소음은 인생을 긍정하는 행복한 소리였다. 나치를 향해, 그리고 나치가 작센하우젠에 조성한 죽음 같은 고요를 향해 소리가 보여주는 승리의 손짓이었다.

***

소음은 "어울리지 않는" 소리라고들 한다.[1] 소음은 대체로 원치 않고 부적절하며 거치적거리고 짜증나는 것이다. 19세기 독일 과학자 헤르만 폰 헬름홀츠Hermann von Helmholtz는 '악음樂音'과 순전한 '소음'을 명확히 구분했다. 그는 소음이란 온통 "뒤섞여 혼돈 속에서 허우적대는" 소리라고 했는데, 많은 이들이 이에 동의하리라.[2] 그러나 내가 겨울날의 베를린에서 깨달았듯이, 소음이란 그보다 훨씬 중요한 소리이다. 종 치는 소리, 사이렌 울리는 소리, 테러 공격이 끝난 후의 고요…. 소음에는, 또는 소음의 부재에는 놀라움과 극적 요소, 의미가 가득하다. 인류

역사를 두루 아우르는 범주라고도 할 수 있다.

작곡가 존 케이지John Cage는 1937년에 "우리가 어디 있든 들리는 것은 거의 다 소음"이라고 썼다. 나도 동의한다. "우리가 무시하면 소음은 우리를 방해하지만, 우리가 귀를 기울이면 소음은 매혹적으로 들린다."[3] 그는 또한 비음악적이고 불쾌하다고 일축하거나 순전히 일상적이고 진부하다고 무시하던 소리에 귀를 열면, 예전에 무심코 스쳐 지났던 갖가지 경험과 다시 접속하기 시작하리라고 넌지시 암시한다. "소음과 음악, 불협화음과 고요함, 또는 말과 노래 사이의 통상적인 경계에 대해 염려하기보다는, 그 경계를 무너뜨리는 데에 어떤 장점이 있는지를 발견해야 한다."[4]

그러므로 이 책에서는 '소음'의 정의를 최대한 멀리 그리고 여러 방향으로 확장하려고 시도할 것이다. 음악과 말뿐 아니라 메아리, 노랫소리, 북소리, 천둥, 총소리, 군중의 소음, 몸의 꾸르륵댐, 폭소, 침묵, 엿들은 소리, 기계음, 이웃이 내는 시끄러운 소리, 녹음된 음악, 라디오 방송을 비롯해 넓은 의미에서 소리와 듣기의 세계를 구성하는 온갖 것들을 망라하고자 한다.

예컨대 로마 시대의 웅변이나 현대의 선거 따위를 언급할 때, 나는 어떤 말이 나왔는지에도 관심을 갖지만 어떤 소리가 만들어졌는지에 훨씬 관심이 많다. 말소리의 어조, 리듬, 높낮이는 어떤지, 목소리가 청취 환경에 의해 어떻게 변형되며 어떻게 청중이 반응하는지가 더 흥미롭다. 1920년대 할렘의 재즈 신을 이야기할 때, 나는 메이미 스미스Mamie Smith나 마 레이니Ma Rainey(두 사람 모두 여성 재즈 가수이다—옮긴이)의 음악성보다는 당시 녹음이 가졌던 파급력에 흥미를 느낀다. 녹음 덕에 어떻게 '새로운' 소리가 공연장이나 댄스홀에 모인 소수 사람들을 넘어 널리 유포될 수 있었는지, 주변화된 문화의 '목소리'를 어떤 전대미문의 방식으로 세계 각지의 청취자에게 '들리게' 했는지 말이다.

물론 소음이 시끄럽고 불편하다는 원래의 관념에도 좀 더 매달려보고 싶다. 엄밀히 말하자면 나는 소음이 꼭 '어울리지 않는' 소리라고도, 사람들이 원치 않는 소리라고도 생각하지 않는다. 하지만 어디선가, 누군가가 듣고 싶어 하지 않는 소리라고 생각할 수도 있겠다. 즉 누가 소음을 내어도 되고 누구는 소음을 내면 안 되는지, 누가 듣게 되고 누가 듣지 않게 되는지가 결정적으로 중요하다. 침묵은 황금일 수도, 억압일 수도 있다. 노예제의 역사나 공장주와 노동자 간 관계의 역사가 보여주듯, 침묵이 강제적이냐 자발적이냐는 하늘과 땅만큼 차이가 난다. 따라서 이 책의 관건은 소리가 인류사라는 드라마와 투쟁을 이해하는 데 새로운, 그리고 바라건대 계몽적인 방식으로 도움을 줄 수 있느냐이다.

소리의 역사를 추적하는 작업은 곧 인류가 어떻게 자연에 대한 두려움을 극복했는지, 그리고 어쩌면 인류가 어떻게 자연을 통제하려고까지 했는지를 이야기하는 작업이다. 인간이 다른 인간과 어떻게 소통하고 서로 이해하고 공존하는 법을 익혔는지, 어떻게 서로를 지배하려고 싸웠는지, 어떻게 갈수록 바빠지는 세상에서 사생활을 모색했는지, 어떻게 감정을 다스리고 제정신을 유지하려 분투했는지를 이야기하는 작업이다. 소리의 역사는 고대 로마에서 관중이 격렬하게 내지르는 함성, 중세 부자와 빈자 간의 권력투쟁, 산업화에 따른 긴장, 전쟁이 미친 충격, 도시의 대두, 언론매체가 하루 24시간 쏟아내는 지껄임 등등을 아우른다. 이 모든 것들을 훑어가면서 우리는 인류 역사의 대서사뿐만 아니라 그 속의 내밀한 측면에도 줄곧 귀를 기울이게 된다. 역사학자 엘리자베스 포이스터Elizabeth Foyster가 지적했듯이, 청각 같은 감각은 언제나 우리 "일상의 결정적인 일부"이기 때문이다.[5]

내가 '인간(인류)'이라는 말을 거듭 사용하는 까닭이 있다. 소리에 관한 다른 책들과 미묘하지만 중요한 차이를 두고 싶어서다.[6] 나는 소리에 어떤 추상적이거나 물리적 특성이 있는가보다는 여러분과 나를 비롯한 모든 이들이 이 세상에서 소리를 어떻게 사용하는가에 관심이 있다. 즉 나는 소리의 사회사에 관심이 있으며, 우리가 소리를 듣고 소리에 반응하는 방식과 그 이유의 역사도 마찬가지로 중요하게 생각한다.

이는 내가 소리의 주관적 측면에 무엇이 따르는지에 유독 매혹을 느낀다는 뜻이다. 역사의 특정한 시기에 특정한 장소에서 특정한 소리를 경험한다면 실제로 어떤 느낌이 들까? 영국 역사가 E. P. 톰슨Edward Palmer Thompson은 "사운드스케이프soundscape(생활 속의 소음을 녹음할 때 생겨나는 지역별로 고유한 '소리 풍경'-옮긴이)는 하나의 세계이자 그 세계를 이해하기 위해 구성한 문화이다."라고 주장했다.[7] 또한 지금까지 여러 역사학자들이 특정 시기에 특정 장소에 있는 보통 사람들에게 사운드스케이프가 정확히 어떤 의미가 있었는지를 검증하려 했다.

그러나 나는 할 수만 있다면 연대기적으로도 지리학적으로 더 폭넓은 이야기를 제시하고 싶다. 가령 천둥 같은 단순한 소음도 아메리카 원주민과 뉴잉글랜드 식민지 이주민에게는 상당히 다른 의미로 해석되었을 터이기 때문이다. 덧붙이자면 구석기인, 고대 그리스인, 중세 수도승, 제1차 세계대전 당시 플랑드르의 참호 속 군인의 귀에도 천둥소리는 각기 매우 다르게 들렸으리라. 물론 중세 수도승과 19세기 프랑스 농부의 경우 공통적으로 천둥이 초자연적인 힘에 의해 내려친다는 비이성적인 생각을 했으므로, 천둥소리가 매우 엇비슷하게 들릴 때도 있었다는 점을 서둘러 덧붙여야 하지만 말이다. 어쨌든 선사부터 현재를 아우르고 세계 여러 지역을 망라하여 역사를 추적하는 것은 유익하다. 구체적인 사항 몇 가지를 놓칠지도 모르지만, 대신 우리는 이 방법을 통해 인류가 소리와 관계를 맺은 오랜 역사에 연속성이 여럿 있음을 발견해내고 그 연속성이 어느 지점에서 극적으로 단절되는지도 파악할 수 있다.

이 점은 매우 중요하다. 소리가 인류와 맺은 관계의 역사는 거의 전부가 '그때'는 조용했고 '지금'은 시끄럽다는 식으로 이야기되는 경향이 있기 때문이다. '그때'가 정확히 언제인지는 물론 논란의 여지가 있다. 소음이라는 파국을 불러온 원인이 무엇인지에 대해서도 마찬가지이다. 가장 흔하게는 산업혁명을 전면에 내세운다. 글래스고의 의사 댄 매켄지Dan McKenzie도 1916년에 《소음의 도시City of Din》라는 우화적인 저서에서 이런 입장을 취했다. "자연은 조용하고 쾌적"한 반면, 현대 문명은 "소음이다. 게다가 진보하면 할수록 더 시끄러워진다."[8] 넓게 보자면 1970년대에 캐나다 환경 운동가 머리 셰이퍼Murray Schafer도 같은 주장을 펼쳤다. 셰이퍼는 자연의 소리가 "공장과 가정에서 기계가 뒤섞여 내는 소음에 묻혀 사라졌다."고 선언했다.[9]

이런 유의 주장은 자연과 인류를 대립시킴으로써 환경 운동가들에게 호소력 있게 다가가지만, 인간이 사라져야만 이 세계가 더 좋아진다는 염세적 세계관에 근접할 우려가 있다. 더욱이 음향 역사 연구가 톰슨Emily Thompson이 시사했듯 사운드스케이프는 "자연보다는 문명과 더 관련이 있다"는 주장에도 강한 설득력이 있다. 그러나 실제로 우리의 사운드스케이프는 늘 미묘하게 변화할 뿐 아니라 꼭 나쁜 쪽으로 변하지만은 않는다는 주장에도 힘을 실어줄 만하다.[10] 나는 이 책에서 시끄러운 불협화음이 단순히 돌이킬 수 없이 커져만 가는 이야기를 들려주지는 않을 것이다. 이 점을 미리 강조해두고 싶다.

***

우리가 인류의 연대표를 나누는 방법 중 하나는 과거를 현재보다 마법적인 '구전'의 시대로, 현재를 과거보다 이성적인 '문자'의 시대로 구분하는 것이다. 이 방법은 사실상 청각 문화(듣기)와 시각 문화(보기와 읽기)를 구분한다. 더 나아가, 읽기가 주도권을 잡은 뒤로는 시각이 더 종합적이고 신뢰할 만한 감각으로 간주된 반면 청각은 수동성, 미신, 풍문 등과 결부된 채 뒤처지게 되었음을 보여준다. 이러한 근본적 변화가 언제 일어났는지는 의견이 분분하다. 혹자는 쓰기가 체계적으로 도입된 고대 그리스로 보기도 하고, 혹자는 읽기 습관이 급속히 전파된 계몽시대로 보기도 한다.

시각 문화가 청각 문화보다 우월하다는 이론을 그대로 받아들인다 하더라도 다음 사실은 마땅히 지적해야 한다. 진정 전지구적이고 다문화적인 관점으로 보면(이러한 시각은 인류학자들이 잘 제공한다) 문자 사용 이전의 사회는 현대에 이르기까지도 오랫동안 존속해왔다. 그런데도 그 이론을 그대로 받아들여야 할까? 흔히 시간이 흐르면서 시각이 승리하고 청각은 격하되었다고 간주하면서, 이제는 듣기가 옛날만큼 중요하지 않다든가, 듣기란 소극적 행위라든가, 본 것이 들은 것보다 증거로서 더 낫다든가, 서양에서 발생한 현상이 동양에서도 똑같이 발생했다고들 짐작한다. 그러나 이런 짐작이 과연 옳은지 속속들이 따져보아야 마땅하다. 소리와 듣기의 사회사는 그런 짐작이 틀렸다는 사실을 시사하기 때문이다.

그렇다면 대체 무엇을 시사할까? 나는 이 책에 30개나 되는 장을 마련했지만, 인류사의 범위가 워낙 방대하다 보니 몇 가지 단편적인 면밖에 제시할 수 없었다. 더욱이 소리는 너무나 풍성한 주제여서 단일하고 일관된 서사로 고정하기가 어렵다. 하지만 나는 이 모두를 관통하는 끈이 존재한다고 생각한다. 바로 '힘'이다.

여기서 힘은 2가지 뜻으로 쓰인다. 첫째는 특정한 소리가 우리에게 심대하게 영향을 미친다는 의미로서의 힘이다. 둘째는 권력자들이나 권력자 집단(예컨대 민족국가, 체계화한 종교, 상업적 기업 등)이 약자의 듣기 습관이나 사운드스케이프를 형성한다는 의미로서의 힘이다. 셰이퍼는 '멀리 떨어진 채 상대를 접촉하는 수단'이라고 소리를 해석함으로써, 이 주제를 이해하는 데 크게 기여했다. 소리는 마치 형태가 있는 사물처럼 사람의 귀에 도달하여 실제적인 감정 반응을 촉발하는데, 셰이퍼의 발상은 소리가 작용하는 방식을 완벽히 포착해낸다.

소리는 좋든 나쁘든 사람에게 힘을 가한다. 그러면서도 소리는 결코 그 누구에게도 절대적인 힘을 부여하지 않는다. 소리는 그 속성상 전적으로 소유하거나 제어하기 어렵기 때문이다. 소리는 대기를 통해 자유롭게 이동하는 특성이 있다. 더욱이 인간이 아무리 뛰어난 재주를 발휘해 소리를 조작한다 해도, 소리는 형태가 없고 쉽게 빠져나간다는 특성이 워낙 강하다. 따라서 소리는 지배계층의 전유물로만 남지 않고 억압당하는 자들에게 창의적이고 전복적인 방식으로 이용될 수 있다. 중세의 카니발, 18세기의 여러 반란, 20세기의 시위와 행진 등이 그 역사적인 사례이다.

소리는 형태가 없고 쉽게 빠져나가기에, 순수하게 역사적인 의미에서 소리에 관해 저술하기란 거의 불가능하다고 생각하기 쉽다. 더글러스 칸Douglas Kahn이 지적하듯 "소리는 자체의 시간 속에 머물다가 재빨리 흩어지기" 때문이다.[11] 소리는 흔적을 남기지 않지만, 역사는 흔적이 필요한 학문이다. 이 때문에 역사학자들은 문서 기록을 연구한다. 문서는 과거에 어떤 일이 일어났는지에 대해 안정적인 기록을 제공한다. 하지만 알고 보면 많은 소리가 아직 우리 곁에 머물고 있다. 먼 과거의 소리까지도 말이다.

우회적인 사고방식을 약간만 동원하면 소리에 대해서도 합리적인 추측을 내놓을 수 있다. 예컨대 고고학자들은 실험적인 기법을 사용하여 고대 유적의 음향 특성을 탐구하기 시작했다. 또한 요새는 현존 수렵채취 사회에 대한 민족지民族誌적 연구를 활용하여 선사시대에 인류가 소리를 어떤 식으로 사용했을지를 추측하기도 한다. 이를 통해 연구자들은 '고고음향학archaeoacoustics'이라는 완전히 새로운 학문을 창안했다. 선사시대 이후를 연구하는 역사학자들도 서로 다른 문화권에서 엿듣기가 어떤 역할을 했는지, 인구 과밀이 어떤 효과를 미쳤는지 등 과거의 행위를 이해하기 위하여 인류학과 민족지학의 도움을 받게 되었다. 실제로 민족지학자들의 현장 연구야말로 오늘날 방대한 소리 기록 보관소를 구축하는 데 매우 큰 도움을 주었다. 대영도서관이 수집한 왁스 실린더, 디스크, 테이프, CD 수백만 점이 그 예이다. 그 덕에 백여 년 전에 다양하게 존재한 목소리와 음악과 사운드스케이프를 되살려 낼 수 있다.

그렇지만 마지막으로, 역사의 가장 전통적인 출처인 문자 기록도 때로 과거의 소리에 관해 상당히 많은 정보를 알려준다는 점을 잊어서는 안 된다. 모든 시대, 모든 장소를 통틀어 사람들은 장소와 사건에 대해 받은 개인적 인상을 무수히 많은 편지, 일지, 일기, 연설문, 서적에 기록해왔다. 기록 과정에서 사람들은 본 것뿐만 아니라 들은 것에 대해서도 자주 기록했다. 때로는 자신이 들은 것이 너무도 특이하여 상세히 기록할 만하다고 여겨서 기록하기도 했고, 때로는 어쩌다 스쳐가듯이 언급하기도 했다. 그러나 후자도 우리에게는 유익한 정보이다. 수많은 이들이 소리에 관해 글을 썼다는 사실만으로도 소리가 사람들의 삶에 얼마나 중요한지 명백히 드러난다.

앞으로 펼쳐질 내용에서 이들이 말해주는 사실은, 바로 소리를 이해하고 제어하려는 욕망은(침묵을 강요하려는, 듣기를 권유하려는, 노래하려는, 외치려는 욕망은) 단지 수백 년이 아니라 수만 년 넘게 존재했다는 것이다.

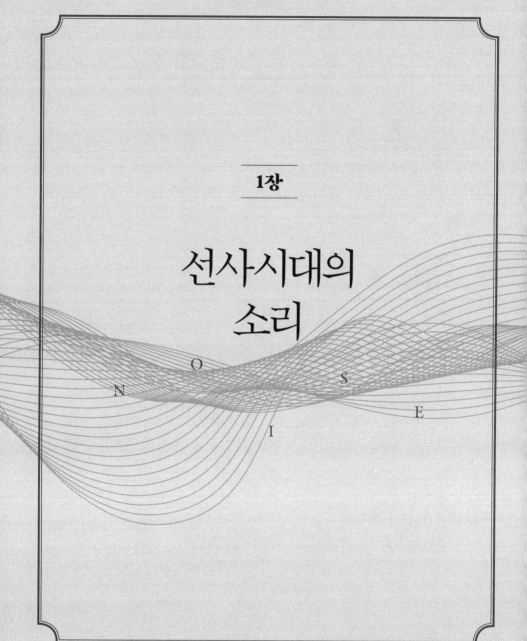

1장

선사시대의
소리

N O
I
S E

1   어둠 속의 메아리

혹시 선사시대 조상들이 머물렀던 동굴 유적지에 가본 적이 있다면, 대개 2가지 일을 한꺼번에 느꼈을 것이다. 칠흑 같은 어둠이 곧장 덮쳐오는 동시에, 바깥세상의 소리가 급작스레 단절된다. 그 덕에 현대인의 요란하고 북적이는 삶에서 벗어나 기분 좋게 휴식을 취하리라 생각한다면 오산이다. 마음이 고요하고 평화로워지기는커녕 오히려 꽤나 불안해질지도 모른다.

구석기시대 중·후기에 해당하는 4만 년에서 2만 년 전, 몇몇 남녀노소로 이루어진 작은 무리가(처음에는 네안데르탈인이, 그다음에는 우리의 직계 선조가) 서부 및 중부 유럽 일대의 동굴 어귀에 모여 거처를 마련하기도 하고, 동굴 깊숙이 들어가 제의를 치르기도 했을 것이다. 동굴처럼 폐쇄된 공간의 음향은 나름의 특징이 있다. 목소리가 메아리칠 뿐만 아니라 증폭된다. 오늘날 이런 장소를 방문하면, 안에서 걸어 다니며 내는 소리가 울려 더 오래 지속되고, 퍼지고, 예측 못한 방향들로부터 자기 쪽으로 되돌아온다는 것을 알아차리게 된다. 벽 모양이 울퉁불퉁하기 때문이다.[1]

어떤 장소에서는 메아리가 불협화음이 된다. 하나의 소리가 오래 지속되고 그다음 소리와 합쳐져서 연속적인 소리의 벽이 만들어진다. 그 소리는 풍부하고 복잡하며, 훈련되지 않은 귀에는 퍽 혼란스럽게 들린다. 우리가 속삭이거나 흥얼거리거나 말하거나 노래할 때, 메아리는 외침과 노랫소리를 되돌려준다. 이 동굴들은 살아 있다.

***

동굴이 공명한다는 이야기가 딱히 놀랍지는 않을 것이다. 그러나 몇몇 고고학자들은 실험을 통해 주목할 만한 사실을 밝혔다. 그들은 프랑스 부르고뉴 지방의 아르시쉬르퀴르Arcy-sur-Cure, 피레네 산맥의 르포르텔Le portel 같은 동굴에 가서 비좁은 통로를 따라 암흑 속을 천천히 걸어 다녔다. 그리고 자신들의 목소리를 일종의 음파 탐지기 삼아, 1마디 음을 내보낸 뒤에 특이한 공명 반응을 찾기 위해 귀를 기울였다. 사실 누구든 할 수 있는 일이다. 스스로는 잘 깨닫지 못하지만, 우리도 음량이 변화하는 정도나 다양한 메아리가 귀에 도달하는 시간차 등 미묘한 단서를 이용해 신속하게 소리의 '위치를 파악'하곤 한다. 박쥐가 밤하늘에서 길을 찾는 것과 조금은 비슷하게 말이다.[2]

본론으로 돌아가서, 이들 고고학자는 주변 소리가 갑작스레 변화하는 것을 느낄 때마다 손전등을 켰다. 그러면 정확히 그 지점의 벽이나 천장에서 그림이 자주 발견되었다. 붉은 황토로 점 하나 찍어놓은 단순한 그림도 있었지만, 선으로 이루어진 무늬나 움푹 찍힌 손자국, 동물 형상처럼 한결 복잡한 그림도 있었다.[3] 주목할 만한 사실은 동굴에서 가장 흥미로운 소리가 나는 곳에서 선사시대 미술이 가장 집중적으로 나타날 가능성이 높다는 점이다.

공명과 미술의 이처럼 놀라운 우연을 처음 지도로 상세하게 작성한 인물은 음악사가 이고르 레즈니코프Iégor Reznikoff였다. 레즈니코프는 1980년대 중반에 아르시쉬르퀴르의 여러 동굴과 땅굴을 주의 깊게 걸어 다니며 보고 들은 것을 지도에 자세하게 기록한 뒤, 음향이 유난히 특이하게 들리는 지점들에 원시 이미지들의 약 80퍼센트가 모여 있음을 알게 되었다.4 예를 들어 이 지역에 있는 그랑그로트Grande Grotte라는 동굴 밑바닥 근처에서는 한 음이 7번까지 메아리치기도 하는데, 그 지점에는 매머드 여러 마리, 곰 몇 마리, 코뿔소 한두 마리, 연어, 고양이 같은 동물, 야생 염소가 그려져 있다.

피레네 산맥의 니오 동굴Niaux Cave에 있는 동물 그림은 동굴 입구에서 770미터 되는 지점 주변에 거의 다 밀집해 있는데, 레즈니코프는 이 지점의 음향을 '풍성하게 공명하는 로마네스크 성당'과도 같다고 묘사했다.5 르포르텔에는 붉은 점들이 10미터 길이의 통로를 따라 연이어 찍혀 있는데, 2곳 모두 레즈니코프의 표현대로 "살아 있는 소리 지점들이 있는"6 장소에 정확히 위치해 있다. 다른 동굴에도 똑같은 양상이 반복된다.

왜 선사시대에 그림을 그린 예술가들은 공간도 훨씬 넓고 빛도 더 많이 들어오는 동굴 입구에서 작업하지 않았을까? 그들이 어떤 생각을 했는지는 알 수 없지만, 분명히 무엇인가가 이 모든 지하 구조물에서 가장 어둡고 깊숙하며 접근하기 어려운 장소로 그들을 이끌었다. 심지어 동굴 바깥에서 발견된 선사시대 미술품들도 협곡 벽면이나 절벽 높은 곳처럼 접근하기 어려운 곳에 위치해 있다. 여기서도, 어떤 벽면에는 그림이 빼곡한 데 반해 주변 암벽에는 이상하게도 그림이 전혀 없다. 역시 연결고리는 소리에 있는 것으로 보인다.

예를 들어 미국 애리조나주의 호스슈 협곡Horseshoe Bend이나 히에로글리프 협곡hieroglyph canyon 등으로 암면 미술 탐험을 가보면 사람, 산양, 사슴 등등의 그림이 가장 많이 집중된 장소는 바로 메아리가 가장 강하게 들리거나 소리가 가장 멀리 울리는 곳임을 알게 된다.[7] 특정 지점의 소리 특성과 그 부근의 미술 사이에 관계가 있다는 증거가 속속 나타난다. 선사시대 예술가들이 동굴 깊숙한 곳이든, 절벽 꼭대기든 가장 흥미로운 음향 효과가 나타나는 벽면을 선택한 점이 우연이 아니라고 보아도 좋겠다. 벽면에서 메아리치는 소리를 도저히 머릿속에서 떨치지 못해, 결국 그런 장소를 고른 듯하다. 대체 무슨 일이 벌어졌던 걸까? 아무래도 선사시대 사람들은 증폭된 메아리에 매혹된 모양인데, 그 이유는 무엇일까?

케임브리지 음대에서 2000년에 흥미로운 실험을 진행했는데, 여기에서 1가지 단서가 떠올랐다. 음악학자 이언 크로스Ian Cross, 인류학자 에즈라 주브로Ezra Zubrow, 고고학자 프랭크 카원Frank Cowan은 선사시대의 부싯돌 다듬기 기술을 재현하기 위해 탁 트인 마당에 모였다. 이들은 공통의 의문을 품고 있었다. 유럽 각지에서 뼈 피리가 발굴되면서 인류가 약 3만 6,000년 전부터 음악을 연주했다는 사실은 잘 알려졌지만, 과연 그 이전에는 어땠을까? 돌로 된 물체가 음악을 연주하는 데 쓰이지 않았을까?[8] 그들은 부싯돌을 쥐고 여러 가지 방법으로 두드려보면서, 다양한 소리를 만들어냈다.

선사시대 인류가 실제로 이러한 소리를 우리가 '음악'으로 인식할 만한 무언가로서 활용했는지 증명하기는 불가능했다. 그러나 여러 실험을 거치던 중, 전혀 예상치 못한 일이 벌어졌다. 돌칼을 두 손가락으로 잡고서 가볍게 두드렸더니, 갑자기 마당에서 떨리는 고음이 들려온 것이다. 마치 근처에 있던 새 1마리가 멀리 날아가는 듯한 소리였다. 크로스의 회상에 따르면, 그들은 오후 햇살이 쏟아지는 실외에 있었는데도 그 음향 효과는 "매우 초자연적이어서 (…) 돌칼을 두드린 행위가 실재하지만 비가시적인 어떤 존재를 갑자기 깨운 듯한" 분위기, 마치 새의 넋 같은 무언가를 깨운 듯한 분위기를 느꼈다.[9]

크로스는 이 현상이 과학적으로 완벽하게 설명될 수 있다는 사실을 알고 있었다. 마당의 모양, 건축 자재의 구성 비율, 자신들이 낸 소리와 각자의 위치 등 모든 요소가 일정 패턴의 음파를 만들어내면서, 움직이고 떨리는 메아리가 생겨나 나름의 생명력을 갖춘 것이다. 그들은 남은 오후 시간 내내 돌칼을 거듭 두드렸고, 적절한 환경이 조성되어 있으면 마당을 가로질러 날아가는 새 소리를 거듭 불러일으킬 수 있음을 알아냈다. 3명의 학자는 이 현상 뒤에 엄연히 과학적 원리가 있음을 알았지만, 그렇다고 해도 자신들이 만든 떨리는 소리에서 "'마법적'인 느낌은 도저히 떨쳐낼 수 없었다."라고 주장했다.[10]

이 실험에서 가장 흥미로운 점은 특별한 음향 효과가 만들어졌다는 것이 아니라, 보이지 않는 동물의 넋이 소리를 통해 풀려났다는 관념이 생겼다는 것이다. 실제로, 여러 선사시대 유적지에서 메아리는 이와 유사한 무언가를 불러낸다. 동굴 속에서 손뼉 소리가 일련의 메아리로 겹쳐서 도로 튕겨오면, 동굴도 동굴이지만 주변에 그려지거나 새겨진 동물들이 살아난 것처럼 느껴진다. 펄떡펄떡 우르르 뛰어오는 발굽 소리가 정말로 동굴 벽에서 울리는 듯하다.

　소리는 이미지와 공간을 공유하는 데 그치지 않고, 이미지를 흉내 낸다. 어쩌면 이미지가 소리를 흉내 내는지도 모른다. 한 장소에서 난 소리에 대한 반응이 전혀 다른 곳에서 들리는 때도 있다. 바위 표면이 아니라 뒤편에서 소리가 들려오는 듯 느껴지기도 한다. 마치 소리의 근원이 바위 속 깊은 곳에 있거나 바위 자체가 허상에 불과하기라도 한 것처럼 말이다. 실로 기묘한 음향 효과이다. 선사시대 사람들은 음파나 반향과 같은 과학적 원리를 전혀 이해하지 못했으니 메아리가 새로 만들어진 소리로 들렸으리라. 어떤 보이지 않는 존재나 혼령이나, 어쩌면 바위 안에 깃든 무언가가 대꾸하며 자기 존재를 알리는 소리로 들렸으리라.[11]

　아니나 다를까 세계 각지의 문화를 살펴보면, 초자연적인 메아리에 관한 신화가 거듭 발견된다. 선사시대부터 깊숙이 뿌리내린 신화임이 분명하다. 가령 파이우트족 아메리카 원주민에게는 바위 틈새에 마녀가 산다는 이야기가 내려오는데, 마녀들은 행인의 말을 되풀이하는 것을 매우 즐긴다고 한다. 흔히 '부시맨'으로 알려진 남부 아프리카의 산족이 수천 년간 만들어온 암각화는 세계 최대 규모로 꼽힌다. 산족의 암각화에는 형상이나 무늬가 돌 틈이나 구멍으로부터 기어 나오는 이미지가 자주 활용되는데, 마치 혼령이 우글거리는 영계로부터 모습을 드러내는 듯하다.[12] 선사시대부터 메아리가 울리는 장소를 특별하게 생각했고, 그림을 통해 이 장소를 혼령이 가득 찬 성소라고 '표시'했다는 생각을 떨치기 어렵다.

그림과 음악 그리고 음악을 매개로 한 황홀경 사이에도 흥미진진한 관계가 존재한다. 앞에 언급했던 산족의 암각화에는 황홀경에 빠져 춤추는 사람들의 이미지가 반복해서 나타난다. 괴물, 물고기, 뱀장어, 거북, 영양 등도 그려져 있는데, 고고학자 데이비드 루이스 윌리엄스David Lewis-Williams는 이 그림들이 황홀경에 빠진 사람이 본 환각, 즉 "이승과 저승 사이에 걸쳐 있는 '베일'을 걷을 때 목격한 것"을 재현했다고 본다. 게다가 이 이미지들은 동굴 어귀 거처 쪽 벽에서 너무도 자주 발견되기 때문에 납득이 간다. 이 벽은 벽면의 울림이 풍부해서 소리가 날 때마다 마치 살아 있는 존재가 깃든 듯 보인다. 사실상 벽은 영적 영역으로 통하는 관문 그 자체이다.[13]

그러므로 선사시대 사람들은 동굴에 들어갈 때 그저 소극적으로 서 있거나 자기네가 들어감으로써 일으킨 이상한 소리에 놀라 꿈쩍 못하고 있지 않았을 것이다. 그들은 동굴 안으로 들어가 적극적으로 영계를 깨우고, 자신이 내는 소리에 어떤 반응이 나타나는지 귀를 기울임으로써 영계와 대화했을 것이다. 부싯돌을 두드려 메아리를 일으킨다거나, 바위기둥을 치는 식으로 말이다.

***

돌 악기 연주는 세계 곳곳에서 들을 수 있다. 토고의 '핀찰라시pinchalassi'라는 편경編磬, 나미비아의 '징 돌gong rocks', 남부 인도·스칸디나비아 반도·북아메리카 등지의 '울리는 돌ringing rocks' 등이 그 예이다.[14] 편경 소리는 세계 어디에나 어떤 식으로든 존재하며, 필경 인류사 내내 존재했을 터이다. 그러니 돌 악기 소리가 수만 년 전 유럽의 여러 동굴을 떠돌며 울렸을 가능성도 충분히 있다.

실제로 프랑스, 스페인, 포르투갈 등지의 동굴 안에는 붉은 점들로 장식한 바위기둥이 있는데, 기둥에는 거듭 두드린 흔적이 역력하다. 어떤 기둥은 두드리면 높이가 서로 다른 소리를 내기까지 한다.[15] 뿐만 아니라 세계에서 가장 오래된 악기의 일부, 즉 앞서 언급한 뼈 피리들이 남아 있는 동굴들도 있다.[16] 뼈 피리는 동굴 안에서 발견되었으니 필시 동굴 안에서 연주되었을 것이다. 가장 오래된 뼈 피리 몇몇은 피레네 산맥의 이스튀리츠Isturitz 동굴에 있는 장식 기둥 곁에서 발견되었는데, 기둥은 동굴 속 어디보다도 소리가 크게 증폭되는 방에 위치했다. 이 역시 약 2만 년 전, 후기 구석기시대에 이런 장소에서 인류가 뭔가를 했을 때 모종의 음악이 중요한 역할을 했다는 증거이다.

그러나 선사시대 인류는 동굴에서 음악을 연주하려고 굳이 뼈 피리를 '발명'할 필요는 없었다. 돌기둥을 두드리고 자기 목소리를 내어도 되었으며, 동굴이나 바위 거처 자체에도 멋진 공명이 있었기 때문이다. 램프나 심지에서 어슴푸레 불빛이 빛날 뿐 어두컴컴하기만 한 동굴 속에서는, 필경 제의나 축하연을 치르거나, 음악을 연주하고 노래를 부르거나, 초자연적 존재를 불러내기에 완벽한 분위기가 조성되었을 것이다. 이처럼 마법 같은 분위기가 뚜렷한 와중에, 선조들은 영계와의 대화를 지속하기 위해서라도 소리를 계속 만들고자 했을 것이다.

이로써 인류가 소음을 통해 진화했다는 점이 드러나기 시작한다. 인류는 수천수만 번에 걸쳐 거듭 소리를 시험하고 되울리고 복사하고 수정하고 재생했다. 그리하여 마침내 혼돈으로부터 질서가 생겨났다.[17]

물론 노래를 읊고 음악을 연주하는 목적이 늘 영계와 교류하는 것만
은 아니었다. 오히려 이승에 사는 사람들끼리 소통하는 것, 즉 남녀노
소가 함께 박자를 맞추어 행동하고, 유대 맺고, 나누는 것이 목적이었
다. 바로 그러한 이유로, 이번에는 아프리카의 북 연주에 눈을 돌려 언
어와 가족생활의 머나먼 기원을 이해하고자 한다.

2   말하는 북소리

대영도서관 소리 아카이브가 소장한 보물 같은 청각 자료 가운데, 영국 식민지를 관리하던 로버트 래트레이Robert S. Rattray 대위가 1921년에 제작한 왁스실린더 녹음물이 있다. 래트레이는 가나의 아샨티족과 더불어 살면서, 아샨티족의 생활방식에서 특히 주목할 만한 측면을 기록하고자 했다. 래트레이가 남긴 녹음물은 아프리카의 '말하는 북' 소리를 담은 첫 기록이다.

말하는 북은 나무둥치를 깎아 만들며, 두 손에 나무 막대 하나씩을 들고 두드린다. 북 속은 한쪽 면이 다른 쪽보다 두꺼워지도록 파낸다. 모스 부호가 점과 선으로 이루어지듯, 말하는 북도 정확히 어디를 두드리느냐에 따라 고음 또는 저음을 낸다. 이처럼 음색이 다른 소리를 정확히 조합하여 메시지를 만들고, 메시지는 모스 부호가 눈에 보이지 않는 전신선을 따라 흘러가듯 축축하고 어둑한 열대우림을 관통한다.

이곳에서는 아주 먼 거리를 내다보기가 불가능하다. 소리가 유일한 통신 수단인데, 말하는 북은 힘차고 복잡한 리듬을 반경 10, 11킬로미터 밖까지 날려보낼 수 있다. 물론 어떤 메시지가 1번 전달되는 데 그치지 않고 이 마을에서 저 마을로 되풀이되며 숲을 지나 고개를 넘어 강을 따라 우르르 울려 퍼진다면 그 메시지는 더 멀리, 이 세상 그 누가 달리는 것보다 훨씬 빠르게 전해질 터이다. 저술가 제임스 글릭James Gleik이 지적하듯 수백 년, 아니 수천 년간 "문자도 없는 아프리카인들은 북을 이용해 세상 그 누구보다도 빠르게, 먼 거리에서 소통했다."[1]

무선 전신이 발명되기 전부터 소리는 일종의 무선 통신 노릇을 했다. 그러나 말하는 북은 단지 소리를 이용해 기발하게 연락을 주고받은 사례를 두드러지게 보여주는 데 그치지 않는다. 서아프리카 사람에게 말하는 북을 언제부터 사용했냐고 물으면, 그들은 "우리에겐 언제나 북이 있었다."라고 답한다. 말하는 북의 전통이 우리에게 알려주는 것은 통신에 관해서만이 아니다. 소리, 특히 리듬이 인류 진화에서 얼마나 핵심적인 역할을 했는지 역추적하는 데에도 도움을 준다.

래트레이 대위는 말하는 북소리를 왁스 실린더에 녹음했지만, 말하는 북을 알아본 서구인은 그 전에도 있었다. 17~18세기 노예 상인과 기독교 선교사도 끈질기게 울리는 북소리를 들었지만, 이들은 그 소리가 교전 신호라거나 "지옥 같은" 이교도 관습이라거나 부도덕한 유흥 따위이리라고 다소 신경질적으로 해석했다. 뭐가 됐든 더 자세히 알려고 하지는 않았다.[2] 그렇지만 1920년대에서 1930년대에 이르러, 래트레이처럼 계몽된 신세대 이주민은 자신들과 더불어 사는 이들에 대해 더 잘 알고자 했다. 아프리카를 침식해 들어온 유럽 이주민 가운데 로저 클라크Roger Clarke라는 선교사가 있었는데, 클라크는 내륙으로 더 깊숙이 들어가 콩고강 유역에 사는 툼바족의 영역에 터를 잡았다. 래트레이와 마찬가지로 클라크도 북 언어에 경탄하거나 북소리를 두려워하며 사는 데 만족하지 않았다. 그는 북에 담긴 비밀 암호를 철저히 해독하고자 했다.

클라크는 현지 통역자들의 도움을 빌려 북소리를 주의 깊게 듣고 분석한 후, 북 언어는 대체로 희한할 만큼 장황한 메시지로 이루어졌다는 결론을 내렸다. 예를 들어 말하는 북으로 간단한 교전 신호를 보내면 다음과 비슷한 내용이 된다.

> 북을 세게 울려라. 너의 다리와 창과 화살대와 머리를, 움직이는 발걸음 소리를 강하게 하라. 도망갈 생각은 버려라.[3]

그리고 지는 저녁 해에 바치는 작별 인사는 이렇게 된다.

> 빛나는 태양이시여. 아침 내내 낮 내내 하늘에 거처하시다 현자들이 모인 곳으로 돌아가시니, 저녁이 오니 가시는군요. 안녕히.[4]

참으로 시적인 메시지이기는 하다. 그러나 클라크는 메시지를 말로 하거나 크게 외쳤을 때보다 북으로 소리를 냈을 때 훨씬 시간이 걸린다는 사실에 당혹했다. 이런 비효율을 어떻게 설명해야 할까?

그 답은 몇 년 뒤, 열대우림에서 북소리에 귀를 기울이던 선교사 존 캐링턴John Carrington이 내놓았다. 캐링턴은 모든 메시지를 높은 소리와 낮은 소리라는 2가지로만 환원하면 혼란의 소지가 커질 수밖에 없다는 것을 깨달았다. 켈레족의 북 언어를 예로 들자면, 거죽에서 높은 톤을 내는 부분을 2번 두드리는 소리는 달, 새, 일종의 물고기를 비롯하여 무수한 의미가 있다. 그런데 북소리나 악구樂句를 덧붙이면 "달이 땅을 내려다본다."라거나 "키오키오 하고 울어대는 작은 새" 같은 메시지가 만들어져 애매함이 사라진다. 캐링턴은 아내와 함께 말하는 북 기법을 직접 익혔고, 나중에는 아내가 숲에 있는 남편에게 점심 식사를 하러 오라고 부를 때 북을 두드려 다음과 같은 메시지를 전달하곤 했다.

> 숲 속의 백인 남자 영혼은 숲 속의 백인 남자 영혼보다 훨씬 높은 곳에 있는 판잣집으로 오라. 여자가 참마를 가지고 기다린다. 오라, 오라.[5]

이런 메시지는 물론 기능적이지만, 북 언어 특유의 맛깔스러운 달변으로 사랑을 표현하고자 할 수도 있을 것이다. 초창기 이주민은 아주 기본적인 실수를 저질렀다. 북 언어가 발신자가 수신자에게 메시지를 '보내는' 수단이라고만 여겼기 때문이다. 사실 북 언어는 결코 단순한 신호 전송용이 아니다. 이것은 온전한 언어이며, 대화를 나누듯이 쓰인다. 수다스럽고 격식 없이 농담조로, 번갈아 가며 쌍방향으로 진행된다. 게다가 대화할 때에는 대체로 어떤 과정을 거쳐, 어떤 태도로 서로에게 이야기하는지가 대화의 주제만큼이나 중요한 법이다. 대화가 제대로 통하면 주고받는 리듬과 미묘한 톤 변화가 어우러져 특별한 마법을 자아내면서, 사람들은 서로 '장단을 맞추고' 한층 가까워지게 된다.

이건 딱히 아프리카 특유의 현상은 아니다. 다양한 인간 행동에서 나타나는 언어 기법일 따름이다. '아기 말투', 혹은 언어학자들의 표현으로 '유아 지향 화법'이란 양육자가 아기에게 무심결에 간드러지는 목소리로 이야기하는 것을 뜻하는데, 이런 말투야말로 말의 가락·장단·감정 표현 자체가 화자가 말하려는 내용보다 훨씬 중요하게 작용하는 예이다(당연히 아기는 말을 한마디도 알아듣지 못하고 대꾸하지도 못하기 때문이다). '유아 지향 화법'은 가락과 억양이 사실상 동일하다. 세계 어디에서든 산파가 아기에게 하는 말을 들어보면 거의 똑같이 들린다. 즉 유아 지향 화법은 보편적인 현상이다.[6] '유아 지향 화법' 대화는 아기가 언어를 익히는 데 도움이 되기는 하겠지만 그게 핵심은 아니다. 가락은 곧 메시지이다. 전달되는 것은 바로 감정이며, 이를 통해 강한 유대가 형성된다.

소리를 통해 우리는 물리적으로 멀리 떨어진 채로도 상대에게 '접촉' 한다. 10대들이 서로 문자를 주고받는 행동조차 일종의 사회적 접착제를 만들어낸다. 사회적 접착제는 끊임없이 오고가는 단어들 속에 숨은 가락과 장단을 통해 작용한다. 인간이 말하는 방식, 즉 언어에는 이처럼 음악성이 깊고도 보편적으로 내재해 있다.

이 사실은 우리의 과거에 대해 중요한 실마리를 던져준다. 인류에게 언어는커녕 음악도 없던 약 200만 년 전으로(문화가 발생하여 인간의 생활 형태가 무수히 다양해지기 전으로) 시간을 되돌린다면, 아프리카를 떠난 최초의 원시인들에게는 필경 언어와 음악을 대신한 다른 무언가가 있었을 것이다. 그것은 언어와 음악의 요소를 모두 갖추었지만 언어도 음악도 아니었다. '뮤지랭귀지Musilanguage'라 불리는, 가락이 있는 흥얼거림의 일종이었다. 이처럼 생경한 소리가 존재했을 가능성 때문에, 선도적인 고고학자 스티븐 미슨Steven Mithen은 인류의 먼 선조 일부를 '노래하는 네안데르탈인'이라고 부르기도 했다.[7]

뮤지랭귀지가 어떤 소리인지 감을 잡으려면, 아프리카 유인원이나

원숭이처럼 인류와 더 먼 친척 관계인 생물을 살펴보면 된다. 예컨대 버빗원숭이는 놀랄 만큼 다양한 경고 신호를 보내는데, 근처에 어떤 종류의 포식자나 위협이 있는지에 대해 상당히 정확한 정보를 전달한다고 한다. 에티오피아 고지대에 사는 겔라다개코원숭이가 보내는 신호는 그렇게까지 구체적이지는 않지만, 꽤나 복잡하고 리드미컬한 가락이 있어 부족한 정보를 보충하고도 남는다. 긴팔원숭이는 이들만큼 수다스럽지는 않아도 나름대로 음악적이어서 암컷과 수컷이 일종의 이중창을 부르곤 한다.

이런 소리들과 비교하면, 고릴라나 침팬지, 보노보가 끙끙대거나 꽥꽥대는 소리에는 다소 한계가 있는 듯 들린다. 하지만 이 유인원들은 발성뿐만 아니라 동작을 활용하여 메시지를 전달할 수 있으니, 표현 기법은 전반적으로 더 풍부한 셈이다. 수백만 년 전 우리 선조도 유인원 및 원숭이와 같은 조상을 공유했으니, 이들이 내는 새된 울음소리가 인류의 조상이 냈던 소리와 대충 비슷하다고 쳐도 무리는 없을 것이다.

***

초기 인류가 사냥처럼 다함께 협동해야 하는 일을 할 때, 서로 보조를 맞춰 행동하는 능력은 결정적으로 중요했다. 어두컴컴한 열대우림에서는 소리를 이용해야만 보조를 맞출 수 있었다. 우리가 이 점을 확신할 수 있는 이유는, 중앙아프리카 적도 근처 밀림에 사는 현세 인류의 행동에서 설득력 있는 증거를 볼 수 있기 때문이다. 한 예로, 중앙아프리카공화국 열대우림에 사는 바이아카 피그미족은 사냥에 나서기 직전 '보요비boyobi'라는 의식을 거행한다. 남자들은 구호를 외치고 북을 두드린다. 동시에 여자들은 동시에 다른 선율로 합창하며 소리를 일렁이는 그물처럼 엮어내어, 숲의 정령 '보베bobé'가 춤추고 상징적으로 침을 뱉어 사냥을 축복할 수 있도록 유인한다.

보베는 나뭇잎을 두르고 나타나 춤을 춘다. 그러나 보베 정령들은 무리가 보여주는 음악 실력이 충분히 뛰어나지 않다고 느끼면, 높은 가성으로 사냥꾼들에게 잔소리를 늘어놓아 리드미컬한 연주를 급작스레 멈춰버린다. 노래를 더 잘 부르고 북을 더 잘 두드려야 내일 먹을 것이 생기리라! 보요비에서 내는 소리에는 대단히 많은 정보가 담겼지만, 소리가 실제로 창출하는 것은 상호보조이다. 듣고, 부르고, 반응하고, 교대하며 보조를 맞추는 것이다.

이때 공유되는 리듬에 남자들이 얼마나 잘 빠져드는지가 사냥의 성공을 결정한다. 그들이 모든 면에서 함께 적절하게 행동할 수 있는지가 이로써 검증되기 때문이다. 모두가 박자를 맞춰 소음을 내고 움직이게 되면 이번 사냥만 잘되는 게 아니다. 무리가 의식을 치를 때마다 개인의 자의식은 흐려지고, 상호신뢰는 두터워지며, 사회적 유대는 공유된 감정을 토대로 더욱 끈끈해진다. 이러한 현상을 흔히 '동조entrainment'라 일컫는다.[8]

동조는 서로 다른 리듬이 상호작용하다가 동기화할 때 발생한다. 음악을 듣다가 발이나 손가락을 장단에 맞추어 두드리는 것도 동조이다. 영화관에서 넋을 놓고 액션영화에 빠져 있다가 쿵쿵거리는 음악에 맞춰 맥박이 빨라지는 현상도 이에 해당한다. 군인들이 일제히 속도를 맞춰 행군하는 것도, 공장 생산 라인에서 노동자들의 반복적인 움직임이 주변 기계와 정확히 보조를 맞추는 것도 같은 이치이다. 파킨슨병 환자는 몸을 자유롭게 움직이지 못하는데, 이를 보완하기 위한 방편으로 외부에서 규칙적인 박자를 들려주어 몸의 움직임을 이끌거나 아예 조종하기도 한다. 이것도 같은 이치이다. 그렇지만 리듬이 반드시 타인에 의해 부과될 필요는 없다. 동조는 흔히 쌍방향으로 자연스럽게 일어나며, 참여자들은 끊임없이 박자를 재조정해가며 서로 화합한다. 동조가 일어나는 경우에는 진행자와 청중을 구별하기가 불가능하다. 애초에 그런 구분이 존재하지 않기 때문이다.

사람들이 동조에 흔히 빠져드는 이유는 상호보조를 맞추게끔 하는 리듬이 대개 심장박동, 들숨과 날숨, 안정된 걸음걸이처럼 보편적인 것이기 때문이다. 이처럼 간단한 생체리듬이야말로 음악과 언어가 오르락내리락하는 패턴을 계속해서 형성해왔음이 틀림없다. 인류의 먼 선조가 아프리카 열대우림을 떠나 광활한 사바나로 이동하던 시절에조차 말이다.

사바나라는 새로운 터전에서는 사냥, 고기 다듬기, 돌도끼 만들기 따위의 일상이 끊임없이 되풀이되었을 터이다. 상상하기 어렵지 않은 광경이다. 원시인들은 가족 비슷한 집단을 이루어 먹을 것을 찾아다닐 때, 서로 몸이 닿지 않을 만큼 떨어져 움직이면서도 어떻게든 연결을 유지하고자 했기에 아마 흥얼거리거나 도란거렸을지도 모른다. 혹은 몇몇이 작은 무리를 이루어 바닥에 웅크리고 앉아 일할 때, 꾸준히 노동하는 리듬이 때로는 부지불식간에 노래나 심지어 춤으로 이어졌을지도 모른다. 그런 와중에 동료 의식이 어렴풋하게 생겨났을지도 모른다.

이러한 상황에서는 자기의 감정을 타인에게 전달하고 타인의 감정을 읽는 기술이 가장 탁월한 사람이 공동체에서 가장 쓸모 있는 구성원이 되었을 것이다. 타인의 행동을 예측하고 조종할 줄 안다는 것은 진화라는 측면에서 볼 때 분명 대단한 이점이다. 그리고 말보다는 음악적 성질을 띤 무언가를 사용하는 것이 진화 측면에서 성공할 가능성이 당연히 더 높았다.

말은 매우 구체적이어서 화자가 느끼고 생각하는 바를 정확히 설명할 수 있다. 청자는 말하는 내용에 동의할 수도 있고, 동의하지 않아 화자와 사이가 벌어질 수도 있다. 하지만 음악은 다르다. 음악의 의미는 다행히도 애매해서, 거의 자기가 원하는 대로 해석할 수 있다. 음악은 '동조' 능력을 통하여 강력한 유대관계를 맺어주기도 한다. 우리는 음악에 휩쓸려 조금이나마 자신을 잊을 수 있다. 그래서 오늘날에도 사람들은 친구나 가족과 다툴 일이 생기면 아무 말도 하지 않는 편을 택할 때가 많다. 대신 음악을 틀거나 심지어 함께 노래를 따라 부를 빌미를 찾아서, 갈등이 모두 해소될 때까지 기다리곤 한다.

고고학자들은 이런 희한한 음악적 발성이 '제대로 된' 언어보다 먼저 출현했다고 본다. 발성은 인류의 먼 선조가 무리 안에서 생기곤 하던 균열을 덮는 데 꽤 도움이 되었을 터이다. 또한 외부의 적에 대항할 때 집단의 결속을 강력하게 나타내는 상징이 되기도 했을 터이다. "복잡하고 집단적이며 조직화된 행동에 참여할 줄 아는" 능력이 있음을 소리로 드러내는 셈이었다.[9] 이는 외부인에게 '우리가 뭘 할 수 있는지 보라, 덤빌 테면 덤벼라'라고 알리는 탁월한 수단이었다.

초기 인류 집단이 유럽 전역에 도달하고 나서도, 인류가 말하는 북으로 부호화한 언어를 사용하고 복잡한 동굴 벽화를 그리는 데까지는 수십만 년이 걸렸다. 그러나 이들은 앞으로 어떤 변화가 일어날지를 일찌감치 보여주었다. 리듬이 인류의 진화를 추동하는 데 결정적인 역할을 했다는 실마리를 조금씩 던져준 셈이다.

리듬은 인간이 만든 소리에 보편적이고도 깊게 뿌리내린 특징이다. 그래서 오늘날에도 사람들은 전혀 다른 지역에서 유래한 음악을 듣고도 기묘한 유사성을 알아차리며, 전혀 다른 언어의 기저에 동일한 멜로디가 작동하는 것을 느낀다. 그러나 당연히 그 어떤 언어도 음악도 정확히 동일하지는 않다. 지난 수백만 년간 인류의 선조가 전 세계로 뻗어나가면서, 인류의 문화도 달라져갔다. 특히 노래하고 음악을 만들고 말하는 방식은 거주환경에 맞춰 조정되었다. 오늘날 우리는 인간이 자연을 넘어섰다고 믿고 싶어 하고, 선조들이 오래전에 야생을 떠났다고 상상한다. 그러나 야생은 우리가 만드는 소리에 지금까지도 깊숙이 뿌리내리고 있다.

3 　　노래하는 야생

잘 알려진 곳은 아니지만 미국 미네소타주의 북쪽 숲에 자연 세계의 신비를 보여주는 장소가 있다. 바로 번트사이드Burntside 호수이다. 호수를 마주보며 버드나무, 자작나무, 풍상을 견딘 소나무에 둘러싸인 목가적인 풍경 한가운데에 작은 오두막집이 있다. 미국의 자연보호주의자 시거드 올슨Sigurd Olson이 1956년에 지은 집이다.

　올슨은 이 은밀한 안식처에 레이크뷰Lake View나 던로민Dunroamin 따위의 빤한 이름을 붙이지 않았다. '리스닝포인트Listening Point', 즉 '듣는 지점'이라는 이름을 붙였다. 그는 이곳이야말로 "들을 가치가 있는 소리는 모두 들을 수 있는" 장소이기 때문이라고 기록했다. 그 어느 곳에서보다도 "하나 됨의 감각"을 경험할 수 있었다고 말이다. 이곳만큼 "주의를 흩트리는 그 어떤 광경이나 소리가 없는" 장소가 없기 때문이었다. 올슨에게는 고요함이야말로 야생의 장소가 지닌 본질이었다. 리스닝포인트에서 무언가를 듣고자 한다면, 들어야 할 것은 바로 소음의 부재였다.[1]

　그러나 올슨이 과연 옳았을까? 고요함이야말로 진정 세계 각지 야생 지역의 본질일까? 리스닝포인트에 인간의 소리가 없다는 점은 사실이다. 그러나 자연도 원래 대단히 시끄럽다. 상록수림에서는 "숨소리 섞인 낮은 휘파람" 소리가 난다고 묘사된 바 있다. 바람이 일어나면 가지들이 서로 부대끼고 무수한 바늘잎이 "터빈처럼 어지러이 돌아가면서", 상록수림도 들끓고 울부짖고 삐걱거린다.[2] 영국 시인 토머스 하디 Thomas Hardy는 고국의 낙엽수림을 우아하게 묘사했다. 호랑가시나무가 속삭이고, 물푸레나무가 쉭쉭대고, 너도밤나무 가지가 바스락거리며 오르내리다가, 겨울이 오면 나뭇잎이 떨어져 음에 미묘한 변화가 생긴다고 말이다.[3]

귀가 예민한 작가들은 어디를 가든 이러한 음악적 특성을 알아차린다. 1874년에 자연보호주의자 존 뮤어 John Muir는 시에라네바다산맥의 깊은 숲속에서 지냈다. 비가 내리면 뮤어의 귀에는 '제일 꼭대기에 있는 바늘잎'이 내뿜는 선율이 들렸다.[4] 이보다 울창한 아마존이나 아프리카, 파푸아뉴기니 열대우림에 비가 내리면 매우 독특한 불협화음이 나기도 한다. 위대한 자연음 수집가 버니 크라우스 Bernie Krause는 녹음 장비를 설치하다가 오후의 소나기를 맞은 적이 있다. 그의 묘사에 따르면 처음에는 "빽빽한 물의 벽"이 "화물 열차가 다가오는" 것처럼 쏟아지는 광경이 보이더니, 잠시 후에는 나뭇잎에 빗방울이 노래하듯 방울방울 떨어졌고 이따금 바닥에 팬 작은 웅덩이에 물이 찰싹 튀었다. 마침내 폭풍이 저 멀리 물러나자 벌레들이 찌르르 울어대기 시작했고, 무수히 많은 이국적인 새들이 서로를 부르는 소리가 마치 웅장한 대성당 내부처럼 울렸다.[5]

바로 이러한 순간, 숲은 활짝 깨어 있다. 사실 숲은 결코 완전히 잠들지 않는다. 그도 당연한 것이, 숲은 살아 있는 생물로 빼곡히 들어차 있기 때문이다. 젊은 인류학자 콜린 턴불Colin Turnbull이 1950년대에 콩고의 이투리Ituri 산림을 처음 방문했을 때, 교과서를 읽고 상상했던 정적 대신 그의 말마따나 "흥미롭고 신비로우며 처량하고도 기쁨에 넘치는" 풍성한 소리의 융단을 발견했던 것도 바로 그런 연유이다.

코끼리가 나팔처럼 날카롭게 우짖는 소리나 표범이 기침하는 소름끼치는 소리(또는 그런 소리라고 착각하기도 하는 101가지 다른 소리들), (…) 벌꿀 철이 되면, 한밤중에 괴이하고도 정열적인 울음소리가 높은 나무 위에서 길게 끌며 울린다. 그 소리가 끊이지 않다 보니 대체 어떤 생물이 숨도 쉬지 않고 그토록 오래 우짖을 수 있는지 궁금해진다. (…) 그러다 새벽이 밝아오면 비둘기가 애처롭게 운다. 구슬픈 구구구 소리는 한 음에서 다른 음으로 미끄러져 내려가다가 나직하고 서글픈 신음이 되어 사그라진다. 온갖 다채로운 소리가 있지만, 대부분의 소리는 기쁨에 차 있다. 이 나무 저 나무로 서로를 쫓아다니며 지저귀는 화려한 새들이나, 이 가지 저 가지로 건너뛰며 재잘거리는 말쑥한 흑백 콜로부스원숭이들처럼….[6]

그러니 지구를 "대우주의 악기"로, 시표면에 사는 생물을 소리와 리듬이 박동하는 "거대한 동물 오케스트라"로 묘사하는 것도 무리가 아니다.[7] 올슨은 비교적 조용한 미네소타주의 호수에서 파이프를 피우고 지내면서도 야생이 노래한다고 썼는데 말이다.

야생은 확실히 눈부시게 다양한 소리로 노래한다. 야생은 시시각각

계절마다 모습을 바꾼다. 야생의 음역은 장소에 따라 변한다. 뮤어는 시에라네바다산맥을 종주했을 때 소리만 듣고도 자신이 정확히 어디에 있는지를 알았다고 주장했다. 삼림은 구역마다 고유한 음향 특성이 있기 때문이다. 해안선이 뻗은 곳마다, 강 굽이굽이마다, 초원이나 목초지가 펼쳐진 곳마다 각자 특징적인 음향이 있는 것과 마찬가지이다. 삼림의 음향에는 지리, 기후, 야생 동물들의 독특한 조합을 통해 만들어진 자체적인 으뜸음 소리가 있다. 바람 속에서 숲은 노래하지만, 나무가 없는 인근 평야는 "거대한 하프"처럼 진동한다. 메리맥Merrimack강은 흐를 때 방죽에 "입 맞추며" 중얼거리지만, 스위스 산의 개울은 왁자지껄하게 떠든다. 수단에서 나일강은 분노에 차 으르렁거린다.[8] 브루클린에서 대서양은 널찍하게 펼쳐진 모래사장으로 부드럽고 느릿하게 파도쳐 온다. 포르투갈 앞바다에서는 파도가 "타악기를 두드리는 듯 세차게 철썩철썩" 소리를 내며 바위투성이 해안에 부딪힌다. 영국의 서퍽Suffolk 해변은 경사가 가파르다 보니 파도 소리도 초조하다.[9]

어디에든 곤충과 새와 포유류 등 다양한 생물이 가득 모여 들썩이면서, 그곳 특유의 소음이 밀물과 썰물처럼 들고 난다. 어떤 생물은 여름철 늦은 아침 햇살에 서식지가 말라붙을 무렵 가장 크게 소리를 내고, 어떤 생물은 가을철 새벽이나 늦은 저녁 촉촉하게 습기 머금은 공기에 외침 소리를 더 멀리 실어 보낸다.[10] 뉴질랜드나 오스트레일리아 일부 지역에 가면 매미 울음소리에 귀가 먹을 지경인데, 매미는 오직 12월에서 3월까지만 운다. 북아메리카에서는 개구리의 왁자지껄한 울음소리가 계절의 변화를 알린다.

***

자연은 소리를 통하여 위성항법시스템이자 시계이자 달력이 된다. 오늘날 우리를 안내해줄 첨단 기술이 워낙 많다 보니 때로는 잊게 되지만, 사실 과거 인류는 대부분의 세월 동안 자연의 사운드스케이프에 늘 주파수를 맞추고 살았을 것이다. 인류의 먼 선조는 자연의 사운드스케이프 안에 있는 모든 것에 주의를 기울였을 터이다. 소리는 어두컴컴한 숲에서 사냥감을 잡도록 도와주었고 씨앗을 언제 뿌릴지 알려주었을 뿐만 아니라 보이지 않는 영계와 소통하는 통로를 제공하는 역할까지 했다. 야생의 소리는 선조들이 최초로 만든 음악과 최초로 발화한 말의 형태를 결정짓기도 했다. 초기 인류가 자연과 관계 맺을 때 나타낸 가장 중요한 특징이 바로 자연을 흉내 내는 것이었기 때문이다.

아직도 세계 각지의 오지에서 이런 사례를 들을 수 있다. 30여 년 전, 미국 인류학자 스티브 펠드Steve Feld는 파푸아뉴기니의 열대우림 지역에 사는 칼룰리족의 언어에 소리와 관련된 어휘가 대단히 풍부하다는 사실을 알아냈다. 예컨대 칼룰리족은 땅에서 들리는 새소리와 공중에서 들리는 새소리, 가까이서 들리는 새소리와 멀리서 들리는 새소리를 완전히 다른 구절로 표현한다.[11] 칼룰리족에게 새의 사진을 보여주면, 새의 이름을 대기에 앞서 새소리부터 흉내 내며 "이런 소리를 내는 새입니다."라고 말한다. 칼룰리족의 노래도 숲에서 일상적으로 나는 소음, 즉 새·포유류·곤충·나무·흐르는 물·쏟아지는 비 등이 내는 소리와 긴밀하게 얽혀 있다. 칼룰리족은 그런 소리와 함께, 그런 소리를 향해, 그런 소리에 대해 노래한다.[12] 칼룰리족 가수들이 내는 환호성,

휘파람 소리, 노랫소리는 주변에서 나는 소음과 '맞물리고' 그 소음의 리듬을 따른다.

이토록 청력과 모방 능력이 예민하게 발달한 이들은 칼룰리족만이 아니다. 말레이시아 열대우림으로 가면 테미아르족이 치유의 춤을 추는 소리를 들을 수 있는데, 이 춤을 출 때에는 대나무 대롱을 땅에 찧으면서 매미의 고동치는 울음소리를 흉내 낸다.[13] 북아메리카의 탁 트인 초원에서는 옛날에 블랙풋족과 수Sioux족 등 평원 원주민들이 들소 떼를 구덩이로 몰아 사냥하곤 했는데, 이들은 음매 우는 송아지의 목소리를 교묘히 본떠 노래한 것으로 보인다.

수족, 테미아르족, 칼룰리족은 인류의 머나먼 과거를 소리로 회상케한다. 수만 년 전, 인류는 먹을거리를 찾아 덤불 사이로 몰래 움직이면서 서로에게 특정 동물이 지나간 자취를 찾았거나 뭔가를 목격했다는 정보를 알려주어야 했을 터이다. 덤불 틈에서 사냥하는 현대 수렵채집인과 마찬가지로, 과거 인류도 십중팔구 동물을 모방함으로써 정보를 전달했을 것이다. 이들은 동물의 걸음걸이, 움직임, 몸동작, 그리고 울음소리를 흉내 냈을 것이다. 모방한 소리는 차츰 변해 우리가 말하는 단어로 굳어졌다. 오늘날에도 의성어적인 동물 이름이 많은 이유도 그 때문이다. 의성어적인 동물 이름은 동물 자체의 본질을 포착하거나 동물을 흉내 낼 때 혀나 입술이 움직이면서 나오는 음절 단위로 이루어진다. 시간이 흐르면서 이런 음절들이 진화해 인류가 공유하는 일반적인 언어 습관으로 발전했다.

1920년대에 다음과 같은 실험이 처음 나왔는데, 여러분도 시도해보시길 바란다. 큰 식탁과 작은 식탁이 있다고 했을 때, 다음의 아무 의미

없는 2개 단어 중 더 큰 쪽을 묘사하는 데 어울리는 단어는 무엇일까? '밀'일까 '말'일까? 당신은 아마 '말' 쪽을 선택했을 것이다. 어느 나라 사람이든 대개 그쪽을 선택한다. 여러 언어에서 사람들은 'ㅣ' 소리에서 작은 것을, 'ㅜ', 'ㅗ', 'ㅏ' 소리에서 큰 것을 연상한다. 비교적 최근에는 세계 각지의 동물 이름이 크기 이외의 특징을(예컨대 새가 재빠르게 휙 날아가는 성질, 물고기가 느릿하게 흘러가는 움직임 등) 어떻게 담아내는지 알아내려는 연구도 다수 실시되었다. 이 실험도 해보자. '춘춘키트'와 '마우츠'라는 두 단어 중 어느 쪽이 새이고 어느 쪽이 물고기일까? 이번에도 다들 맞추셨을 것이다. '춘춘키트'는 왠지 새 같은 소리다. 아니, 새가 내는 소리 같은 소리다.[14]

하지만 과거 인류 문화가 자연의 소리와 얼마나 가깝게 엮여 있었는지를 가장 잘 보여주는 지역은 바로 중남미이다. 중남미 사람들은 단지 자연을 흉내 내는 데 그치지 않았다. 멕시코나 안데스산맥의 몇몇 고대 문명에서는 상징적 신앙체계 전체가 소리를 중심으로 발달했다. 예컨대 14~15세기 페루의 산악 지역에 살았던 잉카인들은 우주를 시끄러운 '항아리 드럼pot-drum' 같다고 보았다. 이 지역 언어에는 뭔가를 담는 용기나 쏟아짐과 관련된 단어가 풍부하게 발달했는데, 이 단어들은 자연 현상과도 연관이 있다. 땅과 하늘, 호수와 산, 돌과 집, 인간 등등 모두가 뭔가를 담거나 쏟아내는 그릇 같다고 본 것이다. 안데스에서는 천둥이 치면 하늘에 금이 간 듯하다고, 즉 하늘이라는 항아리가 깨진 듯하다고 말한다. 다른 여러 제의에서도 분명 뭔가를 쏟는 소리를 포함했으며, 이때 항아리를 이용해 비가 뚝뚝 떨어지거나 개울이 흐르는 소리, 오줌 누는 소리, 그리고 아마도 피 흘리는 소리 등 자연 세계의 사

운드스케이프를 재현했다.[15]

더 북쪽으로 올라가면 소리 상징이 어지러울 정도로 늘어난다. 멕시코 남서쪽 해안가 오악사카Oaxaca에 있는 1,000여 년 전의 주택에서 고고학자들은 수많은 종과 방울, 피리와 호루라기 따위의 유물을 발굴했다. 평소 요리나 식사에 사용한 항아리 여러 개에는 속이 빈 작은 다리가 달렸고, 다리 속에는 작은 흙 공이 담겨서 방울처럼 소리를 냈다. 마치 음식을 차리거나 낼 때마다 매우 의도적으로 요란한 소리를 내려 한 것 같다. 아스텍인들은 옷에 구슬과 작은 종들을 매달아서 걸어 다닐 때마다 쨍그랑거리며 울리는 소리를 냈던 것으로 보인다. 옷에 장식한 종들 중 몇몇은 윗부분에 동물 문양, 특히 새 문양을 덧댔다.

실제로 새는 고고학자들이 발견한 유물에서 거듭 나타난다. 항아리를 새 문양으로 장식하고 호루라기와 피리를 새 모양으로 만든 경우가 많다.[16] 다른 여러 고대 문명에서 그러했듯, 고대 멕시코에서도 새는 상징적인 힘을 강하게 지녔음이 분명하다. 새는 여러 가지 동물과 더불어, 망자가 된 선조들의 숨겨진 세계와 인간을 이어주는 영혼의 안내자 노릇을 했다. 물론 인간이 새의 본질적 특성을 조금이나마 담아 만든 물건도 새의 소중한 힘, 즉 영계와 인간계를 이어주는 성스러운 힘을 재현했을 터이다.

따라서 어렵잖게 짐작할 수 있는 바, 항아리며 호루라기며 종 따위는 모두 시끄러운 아스텍 가족 제의가 열릴 때 사용자들을 자연 세계와 이어줌으로써 영계를 일깨우는 노릇을 했다. 이런 전통이 언제부터 시작되었는지 정확히 가늠할 수는 없어도, 그 뿌리가 먼 선사시대에 있다는 추측은 가능하다. 아스텍의 시각 예술은 소리와 말하기와 듣기를 매우 중요하게 다룬다. 아스텍 그림을 보면 값진 물건으로 장식된 '두루마리'들이 말하는 이의 입에서 나오는 장면이 자주 등장하는데, 마치 신과 선조가 사는 꽃향기 향긋한 세계를 목소리가 실어 나르는 듯 보인다. 그러나 더 오래된 석상이나 벽화에서는 꽃과 소용돌이 문양을 이용해 숨 쉬거나 말하거나 노래하거나 소리가 우르릉거리거나 메아리치는 모습을 표현하기도 했다. 소리는 인간의 생활과 신앙에 워낙 중요했기에, 인간은 소리를 시각적 상징으로 나타내려 무던히 노력해온 것을 볼 수 있다.[17]

여기에는 추상적인 소리 관념이 들어설 여지가 추호도 없었다. 소리는 거의 언제나 현실 세계에서, 다시 말해 노래하는 야생에서 영감을 받았다. 이런 관점에서 보자면, 인류는 바람과 바다와 천둥과 비가 만들어낸 소리를 바탕으로 고유의 소음을 겹겹이 더하는 생물이라는 폭넓은 연속체의 일부일 따름이었다. 그러나 인류는 끼니를 마련하기 위해 자연의 소리를 베끼는 데 결코 만족하지 않았다. 문화가 계속 진화함에 따라, 인류는 소리로 무엇을 할 수 있는지에 대해 더 거창하고 복잡한 발상을 떠올리게 되었다. 소리를 어떻게 형성하고 조작해야 극적 효과를 창출할지, 인류가 우주에서 어떤 위치를 차지하는지 이해하는 데 도움이 될지, 즉 자연을 단지 베끼는 데 머물지 않고 지배할 수 있을지 생각하게 되었다.

4 　제사와 의식

오크니제도Orkney Islands는 현대 영국 사람들이 이국적이고 외지다고 생각하는 곳이다. 이곳은 런던으로부터 850킬로미터 넘게, 에든버러로부터도 320킬로미터 넘게 떨어져 있고 영국 본토인 브리튼섬에서 건너가려면 비행기나 여객선을 타야 한다. 그러나 지금으로부터 6,000~4,000여 년 전인 신석기시대에는, 오크니제도가 브리튼섬에 거주하는 인간의 삶에서 전혀 주변부가 아니었다. 잠깐이기는 했지만, 오히려 유럽 문명의 중심지 중 하나였다.

오크니제도에는 스캐러브레이Skara Brae 유적이 있다. 스캐러브레이는 놀랄 만큼 잘 보존된 석조 움집 마을로, 집안에 침대와 옷장 같은 가구와 난로까지 갖추어져 있다. 남동쪽으로 몇 킬로미터만 가면 돌을 원형으로 배치한 환상열석環狀列石 유적인 스테니스Stenness와 링 오브 브로드거Ring of Brodgar가 눈에 띈다. 게다가 인근에 매즈오Maeshowe라는 거대한 석실묘가 있는데, 동짓날이면 석양빛이 아주 작은 통로를 지나 내부 석실을 비춘다. 이 모두가 언덕, 호수, 만灣으로 이루어진 자연의 장엄한 원형 극장 안에 놓여 있다.

반경 수천 킬로미터를 통틀어보아도, 인류사에 근본적으로 어떤 변화가 벌어졌는지 알아보기에 이만큼 적절한 곳은 없으리라. 신석기 무렵 우리 선조는 더 이상 있는 그대로의 자연에서만 거처를 구하거나 종교적 영감을 구하는 데에 만족할 필요가 없어졌다. 스스로 기념비적인 건축물을 지었기 때문이다. 건축물은 단순한 물리적 객체가 아니라 복잡한 제의 생활을 이루는 요소임에 틀림없다. 오크니제도의 신석기인들이 세운 건축물들은 (아마도 애초부터 그럴 의도로 짓지는 않았겠지만) 기이한 소음을 창출할 수 있는 장소이다. 이들이 세운 거석은 완전히 새로운 음향 정체성을 띠는데, 이는 인간이 자연의 사운드스케이프를 새로운 방식으로 장악했음을 보여준다.

물론 우리는 이 축조물이 (아니, 그 어디에 있는 축조물이라도) 새로운 음향 효과를 만들어낼 목적으로 특별히 지어졌는지는 알 수 없다. 그럴 리는 없어 보인다. 그러나 거주의 증거가 될 잔해가 전혀 발견되지 않은 것으로 보아, 환상열석이나 석실묘에 아무도 살지 않았음은 거의 확실하다.[1] 이곳은 범상치 않은 장소, 범상치 않은 사건이 벌어지는 장소였음이 틀림없다.

대체 어떤 사건이 벌어졌을까? 역시 알 수 없다. 그러나 민족지학 연구에 따르면, 대부분의 문화에서 제의는 다감각적인 행사이다. 오크니제도의 신석기 유적지에 들어서면 십중팔구는 이곳이 마치 연극 무대 같다고 느낀다. 조명 효과나 이상한 냄새를 내며, 우리로 하여금 그 안에서 낯선 방식으로 움직이게 하는 장소 같다고 말이다. 4,000~5,000여 년 전에 이 공간을 사용하던 사람들이 자신들을 에워싼 거석에서 놀라운 음향 효과가 발생한다는 사실을 어쩌다 알게 되었다면, 반드시 그 효과를 활용하고 싶었을 것이다. 그러나 정확히 어떻게 활용했을까? 우리 선조들은 이런 장소에 어마어마한 소음을 내려고 찾아왔을까, 아니면 정적과 감각 박탈을 경험하러 왔을까?

이 질문을 풀어주겠다고 유혹하는 첫 단서는 링 오브 브로드거에서 나타난다. 링 오브 브로드거는 놀라운 유적지이다. 입석 27개가 지름 약 100미터의 크고 완벽한 원을 이루는데, 입석 중에는 높이가 4미터나 되는 것도 있다. 원 주변은 단단한 돌로 만든 배수로가 둘러싸고 있다. 이런 양식의 배수로는 환상열석 유적에서 매우 보편적으로 나타나며 흙을 돋워 둑을 높게 만든 경우가 많다. 둑이 높으면 높을수록 일종의 칸막이처럼 작용하여 주변의 소리를 막기 때문에, 환상열석 내부에 일종의 '소리 그늘'을 만들어낸다. 그렇지만 링 오브 브로드거에는 둑이 없어 유적지 전체가 주변 소리 환경에 열려 있다. 한 고고학자는 이곳이 축조되었다기보다는 그저 "땅에서 채집한" 곳 같은 인상을 준다고 묘사하기까지 했다.[2]

그렇지만 링 오브 브로드거를 처음 만들었을 때는 입석이 27개가 아니라 60여 개가 서 있었을 터이고, 따라서 공간도 훨씬 닫혀 있었을 것이다. 그러나 공간이 완전히 닫혀 있지 않았더라도 사람이 들어설 때 미묘하게 다른 음향을 만들어내기에는 충분했을 것이다. 오늘날에도 날씨가 잠잠한 날에 환상열석 한가운데에 서서 손뼉을 치거나 큰 소리를 내면, 메아리가 안쪽 벽을 따라 튕겨 나오는 것을 또렷하게 감지할 수 있다.[3] 이러한 효과는 북을 치면 더 뚜렷이 드러나서, 환상열석 사방으로부터 한가운데로 메아리가 되돌아오는 것이 느껴진다. 한가운데서 멀어질수록 이런 음향 효과는 줄어들고, 환상열석을 벗어나면 완전히 사라진다.

브로드거 유적지의 입석은 안팎 양쪽을 상당히 거칠게 다듬은 반면, 스톤헨지 유적의 입석은 안으로 향한 면이 훨씬 매끄럽다. 그저 장식용으로 다듬었는지도 모르지만, 표면이 매끄러운 스톤헨지 입석은 중심부로 소리를 더 잘 튕겨내는 효과를 발휘했을 것이다. 그러므로 신석기식 제의가 벌어지는 중에 참가자가 환상열석에서 특별한 사건이 일어난다고 느꼈다면, 음향 경험도 거기에 한몫을 했을 가능성이 충분하다. 환상열석에 들어서는 순간, 바닷소리나 바람소리처럼 주변에서 들리는 자연 세계의 소리가 한결 폐쇄되고 억제된 소리로 바뀌며 극적인 변화가 일어났을 것이다.

매즈오 석실묘의 음향 효과는 더 극적이다. 묘실 자체는 석벽과 큰 평판으로 만들어졌지만, 전체 구조물은 진흙더미와 잔디로 덮여 있다.[4] 그 덕분에 방음이 효과적으로 이루어진다. 빠져나가거나 스며들어 오는 소음이 거의 없다. 그렇지만 이러한 석실묘가 간간이 갈매기 울음이 들려올 때를 빼고는 완전히 고요한 공간이었으리라고 짐작해서는 곤란하다. 일단 석실묘들은 그저 죽은 자들이 내버려져 잊히는 장소가 아니었다. 오히려 사람들이 석실묘를 빈번히 방문했고, 유해를 밖으로 꺼내기까지 했으며, 꺼낸 유해를 산 자들과 관련된 제의에 썼던 것으로 보인다. 묘를 드나든 흔적이 꽤 남아 있으며, 내부에서 일정한 행사가 정기적으로 열린 것 같다.[5]

더욱이 그 어떤 묘도 100퍼센트 방음이 되지 않으므로, 소리는 바깥에서도 아주 조금이나마 들렸으리라. 그런데 설사 소리가 새어나갔다해도, 새어나간 방식이 아주 희한하다. 스코틀랜드 남단과 아일랜드의 유적지들에서 실험한 결과, 석실은 모든 소리가 아니라 대체로 고주파 음을 차단했다. 반면 저주파 소음은 새어나갔다. 그러므로 석실묘 안에서 북을 치면, 북소리가 변형되어 무덤 뒤편이나 옆에 선 사람에게는 훨씬 낮게 들렸을 터이다. 북소리는 무덤에서 나온다기보다는 땅에서 솟아나는 것처럼 들리기에, 기이하리만큼 낮은 소리로 들릴 터이다.[6]

이러한 거석 축조물 깊숙한 곳에, 인류사에 새로운 무언가가 등장했다. 바로 인공적으로 만든 고요한 공간이다. 물론 공간을 오랫동안 고요하게 유지하지는 않았을 수도 있다. 그러한 공간을 빈 캔버스 삼아 완전히 새로운 사운드스케이프를 쉽사리 창조했을지도 모른다. 석실묘의 석벽은 매끈하며 정확히 짜 맞추어 만들어져 있기에, 소리를 효율적으로 반사하기에 완벽하다. 이처럼 정교하게 설계된 빈 공간 안에서 고함을 지르거나 노래하기 시작하면 곧장 소리가 우르릉 울리는 효과가 나타난다. 그 소리는 갈수록 커지고 강해진다.[7]

그러나 혹시 신석기인들이 여기 모여 뒤죽박죽된 소리를 내려 했다기보다는, 인공적인 공명을 활용하여 한결 통제된 효과를 창출하려 했던 것은 아닐까? 묘실 한가운데에서 북을 초당 2박 정도로 치기 시작하면, 적절한 타이밍에 메아리가 발생하여 최면을 거는 듯한 피드백 루프를 촉발할 수 있다고 밝혀진 바 있다. 몇몇 고고학자들은 이러한 최면 효과를 연구해, 비슷한 방식으로 만들어지는 음조의 주파수가 뇌를 각성과 수면 상태의 중간쯤으로 보내는 주파수와 우연히도 일치한다는 사실을 알아냈다. 뇌가 이 상태일 때는 심상과 환각이 특히 생생하게 떠오른다.[8]

이와 동시에, 우리가 미처 감지하지 못하는 무언가가 생겨난다. 인간의 가청 영역 아래에 존재하는 소리가 나는 것이다. 불가청음인 소위 '초저주파'도 우리에게 영향을 미친다. 중이中耳에 압력이 느껴지게 하거나 살짝 두통을 일으키기도 하고 다리가 떨리게 하기까지 한다. 몇 년 전, 오크니제도에서 멀지 않은 스코틀랜드 캠스터라운드Camster Round에 있는 무덤에서 일부 자원봉사자가 북소리로 인한 폭발적인 초저주파에 짧게 노출된 적이 있다. 그들은 어지러움을 호소했고, 몸이 붕 뜨는 이상한 느낌을 받았다고 한 사람도 있었다. 이 경우에도 신석기인들이 애초 무덤을 설계할 때부터 이런 효과를 의도했는지는 알 길이 없다. 그러나 이곳에서 모종의 제의를 주관하여 진행한 누군가는 틀림없이, 무슨 짓을 해서라도 초월적 경험을 유발하여 제의의 초자연적인 특성을 강화하고 싶은 유혹을 느꼈으리라.[9]

지금까지 우리는 매즈오 같은 무덤에서 신석기인들이 죽은 자를 그저 고요함 속에 평화롭게 내버려두지 않고 때때로 그들과 함께 제의를 벌였다고, 그런 제의는 시끄러울 뿐만 아니라 환각을 불러일으키기도 했다고 추정했다. 그러나 다른 가능성도 있다. 어쩌면 이런 곳은 늘 고요함이 지배하는 장소, 산 자가 방문할 때조차도 고요한 장소였을지 모른다. 우르르 몰려와 떠드는 장소가 아니라 온전히 홀로 있기 위하여 오는 곳, 일종의 영혼의 안식처였을지도 모른다. 이러한 가능성을 보여주는 증거가 4,000~5,000여 년 전, 중세 프랑스에서 나왔다.

***

프랑스의 유서 깊은 루에르그Rouergue 지역, 콩크Conques 마을 부근에 환상적인 전설이 있다. 대중의 기억에서는 사라지고 단지 몇몇 도서관에 소장된 고서에만 매우 모호하게 언급되어 있을 뿐이다. 주로 이런 전설과도 같은 이야기이다.

어느 날 두 거인이 살해되었다. 그들의 시신은 인근 어딘가 외진 데에 있는 선사시대 무덤에 안치되었다. 두 거인은 여러 날 동안 무덤에 누워 있다가, 갑자기 죽음에서 깨어나 마치 꿈을 꾸듯 미래를 보았다. 어떻게 된 영문인지는 몰라도 거인들이 부활한 것이다. 물론 부활에 관해서라면 훨씬 유명한 이야기들이 많지만, 이 전설에서 흥미로운 점은 따로 있다. 앙제의 베르나르Bernard of Angers가 11세기에 작성한 유명한 문헌《프와 성녀의 기적에 대한 책Book of Miracles of St. Foy》에도 콩크 마을을 배경으로 삼은 매우 흡사한 이야기가 등장한다는 사실이다.

이 이야기들은 부화孵化라는 종교적 의식과 관련이 있다. 사람들이 동면하기 위해, 그리고 아마도 재생하기 위해 은신처를 모색했다는 것이다. 실제로도 14세기 후반까지 사람들은 자주 콩크 마을로 찾아와 교회 성역 안이나 근처에 여러 날 동안 누워 있으면서 그 지역 성인聖人으로부터 치유를 받고자 했다. 사람들은 일종의 몽환 상태에 빠져 있을 때 성인이 그들 앞에 나타난다고 믿었다.[10]

이탈리아 학자 프란체스코 베노초Francesco Benozzo는 각종 사투리에서 쓰이는 명칭과 표현 속에서 '무덤은 곧 부화 장소'라는 생각을 뒷받침하는 흥미로운 단서를 몇 조각 발견했다. 베노초에 따르면, 여러 유럽 언어에서 '굴cave'을 뜻하는 단어는 '숨다'라는 공통 어원에서 유래했다. 세월이 흐르며 이 어원은 라틴어에서 '방cell'을 뜻하는 단어가 되었다. 고대 고지 독일어에서는 이와 관련된 단어가 '죽은 자들의 집'으로 번역된다. 고대 아일랜드어에서 이와 가장 근접한 단어는 '은신처'와 '고요함'을 동시에 뜻하는 단어로 번역될 수 있다. 고대 웨일스어에서는 해당 단어가 '꿈'을 뜻한다. 즉 단일한 출발점에서 뻗어 나온 여러 단어가 어둠, 은신처, 고요함, 꿈 등의 의미로 연결되는 셈이다.[11] 이 단어들은 사람들이 외부 세계로부터 단절된 안식처를 한결 조심스럽고 조용하고 사적인 방식으로 이용했음을 암시한다.

그런데 과연 이런 일이 오크니제도에서, 매즈오 석실묘의 내실에서도 일어났을까? 사람들이 타악기를 두드리며 노래를 부르기 위해서가 아니라 휴식하며 꿈꾸기 위해 석실묘로 느릿느릿 걸어 들어갔을까? 훨씬 나중에 오크니제도를 포함한 영국령 제도의 일부는 스칸디나비아 국가들의 지배를 받게 되는데, 고대 북유럽의 일부 문화권에서는 청년 남성이 성인이 되기 전에 휴면기를 거쳐야 한다고 여겼다. 휴면기를 맞은 청년은 의례적으로 난롯가에 누워 기면 상태에 빠진 채 몇 달을 보냈다. 10대들이 침실에서 꿈쩍 않고 늘어져 있는 것과 비슷하지만 더 극단적인 형태이다.[12] 그러므로 중세 프랑스의 부화 의식과 비슷한 무언가가, 훨씬 오래전이기는 하지만 북유럽에서도 벌어졌다고 충분히 상상할 수 있다.

사실 오크니제도를 비롯한 신석기 유적들이 소음을 내는 공간이었는지, 고요함을 추구한 공간이었는지 온전히 알 길은 없다. 그렇지만 우리가 유일하게 알 수 있는 점은 이것이다. 인류는 특정한 장소에서 스스로 자연의 사운드스케이프를 통제할 수 있음을, 어쩌면 자기 힘으로 완전히 새로운 사운드스케이프를 창조할 수도 있음을 깨닫기 시작했다. 새로운 사운드스케이프를 통제하는 행위 자체가(아니면 적어도 그러한 사운드스케이프를 일깨우는 의식을 주관하는 행위는) 극히 중요하게 여겨졌으리라고 보아도 무리가 없을 터이다. 매즈오 같은 석실묘 내실이 한번에 수용할 수 있는 인원은 20명 정도이다. 누가 석실묘에 들어가고 들어가지 못하는지가 정해졌다면, 다시 말해 누가 그곳에서 치러지는 제의의 소리와 냄새와 모습을 직접 경험할 자격이 있고 누가 무덤 바깥에 남아 신비로운 우르릉거림을 희미하게 들을 수밖에 없는지 정해졌다면 그 결정은 사회적 위계를 반영하고 강화했을 것이다. 아마도 수수께끼 같은 인물이 있어, 온갖 경이롭고 비밀스러운 방식으로 소리를 제어할 수 있었으리라.

5 샤먼의 등장

엄밀히 따지자면 샤먼은 시베리아에서 순록을 치는 유목민족 및 중국과 한국의 일부 지역에만 존재한다. 그렇지만 샤먼을 '황홀경 상태에 돌입하여 영계와 접촉하는 남성 또는 여성'으로 폭넓게 정의한다면, 그들은 세계 어디에나 있다.

역사를 통틀어 이처럼 특수한 계층에 속한 이들은 약물이나 리드미컬한 음악 또는 2가지 모두를 사용하여 혼령과 소통하는 과정을 통해 병자를 치유하거나 동물들을 통제하고 날씨를 변화시켰다. 샤먼의 존재는 북아메리카 캘리포니아 원주민부터 알래스카의 이누이트족, 남아프리카의 산족, 내몽골 부족에 이르기까지 수렵채취 사회가 있었던 곳이면 어디에서든 발견되었다. '어떤 식으로든 황홀경에 도달하는 관행'만 따진다면 더욱 광범위한 지역에서 볼 수 있다. 500개에 가까운 문화공동체를 조사한 결과, 적어도 90퍼센트가 매우 넓은 의미에서 '샤머니즘적'이라 일컫는 특성을 보였다고 한다.[1]

이 점은 선사시대 말엽에 소리가 어떤 역할을 맡았는지 이해하는 데 매우 중요하다. 대략 2만 년에서 4,000여 년 전인 구석기 말과 신석기에, 인류 대부분은 오늘날 시베리아 지역에서 순록을 치는 사람들처럼 수렵채집 생활을 했다. 따라서 만약 선사시대에 제례를 치르는 신앙생활이 발달하기 시작했다면, 선사시대 인류 중에는 샤먼과 비슷한 구석이 약간이라도 있는 사람들이 엄선되어 그런 행사의 중심 역할을 했을 것이다.

현직 샤먼이 활동하는 모습을 자세히 관찰해보면, 이들은 대체로 어둠 속에서 북을 치며 주문을 외운다. 이런 모습은 숱한 초자연적 믿음이 지배하던 석기시대에 제법 잘 어울렸으리라. 그러면 이런 질문이 나오지 않을 수 없다. 샤먼 같은 이들은 정말 다른 사람들에게 권력을 행사하고 영향을 미치는 수단으로 소리를 활용했을까? 표현을 바꿔보자. 앞서 밝혔듯이 소리는 사회적 유대를 강력하게 촉진하는 힘을 가지고 있다. 대체 노련한 전문가들은 어느 정도로 소리를 이용해 사회문화적 위계질서를 부각하거나 강화했을까?

먼저 샤먼이 황홀경에 빠질 때 어떤 상황이 벌어지는지를 면밀히 살피는 데서부터 시작하는 것이 좋겠다. 물론 샤먼마다 행하는 제의는 제각기 다를 것이다. 러시아 작가인 블라디미르 보고라스Vladimir Borogras는 100여 년 전 이에 대한 상세한 기록을 남겼고, 이 기록은 이제 고전이 되었다.

보고라스는 젊은 시절 차르 전제정권에 맞선 진보적인 견해 탓에 시베리아에 유배되었다. 그는 외롭고 힘든 유배 시기 대부분을 원주민 부족을 연구하는 데 바쳤다. 보고라스가 주로 연구한 추크치족은 러시아의 가장 북동쪽에 긴 띠처럼 펼쳐진 내륙을 따라 순록을 쳤다. 보고라스는 추크치족의 언어와 생활방식에 매료되었는데, 특히 종교에 가장 크게 매혹을 느낀 듯하다. 그는 샤먼이 추크치족에게 얼마나 중요한지, 그리고 샤먼이 소리를 얼마나 능숙하게 활용하여 혼령을 불러낼 뿐만 아니라 강력하게 암시를 거는 분위기를 조성하는지를 깨달았다. 보고라스는 추크치족 야영지에서 식사를 했던 어느 날 저녁을 다음과 같이 회상한다.

저녁 식사가 끝나고 주전자와 쟁반을 바깥쪽 텐트에 치운 뒤, 강령회에 참가하고 싶은 이들은 모두 안쪽 방으로 들어왔다. 안쪽 방은 밤에는 굳게 닫혔다.

모든 사람이 안쪽의 작은 방에 모이자 불이 꺼졌고, 남자 샤먼이 독한 담배에 불을 붙이며 강령회를 시작했다.

샤먼은 북을 치면서 도입 곡조를 부른다. 노랫소리는 처음에 나지막하다가 차츰 커지면서 이내 굳게 닫힌 작은 방 한가득 세차게 울린다. 좁은 벽들은 소리를 사방으로 울린다. 게다가 샤먼은 북을 이용해 목소리를 변조한다. 북을 입 바로 앞에 대었다가 비스듬하게 틀기도 하면서 광폭하게 두드려댄다. 몇 분이 지나면 이 모든 소음이 듣는 이들에게 기이하게 작용한다. 사람들은 쭈그려 앉아 대단히 불편한 자세로 서로 비집고 모여든다. 소리가 어디에서 들리는지 분별할 능력을 상실하기 시작한다. 굳이 상상력을 동원하지 않아도, 노랫소리와 북소리는 이 구석 저구석으로 움직이거나 심지어 정처 없이 떠도는 것처럼 느껴진다.

곧 대기 중을 떠다니는 혼령이 방 안에 가득한 듯 느껴진다.

'별개의 목소리들'이 (⋯) 방 안 사방에서 출현하며 위치를 바꾼다. 물론 완전히 환각에 빠진 상태에서 그렇게 들리는 것에 불과하다. 어떤 목소리들은 처음에 마치 먼 데서 다가오듯 희미하게 들리다가 차츰 가까이 다가오면서 커지고, 마침내 방으로 몰려 들어왔다가 방을 관통하여 바깥으로 나가면서 작아지고, 멀리 떠나가며 차츰 잦아든다. 또 다른 목소리들은 위에서 들리다가 방을 관통하여 땅속으로 꺼진다. 마치 땅속 깊은 곳에서 울려나오는 듯하다.[2]

샤먼은 후끈 달궈진 좁은 공간에서 기본적인 음향 원리의 도움을 받아 암시적인 분위기를 조장함으로써 대단히 인상적인 효과를 불러일으킨다. 환하게 냉정한 한낮에 보았더라면 샤먼의 복화술은 필시 발각되어 다소 위력을 잃었을 것이다. 그런데 보고라스가 추크치족 사람들과 대화해보니, 그들도 샤먼의 속임수가 "결코 진짜가 아니"라는 점을 알았다고 한다. 샤먼은 현대의 심령술사와 마찬가지로 어둠 속에서 남의 도움을 많이 받았는데, 그 사실도 다들 알고 있었다.[3] 그럼에도 추크치족 사람들은 샤먼의 연출이 "매우 훌륭하다"고 덧붙였다.[4]

보고라스는 샤먼이 낸 소리가 단순한 마구잡이 소음이 아니었기 때문에 청중에게 통했다고 생각했다. 그 소리는 추크치족의 신앙체계에서 중요한 의미를 가졌다. 추크치족 신앙에 따르면 만물은 살아 있거나 생명을 띨 가능성이 있으며, 혼령은 무생물처럼 보이는 사물에 숨어 있다가 여차하면 풀려 나오려 한다. 상상 속의 생물이 변신하듯이 혼령도 다양한 물리적 형태를 취하기도 하지만, 대개는 보이지 않는다. 혼령을 경험하려면 혼령의 소리를 듣는 이를 통해야만 한다.[5] 따라서 샤먼이 칠흑 속에서 자신의 목소리와 북소리를 의미심장하게 조작함으로써, 샤먼 주위에 모인 사람들은 마침내 자기네가 기대한 바로 그 경험을 하게 되었으리라.

샤머니즘을 연구할 때 주로 샤먼에 초점을 맞추는 이유는, 황홀경에 깊이 빠져 의식을 잃은 채 환각 상태에서 혼령들 사이를 '날아다니는' 주체가 바로 그들이기 때문이다. 즉 샤먼이 저승을 가장 직접 경험하는 것처럼 보이기 때문이다. 그러나 실제로 더 흥미로운 점은 샤먼의 행동을 목격하는 이들이 받는 영향이다. 옛날이나 지금이나, 사람들 대다수는 군이 자아를 완전히 초월하거나 의식을 완전히 변성시키지 않아도 종교적인 경건함을 느낄 수 있다. 고고학자 데이비드 루이스윌리엄스와 데이비드 피어스David Pearce가 지적했듯이 "사람들은 타인의 경험을 기꺼이 받아들여, 이를 초자연적 영역이 존재한다는 근거이자 종교적인 믿음 및 실천에 관여하는 수단으로 삼는다."[6] 더불어 보고라스는 흥미로운 사실을 발견했다. 추크치족 가족은 순록을 도축하는 의식을 벌이는 동안 샤먼뿐 아니라 일반인 남녀노소 누구나 북을 쳐서 "'혼령들'을 부르고 자기 몸에 혼령이 들어오도록 유도하려 한다." 어떤 때에는 여러 가족이 힘을 합해 목청껏 소리를 질러 악령을 불리치기도 했다.

> 그들은 샤먼을 흉내 내면서 갖가지 동물의 울음소리를 내고 기이한 소음을 낸다. 이런 소음은 '혼령들' 특유의 소리라고 여겨지는데, 고개를 맹렬히 흔들고 입술을 떨면서 내는 소리이다.[7]

즉 샤먼이 영적 능력을 독점했던 것은 아니다. 그러나 그렇다 해도 샤먼이 하는 일이 중요하다는 사실은 변하지 않는다. 샤먼은 남들에게 믿음을 어떻게 실천하고 유지해야 하는지에 대한 모범을 제시한다. 샤먼은 특별한 지식(어둠 속에 자기 목소리를 '던지는' 능력도 당연히 포함된다)을 소유했다는 사실을 뽐냄으로써 집단 내에서 자신의 영향력을 유지한다. 바로 그래서 추크치족은 정기적으로 대회를 열어 혼령을 가장 잘 불러내거나 제어하는 샤먼을 뽑는다.[8] 청중을 가장 열광케 하는 샤먼일수록 사회적 영향력도 커지고, 솔직히 말해 돈벌이도 가장 좋기 마련이다.

그렇지만 이러한 행위를 선사시대에도 똑같이 투사하여, 예전에도 정확히 똑같은 일이 벌어졌으리라고 섣불리 짐작해서는 안 된다. 현존하는 수렵채집 사회에 대한 인류학 연구는 과거에 대한 단서를 제공하기는 해도 확신을 주지는 못하기 때문이다. 그러나 그 점을 감안하더라도, 비슷한 현상이 세계 곳곳에서 계속 나타난다는 사실은 과거와 비슷한 경험이 지금도 어느 정도 남아 있다는 점을 시사한다.

소리를 영적이거나 거룩한 세계에 접속하는 수단으로 활용하는 것은 인류 문화에 두드러지게 나타나는 특징이다. 시간이 흐를수록 인류는 자연스레 각자의 문화와 가치체계 속에서 이러한 현상을 체험했다. 소위 "황홀경 길들이기"라 불리는 느리고도 복잡한 과정이었다.[9] 수천년이 지나면서 이러한 제의들은 완전히 별개의 종교로 갈라져 나갔지만, 약간의 상상력을 발휘하기만 하면 오래전 관습의 잔재가 여전히 살아 있음을 볼 수 있다.

***

샤먼이 '목소리를 던지는' 행위와 묘하게 비슷한 음향 속임수를 쓴 사례가 중세 기독교 세계에서도 나타난다. 대성당이 있는 영국 도시 웰스Wells에서도 여전히 정교한 제의의 일부로 이 속임수가 쓰인다. 이런 음향 속임수를 살펴봄으로써, 우리는 13세기에 제의가 어떻게 신을 경외하던 남녀노소 일반인으로 하여금 자신이 무언가 초자연적인 소리를 듣고 있다고 믿도록 유도했는지 알 수 있는 실마리를 얻는다.

매년 봄 웰스 대성당의 웅장한 파사드façade(건축물의 정면 외벽을 꾸미는 구조물—옮긴이)인 웨스트 프런트 밖에 신자들이 운집했다. 웰스 대성당은 규모가 그다지 크지 않고, 신도들이 앉는 공간의 너비는 파리의 노트르담 대성당의 것에 비하면 절반가량에 불과하다. 그러나 이곳의 바깥쪽 파사드는 노트르담 대성당의 것만큼이나 넓으며, 꼭대기에서 바닥까지 조각상으로 덮여 있다. 왕, 성인, 12사도, 주교, 천사 조각상이 300개가량이며, 정점에는 예수 상이 있다.[10] 완공된 지 800년 가까이 된 지금도 그 인상이 대단한데, 조각상과 벽감壁龕들이 생생한 빨간색과 초록색뿐 아니라 황금색으로도 칠해져 있던 당시에는 오죽했으랴. 이처럼 호화로운 경치만으로도 장관이지만, 성지 주일Palm Sunday(부활절 직전 일요일—옮긴이)이 되면 파사드는 숨겼던 힘을 갑자기 드러내고 소리를 통하여 폭발하듯 되살아난다.

신도들이 바깥에서 조용히 기다리는 동안, 대성당 합창단과 사제단 행렬이 신도들 곁에 멈추고 시편 제24편 〈입당송Introit〉을 부르기 시작한다.

세상과 그 안을 채우는 것들 모두 주님 것이라네
온 누리와 그곳에 사는 모든 이들
주님께서 바다 위에 세상을 세우시고
강들 위에 굳히셨으니

그런데 다음 소절은 신도들 바로 앞에 선 성가대원에게서 나오지 않
는다. 파사드 위 어딘가에서, 육신으로부터 벗어난 듯한 소리가 흘러
내려온다.

주님의 산에 오를 이 누구인가
그 거룩한 곳에 설 이 누구인가

신비롭다. 파사드 위에 서 있는 사람은 바깥쪽 바닥에 모여 서 있는
신도 중 누구에게도 보이지 않는다. 천상의 소리는 마치 파사드 벽을
3분의 1쯤 올라간 지점에 있는 벽감에 배치된 천사들 중 하나에게서 나
오는 것처럼 보인다. 즉 천사가 살아서 신도들에게 노래하는 것처럼 느
껴진다.

훌륭한 청각적 환상이다. 노래하는 천사 뒤에 숨겨진 비밀은 대성당
에 들어가야만 비로소 밝혀진다. 대성당 안으로 들어가면, 정문 바로
오른쪽에 자칫 모르고 지나쳐버릴 정도로 평범하게 생긴 나무문이 있
다. 그 문 안에는 파사드 외벽과 대성당 신도석 내벽 사이에 감춰졌던
계단과 복도가 토끼 굴처럼 어지럽게 펼쳐진다. 한 복도를 따라가면 좁
고 서늘한 갤러리가 나오는데, 이 갤러리는 노래하는 천사 조각상 바

로 뒤편에 있다. 이 갤러리가 서늘한 이유는 외벽에 오쿨루스^{oculus}라고 부르는 큰 구멍 몇 개가 나란히 뚫려 있어 바깥 공기가 들어오기 때문이다. 오쿨루스는 처음부터 소리를 증폭하기 위해 설계된 것이 분명하다. 거대한 원뿔 모양으로 생겨, 대성당 외벽 쪽 입구가 숨겨진 갤러리의 내벽 쪽 입구보다 넓게 뚫려 있다. 말하자면 메가폰 모양인 것이다. 오쿨루스 중 일부는 갤러리 바닥에서 약 120센티미터 높이에, 일부는 170센티미터 높이에 있다. 딱 아이와 어른 성가대원의 머리 높이이다. 성지 주일 및 부활절에 예식을 거행할 때, 바로 이곳에서 성가대원들이 비밀스럽게 자리를 잡고 오쿨루스를 향해 노래를 부른다. 바깥쪽 바닥에 서 있는 군중들에게는 천사들이 목청껏 노래하고 있다는 환각이 일어난다.

더 높이 올라가보면 이 파사드에는 오쿨루스가 뚫린 갤러리들이 더 숨겨져 있다. 한 곳의 오쿨루스는 노래를 부르기에는 너무 깊게 뚫려 있지만, 나팔을 불며 도열한 천사상들 바로 뒤에 자리 잡고 있다. 이쪽 오쿨루스는 인간 나팔수들이 예수가 예루살렘에 입성하는 순간 천사가 나팔을 부는 소리를 은밀하게 재현하려고 이용했을 가능성이 높다. 아예 파사드 전체가 거대한 악기가 되어 온갖 경이로운 소리를 크게 내뿜었으리라고 상상하면 되겠다.

회의론자인 우리 현대인들은 당연히 웰스 대성당의 속임수에 그리 충격을 받지는 않는다. 애초에 천사 석상이 진짜로 노래할 수 있다고 믿은 적도 없으니 말이다(아니, 믿긴 했었나?). 천사의 존재조차 믿지 않는 사람들이 대다수이다. 하지만 13세기에는 기적을 믿는 것이 당연했으며 기적은 의심할 수 없는 일상의 일부였다. 더욱이 화려하게 채색되어 번쩍이는 웨스트 프런트의 모습과 천사상이 노래하고 나팔 부는 모습은 그 아래에 운집한 군중에게 감동적으로 와 닿았을 것이다.

오늘날에 이러한 연출이 아무리 매력적으로 보인다 해도, 당시 이런 장치를 만든 배경에 냉혹한 권력 관계가 있었음을 묵과해서는 안 된다. 당시 웰스 대성당은 내세울 만한 성인의 유해도 보유하지 못한 데다 이웃한 배스 수도원Bath Abbey의 그늘에 묻혀 있었는데, 노래하는 천사들 덕분에 명성을 얻을 수 있었다. 당시 주교였던 조슬린Jocelyn과 건축가 애덤 로크Adam Lock의 노림수가 적중한 것이다. 청각적 환각은 극적인 매력을 조성하여 대성당의 장엄함을 드높이고 신도를 가호하는 위력을 확대했다. 대성당이 목표로 한 관객은 단순히 구원에 대한 설교를 듣는 것이 아니라 구원을 직접 체험한 듯한 기분을 느끼게 되었다. 좋은 구경거리는 지성뿐만 아니라 감성 수준에도 작용하기 마련이다. 대성당에서 울려 퍼지는 매혹적인 소리는 신도들이 진짜라고 느낄 만큼 충분히 실체를 갖추었으면서도, 덧없이 짧은데다 보이지도 않기 때문에 검증을 피할 수 있었다. 다시 말해, 암시의 놀라운 힘을 이용하고자 한 이들에게는 완벽한 속임수였다.

이러한 광경을 연출할 수 있는 이들에게 특별한 지위를 부여해준 것은 비단 중세 기독교 국가에서만 벌어진 일이 아니다. 수세기 동안, 소리를 지배하는 이들은 어디서든 특별한 존재로 식별되었을 터이다. 사람들은 혼령과 신이 보이지는 않되 들리는 존재, 즉 소리나 바람이나 진동이라고 상상했다. 그리고 그들의 미묘한 표식을 해석할 뿐만 아니라 '감지'할 수 있는 능력은 당연히 아무에게나 있지 않다고 믿었다. 중앙아시아에서 초기에 등장한 샤먼들에게는 분명 그럴 능력이 있었으리라. 나중에 일부 수피 이슬람교 전통에 등장한, "기도를 읊고 느린 동작으로 빙빙 돎으로써 신비로운 황홀경에 빠지는" 이들에게도 그런 능력이 있었다.[11] 고대 이란의 조로아스터교에서는 사제인 '스로시Srosh'가 특출난 듣기 능력을 대표했다. 스로시는 신성한 메시지에 귀를 기울이고 다른 인간들에게 그 내용을 전달함으로써 인간과 모든 신 사이를 중재했다.[12]

고대의 샤머니즘 관행을 이처럼 폭넓게 규정한다면, 초창기에 사제 같은 역할을 맡은 이들의 사회적 위상도 폭넓게 규정해야 한다. 시베리아에서 보고라스는 고객의 의뢰를 기다리는 배관공이나 전기기술자와 비슷한 샤먼을 발견하기도 했다. 이들은 언제든 사람들 집에 들러 푼돈을 받고, 간단하게 주문을 외워 달갑지 않은 혼령을 없애는 다소 너저분한 일을 했다. 그렇지만 다른 곳에는 훨씬 더 지위가 높은 샤먼도 분명 있었다.

남아메리카 샤머니즘 연구가들은 사실 샤머니즘에 2가지 근본적으로 다른 부류가 있다고 주장한다. 한 부류는 한결 민주적이고 포괄적인 반면, 다른 한 부류는 소수 특권층이 독점해 비밀로 전해 내려오는 지식을 강조한다. 그렇다면 혼령과 접촉하는 능력을 사회적 권력으로 발전시킨 부류는 필경 후자, 즉 음향 속임수를 비밀에 부치고 그것을 이용해 공동체 전체를 감명시킨 쪽이리라.[13]

그러나 이는 종교 지배계층이 등장했음을 뜻하지만은 않는다. 책 서두에서 나는 인류의 과거가 필경 고요함과는 거리가 멀었을 터이므로, 고고학적 유적지를 고요한 숭배의 장소로 취급하는 대신 그 장소에 담긴 소음과 삶의 감각을 다시 접하는 것이 좋겠다고 강조한 바 있다. 소리는 인류 진화를 추동하는 사회적 유대를 형성하는 데 결정적인 요소다. 특히 자연 및 인류 자신의 신체에서 이끌어낸 리듬은 소규모 공동체가 서로 협동하는 데 기여했다. 그러나 인류가 처음에는 자연에서 발견한 숲속이나 동굴 따위 장소에서 소음을 내다가 차츰 스스로 건축물을 정교하게 짓기 시작하면서, 건축물에서 만들어진 훨씬 억제되고 인공적인 소음도 여러 갈래로 분화되었을 것이다. 사회가 날로 복잡해지면서 음악과 연출도 더 복잡해지고 전문화되었다. 온갖 인상적인 소리를 낼 줄 아는 이들과 그러지 못하는 이들 사이의 간극도 넓어졌다.

한때 음악은, 이야기가 그렇듯 사회적 유대를 다함께 다지는 행위였다. 그러나 이제 그런 소리들은 갈수록 사람들을 연출자와 청중으로 양분했고, 연출자와 청중은 불편한 동맹을 맺은 채 서로 부대끼기 십상이었다. 웅변과 극장과 제국다운 볼거리가 있던 사회에서조차도, 청중의 일부가 된다는 것은 뜻밖에도 수동적 행위와는 거리가 멀었기 때문이다. 소리는 분명 권력자의 뜻에 따라 이용될 수 있었지만, 너무도 까다롭기에 완전히 소유하거나 통제하기는 어려웠다. 이것은 놀랍고도 극적인 방식으로 지배자와 공인에게 책임을 묻는 수단으로 이용될 수도 있었다.

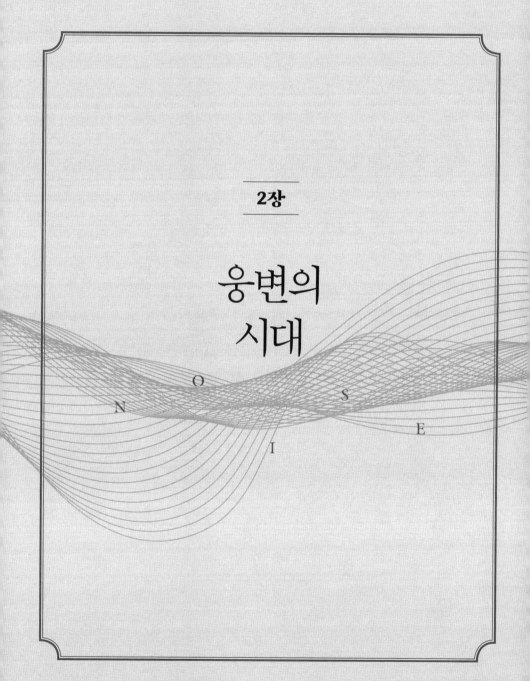

2장

웅변의
시대

6 서사시적 이야기

1933년 하버드대학교의 어느 젊은 고전학자가 남부 보스니아, 세르비아, 알바니아, 몬테네그로 일대에 흩어져 있는 산골 마을로 여행을 떠났다. 그는 2년간 자동차와 도보로 발칸반도를 조사하여, 역사학자들이 세계에서 가장 오래된 문학의 기원에 대해 세운 기존 이론을 극적으로 뒤집어엎었다. 학자의 이름은 바로 밀먼 패리Milman Parry였다.

패리는 발칸반도 지역에서 기량이 출중한 시인과 가수들을 찾아 나섰는데, 여정은 애초 예상만큼 쉽지 않았다. 그런 사람들은 명성을 떨치기는커녕 작품을 출간할 일조차 없었기 때문이었다. 입소문이 아니면 찾아낼 도리가 없었다. 그가 알아낸 바로는 터키식 커피하우스에 방문하는 것이 가장 승산이 높았다. 장날이 되면 소농민들이 커피하우스에 한가득 모였다. 라마단 기간 동안, 이슬람교 지역에서 커피하우스는 모든 주민에게 저녁 여흥의 중심지였다.

어느 날 패리와 젊은 조수 앨버트 로드Albert Lord는 한적한 뒷골목의 작은 카페에서 담배 피고 술 마시느라 여념 없는 이들과 대화하다가, 아브도 메데도비치Avdo Mededović라는 늙은 소농민 이야기를 들었다. 다들 메데도비치가 그 구역에서 가장 뛰어난 연출자라고 인정했다. 패리와 로드는 황급히 메데도비치를 찾아내어, 만나자마자 그의 노래를 녹음했다. 메데도비치는 카드 놀음을 하는 몇몇 관객 앞에서 벤치에 다리를 꼬고 앉아 단순하게 생긴 현악기를 켜면서, 이상하면서도 황홀한 리듬에 맞추어 몸을 흔들고 시구를 읊었다.

메데도비치는 과연 대단했지만 그에 못지않은 이들은 더 있었다. 패리가 여행을 마무리하고 이 모든 서사시 가수들의 노랫말을 필사하는 작업을 마쳤을 때, 그가 기록한 공책은 거의 900권에 달했고 녹음한 음반은 양면 알루미늄 음반으로 3,500장이 넘었다. 공책과 음반에는 글을 읽을 줄 모르는데도 어떻게 해서인지 서사시적 이야기를 암송할 줄 아는 남녀 수백 명의 말과 목소리가 담겼다. 몇 시간이 아니라 꼬박 하루가 걸리는 이야기도 많았다. 1935년에 이르러 패리는 자신이 충분히 보고 들은 것을 토대로 확고하게 결론을 내렸다.

패리가 보기에, 메데도비치 같은 가수들이 이런 서사시를 구연할 수 있는 이유는 통째로 암기할 필요가 없었기 때문이었다. 가수들은 상투적인 어구를 폭넓게 활용하여 노래하면서, 동시에 서사시를 조합했다. 그래서 수많은 반복과 공식이 생겼다. 아침 이슬이 맺히는 것은 언제나 "시원한 이슬이 내렸다"로, 뜰은 모두 "푸르른 뜰"로, 개암나무는 언제나 "어렸다"는 식으로 암송했다. 그러다 보니, 서사시는 매번 조금씩 다르게 구연되긴 했으나 그 핵심은 계속 이어졌다.

물론 구전시가를 패리와 로드가 발견한 것은 아니다. 1930년대부터 이미 인류학자들은 세계 곳곳에 '문맹'이지만 뛰어난 문학적 재능을 지닌 이들이 있음을 알고 있었다. 중앙아시아 키르키스족은 적어도 200년 동안 〈마나스 서사시Epic of Manas〉를 구연했다. 만데카족의 〈순자타 서사시Epic of Sunjata〉는 13세기부터 서아프리카에 등장한 전쟁과 영웅 이야기를 들려주었다. 고대 인도에는 위대한 산스크리트어 서사시 〈마하바라타Mahabharata〉가 있었고, 앵글로색슨족의 〈베오울프Beowulf〉도 그 못지않게 유명하다.

이 서사시들을 비롯한 갖가지 이야기는 수백 년 동안 문자가 아닌 말로 전해졌다. 그러나 패리와 로드는 이 기념비적인 이야기들이 어떻게 아무런 대본 없이도 만들어졌는지를 최초로 신빙성 있게 설명했다. 이들의 업적이 가히 혁명적인 이유는, 서구 문학을 통틀어 가장 오래되고 가장 유명한 서사시인 《일리아드Iliad》의 기원을 근본적으로 재해석할 수 있게 해주었기 때문이다.

베네치아의 마르치아나Marciana 도서관은 《일리아드》의 판본 중에서도 가장 오래되었다고 알려진 판본 중 하나를 소장하고 있다. 더 오래전에 파피루스에 기록된 판본이 몇 조각 남아 있기는 하지만, 마르치아나 도서관 소장본은 희귀하고 절묘하다. 그러나 이것조차도 진짜 원본은 아니다. 고대 그리스어 형식으로 쓰이긴 했지만 중세, 즉 서기 10세기경에 만든 필사본이다. 《일리아드》라는 서사시 자체는 기원전 7세기경부터 구연된 것으로 보이는데, 일각에서는 그때 구연된 이야기조차 이미 수세기 전 철기시대부터 내려온 이야기를 재구성해 들려준 것일 따름이라고 주장한다. 만약 그게 사실이라면, 《일리아드》의 기원은 고대 그리스에 알파벳이 도입되기 전의 시점까지 거슬러 올라가야 하는 셈이다.

***

《일리아드》의 최초 발상지는 현재 터키의 서해안 어디쯤이겠지만 이제는 알 도리가 없다. 그렇지만 패리와 로드는《일리아드》가 수명이 짧은 매체인 입말로 전해지면서도 어떻게 오랜 기간에 걸쳐 구성될 수 있었는지, 그때까지 밝혀지지 않았던 과정을 설명할 이론을 제시했다. 발칸반도에서 시인들이 상투적 어구와 음악 리듬을 활용해 암송할 내용을 기록하지도 않고 조합해냈듯이, 오늘날 '호메로스'라고 불리는 먼 옛날《일리아드》의 저자(호메로스는 1명의 인물이라기보다는 아마도 여러 인물이었으리라)도 그렇게 했다는 것이다.

《일리아드》에는 "발 빠른 아킬레우스", "장밋빛 손가락을 가진 새벽", "짙은 포도주 색 바다", "청동 갑옷을 입은" 트로이군 따위의 구절이 거듭 나타난다. 이와 같은 상투적 묘사는 원래《일리아드》서사시를 구성했던 요소의 흔적임이 틀림없다. 구연이 실제로 이루어질 때마다 연출자들이 기성 주제와 테마를 즉석에서 조립하고 재조립함으로써, 규정된 음보와 리듬을 힘들이지 않고 만들어낼 수 있었다.[1] 즉《일리아드》도 그 형식과 내용이 발칸반도에서 녹음된 구전시가들에서 보이는 것과 너무나 흡사하기에, 문서가 아니라 구전을 통하여 구축된 것으로 보인다.

이러한 해석을 거쳐, 역사상 가장 위대한 문학 작품은 이제 고대의 소리 예술 작품으로 바뀐다. 이 주장에 따르면《일리아드》에는 그리스 고대 언어 몇 가지가 겹겹이 풍요롭게 쌓여 있어, 그리스뿐만 아니라 고대 세계 각지에 놀랍도록 풍요한 구전 문화가 존재했다는 사실을 절묘하게 반영한다.[2] 당대 사회는 갓 문자 문화에 진입한 참이었으나, 언어는 여전히 쓰기와 읽기보다는 말하기와 듣기 위주였다.

그러므로 소리의 역사에서《일리아드》같은 고대 세계의 서사시적 이야기는 매우 중요하다. 이 이야기는 필기하거나 인쇄한 페이지뿐만 아니라 시끄러운 사람 말소리처럼 민주적이고 자유로운 무언가로부터도 문명이 생겨날 수 있다는 점을 일깨워주기 때문이다. 기존에 문자 중심적이고 서구 중심적인 기준으로 재단했을 때 '원시적'이고 낙후된 문화라고 무시받기 일쑤였던 여러 문화를 다시 평가하게 된다.

다만 주의할 점이 있다. 구전 문화라는 개념 자체가 워낙 매력적이다 보니, 때로는 이를 지나치게 낭만화하기도 한다. 구전 문화야말로 때 묻지 않고 순수하고 자연스럽고 불변하는 실체이며 진정한 민중 생활의 일부라고 여기는 유혹에 빠질 수 있다. 어쩌면 우리는 현대 사회의 술수와 테크놀로지에 대한 반동으로 구전 문화를 이상화하는지도 모른다.

그러나 실제 역사는 이러한 구분을 흐린다. 일단, 고대 세계는 결코 완전한 문맹 상태가 아니었다는 증거가 있다.《일리아드》가 처음 등장했을 때보다 1,000여 년 전부터, 메소포타미아 같은 곳에는 이미 문자 기록이 있었다. 수메르의《길가메시 서사시Epic of Gilgamesh》는 기원전 2000년경에 고대 바빌로니아어로 기록되었다. 호메로스의 서사시보다 약 1,300년이나 앞선다. 이 무렵 알파벳 문자는 페니키아인의 광범위한 교역에 크게 힘입어 지중해를 둘러싼 지역에 전파되고 각지 언어에 맞게 적용되었다. 한편 파키스탄, 중국, 남미에서는 별도의 문자 체계를 만들었다.[3]

기원전 6세기 후반에 이르면 그리스에서만 20만여 편의 서사시·서정시·산문 작품이 기록되어 유포되었고, 한 세기 후에는 어디에나 백과사전, 견문록, 역사서, 비문碑文 등이 있었다. 따라서 고대 그리스는 완전히 구어적이지도 완전히 문어적이지도 않았다. 2가지가 복잡하고 어지럽게 섞여 있었다.[4] 많은 학자가 주장한 바에 따르면, 《일리아드》는 여러 작가의 글을 짜깁기한 것이거나 심지어 시인 한 사람이 저술한 것일 가능성도 만만치 않다. 후자의 경우 저자는 수십 년에 걸쳐 짧은 시 1편에 "말 그대로 원본 파피루스 두루마리에 새로 쓴 시구를 조각조각 잘라 붙여" 긴 서사시로 확대했을지도 모른다.[5]

그렇다면 《일리아드》는 역시 문자로 쓰인 걸작이었을지도 모른다. 지금 와서 알 도리는 없다. 우리는 구어가 고대 그리스에 오늘날보다 훨씬 더 큰 힘과 영향력을 미쳤다는 사실밖에 모른다. 그리고 이 사실이 당대 문화생활에 어떤 영향을 미쳤는지를 반드시 고려해야 한다. 다들 알다시피 기록할 수 없는 정보는 기억해야만 하며, 기억하는 정보는 기억할 만한 가치가 있어야 한다. 공동체에 이로운 각종 정보를 영원히 잃어버리지 않으려면 끊임없이 되풀이해야만 한다.

알래스카 남서부의 유피크족은 이 점을 잘 보여주는 산 증거이다. 유피크족에게는 산딸기를 어느 지점에서 따면 좋을지에 대한 정보를 담은 산딸기 따기 노래가 전해진다. 얼음을 가로질러 갖가지 경로로 이동할 때 어떤 기상 조건을 예상해야 할지를 상세히 기술한 여행 노래도 있다.[6] 고대 그리스인도 이런 노래와 비슷한 기억술을 보유했을 가능성이 높다. 뿐만 아니라 제의와 단순한 일과를 통하여 아이 이름 짓기, 병자 치료하기, 사망자 매장하기 따위의 지식을 보존하고 생생하게 유지했으리라.[7] 같은 이유로 고대 그리스 철학자 플라톤Plato은 만약 모두가 갑자기 글을 쓸 수 있게 된다면 어떤 상황이 빚어질지를 다음과 같이 우려한 바 있다.

> 사람들이 (쓰기를) 배우면 영혼에 건망증을 심게 될 것이다. 자기 내면으로부터 기억을 불러내는 대신 글로 적은 것에 의존하게 되기에, 더 이상 기억력을 발휘하지 않을 것이다.[8]

그러나 현대의 관점에서 과거를 보면, 구전이 지배하던 고대 사회가 과연 더 나았을지 단언하기는 어렵다. 몇몇 현대 저자는 고대 구전 사회의 성격이 지나치게 제의적인 탓에 구습이나 정형화된 사고방식에서 탈피할 여지가 없어지고 지적 발달이 중단되었다고 여긴다. 이들은 글쓰기의 도래가 혁명적인 사건이었다고 주장한다. 쓰기 덕분에 갖가지 생각을 더 멀리 전파하고 더 널리 보급할 수 있게 되었기 때문이다. 쓰기를 도입함으로써 사람들은 새롭고 추상적인 방식으로 사유할 자유, 지식을 축적하여 철학자나 과학자가 될 자유를 얻었다.[9] 그러나 다른 이들은 수세기 동안 오로지 소수의 지배계층만이 쓰기와 읽기 기술을 향유했다는 점을 상기하며, 읽고 쓰기는 사상과 정보가 유포되는 것을 제한하고 소수의 성직자나 군주 계급이 가진 권력을 확대했다고 주장한다. 반면 말은 가청거리 안에 있고 같은 언어를 쓰는 이들이라면 언제나 이해할 수 있었다.[10]

알파벳이 세력을 키우는 와중에도, 말하기는 직접적이며 매개가 필요 없다는 이유로 옹호받았다. 예컨대 고대 힌두교 전통은 《베다Veda》

암송을 신앙생활의 초점으로 여기고 오랫동안 보호했다. 《베다》 경전은 기원전 1500~700년 사이에 지어진 것으로 추정되며, 애초에는 완전한 구전 사회에서 암송되었다. 그로부터 몇 세기가 흐른 뒤에도 책은 힌두교에서 '우상' 취급을 받았다. 〈마하바라타〉 서사시에도 《베다》를 필사한 자가 "지옥에 간다"고 되어 있다. 《베다》에 담긴 말은 사람이 사람에게 직접 전해야 했다. 무엇보다도 그럼으로써 힌두교인들은 살아 있는 안내자와 직접 접촉할 수 있었다.[11] 말은 언제나 친밀하고 생생하고 사교적인 것이라고 간주되었다.

솔직히 말하자면, 말과 글이 고대 세계의 지배권을 잡기 위해 서로 투쟁을 벌였다는 관념은 새롭고 낯선 매체가 나타날 때 늘 겪기 마련인 불안감을 표출한 데 지나지 않는다. 사실 글쓰기는 구전 문화를 파괴하지 않았다. 단지 구전 문화의 본질적인 특성을 일부 흡수했을 뿐이다. 힌두교에서는 원래 신성성이 성스러운 '말'에 따라온다고 여겼으나, 성스러운 경전이 차츰 그 역할을 물려받았다. 그에 따라 경전이 물리적 대상으로 존재하는 것만으로도 성스러운 말을 하는 것과 같은 효력을 갖게 되었다.

물론 경전은 수많은 사원과 교회에서 계속 낭송되었고 사람들은 그 소리에 귀를 기울였다. 중세뿐 아니라 그 이후에도 갖가지 책이 어디서나 계속 낭송되었다. 수백 년 동안 대학은 구술시험으로 학생을 평가했다. 선서와 유언도 낭독을 통하여 법적 구속력을 가졌다. 훨씬 훗날에 와서도 고대 서사시의 미학적 전통 일부는 상투적 어구를 즉흥적으로 활용하는 등의 방식으로 발라드·재즈·랩 같은 음악에서 재현되었다.

***

구전 문화는 처음 글쓰기가 도입되면서 충격을 받긴 했지만 살아남았다. 아마도 말이 일방적인 매체가 아니었기 때문이었을 것이다. 서사시를 암송할 때에는 늘 다른 사람들 앞에서 암송했다. 말은 듣기 싫으면 그만두라는 식으로 청중에게 퍼붓는 행위가 아니라, 청중이 적극 참여하여 다함께 자아내는 것이었다. 실제로 연사는 아무리 격식 있고 웅장한 무대에 서더라도 청중을 따를 수밖에 없었다.

그리스 남부 에피다우로스Epidaurus에 있는 웅장한 고대 극장을 예로 들어보자. 좌우가 아름답게 대칭을 이루고 경사가 완만한 객석은 아래에 있는 평평한 원형 무대를 절반 넘게 감싼다. 풍경이라는 거대한 그릇을 우묵하게 파낸 모양새이다. 기원전 3∼4세기경 에피다우로스 극장을 공연 무대로 사용했을 때, 극장에는 최대 1만 4,000명의 관객이 편히 앉을 수 있었다.[12] 객석 뒷줄 꼭대기에 앉은 사람은 아래쪽 무대에서 무슨 일이 벌어지는지 보지도 듣지도 못했으리라고 짐작하겠지만, 고대 그리스 연극에서는 배우가 서로 멀찍이 떨어져 있는데다가 대부분 가면을 착용했기 때문에 공연을 거의 입말로 처리해야 했다. 그러므로 아래쪽 무대에서 치는 대사가 오히려 놀랍도록 또렷하게 들렸을지도 모른다.

에피다우로스 극장이 성공한 비결은 건물을 노천극장으로 지었다는데 있다. 반향음이 공연을 방해할 위험을 아예 차단했기 때문이다. 그러나 석회석으로 만든 좌석을 층층이 쌓아 완벽한 경사를 이룬 객석이야말로 음향을 결정적으로 좌우한 요소이다. 그 덕분에 아래쪽 무대에서 나는 목소리는 지나치게 반향하지 않고 위쪽으로 '굴러가며', 웅성거리는 저주파 음은 흡수되고 배우와 코러스가 내는 고주파 음은 증폭되어 전달된다.[13] 관중이 양질의 소리를 체험하는 것을 매우 중요시했음이 분명하다. 이 점은 구전 문화에서 이야기를 들려주는 것만큼이나 귀 기울여 듣는 것도 중요했음을 생생하게 일깨워준다.

그러니 관객에게 현장에서 나는 소리를 실질적으로 결정할 힘이 있었다 해도 무리는 아니다. 노천극장 객석에 앉은 관중은 어둠 속에 가려지지 않고 배우의 눈에 쉽게 띄었다. 관객끼리도 서로가 잘 보였다. 이들은 조용히 경외감에 젖어 환한 무대에 관심을 집중하기는커녕, 떠들며 제멋대로 굴었다. 초창기에는 극장 좌석을 목재 벤치로 만들었는데, 관객이 공연에 불만이 생기면 발뒤꿈치로 벤치를 두드리곤 했다. 고함을 지르고 야유를 보내거나 심지어 음식물을 투척해서 연극을 방해할 때도 있었다. 어차피 극장 공연은 하루 종일 이어지는 축제에서 극히 일부일 따름이었으니, 경청할 필요가 있는 행사와 그렇지 않은 행사를 군중에게 심어주기란 어려웠을 터이다.[14] 극작가와 배우는 관중의 관심을 끌기 위해 열심히 말을 걸고 관중과 소통해야 했다. 그리스 연극을 연구한 역사가 피터 아놋Peter Arnott이 지적했듯이, "대중은 적극적인 파트너로서, 자유롭게 논평을 주고받거나 극을 보조하거나 극에 개입했다."[15] 오케스트라석이나 무대에 자리 잡은 배우와 마찬가지로, 관객이 참여하는 것도 공연의 일부였다.

물론 지금껏 우리가 논의한 부류의 서사시는 에피다우로스 극장 같은 곳에서 수천 명의 관객을 앞에 두고 공연된 적이 결코 없었으리라. 그보다는 나무 그늘 아래 시끌벅적하게 모여 앉은 몇몇 사람 앞에서,

또는 발칸반도에서 패리와 로드가 목격했듯이 카페에서 담배를 피우고 술을 마시거나 카드놀이를 하는 무리를 옆에 두고 암송되었을 터이다. 그러나 핵심은 여전히 그대로이다. 구전이 활발하게 이루어지는 문화에서는 화자와 청자 사이에 확고한 선을 긋기 어렵다. 여러 이야기와 《일리아드》처럼 이야기에 바탕을 둔 위대한 문학 작품은 화자와 청자가 주고받은 모종의 대화로부터 생겨났다.

소리 중에서도 인간의 목소리는 특히 억제가 되지 않는다. 목소리는 내뱉는 순간 '이 세상으로' 너무 깊이 들어가는 탓에 단 한 사람에게만 속하지 못한다. 목소리는 본디 공개되어 있으며 누구에게나 상세하게 관찰당할 소지가 있다. 앞으로 확인하겠지만, 이 사실은 고대 사회에서 연설의 힘을 빌려 남들이 자신과 자신의 사상을 지지하도록 설득하려 했던 이들에 대해 많은 것을 시사한다.

7 설득의 메시지

눅눅한 산들바람이 불어오던 2008년 11월의 어느 날 밤, 시카고의 그 랜트 파크Grant Park에서 버락 오바마Barack Obama가 대통령직 당선을 수락하는 연설을 했다. 우리는 그 연설을 통해 1가지만은 확실히 알게 된 것 같다. 미국을 비롯해 세계 어느 나라 사람이 오바마의 정책에 대해 어떻게 생각하건 간에, 오바마는 말솜씨가 탁월하다는 것이다. 그는 루스벨트Theodore Roosevelt 이래, 아니 혹자에 따르면 에이브러햄 링컨 Abraham Lincoln 이래 그 어떤 미국 대통령보다 말을 잘 할지도 모른다. 그 랜트 파크에서의 연설은 오바마의 말솜씨야말로 대선을 승리로 이끈 핵심 무기 중 하나였음을 증명했다(굳이 증거가 필요하다면 말이다).

오바마는 말솜씨로 지지자에게 희망을 품게 했고 적에게는 너그러운 마음을 품도록 설득했으며, 자신의 신념을 모두가 공유하도록 고무했다. 어쩌면 이를 통해, 대선 기간 동안 불거진 불화를 약간이나마 해소해주었는지도 모른다. 특히 강력한 연설이 으레 그러하듯, 오바마의 연설에는 "낭랑한 진실과 긴요한 선언이" 넘쳤다.[1] '과거로부터 온 해방과 치유'라는 메시지 또한 그의 연설에서 메아리쳤다. 물론 오바마는 미국 최초의 흑인 대통령이지만, 인종을 초월한 인물이기도 하다. 연설을 통해, 오바마는 자신의 승리가 미국 사회에 더 거시적으로 일어나고 있는 변화를 구현했다고 시사하는 듯했다. 오바마는 청중에게 지금 이 순간 여기서 역사가 만들어지고 있다고, 오바마 자신뿐만이 아니라 청중이 역사를 만들고 있다고 알려주고자 했다.

버락 오바마의 발언에는 링컨이나 마틴 루서 킹Martin Luther King, 그리고 싱어송라이터인 우디 거스리Woody Guthrie와 샘 쿡Sam Cooke 등의 정신을 단숨에 떠올리게 하는 재간이 있다고들 한다.[2] 말하는 내용뿐만 아니라 말하는 방식도 그에 한몫한다. 어투는 내용만큼이나 중요하다. 오바마는 요술을 부리듯 청중이 "미국 역사와 생생하게 연결"되는 효과를 이끌어낸다.[3] 그런데 오바마가 연설할 때 활용하는 것은 이뿐만이 아니다. 그는 고대 그리스·로마의 전통적인 웅변술을 적용한다.

당시에는 대중 웅변술이 일상 정치의 핵심이었다. 단순히 미사여구를 지어내는 행위가 아니었다. 앞 장에서 살펴보았듯, 이야기를 소리 내어 암송할 때 그 성패는 이야기꾼 주위에 모인 사람들이 어떻게 반응하느냐에 달려 있다. 따라서 정치 연설이란 설득술이자 마음을 바꾸는 기술이다. 그렇기에 청중의 기술도 중요하다. 청자는 들은 말을 해석해야 한다. 화자가 그저 표심을 살 작정으로 거짓말이나 허튼 수작을 한다면, 화자의 목소리에서 속임수를 감지하는 것도 청자의 몫이다. 즉 설득술과 더불어 '청취술'도 있다는 말이다. 청취술의 기원을 이해하려면, 그리스와 로마보다 훨씬 동쪽 너머로 가서 불교와 이슬람교의 태동기까지 살펴야 한다.

***

우선은 2,000여 년 전 로마의 연설가에서 이야기를 시작해보도록 하자. 로마인에게 웅변술은 법, 행정, 학습, 경제, 종교 의식 등등 일상생활과 밀접하게 얽혀 있었다. 로마인은 연설을 하고 연설을 들려주기 위해 글을 썼다. 이들은 목소리에 어떤 힘이 있으며, 어투에 따라 문장이 어떻게 죽기도 하고 살기도 하는지를 이해했다. 그러나 중요하고 제대로 작성된 연설을 들으려면 포룸 로마눔Forum Romanum으로 가야 했다.

오늘날 포룸 로마눔은 폐허 같아 보이기는 해도, 차량이 시끄럽게 오가는 로마 시내에서 조용한 오아시스 노릇을 한다. 오직 여행자들이 소곤거리는 소리와 발걸음 소리밖에 들리지 않는다. 그러나 고대 로마 공화정기에 이곳은 대중 정치생활에서 가장 찬란하고 기념비적인 중심지였고, 대기 중에는 열띤 논쟁 소리가 울렸다. 몇 세기 전 아테네와 마찬가지로, 포룸 로마눔은 수백 년간 서구 세계에서 가장 유명한 웅변의 중심지 노릇을 했다. 그리고 여기서도 단연 최고의 정치 연설을 들을 수 있었던 곳은 코미티움comitium(고대 로마의 성인 남성들이 시민총회인 '코미티아comitia'를 열었던 집회장-옮긴이) 유적 근처에 있는 상원 의사당 앞마당이었다. 바로 이 구역에서 지배계층은 연단에 올라 온 광장을 굽어보며 연설을 하곤 했다.[4]

사람들은 오바마가 연설가로서 얼마나 대단한지를 가늠할 때, 이곳에서 정기적으로 연설했던 한 남자를 비교 대상으로 삼곤 한다. 공화정 말기에 활동했던, 끝내 실패하기는 했지만 걸출했던 정치가이자 내로라하는 위대한 웅변가, 마르쿠스 툴리우스 키케로Marcus Tullius Cicero 말이다. 역사 기록에 따르면 키케로의 연설은 구성이 치밀하고 내용을 극적으로 전달할 뿐 아니라 설득력이 강했다고 하며, 오늘날까지도 그의 이름은 훌륭한 말솜씨의 대명사로 불린다. 키케로는 포럼에서 유권자에게 훌륭하게 연설하는 것이야말로 고대 로마에서 최상의 정치술임을 보여주었다. 말솜씨가 뛰어나지 않다면 공직자가 될 가망은 없었다.

그런데 말솜씨는 미덕을 숱하게 드러내기도 하지만 죄악을 숱하게 덮어주기도 한다. 애초부터 유권자는 설득과 꼬드김, 희망과 사기, 열광함과 오도당함이 종이 1장 차이임을 알았을 터이다.[5] 그러기에 대중연설과 대중 청취는 민주주의의 역사뿐만 아니라 기만의 역사의 일부이기도 하다.

그렇다면 고대 그리스·로마 웅변가가 쓰던 수법 중 어떤 것들이 오바마 같은 현대 정치가의 연설에도 반복될까? 수사법rhetoric에는 워낙 규칙이 많다 보니, 수세기 동안 대학에서 문법 및 논리학과 더불어 수사학을 핵심 과목으로 가르치기도 했다. 그렇지만 어느 정치인의 연설에서나 가장 흔히 두드러지는 고전적 장치는 '진리 그리고 정의'처럼 2가지 관념을 이어 붙이는 기법(신테톤syntheton)이다. 오바마는 이보다 더 까다로운 수사법인 관념을 3가지씩 펼치는 기법(트리콜론tricolon)을 탁월하게 구사한다. 고대 로마에서 가장 유명한 트리콜론은 카이사르에게서 나왔다. "왔노라, 보았노라, 이겼노라." 한편 그랜트 파크 연설 중 다음의 구절에서는 오바마의 트리콜론을 볼 수 있다.

여기까지 오는 데 오랜 시간이 흘렀습니다. 그러나 우리가 이 날, 이 선거, 이 순간에 제대로 결정을 내렸기에 오늘 밤 미국에는 변화가 도래했습니다.

그 전에 2004년 민주당 전당대회 연설에서도 트리콜론을 구사했다.

오늘 밤 우리는 미국의 위대함을 확인하기 위하여 모였습니다. 미국의 위대함은 드높은 마천루나 군사력, 경제 규모에서 나온 것이 아닙니다. 우리 미국인의 긍지는 200여 년 전 어느 선언문에서 매우 간단히 요약한 전제에 뿌리를 두고 있습니다. "우리는 이하의 내용을 자명한 진리로 받아들인다. 모든 사람은 날 때부터 평등하고, 창조주로부터 누구에게도 빼앗기거나 양도할 수 없는 권리를 부여받았으며, 그 권리에는 생명ㆍ자유ㆍ행복 추구 등이 포함된다."라는 것입니다.

위의 구절에는 매력적인 수사법이 또 하나 등장한다. 어떤 주제를 직접 언급하기보다는 에둘러 감으로써 그 주제에 대해 관심을 끌어내는 방법이다. 오바마는 미국의 막강한 힘을 자랑하면서도 마치 자랑하지 않는 것처럼 보이게 한다.[6]

한편 반복법은 연설에 시적인 느낌이 고조되는 인상을 심어준다. 다시 그랜트 파크의 연설을 살펴보면, 오바마가 매 절을 시작할 때마다 앞에 나온 단어를 가리키거나 대신하는 다른 단어를 사용하는 장치(대용anaphora)를 구사함을 알 수 있다.

그 누가 아직도 미국에서는 모든 것이 가능함을 믿지 못한다면, 그 누가 아직도 건국자들의 꿈이 우리 시대에도 살아 있음을 의심한다면, 그 누가 아직도 우리 민주주의의 힘을 미심쩍게 여긴다면, 오늘 밤이 바로 그 대답이라고 하십시오.

또한 2008년 연설부터는 문장 끝마다 동일한 문구를 반복하는 장치를 썼는데, 특히 "할 수 있습니다Yes we can."라는 말은 연설의 한 단락에서 5번이나 되풀이했다. 이런 것들을 따지다 보니 수사학이 비전을 제시하기는커녕 냉정하고 기계적으로 보이겠지만, 모든 수사법 아래에는 훌륭한 연설은 어떠해야 한다는 이상理想이 공통적으로 깔려 있었다는 사실도 명심해야 한다.

그리스 철학자 아리스토텔레스는 수사법에 정서pathos, 논지logos, 인격ethos을 잘 섞어 담아야 한다고 말했다. 따라서 아리스토텔레스에게 수사학이란 "일시적으로 연설을 성공시키는 일련의 요령과 수법"을 익히는 학문이 아니라 "인간 본성에 대한 이론"이었다.[7] 키케로 역시 연설하면서 자신이 더 드높은 목표를 품었다고, 다시 말해 시민적 이상을 자신이 말하는 내용과 형식 속에 구현한다고 주장했다. 키케로는 연설을 명확하고 신중하며 합리적이고 사려 깊게 함으로써 로마를 보다 차분하고 현명하게 통치하는 길로 이끌고자 했다.

오바마는 연설에 자신의 복잡한 정체성을 투영했다. 편협한 양당주의를 피해야 할 필요성을 거듭 언급하며, 자신의 목소리와 독특한 연설 방식을 활용했다. 연설은 말로 하기 전까지는 생명력을 얻지 못한다고들 하는데, 특히 오바마에게 들어맞는 말이다. 소설가 제이디 스미스Zadie Smith가 지적했듯이, 오바마의 목소리는 좀처럼 불변하지도, 하나의 스타일을 고집하지도 않는다. 자서전을 쓸 때조차도 "여러 가지 목소리를 낸다." 예컨대 회고록《내 아버지로부터의 꿈Dreams from My Father》에서 오바마는 들을 줄 아는 능력과 들은 바를 대화로 바꾸는 능력이 있음을 보여준다. 그래서 오바마는 "유대인 청년, 사우스사이드 South Side의 흑인 아주머니, 캔자스 출신의 백인 여성, 케냐의 장로들, 하버드대학교의 백인 공부벌레, 컬럼비아대학교의 흑인 공부벌레, 여성 활동가, 성직자, 경호원, 은행원, 심지어 윌커슨Wilkerson이라는 영국 남자"의 목소리를 낼 줄 안다. 덕분에 오바마는 연단에 오를 때 "국민을 위해 말하는 데 그치지 않는다. 국민이 되어 말할 수 있다."[8]

오바마를 비판하는 이들은 당연히 반발한다. 오바마가 억양이나 말씨를 바꿀 때마다 자신에게 본질적이고 단일한 자아가 결여되었다는 사실을 은연중에 드러내는 게 아닌지 의심한다. 청중이 달라지면 말도 달라지는 야누스적인 정치인일 뿐임을 스스로 증명하는 셈 아니냐고 말이다. 비판자들은 대체 진짜 오바마가 어디 있느냐고 묻는다. 그러나 스미스가 지적하듯, 다양한 언어를 구사하는 것이야말로 오바마가 자기 자신대로 행동하는 것이다. 자신이 여러 인종과 문화적 배경이 복합된 조건에서 태어나고 자랐음을 보여주기 때문이다. 복잡한 개인사를 통해 오바마는 자신이 청중 대부분과 다를 바 없다는 점을 드러낸다. 우리가 하나라는 강한 일치감을 자아내고 '나' 중심의 언어를 '우리' 중심의 언어로 대체할 때 연설자가 가장 위력적으로 쓸 수 있는 무기는 다름 아닌 목소리이며, 옛날부터 그 점은 변치 않았으리라.

그렇다면 고대 그리스·로마의 대중 연설가들이 마치 오늘날의 오페라 가수나 당대의 인기 배우처럼 정성껏 목소리를 가다듬은 것도 놀랄 일이 아니다. 플라톤만 해도 "좋은 목소리"가 연기에서 관건이라고 보았다.[9] 그러다 보니 연설이나 연기를 하려면 목소리를 어떻게 가꿔야 하는지 갖가지 조언이 넘쳐났지만, 개중에는 미심쩍은 방법도 꽤 있었다. 예컨대 성교를 피하고 신체를 강건하게 하고 올바른 식단을 지키는 것이 지극히 중요하며, 특히 구운 고기는 철저히 피해야 한다는 식이었다.[10] 이렇게 목소리를 훈련하는 전통을 로마인들이 이어받았다. 수에토니우스Gaius Suetonius의 기록에 따르면 (열혈 아마추어 연기자였던) 네로 황제는 무대로 나서기 전에 납 역기를 가슴팍에 올려놓고 누웠고, 과일을 삼갔으며, 설사약을 복용하고 구토를 했다.[11] 물론 이런 사례는 극단적이며 다들 네로가 우스꽝스러운 짓을 한다고 여긴 것은 사실이다. 그러나 무대 위에서 배우가 목소리를 신경 써서 조절해야 한다는 생각에 반대하는 이는 드물었다. 고대 로마의 수사학 지침서인 《헤레니우스를 위한 수사학Ad Herennium》에서는 빠르기를 조절하고 어조를 바꾸는 것이 중요하다고 지적한다.

> 말하는 중간에 쉬어 감으로써 목소리에 힘이 실린다. 쉬어 감으로써 생각들이 서로 분리되어 더 명확해지며, 청자에게도 생각할 시간이 생긴다. 끊임없이 목청껏 말하지 말고 쉬어 가면 목소리가 보호된다. 뿐만 아니라 어조가 대화하는 듯이 바뀌면서 관중의 이목을 끌고, 꽉 찬 목소리가 절로 나면서, 연설에 다양성이 생겨 청중에게 극도의 쾌감을 선사한다. (…)[12]

이 인용문은 청중이 이 과정 전반에 얼마나 중요한 역할을 하는지도 분명히 보여준다. 키케로는 정적 카틸리나Lucius Sergius Catilina를 상대로 첫 연설을 하면서, 카틸리나가 정부를 전복하려는 음모를 꾸민다고 비난했다. 연설할 때 키케로는 대체로 카틸리나를 향해 발언하면서도, 당황한 청중의 반응마저 이용하여 최후의 일격을 가했다.[13]

당신은 얼마 전에 원로원에 들어왔습니다. 이토록 많이 모인 사람들 가운데, 당신의 그 많은 친구와 친지 중에서 누가 당신에게 경례를 하던가요? 인류가 기억하는 한 그 누구도 이런 일을 겪은 적이 없다면, 당신은 침묵이라는 가장 불가항력적인 규탄에 휩싸이고도 입소문으로 모욕이 또 번져가기를 기다리는 겁니까? 당신이 도착하자마자 이 많은 좌석이 일제히 비워진 것도 아무 일이 아닐까요? 당신이 무자비하게 공격 대상으로 삼았던 집정관 모두가 당신이 착석하는 순간 자리를 박차고 일어난 것도요? 이런 일을 감당하려면 당신은 어떤 감정을 품어야 할까요? 만약 모든 동료 시민들이 당신을 두려워하듯 제 노예들이 저를 두려워한다면, 맹세컨대 저는 집에서 떠나야 한다고 생각할 겁니다. 당신은 이 도시에서 떠나야 한다고 생각하지 않습니까?[14]

그날 키케로의 연설은 분명히 매혹적이었으리라. 그러나 키케로의 웅변이 일종의 연출이라고 말하는 순간, 수사학을 겨냥한 중대한 반발을 피할 수 없다. 수사란 어차피 다 연기 아닌가? 더구나 수사학이 우리에게 주문을 걸기 위해 설계된 것이 뻔하다면, 수사를 불신할 수밖에 없지 않는가? 이미 기원전 4세기에 플라톤은 탁월한 기교를 통하여 청중을 유혹하고 싶은 욕망이 커질수록 연극 투로 과시하는 언행만을 부추기리라고 여겼다. 예컨대, 연사가 자체적으로 음향 효과를 동원하게 될지도 모르는 일이라고 말이다.

> 천둥소리, 바람소리, 우박소리나 바퀴와 굴대 따위가 내는 소음, 나팔,
> 피리, 호루라기 같은 온갖 악기의 소리, 개가 짖고 양이 울고 새가 지저
> 귀는 소리. 이런 온갖 소리를 목소리와 몸동작으로 재현할 테니, 서사는
> 별다른 역할을 하지 못할 것이다.[15]

  플라톤은 심미적인 이유로 반대했다기보다는 군중이 얼마나 쉽사리
휘둘릴 수 있는지를 더 걱정했다. 그가 보기에 연사는 굳이 뭘 제대로
알지 못해도, 자신이 진짜로 아는 자보다도 더 잘 안다고 '무지한 자들'
을 설득할 방법을 찾기만 하면 성공할 수 있었다. 물론 플라톤이 늘 군
중을 나쁘게 생각하긴 했지만, 수사학적 사고를 일종의 주술이라고 생
각한 사람은 그 혼자만이 아니다. 아리스토파네스Aristophanes는 자신의
희극 〈구름The Clouds〉에서 수사법 덕분에 거짓 논증이 참된 논증을 이
기는 상황을 신랄하게 조롱했다. 몇 세기 뒤에 아우구스투스Augustus는
"선한 자들"이 수사법을 배워 그 기술로 "불의와 오류를 조장하는" 자들
과 맞서라고 촉구했다.[16]
  수사학은 결국 선동가가 목적을 달성하는 데 가장 크게 기여했다는
느낌을 떨쳐버리기란 쉽지 않다. 그 마음도 이해는 가지만, 초점이 다
소 엇나간 것 같다. 고대 문명에 다른 위대한 전통도 존재했다는 사실
을 간과하기 때문이다. 바로 말을 주의 깊게 들도록 하는 청취 훈련이
다. 이 전통에 따르면 윤리적 행위의 핵심은 말하기가 아니라 듣기였
다. 그리고 이 전통은 로마 동쪽과 아테네에서 절정에 달했다.

***

오늘날 중동의 어느 대도시를 걷다가 붐비는 시장에 다다르면, 수다 떠는 소리와 인근 차량의 소음이 소용돌이치며 우리를 압도한다. 그러나 때로는 소음의 안개를 뚫고 다른 소리가 희미하게 들려오기도 한다. 카페나 가게, 작업장 스피커, 가정집과 아파트의 열린 창문, 심지어 지나가는 콜택시에서도 흘러나오는 소리. 바로 이슬람교의 인기 설교자가 설교한 내용을 녹음한 CD나 카세트테이프 소리이다.

녹음된 설교를 청취하는 행위는 이슬람교를 창립한 7세기까지 거슬러 올라가는 오랜 전통을 현대에 구현한 것이다. 그런데 이상하게도, 그때부터 지금까지 설교자의 목소리에 얼마나 설득력이 있는지는 관심의 대상이 아니었다. 왜일까? 예로부터 이슬람교의 경전인 《쿠란》은 그 자체로 숭고하고 설득력이 있다고 여겼기 때문이다. 거룩한 메시지를 잘 팔리게 하는 데 수사법 따위는 필요 없다. 오직 올바른 태도로 듣기만 하면 된다.

따라서 아테네와 로마에서 만들어진 지침이 연설하는 법에 치중한 반면, 이슬람권에서는 청취자의 역할에 치중했다. 만약 누군가가 《쿠란》의 내용에 납득하지 못한다면, 내용이 잘못되었기 때문이 아니라 청자의 수용기관인 심장이 제대로 작동하지 못하거나 작동하지 않으려 하기 때문에 그런 것이다.[17] 그래서 혹자는 이런 자들이 "심장은 있되 이해하지 못하고, 눈이 있되 보지 못하며, 귀가 있되 듣지 못한다."라고 말하기도 했다.[18] 그러므로 듣기는 수동적인 행위가 아니다. 이러한 전통에 따르면, 청중의 일부가 된다고 해서 결코 급이 낮다고 폄하

할 수 없다.

더 동쪽으로 가서 초창기 불교 전통을 고찰해보아도 듣기는 말하기보다 전혀 열등하지 않다. 불교 의식에 늘 각종 소리가 풍부해서만은 아니다. 불교는 듣기를 매우 숭상한다. 절이나 박물관에 가서 부처나 불교 현자의 전형적인 조각상을 유심히 살펴보시라. 예외 없이 가부좌를 틀고 정면을 직시하는 모습이라서 금세 알아볼 수 있다. 그런데 부처에게는 그 밖에도 여러 가지 신체 표식이 있다. 가령 발은 평발이고, 눈은 깊고 푸르며, 속눈썹은 길고, 치아 개수는 일정하며, 등등. 이러한 표식에는 각자 중요한 상징성이 있으며 부처가 어떤 식으로든 위대하다는 점을 암시한다.

그렇지만 내가 보기에 특히 두드러지는 표식이 있다. 바로 비범하게 크고 긴 두 귀이다. 부처의 귀는 그가 훌륭한 청자임을 나타낸다고 보아도 무방하리라. 한 예로, 가장 오래된 고대 불경 경문이 모두 "여시아문如是我聞", 즉 "내가 이와 같이 들었노라."라는 글귀로 시작한다는 사실은 의미심장하다.[19] 그러므로 불교도 이슬람교와 마찬가지로 늘 듣기를 크게 강조해온 종교라고 결론을 내려야 하겠다. 불교에서도 강조하는 바, 듣기는 적극적인 행위이자 영원한 진리를 향해 가는 험하고도 교묘한 길이다.

이슬람교와 불교가 듣기를 숭상하는 모습이 로마나 아테네에서 웅변이 사회를 장악한 듯 보이는 상황과 완벽히 대조된다고 여길 법도 하다. 그러나 말하기는 중요하고 듣기는 중요하지 않은 도시는 존재하지 않았다. 플라톤은 언제나 대화를 가장 선호했다. 합리적 토론에서는 누군가가 주장을 펼치면 상대방은 논리를 통하여 그 주장을 긍정하거나 논박한다. 말은 서로에게 하는 것이지, 한쪽에게만 일방적으로 하는 것이 아니었다.[20] 간단히 말해, 말하기의 본질은 대화였다. 더 나아가 나는 고대 사회에서 철학과 합리적 사고의 기원을 찾으려면 글뿐만 아니라 대화를 살펴야 한다고 주장하고자 한다. 함께 이야기하는(그리고 서로 질문하는) 습관은 틀림없이 지식을 발전시킨 원동력이었으며, 때로는 상호 이해도 진전시켰을 것이다.[21] 사이먼 골드힐에 따르면 당시 대담은 시민의 실천적 이성의 핵심이었고, "연설 평가하기"는 "연설하기"만큼이나 민주주의에 중요했다.[22]

로마가 몰락하면서 대화마저 죽었는가? 그럴 리 없다. 대화는 우리가 사는 매스미디어 시대에 부활했다고 해도 무리가 없다. 라디오 인터뷰나 TV 토크쇼는 제 역량을 발휘하기만 하면 고대의 대담 기술을 현대에 탄탄하게 재현한 사례를 보여준다. 심지어 정치인의 연설조차도 일방적인 소음이라기보다는 상냥하게 대화하는 소리로 여길 수 있다. 오바마가 "할 수 있습니다."라는 문구를 되풀이할 때, 이는 미국의 여러 교회, 특히 흑인 교회에서 행하는 '부르고 응답하기' 설교를 연상시킨다. 이것이 바로 대화이다. 혹자는 오바마의 말과 목소리에 "대화에 대한 존중"이 스며 있다고도 한다.[23] 바로 그런 이유로, 스미스가 설명했듯이 오바마는 단 하나의 목소리로 말하는 법이 없다. 오바마를 통하여 우리는 하나의 다문화 국가가 말하는 것을 듣는다.

8   고대 로마의
왁자지껄한 일상

테베레강 바로 서쪽에 로마의 중심부인 트라스테베레Trastevere 지구가 있다. 가뜩이나 활기찬 곳인데, 해가 저물면 더욱 북적댄다. 비좁은 거리와 사방이 막힌 광장에는 늦게까지 문 여는 상점이 가득 들어섰고, 술집과 식당 수백 군데가 자갈길에 의자와 탁자를 내놓고 저녁을 먹거나 술을 마시러 끊임없이 몰려드는 손님을 빨아들였다 내뱉는다. 지역 주민도 있지만 세계 곳곳에서 로마로 몰려든 방문객이 훨씬 많다. 이탈리아어뿐만 아니라 다양한 언어로 말하는 목소리가 온통 뒤섞여 유난히 이국적인 왁자지껄함을 자아낸다. 게다가 이따금씩 화물차나 청소차가 달그락거리고 우르릉거리는 소리, 셔터를 올리거나 내리는 소리, 초인종이 울리는 소리가 배경음으로 깔린다.

트라스테베레의 사운드스케이프에는 사람들이 교류하는 소리, 기계 소리, 장사하는 소리 따위의 웅성거림이 풍부하게 겹쳐 있다. 여러모로 현대 유럽 도시의 전형적인 사운드스케이프이다. 그러나 약 2,000년 전 이곳에서 들렸을 소리도 그다지 다를 바 없다. 물론 고대 로마가 인류 문명에 최초로 등장한 도시는 아니었다. 일찍이 1,000여 년 전《길가메시 서사시》가 우르, 우루크, 수메르 같은 도시국가의 "소란"과 "아우성"을 언급한 바 있다.[1] 그렇지만 로마의 권력과 부가 정점에 달했던 시절에 비할 수는 없다. 로마는 단연 독보적인 도시였다. 인구가 100만에 달하는 사상 최대의 도시이자, 어느 모로 보나 가장 시끄러운 도시였다.

> 여기서는 숱한 병자가 불면증으로 죽는다. (…) 비좁고 굽이진 거리에 끝없는 교통 체증, 오도 가도 못하는 소떼에게 쏟아지는 욕설 (…) 사방에서 나타나는 발이 쉴 틈 없이 내 발을 밟더니 급기야 어느 병사의 징 박은 군화에 발가락이 찔린다. (…) 식사하는 사람 100명이 각자 이동식 식당을 끌고 다닌다. (…) 한편 그의 식구들은 무덤덤하게 설거지를 한다. (…) 기름때에 전 등긁개가 덜그럭거린다. (…) 노예 소년들은 갖은 일로 분주하다. (…) 무례한 술꾼은 시비 걸 사람이 아무도 없으면 짜증을 내고, 마치 전장에서 친구를 잃은 아킬레우스처럼 밤새 슬퍼하며, 엎드렸다가 돌아눕곤 한다. 그러지 않고서는 노곤해지지 않는 탓이다. 술꾼은 싸움을 1, 2판은 벌여야 잠이 들기에. (…)[2]

이 글을 쓴 시인 유베날리스Decimus Junius Juvenalis는 과장이 심한 편인데다 자신이 살던 로마제국을 경멸하기는 했지만, 북적거리고 들뜬 도시의 에너지를 잘 포착해냈다. 고대 로마에서 소음은 활력을 나타내는 신호였다. 그러나 소음이 너무도 끊이지 않는 데다 소음으로부터 벗어나기도 어려워지면 짜증이 밀려오기 마련이었다. 그러니 고대 로마의 소리를 다룬 글을 읽으면 사회적 갈등이 부글부글 끓는 사회상이 드러나는 것도 무리가 아니다.

세네카는 로마의 사운드스케이프를 특히 생생하게 묘사했는데, 세네카의 거처는 체육관과 공중목욕탕 바로 위에 있었다.

온갖 잡다한 목소리가 짜증나게 들려온다고 상상해보라. 건장한 자들이 운동하면서 납으로 된 역기를 두 손으로 흔들 때, 안간힘을 쓰거나 적어도 안간힘을 쓰는 시늉을 낼 때, 신음 소리가 들린다. 그리고 그 자들이 한동안 숨을 참다가 내뱉으면 쉭쉭거리며 숨 가빠하는 소리가 들린다. 그러나 운동에 무관심하고 싸구려 때 밀기에 만족하는 작자가 오면, 손바닥으로 그의 어깨를 내리치는 소리를 견뎌야 한다. (…) 걸핏하면 싸우려 드는 술꾼, 가끔 현장에서 붙잡히는 도둑, 욕탕에서 노래하기를 즐기는 남자도 있다고 상상해보라. 거기에다 사람들이 물을 첨벙첨벙 크게 튀기며 욕탕으로 뛰어든다고 상상해보라. 이 남자들은 그나마 목소리가 자연스럽기라도 하지만, 털 뽑아주는 남자는 끊임없이 새되고 날카로운 소리를 질러 주의를 끌려고 한다. 손님의 겨드랑이 털을 뽑아서 손님이 자기 대신 소리를 지르게 할 때를 빼면 결코 입을 다무는 법이 없다. 음료와 소시지와 페이스트리를 파는 자들이 내지르는 갖가지 고함소리를 듣기만 해도 녹초가 될 지경이다. 웬만한 식당이나 간이식당은 모두 호객꾼을 고용해 각자 자기 가게를 광고하는 문구를 외친다.[3]

세네카는 아래층에서 들리는 소음에 주의가 산만해져서 바깥바람을 쐬며 한숨 돌리고 싶었을지도 모른다. 그렇지만 집 근처 거리로 나온다 한들 그러기는 어려웠을 것이다. 밖으로 나가면 훨씬 많은 행상인들이 각자 개성 있는 소리로 외칠 터이니 말이다. 트라스테베레 같은 지역은 도시 전체에서 중요한 교역소 노릇을 했다. 그곳은 짐을 싣고 푸는 장소이자 작업장이며 문화의 용광로였고, 오밀조밀 모여 사는 극빈자들로 넘쳐났다. 제국이 성장하고 번영하는 동안 로마는 갈수록 많은 이국적인 상품, 맛, 냄새, 색깔, 소리를 궤도 안으로 빨아들였다. 이 모든 것들이 비좁은 거리를 따라 떠다니고 굴러다니고 요란한 소리를 냈다. 거리가 어찌나 비좁았던지 한쪽 건물 위층에 사는 사람이 손을 뻗으면 맞은편 건물 입주자와 닿을 수 있을 정도였다.

길바닥에서는 식용이나 제물용으로 도살하려고 시골에서 몰고 온 가축 떼가 우렁차게 울어댔으리라.⁴ 로마는 제국의 수도였기에, 지중해 전역과 그 너머로부터 경제적 이주민과 상인과 노예가 몰려들어 시리아어, 콥트어, 카르타고어, 켈트어, 히브리어 등 수십 가지 언어로 대화했다. 사업이나 직종에 따라, 또는 도시 구역에 따라, 암호를 쓰기도 하고 문체가 달라지기도 했다. 걸핏하면 문법을 무시하고 입말을 제멋대로 자유롭게 구사했다.

작가 제리 토너Jerry toner가 지적하듯, 일상적 말하기에는 "절실함과 긴박함이 가득했다." 발음을 쉽게 하기 위하여 자음을 탈락시키기도 했다. '스크립투스scriptus'는 '스크리투스scritus', '상투스sanctus'는 '산투스santus', '호르투스hortus'는 '오르투스ortus'라고 하는 식이었다.⁵ 때로는 극적 효과를 내기 위하여 음을 덧붙이기도 했다. "'죽어라고 내빼다'라는 느낌으로 '푸기토fugito'라고 말해도 되니" 굳이 '푸기오fugio', 즉 '도망가다'라고 제대로 말하지 않았다.⁶ 게다가 주먹을 내리치거나 가슴이나 이마를 치거나 발을 구르는 등 시끄럽게 몸짓도 할 수 있으니 꼭

말로만 하지도 않았으리라. 로마 거리에서는 사람 사이의 소통이 "감성적인 강렬함과 현장감"을 담아 이루어졌기에, 이를 못 본 척하기란 쉽지 않았으리라.7

도대체 어떻게 이런 소음에 온통 둘러싸이고도 평범한 일상을 유지할 수 있었을까? 로마의 풍습을 관찰한 그리스인인 디오 크리소스토무스Dio Chrysostomus에 따르면, 그 이유는 아무리 혼란에 빠진 와중에도 무덤덤한 분위기를 조장했기 때문이다.

> 전차 경기장을 가로질러 걸어가는 길에, 여럿이 한데 모여 각자 다른 일을 하는 광경을 본 적이 있다. 누군가는 피리를 불고, 누구는 춤을 추고, 또 누구는 저글링 묘기를 보여주었다. 누군가는 시를 낭송하고, 누구는 노래를 부르고, 누구는 이야기나 신화를 들려주기도 했다. 그런데 누구도 남이 할 일을 방해하지 않으면서 각자 자기 볼일을 보았다.8

사람과 소리가 뒤섞인 도가니는 육감에 호소하는 면도 있었다. 예컨대 세네카는 거대한 건축물이나 정갈하고 탁 트인 포룸 로마눔이 아니라, 시내의 골목길과 술집과 사창가와 욕탕 따위를 구경하는 데서 얼마간은 감각적 쾌락을 누렸다고 암시한다. 그의 표현을 빌리자면, 김이 자욱한 욕탕에서는 지나가는 낯선 이의 향수 냄새와 그의 숨결에서 풍기는 와인 냄새를 맡고 취객의 트림 소리를 들을 수 있었다.9

심지어 최고위층도 기꺼이 자기네가 흥청대는 소음을 로마의 풍성한 소리 버무리에 더했다. 예컨대 아우구스투스 황제는 팬터마임을 즐긴 것으로 보인다. 황제는 유행을 선도하기 마련이었다. 로마 시민은 고대 그리스인과는 달리 가무를 제대로 즐긴 적이 없었다. 그러나 아우구스투스 황제가 가무를 열성적으로 좋아함에 따라, 관중 또한 무대 위 가수와 무용수들에게 얼마나 열광했던지 공연이 극렬한 폭동으로 끝나는 일도 잦았다.[10] 이처럼 감각적 기쁨을 열렬히 즐기는 일도(설령 매우 선정적이거나 소란스러운 행위이더라도) 로마인의 삶의 일부였다. 바로 이런 까닭에 금욕적인 스토아 철학자라는 세네카는 체육관이나 길거리의 함성에 "파도나 낙수"만큼도 관심이 없다고 자랑했다. 세네카는 소음에 정신이 팔리는 이유가 자기 내면의 동요에 굴복했기 때문이라고 보았던 것이다.[11]

하지만 포룸 근처 줄리오 로마나 가도Via Giulio Romana의 낡은 공동주택 유적지에 들어가 보면, 세네카가 소음을 참아주었던 이유는 그에게 그런 형편없는 곳에 들를지 말지를 자유로이 선택할 특권이 있었기 때문이라는, 다시 말해 세네카가 평민 계급의 현실을 거의 의식하지 않았기 때문이라는 생각이 절로 든다. 이곳은 한때 5층짜리 공동주택이었다. 어떤 층은 가게로 쓰였고, 다른 층에는 감방 같은 방들이 빼곡하게 들어섰고, 또 어떤 층에는 다소 널찍한 방이 들어섰다. 그러나 어느 층이든 방과 방 사이에는 좁디좁은 복도밖에 없는 데다 바로 옆은 길거리였다.[12]

비좁고 쓰러질 듯한 공동주택은 장엄한 포룸과 물리적으로는 매우 가까웠으나 사회적으로는 완전히 별세계였고, 거의 2,000년 전 그곳에 살 수밖에 없었던 이들은 평화도 고요함도 결코 누리지 못했다. 더욱이 이 공동주택에서 살아가는 불행한 영혼들과 같은 경험을 하는 사람들이 온 도시에 널렸을 터이다. 로마제국 후기에 실시한 공식 인구조사에 따르면, 로마에 있는 단독주택은 불과 2,000채 미만이었지만 공동주택 지구에는 4만 6,000여 명이 함께 거주했다.[13] 공동주택은 허술하게 지어졌고, 어떤 경우에는 벽이 종이마냥 얇은 탓에 근처 길거리와 가게와 작업장에서 나는 소리나 배달 수레가 쉬지 않고 내는 소리를 거의 막아주지 못했다. 게다가 몇몇 기록에 따르면 카이사르는 오직 밤중에만 수레 이동을 허가했다고 한다. 침실은 따로 없었다. 다른 방에서 남녀노소가 벽이 어설프게 움푹 팬 곳으로 들어가서 돌아가며 잠을 잤다. 적어도 공동주택에 사는 로마인에게 사생활은 없다시피 했으며, 이웃은 고사하고 자기 식구가 내는 소음을 막을 수단도 없었다.

이토록 가까이 붙어 지내다 보면 세네카 식의 금욕주의 못지않게 짜증과 편협함도 틀림없이 만연했으리라. 당연히 사람들은 희생양을 찾으려 했으며, 조금이라도 남달라 보이는 이들은 가장 만만한 대상이 되었다. 이러한 조짐을 유베날리스의 작품에서 엿볼 수 있는데, 그의 관점은 부유한 기득권자의 입장을 반영한다. 그는 로마의 시리아인 공동체와 그 "언어도 관습도, 피리와 괴상한 하프도 (…) 원주민의 탬버린도, 경마장 주변을 서성이는 갈보들도" 지중해로부터 밀려들어 온 오물이라고 폄하했다.[14]

유베날리스가 실제로 시리아인 틈바구니에 살았던 빈민의 의견까지 반영했는지는 알기 어렵다. 그러나 이처럼 비좁게 모여 사는 상황에서는 다들 자기 살길을 스스로 찾을 수밖에 없었으리라. 권력이나 영향력이 조금이나마 있는 이들은 그것을 행사했다. 한 예로, 교육 관련 압력단체는 교사가 1명이라도 사는 거리에 구리 세공인이 개업하지 못하게 만들었다. 남들은 모르겠지만 교사만큼은 평화롭게 공부하게 해주겠다는 취지였다. 어떤 이들은 소음과 과밀로부터 도피했다. 세네카는 관용을 설파했지만, 그랬던 그도 결국 체육관 위층에 있던 집을 벗어나 좀 더 호젓한 곳으로 이사를 갔다. "바라지도 않는데 더 이상 이런 고문을 견딜 필요가 있겠는가?" 세네카는 자기가 주창한 금욕주의도 아예 버린 듯 변명했다.[15]

부유한 로마 상류층은 평민들이 내는 소음을 피해, 약 32미터 높이에서 포룸을 굽어보는 팔라티노 언덕Palatino 같은 곳으로 곧잘 향했으리라. 포룸과 마찬가지로, 이제는 팔라티노 언덕도 대체로 어지러운 유적지가 되었다. 그러나 오늘날 이곳을 방문하면 과거 고급 주택가에서 경험했을 법한 탁 트인 분위기, 상쾌한 공기, 상대적인 고요함을 제대로 느끼게 된다. 적어도 기원전 1세기가 저물기 전까지, 팔라티노 언덕의 대저택은 고요함의 오아시스였을 터이다. 고작해야 대리석 마루에 간간히 울리는 발자국 소리나 로마인들이 가장 좋아한 소리인 장식용 분수대에서 뚝뚝 듣는 물소리만이 정적을 깨뜨렸으리라.

서기 1세기 말엽에는 부자들의 사저 대신 한층 웅장한 황궁이 들어섰다. 티베리우스Tiberius 황제가 지은 한 궁전에 우아한 테라스의 흔적이 아직 남아 있다. 가까이에 황제의 사저인 아우구스투스 궁전이 있는데, 궁전에는 광대한 중앙 정원, 개인 욕탕, 분수, 기둥으로 둘러싸인 공간 등이 있던 흔적이 남았다. 궁전이나 그 전에 있던 부자의 저택에서는 대체로 방에 천으로 짠 커다란 발을 달아 소리를 흡수하고 사생활을 보장하고자 했다. 물론 노예와 하인이 있기는 했지만, 이들은 분주히 움직이되 소리 없는 존재가 되어야만 했다. 식사 시간에 시중드는 노예에게 주인이 침묵하라고 명령하는 경우는 흔했다. 의미심장하고 시끄러운 침묵이었다. 침묵을 통해 집주인은 손님에게 자기 영역을 충분히 강하게 통제하고 있다고 자랑하는 셈이었기 때문이다. 세네카가 말했듯, 이러한 환경에서 주인은 "작은 중얼거림도 채찍질 1대로 벌하며, 기침이나 재채기나 딸꾹질처럼 사소한 사고조차도 매질하지 않고는 넘어가지 않는다."[16]

　부유하고 권력과 학식이 있는 사람들은 저 높이 엄하게 통제되는 구역에 들어앉아 사적이고 감각적인 쾌락을 즐기면서, 아래쪽 평민들과 사회적인(그리고 지리적인) 거리를 벌리고자 했다. 시끄럽게 구는 것은 천하다고, 악취를 풍기는 것만큼 나쁜 짓거리라고 비난했다. 암미아누스Ammianus Marcellinus 같은 작가는 로마의 평민들이 놀 때 나는 콧방귀 소리, 끙끙 앓는 소리, 말다툼 소리 따위가 짐승 같을 뿐 아니라 음란하기까지 하다고 썼다.[17]

　한편 방귀는 복잡한 문제였다. 점잖은 자리에서는 방귀가 새지 않게 참아야 한다는 데에는 대체로 누구나 동의했다. 그런데 방귀를 무리해서 참다가 사람이 죽었다는 소문이 돌았다. 더구나 인체에 유독한 증기가 갇혀 있다가 두뇌로 직접 침투하여 심신을 해칠 위험도 늘 있을 터였다. 그래서 클라우디우스 황제는 아무리 훌륭한 사람이라도 방귀를 자유롭게 뀌게 하면 어떨까 생각하기도 했다. 그렇지만 상류층다운 사회적 기준은 대체로 지켜나갈 만한 가치가 있었다. 상류층 이외의 사람들은 너무나 지저분하고 거칠고 시끄러워 가까이하기 불편했기 때문이다. 팔라티누스 언덕에 사는 고상한 분들은 중심 지구의 북적대는 길거리를 지나갈 일이 생기면 수행원과 하인을 동원해 "자신을 에워싸게 함으로써 군중과 거리를 두었다."[18]

당연히도 자신을 바깥세상과 단절하는 것은 상호이해나 공감을 키우는 데 전혀 도움이 되지 않았다. 바퀴 달린 교통수단은 낮에 일체 거리를 다니지 못하게 금지되었다. 순전히 부호들이 텅 빈 거리에서 편하게 말을 타고 지나가겠다는 욕심을 충족시키기 위해서였을 공산이 크다. 그로 인해 수많은 로마 평민이 밤마다 잠을 설치리라는 점은 고려조차 하지 않았다. 야밤에 끊임없이 소음에 시달리는 사람들이 얼마나 지쳐가는지를 애당초 상상이나 할 수 있었을까?

그렇지만 고대 로마 통치자들이 소리의 문화적·정치적 가치에 무관심했다고 결론 내려서는 안 된다. 분명 통치자들은 관능적 혼돈과 쾌락주의가 제멋대로 퍼져나가고 있으며, 제국 건설의 초석이 된 정력을 문란하고 여성적인 음악이 파괴한다고 경고하는 간언을 들었을 터이다. 통치자들은 소리를 단지 외부에 존재하며 무심하게 인식해도 되는 대상으로 생각하지 않았을 것이다. 소리는 육신을 침범하며, 정신을 타락시키기도 하지만 함양하기도 할 힘이 있었다. 따라서 로마 지배계층은 소음을 사회 질서를 유지하는 데 이용했다. 인민이 훨씬 더 통제된 방식으로 쾌락을 누리게끔, 더 광범위한 전략의 일부로 소음을 이용한 것이다.

그래서 지배계층은 고대 로마의 공공 중심지를 내버려두지 않았다. 대신 그것을 "놀라운 무대 세트"로 바꾸었다.[19] 공공장소 미화 계획은 폼페이우스Pompeius Magnus와 카이사르 치하에서 개시되었지만, 아우구스투스 황제 및 그 후계자들이 다스리는 시대에 이르러 비로소 조각상 대부분이 설치되었고 정원과 목욕탕이 개장했으며 사원과 극장이 지어졌고 곧은 도로가 놓였다. 조각상 제막식을 열 때면 음악과 무용을 공연하여 조각상에 활력을 불어넣었다.[20] 전리품을 끌고 온 시내를 돌아다니며 행진하는 오랜 전통도 계속되었다. 행진이 벌어지면 군중이 발길을 멈추고 모여들었다. 일찍이 기원전 167년에 마케도니아의 마지막 왕을 패퇴시킨 것을 축하하는 행진이 열렸을 때, 한 기록에 따르면 포획한 무기와 갑옷 등을 실은 전차가 꼬리에 꼬리를 물고 끊임없이 행진했다고 한다.

> (…) 방패 위에 투구, 정강이받이 위에 흉갑 (…) 방패 (…) 말고삐 (…) 검 (…) 마케도니아 장창 (…) 무기들은 다 느슨하게 꾸려진 까닭에, 전차에 실려 가면서 서로 부딪히며 거칠고 끔찍한 소리로 쩔그렁거린다. 그래서인지 적을 정복하여 빼앗은 전리품임에도 불구하고 그 광경에 두려움을 느끼지 않을 수 없었다.[21]

행렬에서 약간 뒤쪽에는 나팔수들이 따라왔다. 행진하는 병사들은 승전가를 부르며 사령관을 칭송하기도 했겠지만 놀려댈 때가 더 많았을 터이다. 음악가도 무용수도 제물로 바칠 가축도 따라왔다. 이 모두를 군중은 환호하며 듣고 보았다.

이처럼 요란한 광경은 사람들을 즐겁게 할 뿐만 아니라 약간이나마 겁주려는 의도로 연출되었다. 시민들은 이 광경을 보며 로마의 강대함을, 귀족의 재산과 군대의 무력으로부터 흘러넘치는 풍요를 떠올렸다. 이를 통해 우리는 혼잡스럽게 붐비는 세계 최초의 메트로폴리스에서조차 소리가 그저 단순한 소리가 아니었음을 알게 된다. 어디에 가든 소리에는 온갖 의미가 넘쳐났다. 소리는 부자와 빈자 사이의 사회적 간극을 측정하는 데 도움이 되기도 했고, 책임자들에게는 질서정연하면서도 군중을 즐겁게 하는 감각의 풍경을 조성할 수 있으리라는 희망을 돋구어주었다. 물론 가장 규모가 큰 공공 행사는 원형 대경기장에서, 좀 더 후대에는 그 유명한 콜로세움에서 열렸다.

따라서 이제부터는 통치자와 피통치자가 대면하게 되었을 때에 대해 알아보려 한다. 폭력과 구경거리와 소음이 난무하는 '로마의 경기대회' 한복판에서 군중이 격앙되어 함성을 지를 때, 과연 어떤 상황이 벌어졌을까?

9 　아우성치는 군중

2012년 런던올림픽 및 패럴림픽 기간 동안, 선수와 방송 해설자와 관객이 얼마나 자주 군중의 함성을 언급했는지 헤아릴 수도 없을 지경이었다. 주경기장과 사이클 경기장, 수영 경기장에서 함성이 얼마나 컸는지 홈팀 선수들은 그 소리만으로도 어안이 벙벙해졌다고 말하곤 했다. 사람들이 내지른 소음에 실린 감정이 사기를 북돋아주고 승리를 향해 나아가게 해주었다는 것이다. 한편 외국 선수들은 그 소리에 약간 주눅이 들었다고 토로하기도 했다.

　군중이 누군가를 적대시하여 소리 높여 불쾌감을 드러낸 순간도 있었다. 당시 영국 재무부 장관이었던 조지 오스본George Osborne이 올림픽 스타디움에서 메달을 수여하려고 대기하는 동안 관중에게 야유를 받은 사건이 그 예였다. 오스본의 정책에 불만이 있어서였는지, 아니면 그저 정치인이 싫어서 그랬는지는 모른다. 어쨌든 오스본은 스타디움을 메운 군중이 스포츠뿐만 아니라 다른 주제로도 큰 목소리를 낸다는 사실을 비싼 대가를 치르고 배웠다. 이처럼 소리가 농축된 도가니에서는 온갖 감정이 뒤섞이고 고조된다.

로마제국의 통치자들은 2,000여 년 전부터 이를 알고 있었을 터이다. 세계 역사 이래 최대의 원형경기장이 바로 이 시기에 세워졌기 때문이다. 바로 이 원형경기장에서 '로마의 경기대회', 즉 루디 로마니Ludi Romani(고대 로마에서 9월에 열리던 대규모 종교 제전-옮긴이)가 열리는 기간 동안 우리는 관중이 얼마나 강력한지를 최초로 실감한다. 관중은 경기장의 격변하는 정치판에서 집단적인 힘을 행사하여, 나름대로 결정적인 역할을 한다.

콜로세움이 로마에서 검투 따위의 경기를 최초로 개최한 장소는 아니었다. 원형경기장은 오래전부터 존재했고, 서기 80년에 티투스 황제가 콜로세움을 개장하자 곧 제국 전역에 이것을 본뜬 원형경기장이 우후죽순으로 늘어났다. 그러나 콜로세움은 원형경기장 중에서도 가장 크고 유명하고 최첨단이고 웅장했으며, 오늘날까지도 모든 스포츠 스타디움의 본보기로 남아 있다. 오늘날에는 콜로세움의 전체 구조물 중 일부만이 남아 있고(중앙 무대는 사라져버렸다) 객석 사방에는 관광객이 드문드문 앉아 있을 뿐이지만, 콜로세움은 여전히 약 2,000년 전 최대의 제전이 벌어지던 시절의 짜릿한 분위기를 얼마쯤 자아낸다.

여러분이 당시 관중의 일원이었다고 상상해보시라. 관객은 번호가 매겨진 입구를 통과해 색색으로 칠해진 복도를 쭉 따라가다가 해당하는 구역과 열을 찾으면 경사로에 올라 자기 번호에 맞는 좌석에 앉는다. 이로써 비로소 요란한 행사로 들썩대는 스타디움에 들어선다. 역사학자 키스 홉킨스Keith Hopkins와 메리 비어드Mary Beard가 묘사했듯이, 콜로세움은 "탁월하게 건축되고 폐쇄된 세계로, 황제와 지배계급과 신민을 마치 정어리 통조림처럼 꽉꽉 욱여넣은" 장소였다.[1]

관객은 신분에 따라 좌석을 배정받은 뒤 가파른 객석 위에 빽빽하게 모여 앉았다. 붉은 테를 두른 흰 토가 차림의 원로들은 맨 아래층에, 깃발을 든 기수는 앞줄에, 평민은 더 높은 곳에 자리 잡았고 노예·빈민·여성은 꼭대기 층에 쑤셔 넣어졌다.[2] 이렇게 자리가 배정되고 나면 5만 명쯤 되는 관객이 얼굴을 마주보며, 형형색색의 의상과 낭자한 선혈로 온종일 눈을 즐겁게 해줄 축제가 예정대로 펼쳐지기를 고대했다. 런던의 올림픽 스타디움에 모인 관객들처럼, 그들도 일제히 쏟아지는 소리 속으로 빠져들 참이었다. 들뜨게도 하고 두렵게도 하는 소리, 자기네가 두드러지게 정치적 역할을 온전히 수행하게 될 소리 속으로.

***

시끄러운 소리는 관객이 착석하기 훨씬 전부터 퍼붓기 시작했을 터이다. 그들이 입구 근처에서 서성거리는 동안에도, 경기장 바로 아래에 숨겨진 지옥구덩이 안에서는 막후의 끔찍한 소음이 잇달아 왁자하게 들려왔을 테니까. 그곳에서 노예, 검투사, 말뚝에 묶인 짐승, 쇠사슬에 묶인 죄수들은 닥쳐올 운명을 기다렸고 동물 조련사, 경비원, 무대 뒤편에서 작업하는 기술자 수백 명은 고함을 질러댔다. 콜로세움은 승강장치와 동물 우리를 정교하고 체계적으로 설치하여, 짐승을 지하에서 무대 바닥에 설치된 문까지 효율적으로 올려 보냈다.[3]

그러나 착석이 끝나고 쇼가 시작되면서, 관객은 비로소 벅찬 흥분을 오감으로 만끽했다. 피비린내와 땀 냄새와 향수 냄새, 죽고 죽이는 광경과 무기가 내뿜는 섬광, 나팔 소리와 북소리, 희생자의 비명소리, 그리고 그 무엇보다도 군중이 아우성치는 소리…⁴ 물론 모든 공연이 흥행하지는 못했고, 때로는 하루 행사 일정이 상당히 달라지기도 했다. 그러나 루디 로마니의 성패는 신기한 깜짝 공연뿐 아니라 익숙한 기존 행사들이 어떻게 치러지느냐에 달려 있었다. 나팔수가 팡파르를 울려 관객 모두의 주의를 끌고 나면 오전에는 야생 동물 싸움 경기가 열리고, 점심시간에는 처형이 이뤄지거나 막간 해학극이 잠깐 열리거나 했다. 오후에는 클라이맥스로 검투사의 결투가 예정되어 있을 터였다. 검투는 전쟁터의 본능적인 흥분을 로마의 심장부까지 가져오려는 시도였다.

로마 군인이 실제로 경험한 바를 재현하기란 당연히 어려웠을 것이다. 아직도 로마의 콜론나 광장Piazza Colonna에는 마르쿠스 아우렐리우스Marcus Aurelius Antoninus 황제의 승리 장면을 새긴 대형 원기둥이 서 있는데, 이 장면은 얼핏 보면 자신이 군대에서 내세우고픈 모습을 그린 듯하다. 질서정연한 대오를 이루어 전쟁터로 전진하고, 기강 잡히고 침착하며 단결되어 있으며, 용감하게 백병전을 벌이는 모습 말이다. 그렇지만 자세히 살펴보면 야만과 혼돈이 난무하는 장면도 보인다. 군인들은 강간과 약탈을 벌이고 항복한 적군의 목을 베며 시체를 절단하여 전리품으로 삼는다. 사령관이 만족스럽게 주시하는 가운데 말이다.⁵ 무거운 갑옷과 장비 때문에 일반 로마 병사들은 더위와 피로에 시달리며 빽빽한 대형 속에서 부대꼈고, 대기는 발길에 일어난 먼지로 매캐하게 뒤덮였으며, 무기가 철그렁철그렁 부딪히는 소리와 비명과 고함 소리가 사방에 난무했다. 일반 병사는 실전을 치르는 동안 처참한 아수라장을 겪느라, 전투가 어떻게 진행되는지 제대로 알지도 못했으리라.⁶

루디 로마니는 이토록 지저분하고 혼란스럽고 잔인한 난장판으로부터 전쟁을 연극적으로 맛볼 요소만을 끄집어내 제공함으로써, 군중을 즐겁게 하는 동시에 정치적으로 교육하고자 했다. 창과 방패를 들고 1대1로 벌이는 결투에 마음껏 열광하게 함으로써, 결투를 영웅주의의 본보기로 삼도록 한 것이다.

그러나 검투사끼리 소리치며 싸우는 광경은 진귀한 구경거리였고, 많은 경우 야수가 포효하는 소리가 관객의 귀를 찔렀다. 경기장에 끌려오는 동물은 "살아 있는 전리품", 즉 로마가 머나먼 영토를 정복하고 자연계를 굴복시켰다는 상징이었다.[7] 티투스 황제는 콜로세움을 개장할 때 도살 축제를 열었는데, 어느 로마 역사가가 후대에 기록한 바에 따르면 이때 죽은 야수가 약 9,000마리였다고 한다. 설령 이 수치가 과장되었다 하더라도, 허구한 날 경기장에서 더 많이 피를 흘린 쪽은 확실히 인간보다는 동물이었다. 사자, 표범, 호랑이, 곰, 황소가 정기적으로 등장하여 죽이거나 죽임을 당했다.[8] 그날 외출한 군중에게 온종일 가장 끈질기게 들려온 소리는 이 야수들이 죽어가는 신음 소리였다.

이 중에서도 가장 이국적인 피해자는 아마 코끼리였을 것이다. 위풍당당한 코끼리는 예로부터 전투에 동원되었고, 특히 인도 군벌이 애용했다. 당시의 기록에 따르면 1번 전투를 할 때마다 코끼리 수백수천 마리가 투입되었다고 한다. 코끼리는 무거운 장갑을 두르고 목줄과 종을 휘감았으며 등에는 갈고리, 화살집, 투석 끈, 기마용 긴 창으로 무장한 군인을 많으면 7명까지 태웠다. 코끼리 부대가 돌격할 때마다 적은 공포에 떨며 궤멸되었다. 코끼리는 때때로 왕족을 태우기도 했는데, 나이 많은 코끼리일수록 전쟁터의 혼란과 귀청이 터질 듯한 굉음을 더 잘 견

딘다고 여겨져 대접을 받았다.[9]

　로마인들은 알렉산드로스 대왕의 옛 동방 원정 역사를 읽은 터라, 이러한 고대 인도 전통을 잘 알았다. 카르타고를 무찌른 이후 아프리카로부터 코끼리를 자체 조달하는 것도 가능해졌다. 거대한 코끼리는 수도로 데려와 공개 처형을 시행할 때 특히 유용하게 쓰였다. 탈영병을 발치에 던져두고 코끼리가 짓밟아 죽이게 한 것이다. 이처럼 섬뜩한 처형을 벌이면 군기가 늘 더 잘 잡혔다고 한다.[10] 교육적 목적으로 행하는 오락이었던 셈이다.

　지배계급이 동물 쇼, 검투, 막간 희극, 행진 등등 화려하고 시끄러운 행사를 주관한 데에는 관객에게 어떤 식으로든 정치적 영향력을 행사하겠다는 속셈이 있었다. 베스파시아누스 황제Titus Vespasianus는 전대 황제 네로와 그의 악명 높은 개인용 쾌락 궁전인 '황금 궁전'에 대한 기억을 깨끗이 지우기 위하여 광범위한 도시 재개발을 실시했고, 그 일환으로 콜로세움을 짓도록 명령했다. 새 원형경기장은 로마 시민에게 그들만의 쾌락 궁전을 제공함으로써 새로운 시대를 열었다. 그곳은 소수가 아니라 다수를 위해, 아니 로마 전체를 위해 만들어진 장소였다. 물론 홉킨스와 비어드가 지적했듯이, 콜로세움은 선물인 동시에 "훌륭하게 계산된 정치적 제스처"이기도 했다. 황제의 힘과 관대함을 과시하는 하사품이자 민중이 계속 황제에게 충성을 바치도록 주는 뇌물이었다는 것이다.[11]

　실제로, 그 이후 루디 로마니는 대부분 콜로세움이나 제국 전역의 콜로세움에 준하는 장소에서 열렸다. 이론상으로 보자면 그토록 많은 사람들을 한자리에, 그것도 통치자와 그토록 가까이에 모이게 하는 것은 무모할 뿐 아니라 위험천만하게 보인다. 그러나 막상 콜로세움이 개장하자, 황제들은 그런 위험을 감수할 만큼 신변이 안전하다고 여겼고, 백성 5만 명을 만나 그들이 즐겁게 관람하는 모습을 보며 즐기기까지했다. 황제가 보여준 자신감은 관중에게도 틀림없이 큰 인상을 남겼으리라.

하지만 관객이 자신들에게 제공되는 오락거리를 늘 생각 없이 받아들였다는 뜻은 아니다. 예전에 열렸던 로마 제전에 대한 기록을 보면, 본 행사를 관람하는 것 외에도 관객이 즐길 거리는 많았다. 관객석에 있으면 사람들을 만나고 잡담을 하면서 공짜로 제공되는 음식과 경품을 즐길 수 있었다. 오비디우스는 약간은 장난스럽지만 자세하게, 관객이 원형경기장에서 군중과 소음을 가리개 삼아 추파를 던지고 부정한 애무를 나눌 수도 있다고 기록했다. 그는 경주마들이 달리기 시작할 때 "기회가 도사린다"고 썼다.

> 원하는 만큼 가까이 앉으라. 아무도 말리지 않을 터이니 (…) 접촉도 경기의 일부다. (…) 대화를 시작하려면 공통 관심사를 찾아내라. (…) 상아와 황금으로 만든 신들의 행렬이 들어오면, 그 어떤 젊은 남자보다도 큰 소리로 사랑의 여신 비너스께 환호하라. (…)**12**

이런 허튼짓이 콜로세움에서도 벌어졌음은 쉬이 상상할 수 있다. 그렇지만 어느 경기장에서든 관객이 고조된 감정과 분출된 아드레날린에 휩쓸리지 않기란 쉽지 않았을 터이다. 관객은 좋아하는 편을 응원하기도 하고 위험을 간접적이지만 강력하게 체험하기도 했다. 그러나 집단적 힘을 가졌다는 느낌이 관중을 사로잡으면, 관객들이 함께 내지른 소음이 경기장에 오른 자들의 운명을 좌우했다. 검투사들의 결투가 끝날 즈음, 경기를 주최한 흥행사는 패배한 검투사의 생사를 결정하기에 앞서 군중의 기분을 계산에 넣었다. 군중이 "놓아주어라!"라고 소리치면 검투사는 목숨을 건지지만, "죽여라!"라고 환호하면 살육을 당했다.[13] 그러나 그 무엇도 함부로 예단할 수는 없었다. 관중이 너무 꽉꽉 들어차고 서로 바짝 붙어 있다 보니 변덕이 심해 분위기가 쉽사리 바뀌기 마련이었기 때문이다.

통제불능 상태에서 무시무시한 사건이 터진 적이 있는데, 그 장소는 아마도 콜로세움이 아니라 인근에 있던 키르쿠스 막시무스Circus Maximus로 추정된다. 키르쿠스 막시무스는 콜로세움보다도 큰 야외 경기장으로, 언제든 20만 명 이상을 한꺼번에 수용할 수 있었다. 기원전 55년 카이사르의 강력한 정적이던 폼페이우스는 로마 인민을 대상으로 대대적인 행사를 열었는데, 이때 도살한 코끼리가 17~20마리였다고 한다(정확한 수치는 출처에 따라 조금씩 다르다).

처음에는 만사가 순조로웠던 모양이다. 관중은 코끼리 1마리가 무릎으로 기어 다니는 모습을 구경하고 있었다. 코끼리는 부상이 너무 심해 일어나지도 못했지만, 여전히 상대 선수들의 방패를 낚아채어 공중에 던져버리고 있었다. 그러다 갇혀 있던 코끼리 몇 마리가 말뚝 울타리를 넘어 탈출을 시도했다. 로마의 학자 가이우스 플리니우스Gaius Plinius Secundus가 고전적으로 절제하여 표현한 구절을 인용하자면, 객석에서는 "약간의 소란"이 일었다.[14] 엎친 데 덮친 격으로 코끼리들이 분연히 일어나 싸우는 광경을 보고 나자, 관객은 코끼리의 끔찍한 단말마를 목격하고 동요했다. 플리니우스는 그 광경을 "이루 형언하지 못한"다고만 했지만,[15] 다른 자료를 통하여 그 상황이 결코 조용하지도 평온하지도 않았다는 것을 잘 알 수 있다. 기록에 따르면 인도가 벌인 전쟁에서 코끼리는 "학 떼처럼" 울부짖었고, 칼과 창과 화살에 맞고 찔리면서 날카롭게 비명을 지르며 미친 듯 날뛰었다.[16]

소설가 조지 오웰George Orwell도 1930년대에 영국 식민지였던 미얀마에서 제국 경찰로 근무하던 중, 무리에서 떨어져 나와 날뛰던 수코끼리에게 총을 쏴야 했다. 오웰은 첫 총격을 가한 지 30분이 넘도록 코끼리가 엄청난 고통 속에 천천히, 전혀 조용하지 않게, 죽음을 맞는 소리를 들었다.

> 코끼리는 결코 다시는 일어나지 못할 터였지만, 아직도 죽지 않았다. 마치 박자를 맞추듯 긴 숨을 거칠게 몰아쉬었고, 언덕 같은 옆구리는 고통스럽게 오르내렸다. (…) 나는 녀석이 죽기를 오랫동안 기다렸지만, 그 거친 호흡은 약해지지 않았다.

오웰은 총을 2발 더 발사하고 나서 말한다.

> 총탄에 맞고도 코끼리의 몸은 꿈쩍하지 않았고, 괴로운 호흡은 쉬지 않고 계속되었다. 녀석은 아주 천천히 크나큰 고통 속에서 죽어갔으나, 마치 총알로도 더 이상 상처입지 않을 어떤 머나먼 세계로 가는 듯도 했다. 그 끔찍한 소음을 빨리 끝장내야 할 것 같았다. 거대한 짐승이 움직일 힘도 없고 죽을 힘도 없이 누운 모습을 보면서도 목숨조차 끊어주지

못한다니 정말 끔찍했다. 나는 작은 소총을 가져오도록 하여 녀석의 심장과 목구멍에 총알을 퍼부었다. 그러나 아무 소용이 없는 것 같았다. 괴롭게 헉헉대는 소리는 시계가 째깍대듯 꾸준히 이어졌다. 결국 나는 더 이상 참지 못하고 현장에서 빠져나갔다.[17]

그러나 기원전 55년 폼페이우스가 주최한 경기를 구경하러 온 관객은 그렇게 쉽사리 빠져나갈 수 없었다. 플리니우스는 코끼리들이 쓰러지면서 목청이 찢어질 듯 울부짖고 신음하고 흐느끼면서 "군중의 동정을 샀다."라고 기록했다. 키케로에 따르면 군중은 "충동적인 연민, 그 짐승들에게 인간적인 무언가가 있다는 느낌"을 받았다.[18] 플리니우스는 이 사건으로 인해 공연이 엄청난 역풍을 맞았다고 전한다. "애초 폼페이우스와 그를 기리기 위해 고안한 호화로운 볼거리는 잊은 채, (관객은) 한몸이 되어 일어나 눈물을 흘리며 폼페이우스에게 지독한 악담을 퍼부었고, 폼페이우스 자신도 이내 그 여파를 겪었다."[19]

물론 폼페이우스의 운명이 그날, 그곳에서, 죽어가는 코끼리 1마리의 울부짖음 때문에 결정된 것은 아니었다. 그러나 이 일화는 당대의 현명한 정치 지도자라면 이러한 행사에서 귀를 기울임으로써 민중의 뜻을 감지할 수 있었음을 보여준다. 게다가 사방이 폐쇄된 콜로세움 안에서는 파도처럼 밀려오고 쓸려 가는 관객의 감정이 경기장을 시시각각 휩쓸었을 것이다. 최근에 뜬 인기인에게는 응원과 갈채를 보냈을 뿐 아니라, 인기 없는 인물에게는 조롱하며 비웃음을 퍼부었고 새된 소리나 휘파람으로 야유도 보냈을 것이다. 분명 군중에게 이런 대접을 받은 이들은 상처받지 않을 수 없었고, 심지어 앙심을 품었을지도 모른다.

그러나 그런 감정을 행동으로 내보였다가는 사태를 악화시킬 뿐이었으리라.[20]

그렇다면 로마 경기장에서 관중이 내던 갖가지 소음은, 후대에 민중이 소음을 통해 실력을 행사하는 현상을 얼핏 보여준 전조였을까? 그렇지는 않다. 이런 상황에서도 군중은 조종당하기 십상이었다. 주최자는 한 구역의 좌석을 몽땅 친구나 추종자에게 할당하기도 했다. 관중 사이에 바람잡이를 군데군데 심어, 수당을 주고 적당한 때에 앞장서 박수를 치거나 야유하도록 하기도 했다. 심지어 객석에 군사를 배치하여, 관객 중 누구라도 황제에게 갈채를 보내는 모습이 영 시원찮으면 진압하기도 했다. 어떤 기만적인 수법을 동원하건, 미리 구호 몇 가지를 준비하거나 조작된 환호 한두 마디만 외쳐도 민중의 뜻을 호도하기에는 충분했다.[21]

그렇지만 로마 원형극장은 홉킨스와 비어드가 지적했듯이 "단순한 스포츠 경기장 이상"이자 쾌락 궁전 이상으로 훨씬 의미 있는 공간이었다.[22] 지금까지 보았듯이, 원형경기장은 대단히 정치적인 장이기도 했다. 순수하게 사상을 표현하거나 논쟁하는 장이 아니라, 정치극이 상연되는 중요한 장이었던 것이다. 군중에 속한 이들은 구호를 외치거나 야유를 퍼부을 때 자신의 의견과 감정이 중요하게 여겨지며 자신이 로마의 민중으로서 집단적 힘을 표출한다는 환상을 품을 수 있었다. 황제도 자신이 신민과 시민 앞에서 힘을 과시하는 데 성공했다고 상상할 수 있었다. 양측의 생각은 모두 진실인 동시에 착각이었다. 콜로세움은 그 누구도 감각의 세계를 온전히 소유하거나 통제할 수 없다는 사실을 최대한 극적으로 증폭하여 보여주었기 때문이다. 아우성치는 군중은 스스로 상상한 만큼 자유롭지도 않았고, 지배계급이 원하는 만큼 순종적이지도 않았다. 소리는 오직 소리만의 장에 속했고, 그 안에서 권력은 절묘하게 균형을 잡았다. 로마 제전에서 관중이 냈던 소리에 귀를 기울이면 소음이 우리를 통치하는 데 어떻게 쓰이는지, 우리는 저항하는 데 소음을 어떻게 써야 할지를 들을 수 있다.

10 지하세계의 황홀경

어느 마을이나 도시에나 은밀한 장소가 존재한다. 은밀한 장소까지는 아니더라도 일상의 시야로부터 감춰진 곳이 있다. 그런 장소를 방문하면 길거리와 스타디움 같은 공공의 사운드스케이프를 등지고, 그보다 더 미묘하되 그만큼이나 중요한, 사적인 세계의 사운드스케이프를 보게 된다.

고대 로마에서 가장 유명하지만 아마도 오해를 가장 많이 받는 비밀 장소는 바로 카타콤Catacomb이 아닐까 한다. 카타콤은 서기 1~5세기경에 만들어진 지하 통로와 방을 연결한 네트워크로서, 옛 성벽 바로 너머에 여러 층이 수백 킬로미터에 걸쳐 이어진다. 카타콤 일부는 관광객이 쉽게 가볼 수 있지만, 일부는 폐쇄되었거나 바티칸에서 특별 허가를 받아야만 방문할 수 있다.

살라리아 가도Via Salaria 지하 몇 미터 아래에 이른바 '프리스킬라 카타콤Catacombs of Priscilla'이라 불리는 구역이 있다. 고대 카타콤 통로 중에서도 사람들이 비교적 덜 찾는 구역이다. 프리스킬라 카타콤의 배치는 매우 전형적이다. 어두침침하고 눅눅하고 서늘한 통로가 빽빽하게 들어섰고, 통로 양 벽에는 겹겹이 파놓은 벽감 속 무덤이 즐비하다. 때로 통로는 더 넓은 방 입구로 이어지기도 하는데, 방에 들어서면 흐릿한 불빛 속에서도 벽에 빼곡히 새겨지고 그려진 글과 프레스코화가 보인다. 어느 방에는 모세가 바위에 올라서서 물을 내리치는 장면이 그려졌고, 어느 아치 길에는 성모와 아기 예수가 동방박사들과 함께 있는 모습을 묘사한 것으로 보이는 그림이 있다. 근처 벽에는 사자굴 속에 갇힌 예언자 다니엘, 부활하는 나사로, 제물로 바쳐지는 이삭, 노아, 성찬식 때 빵을 나누는 것으로 보이는 장면까지 그려져 있다.[1] 이런 그림을 보며 방문자는 로마 기독교 초대교회의 세계에 들어섰음을 실감한다. 초대교회 신자들은 수수께끼 같은 새 종교를 추종한다는 이유로 오랜 세월 박해를 받던 사람들이었다. 다시 말해, 눈에 띄지 않게 지내야만 하는 사람들이었다.

기독교인들이 카타콤에서 숨어 지내며, 호기심 어린 이교도의 눈길을 피해 금지된 제의를 거행했으리라고 짐작하기 쉽다. 그러나 카타콤에서 정교한 의식을 거행했다거나 이곳이 기독교인들의 은신처로 사용되었다는 증거는 전혀 없다. 오히려 이 지하 도시가 중요한 진짜 이유는 따로 있다. 카타콤은 초기 기독교인들이 당대 로마의 지상에서 어떻게 생활했는지, 카타콤 안에서는 어떤 소리가 났는지, 그리고 소리가 각종 제의에서 얼마나 큰 비중을 차지했는지에 대해 실마리를 준다.

그런데 역설적이게도 그 실마리는 시각적이다. 벽을 더 가까이 관찰하다 보면, 눈앞의 그림이 성찬식을 그린 것인지 이교도들의 결혼식이나 장례식 잔치를 그린 것인지 갑자기 헷갈리게 된다. 새김글이 전부 로마 라틴어로 새겨지지도 않았다. 그리스어로 새긴 글도 많다. 어떤 묘실은 기독교식이 아니라 유대교식으로 설계되었다. 사실, 카타콤에서 나타나는 각종 이미지는 시기상으로는 기원전 1000년, 지리적으로는 북아프리카 및 중동으로 거슬러 올라가는 전통으로부터 유래한다.

로마는 범세계적 중심이었고, 로마 시민이 향유한 풍성한 민속 문화에는 특히나 다양한 종교 전통이 끊임없이 뒤섞였다. 따라서 초대교회 기독교인 세계의 소리는 향후 중세 교회와 서유럽 대성당에 널리 울릴 숨죽인 목소리, 절제된 찬송, 엄숙한 기도 소리로 채워진 것이 아니라, 더 야성적이고 동양적이며 이교도적인 소리로 채워졌을 것이다. 그때까지는 어떤 종교가, 그리고 어떤 종교적 사운드스케이프가 살아남게 될지 확실하지 않았다. 고대 로마에서 기독교인들은 여전히 나아갈 방향을 모색하는 중이었다. 기독교는 고유한 제의를 확립하기 시작했지만, 아직은 무엇이든 유동적인 상태였다.

요즘 런던이나 뉴욕 등지의 영성·뉴에이지 관련 서점에 가보면, 대안적 신앙 및 대체의학 관련 상품이 어찌나 많은지 눈이 따가울 지경이다. 고대 중국의 영적 수행에서 유래한 치료나 인도 전통에서 영감을 받은 촉수 치료 광고가 붙어 있기도 하고, 불교 명상 교실, 주문 외우기, 샤머니즘 및 환생의 이해 입문 수업도 있다. 상상할 수 있는 모든 종교를 다룬 각종 책뿐만 아니라 향, 조각상, 향유, 좌종(각종 의식 때 두드려 소리를 내는 놋쇠 주발―옮긴이), 심지어 DIY 제단 키트도 살 수 있다.

이런 현상에서 특히 2가지 인상적인 점이 있다. 첫째, 아무도 손님에게 장바구니에 뭘 담을지 지시하지 않는다. 제멋대로 아무거나 골라 조합해도 된다는 식이다. 둘째, 판매하는 상품 대부분이 신빙성을 확립하기 위해 오랜 과거를 내세운다. 그중에서도 동양의 과거, 예컨대 고대 인도의 베다 치유 전통이나 히브리인·페르시아인·중국인 들의 영적 능력을 내세우고, 최면을 거는 듯한 원시적 소리를 특히 내세우기도 한다.[2] 2,000여 년 전 로마에서 각종 사상과 신앙이 잡다하게 뒤섞여 있던 양상을 21세기 런던이나 뉴욕에 현대적으로 구현해놓은 것 같다.

***

로마 시내에서 가장 오래된 교회 중 하나인 산클레멘테 교회Chiesa di San Clemente를 살펴보면, 로마 초대교회 기독교도의 종교 생활이 얼마나 복잡했는지 일부나마 해명할 수 있다. 여기서도 지상에서 벌어진 상황을 이해하려면 지하로 들어가야 한다. 다름이 아니라 홍수의 잔해와 사람들이 버린 쓰레기가 쌓이면서 로마시의 지반이 지난 2,000년 동안 9~15미터 정도 상승했기 때문이다. 따라서 현재 지표면에 보이는 산클레멘테 교회는 12세기 초에 세워졌지만, 제의실 근처 계단으로 내려가 보면 이 교회가 5세기 초에 사용된 바실리카 양식의 건물 위에 지어졌다는 점을 알 수 있다. 회랑 끄트머리에 있는 또 다른 계단으로 내려가면, 더 오래전인 1세기경에 만들어진 로마 유적에 도달한다. 그 가운데는 로마의 부유한 가문의 사택이었을 대형 저택도 있다.

저택 중심부의 방이었던 공간에는 전혀 기독교적이지 않은 흔적이 두드러지게 남아 있다. 제단에는 황소를 도살하는 장면과 횃불을 든 사람과 큰 뱀이 그려져 있고, 큼직한 식탁에 쓰였을 긴 의자 비슷한 무언가가 놓여 있으며, 실내 장식과 분위기는 대체로 동굴 같다. 사실 이 제단은 페르시아 신화의 태양신 미트라Mithras를 모시기 위한 것이고, 이

방은 서기 200년경에 분명 미트라 신전으로 개조되었다.[3] 미트라 신앙이 구식이 되기 전까지만 해도, 미트라교 신도들은 이곳에 집결하여 갓 도살한 황소 가죽을 덮은 식탁에서 음식을 나누어 먹는 등의 의식을 치렀을 것이다.[4]

이 저택에 관한 정보는 그다지 많지 않지만, 산클레멘테 교회가 바로 위에 세워졌다는 사실로 보아 초대교회 기독교인들도 이 저택 내부 어딘가에서 회합했을 가능성이 크다. 서기 313년 기독교가 공인되고 확실히 박해나 경계를 받지 않을 예배 장소가 건립되기 전에는 교인들이 이른바 '가정 교회'에서 은밀하게 모여야 했는데, 이 저택도 바로 그런 가정 교회였던 듯하다.[5]

그렇다면 기독교 예배와 미트라교 의식이라는 서로 다른 제의 2가지가 나란히 열리기라도 했던 것일까? 아마 두 종교 집단이 같은 공간에 함께 있지는 않았을 것이다. 다른 신앙을 가진 사람들이 새로 이사해 왔거나, 원래 살던 가문이 개종했거나, 몇몇 식구가 동시에 제각기 다른 신앙을 가졌을지도 모른다. 사실이 어떻든 간에, 미트라 신전의 존재는 기독교가 다른 여러 종교 집단과 더불어 로마에서 발흥했고 서로 공존하는 동시에 경쟁했다는 사실을 일깨워준다.

이처럼 다양한 신앙이 공존했던 데에는, 초창기 기독교에 중앙 조직이 제대로 갖춰져 있지 않았다는 점도 한몫했다. 초대 기독교의 가정 교회는 다소 고립된 상태로, 외부의 지도자와 제한적으로만 접촉하면서 마치 게릴라 조직처럼 활동했을 것이다. 그렇기에 각 교회가 독자적인 노선에 따라 행동 방침을 다르게 해석하면서 서로 다른 방향으로 발전하기 십상이었다. 서기 2세기에 이르러 로마제국에는 20개 넘는 기독교 종파가 존재했을 정도이다.⁶ 그러니 예배 방식도 최소 20가지, 고유한 신앙 사운드스케이프도 최소 20가지는 있었으리라.

살아남기 위해서라도, 당시 가정 교회에서 밤마다 열린 집회인 '철야예배'는 대체로 조용하게 치러졌으리라 짐작된다. 게다가 초기 기독교도 대다수는 금욕적이었기에, 필경 관능적인 로마식 취향을 거부하고 고립과 평온 속으로 물러났을 터이다. 가령 시케온의 테오도로Theodore of Sykeon 같은 성자는 동굴 안에서 2년 동안 칩거했고, 최초의 수도승들은 남루한 옷과 묵상에서 기쁨을 찾았다.⁷ 그러나 일반 신자들이 드리는 가정 예배는, 아무리 차분한 예배라 해도 좀처럼 조용할 틈이 없었다. 그들은 여전히 글보다는 말로 소통하는 사회에서 살아가며 일했기 때문이다. 그래서 가정 교회는 내세에 관한 새로운 사상 또는 히브리인이 이집트를 탈출했을 적부터 내려온 옛 교리를 한밤중까지 열렬히 토론하는 철학 교실과 비슷하다고 여겨지기도 했다.

초대교회 신자들은 그리스도의 재림이 임박했다고 믿었으니 통성기도通聲祈禱(큰 목소리로 기도하는 것-옮긴이) 또한 잦았을 것이다. 기독교도와 이교도를 막론하고, 모든 로마인에게 소리는 제신 및 초자연적 세계와 소통하는 중요한 수단이었다. 로마 역사가 디오 카시우스Dio Cassius에 따르면, 서기 72년 베수비오화산이 폭발했을 때 근처에 있던 사람들은 신들이 빌이는 전쟁의 굉음이 들려온다고 생각했다.⁸ 도시에서는 주문과 주술과 저주 소리가 일상에서 늘 들려오기 마련이었다. 혼령을 불러내려면 반드시 주문을 외워야 했다. 어느 로마식 주술에서는 "벌거벗은 소년을 머리부터 발끝까지 리넨으로 감싼" 다음, 손뼉을 치고 "낭랑하게 울리는 소리를 낸 다음 소년을 태양 맞은편에 두고 소년 뒤에 서서 마법 주문을 외라."고 한다. 토너가 지적하듯, 마법 및 이교도 관습으로 인해 소리는 제의에서 다소 진부하긴 해도 핵심적인 요소로 자리잡았다. 소리가 생활양식에 너무나 깊이 뿌리를 내렸기에 기독교인도 이를 무시할 수 없었던 것이다.[9]

그렇기에 가정 교회에서는 숨죽인 대화와 기도 사이사이에 외침과 찬송이 터져 나왔을 것이다. 성수와 성유, 빵과 포도주를 쓰는 유대교 의식은 계속 이어졌고, 이교도의 희생 제의에서 쓰였던 요소인 소금, 불, 양초, 향, 재 등도 차츰 더해졌다. 최후의 만찬을 정기적으로 기념하는 의식은 과월절Passover 의식에서 성찬식으로 발전했다. 기독교는 사제직이나 왕위에 앉은 사람에게 기름을 발라 신성성을 부여하던 고대 관습을 계승해, 새로 임명된 성직자나 갓 세상을 떠난 사람에게 기름을 발랐다.[10] 여느 신흥종교 신도가 다 그렇듯이, 기독교도도 완전히 새로운 의식을 고안하여 고유한 정체성과 매력을 확립하고자 했다. 그러나 신자를 늘리려고 고생하는 과정을 거치면서, 사람들이 익숙하고 편안하게 느끼는 전통을 도입하는 것이 합리적이라는 사실도 알게 되었다.

로마가 범세계적 대제국의 중심이다 보니 몇몇 기독교 점조직이 로마 바깥으로부터, 즉 그리스나 그보다 더 동방으로부터 한층 격렬한 의식을 도입했을 가능성도 있다. 로마 초대교회 기독교인 상당수가 '황홀경에 빠져드는' 행위를 통해 영적 각성 상태에 도달할 수 있다는, 오래전부터 내려온 믿음에 의지했다고 볼 만한 근거가 있다. 그러나 기독교 초창기 지도자들은 노래하고 춤추고 통곡하고 방언을 하는 등등 격식에 얽매이지 않는 행위를 비기독교적이라고 규정하고 억압했다.

***

진실은 간단하다. 후세의 교리가 뭐라고 주장하든 간에, 고대 사회를 종횡했던 종교들은 공통점이 많았다. 예를 들자면, 고대 종교들은 음악과 진동의 힘을 중시했다. '6. 서사시적 이야기'에서 논했듯이, 고대 힌두 전통에서는 만트라의 힘이 낱말 자체만이 아니라 낱말이 발음되는 소리와 주문을 외는 리듬에도 담겼다고 여겼다. 세상에 진동을 일으키는 요소는 결국 소리와 리듬이며, 이들은 진동을 통해 한층 더 광범위하게, 그리고 실질적으로 효과를 발휘할 터였다.[11]

많은 로마 이교도들은 리듬감 있는 소리가 영적인 힘을 분출한다는 발상에 충분히 납득했을 것이다. 이들은 냄새와 마찬가지로 소리도 신들에게 직접 영향을 미칠 뿐만 아니라, 한낱 인간에게도 입과 귀 등 몸에 난 구멍을 통해 소리가 들어옴으로써 직접 영향을 미친다고 믿었기 때문이다. 어떤 식으로든 위험하거나 악한 영혼을 나타내는 소리가 불가피하게 생겨날 때가 있으며, 그런 경우에는 악령의 접근을 막을 만한 소음을 내어 대항해야 한다고 여겼다. 그런 역할에는 종이 제격이었다. 실제로, 캐나다의 종 연주가 퍼시벌 프라이스Percival Price가 설명했다시피 "신석기시대부터 존재했던 사회들은 대부분 종을 제작하고 사용했다."[12] 최초로 종을 사용한 흔적은 중국에서 나타난다. 중국에서는 종에 특별한 힘이 있다고 여겼다. 종소리를 "만물의 정수를 드러내는" 소리로 여겼고, 종을 울리면 "만물의 조화"를 유지하는 데 좋다고 믿었다.[13] 사원 지붕 처마나 성스러운 유적 근처에도 종을 걸어 악령을 몰아내고자 했다.

아마 그래서 로마 카타콤에서도 같은 원리를 적용했을지 모른다. 앞에서 이야기했듯이 카타콤 지하 통로가 정교한 의식을 거행하는 데 쓰이지는 않았지만, 기독교인들은 초창기부터 그곳에서 장례 의식의 일환으로 작은 종을 울렸던 것으로 보인다. 중국에서도 그랬듯이, 역사가들은 기독교인이 "종소리의 힘으로 악마를 물리친다."고 믿었다고 본다.[14] 오늘날 우리가 기독교의 특징이라고 생각하는 것이 대개 그렇듯이, 종이 달그랑달그랑 울리는 소리는 사실 수세기 동안 온 세상 사람이 이미 들어온 소리와 다를 바 없었다.

하지만 종소리는 소음 스펙트럼의 한쪽 끄트머리에 불과했다. 당시의 상식에 따라, 정말로 소리를 이용해 골칫거리 악령을 물리치거나 신의 관심을 끌 수 있다고 치자. 기독교의 하느님 같은 신성한 존재에 확실하게 접근할 방법으로 시끄럽게 난리치는 것만큼 좋은 방법이 어디 있겠는가? 아니, 바쁘게 반복되는 일상의 세계에서 몸과 마음을 벗어나게 하여 저 너머 보이지 않는 세계와 교감하려면, 수세기 전 그리스의 디오니소스 신을 섬기던 신도처럼 황홀경에 빠지는 것만큼 좋은 방법이 어디 있겠는가?

실제로 많은 기독교인들은 속세의 근심이며 재물이며 자만심을 버리겠다는 의지가 황홀경에 따르는 해방감으로 구현되었다고 여겼다.[15] 물론 기독교 장례식에서는 곡소리나 신음소리를 그다지 많이 내지는 않았을 터이다. 내세에 대한 기독교의 믿음을 고려하면, 경야經夜(관 옆에서 밤을 새우는 일-옮긴이)는 삶이 끝났음을 소리 높여 한탄하기보다는 망자의 영혼의 여정이 새로운 단계로 접어들었음을 기억하고 기뻐하는 시간이어야 마땅하다. 그렇지만 옛날 이교도처럼 망자가 운명의 손에 거꾸러진 것에 대해 격렬하게 애도하고자 하는 마음을 완전히 억누르를 수도 없었다.[16] 또한 가정 모임 때 서로 음식과 포도주를 나누다 보면 자연스레 흥청망청까지는 아니더라도 조금이나마 노래하고 춤추며 즐기는 판이 벌어지기도 했으리라.[17]

답답하게도, 수수께끼를 푸는 데 도움이 될 목격담은 너무 부족하다. 미국 작가 바버라 에런라이크Barbara Ehrenreich의 말마따나 "1~2세기경에 기독교인들이 모여서 실제로 무엇을 했는지 (…) 오늘날 우리는 알지 못한다."[18] 그렇지만 교회 지도자들이 소위 문란한 행위를 얼마나 지탄했는지만 보아도, 떠들썩하고 자유분방한 예배가 제법 자주 열려 이들의 속을 태웠음을 짐작할 수 있다. 예컨대, 4세기에 카이사레아의 주교 바실리오Basilius는 여성 교인이 춤을 추는 것에 대해 꽤나 화를 내었다.

> 그 여자들은 머리에서 그리스도를 섬긴다는 멍에와 미덕을 나타내는 베일을 벗어 던지고, 하느님과 천사들을 경멸하며, 뻔뻔하게도 남자들 하나하나의 시선을 잡아끈다. 머리는 헝클어뜨리고 속옷만 입은 채 깡충깡충 뛰어다니며, 음탕한 눈빛을 하고 시끄럽게 웃어대며 춤춘다. 광란에 휩싸인 듯이 젊은이들의 음욕을 자극한다. 순교자에게 바쳐진 교회와 순교자의 무덤에서 둥글게 돌며 춤춘다. (…) 그 여자들은 창녀가 부르는 노래를 부르며 대기를 더럽히고, 염치없는 자세로 발을 디디며 타락한 땅을 욕보인다.[19]

에런라이크가 지적했듯이, "이 여성들이 정말 음란하게 춤을 추었는지 아니면 바실리오 주교의 눈에만 그렇게 보였는지"는 판단할 수 없다.[20] 아무래도 후자라는 의심이 든다. 그렇지만 교회 지도자들은 이교도와 신비주의의 관습이 사방에서 끈질기게 이어진다는 사실만큼은 옳게 보았다. 둥글게 돌며 춤추는 것뿐만이 아니라, 사당에 제물을 바치고 나무에 서약하고 분수에 기도하고 방언으로 말하는 행위 모두가 이교도적이었다.[21] 무엇보다도 문제는 이런 행동을 함으로써 일반 신자가 신에게 직접 다가간다고 생각하게 되는 것이었다. 특권을 지닌 사제 계층이 안내자이자 중재자를 자처하며 평신도 위에 군림할 여지가 좁아지기 때문이다. 그러니 4세기에 활동한 나지안주스의 그레고리오 Gregory of Nazianzus 주교 같은 교회 지도자가 문헌에 등장할 때, 특정한 행동을 강제하려고 애쓰는 모습을 보이는 것도 무리가 아니다.

> 북을 치는 대신 성가를 부르고, 경박하게 음악을 연주하고 노래하는 대신 기도하고 (…) 웃는 대신 얌전하게 행동하고, 취하는 대신 현명하게 명상하고, 광란에 빠지는 대신 진지하게 처신할지어다. (…) 기쁜 예식과 축제에서 봉헌의 춤을 추고자 한다면 추되, 헤로데의 딸처럼 음탕한 춤을 추어서는 아니 되느니라.[22]

그러나 초대교회 기독교인들이 산클레멘테 교회 아래 묻혀버린 로마 시대 저택에 모이던 시절, 전반적인 방향은 이미 분명하게 정해졌다. 질서, 일과, 무엇이 적절하게 말하고 기도하는 방식이며 어떤 소리를 내면 안 되는지에 대한 공식 방침 등등 모든 것은 읽고 쓰기와 책의 시대가 오기 전에 이미 정해졌다. 고대 구전 사회에는 제의와 행사를 창조할 역량이 충분히 있었다. 세월이 흐르면서, 신앙과 관행은 경직된 형태로 고착되었다. 사실 고대 사회가 창조해낸 것은 누군가가 소음을 낼 권리를 다른 사람들보다 더 많이 가진 세상, 그러나 듣기는 규칙과 규제를 지켜가며 올바르게 해야만 하는 세상이었다.[23]

로마 초대교회 기독교도의 사운드스케이프는 모든 역사를 통틀어 인간이 만든 소리의 핵심에 내포되어 있는 갈등을 포착했다. 소리는 공중을 자유롭게 떠돌고 물리적·사회적 경계를 모조리 무시하며 쉬이 퍼져 나가기에 억제하기 어렵다. 소리는 한 문화가 다른 문화를 가장 쉽고 효과적으로 배울 수 있는 수단이다. 이유는 간단하다. 다른 문화를 직접 듣도록 해주고, 다른 문화를 몸과 마음에 스며들게 함으로써 직접 체험하도록 해주기 때문이다. 그러나 소리에는 어지럽히는 성질이 있기에, 권력을 좇는 자들은 늘 소리를 위험하게 여겼다. 권력자들은 소리를 통제하기 위해 갈수록 독창적인 방법을 찾으려 급급했고, 가능하다면 소음을 낼 권리를 독점하려 시도하기까지 했다. 세상살이 야단법석이 자연스럽게 터져 나오면서 발생하는 소음과 군주 및 사제가 권력을 휘두르는 수단으로 사용하는 소음이 어떻게 힘겨루기를 계속하는지, 3장에서 중세 소리의 세계로 들어가면서 살펴보도록 하겠다.

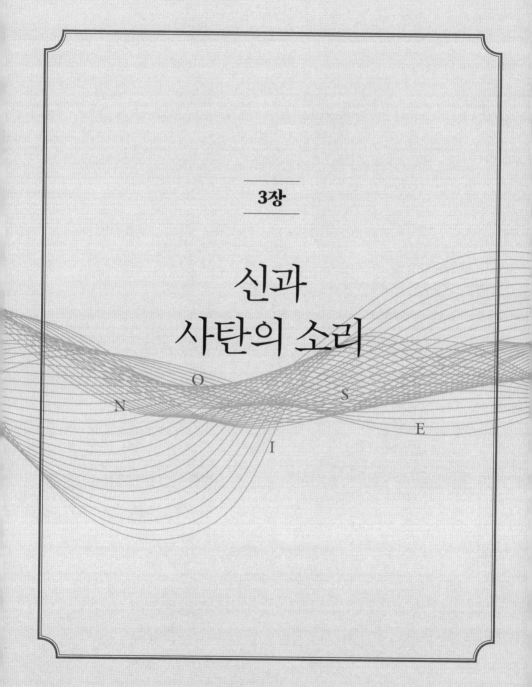

3장

신과
사탄의 소리

N O I S E

11   종소리의
힘

중세에 살았다면 듣게 될 가장 시끄러운 소음은(천둥이나 지진 또는 전쟁
터의 굉음을 제외하면) 필경 교회나 사원이나 수도원에서 매일 날려 보내
는 종소리였을 것이다. 아무리 멀리서 들려온다 해도 그 소리는 늘 사
운드스케이프의 일부로 존재했으리라. 중국의 도교와 불교에서도, 유
럽의 기독교에서도, 사제와 수도승이 연락을 주고받거나 가까운 이웃
에게 연락하려면 최선의 방법은 바로 종이었다. 탑 꼭대기에서 울린 종
소리가 시골이나 도시를 가로질러 흘러갈 때마다, 종교가 세속을 막강
하게 장악하는 현실이 큰 소리로 또렷하게 드러났다.

　물론 중세를 단일한 사운드스케이프로 환원할 수는 없다. 교회가 지
역 관습 및 옛 전통과 원만한 관계를 유지해야 하다 보니, 도시마다 마
을마다 각기 다른 소리가 났다. 네덜란드 일부 지역에서는 음높이가 다
른 수많은 종을 매달아 마을에 음악적 특성이 생겨나게 하는 것이 유행
이었다. 여러 여행가들에 따르면, 다른 지역에서는 종이 "위협적"이거
나 "구슬픈" 분위기를 조성하거나, 위태롭거나 차분한 분위기를 자아
냈다고 한다.[1]

주철이나 구리로 만든 종의 청아하고 낭랑한 소리만이 대기에 퍼져 나가지는 않았다. 가령 동유럽 대부분 지역과 근동에서, 정교회는 종이 울리는 소리 대신 망치로 나무를 두드리는 소리, 즉 세만트론Semantron 소리를 내보냈다. 세만트론은 1~2미터 길이의 나무판을 가로로 길게 사슬이나 줄로 매달아놓은 악기이다. 두드리는 부위에 따라 음색이 달라지며, 숙련된 연주자는 세만트론을 두드려 복잡한 메시지를 보낼 수 있다.

오늘날 세만트론은 정교회, 특히 루마니아와 그리스 일부 지역에서 대단히 사랑받는 유산이다. 그렇지만 중세에 세만트론이 인기를 끈 계기는 우연에 가까웠다. 이 밋밋한 목재 물건은 쇠종이 법으로 금지되자 실용적 대안을 마련하기 위해 만들어졌다. 쇠종처럼 무해한 물건을 금지한다니 현대인에게는 기괴하게 느껴질지도 모른다. 그러나 이는 당대인들이 쇠종에 그만큼 강력한 힘이 있다고 평가했다는 것을 보여준다. 쇠종은 사람들이 사랑하고 숭배하는 동시에 두려워하는 존재였다. 쇠종은 일상생활을 조직할 뿐만 아니라 선악간의 투쟁에서 핵심에 위치했기에, 반드시 제대로 다룰 줄 아는 자만이 보유해야 했다.

종을 통제하기 위한 투쟁은 이스탄불의 매혹적인 역사에서 특히 선명하게 드러난다. 오늘날 이스탄불에 소리가 겹겹이 풍요롭게 쌓인 이유는 이곳에서 아시아와 유럽이라는 두 대륙 및 이슬람교와 기독교라는 두 거대 종교가 오래전부터 조우했기 때문이기도 하다. 이스탄불이 아직 콘스탄티노플이라 불리던 중세에, 이곳은 정교회의 중심지이자 서유럽 로마 가톨릭교회가 폐기한 몇몇 고대 제의를 자랑스럽게 유지하던 곳이었으나, 15세기에 오스만투르크의 지배하에 들어가고 말았다. 성소피아 성당이 이슬람교도의 기도 장소로 바뀌었고, 이내 도시 전역에 모스크가 기독교 교회보다 많이 세워졌다.

이스탄불의 사운드스케이프는 즉각 영향을 받았다. 대다수 기독교 교회는 로마제국 치하에서 처음 설립된 이래 계속 종을 울렸다. 하지만 서기 630년에 이슬람 총회는 신자들에게 기도하라는 부름은 오직 인간의 목소리만으로 전해야 한다고 명했다.[2] 이 판결 덕분에 이슬람 세계 전역에는 다양한 음색과 스타일의 목소리가 융성했지만, 기독교인은 크게 영향을 받을 수밖에 없었다. 기독교 건물 안에서는 종을 조용히 울려도 괜찮았지만, 바깥세상은 종소리를 혐오했다. 그래서 교회에서 가장 큰 쇠종은 더 이상 울리지 못하게 되었으나, 수세기 전부터 존재했고 제작비도 저렴한 나무 세만트론은 이제야 인정받기 시작하여, 종처럼 새된 소리를 내지 않고도 신도를 소집하는 데 쓰였다.

정교회가 뿌리를 내리는 곳마다 세만트론도 전파되었고 현지 조건에 맞게 변형되기도 했다. 에티오피아에서는 기독교인들이 나무 대신 데왈dewall이라는 특수한 돌을 두드렸다. 시리아, 그리스, 러시아에서는 막대기나 접시나 금속 고리로 소리를 냈는데, 한꺼번에 여러 개를 치면 복잡한 가락이 만들어졌다. 수도원이 대단히 독립적인 러시아에서는 세월이 흐름에 따라 리듬, 음색, 음조가 놀라울 정도로 다양하게 발전했다.[3]

이처럼 세만트론은 종을 대신하여 중세 세계의 중요한 부분을 차지했다. 그러나 오스만제국의 동쪽이나 서쪽 바깥 지역에서는 구리종이나 주철종을 울리지 못하게 한 적이 없었는데도 상황이 비슷하게 흘러갔다. 사람들은 울림소리를 매우 다양하게 활용했고, 소리를 듣고 미묘하고 다양한(그러나 지금은 잊혀버린) 의미를 파악했다.

***

수사, 수녀, 사제처럼 중세에 신을 직접 섬기던 이들에게 종은 직업적으로 매우 중요한 도구였다. 수도원은 고요하고 호젓한 이미지이지만, 그곳에 살면서 자주 묵언수행을 해야 했던 수도회원은 매일 밤낮으로 먹고 자고 기도하는 일상을 종소리로 통제받았다.[4] 예컨대 서유럽 베네딕토회 수도원은 놀랄 만큼 엄격한 일정에 따라 수행에 정진했다. 수도원지기가 아침 6시에 파르불룸 시그눔parvulum signum이라는 작은 종을 조용히 울리면, 수도승들은 잠에서 깨어 그날 첫 기도를 드린다. 이후 3시간 간격으로 작은 종이 울린다. 수도승들은 음색이 제각기 조금씩 다른 종소리의 부름에 맞춰 매일의 기도를 하나하나 드린다. 땅거미가 지면(오후 6시경) 저녁 기도를 올린다. 어둠이 깊어짐에 따라 9시에 끝기도, 자정에 독서기도, 마지막으로 동틀 녘(새벽 3시경)에 아침기도를 드린다. 파르불룸 시그눔이 1번 더 울리면 하루의 주기가 되풀이된다.

일과 중 언제든 긴급한 일이 생기면 작은 종인 틴틴나불룸tintinnabulum이 가볍게 울리는 소리가 수도승에게 들려왔다. 수도원에서 전원을 총회에 소집할 때에는 신호종signal bell이 온 경내에 울렸다. 틴틴나불룸과 정반대로, '신호종'은 거대하고 소리도 훨씬 묵직했다. 타불라tabula라는 나뭇조각은 부원장이나 수도원장이 나무망치로 두드려, 수도승들이 지정된 구역에 모여 대화해도 되는 시간을 정확히 알려주었다. 단체

식사가 시작되면 종을 울리는 의식이 새로이 펼쳐졌다. 징이 1번 울리며 식사 시작을 알리고, 타불라가 2번 울려 공동식당으로 들어오라고 알리고, 다시 1번 타불라가 울리면 식사를 종료하고 잔반을 처리하고, 끝으로 스킬라skilla라는 작은 종을 오래 흔드는 소리가 울리면 식당을 나서기에 앞서 모두가 마지막 기도를 올려야 한다. 즉 수도승들은 소리에 맞춰 움직이고 소리에 맞춰 시간을 지켰던 것이다.[5]

평신도는 교회에 갈 때마다 종에 맞춰진 독특한 생활방식을 살짝 맛보았을 것이다. 사제뿐만 아니라 일련의 청각 신호가 각각의 까다로운 예배 절차를 안내했다. 종소리가 각별히 거룩한 순간을 알리면, 신자들은 정확히 언제 고개를 숙이고 언제 고개를 들어야 할지 알았다. 사제도 예배 때 입는 옷에 자그마한 종들을 매달아, 자신이 제대와 강론대 곁을 거닐 때마다 딸랑거리게 했다. 그렇지만 가장 풍성하고 다양한 소리는 시리아, 아르메니아, 조지아 등지의 콥트 교회 및 정교회 예배에서 울려나왔다. 이곳의 종소리는 심벌즈 소리, 노래하고 기도문 읊는 소리와 어우러져 세계에서 가장 풍성한 예배 사운드스케이프를 창조했다.

서유럽의 교구 교회는 신도들에게 그만큼 풍성한 감각의 향연을 제공하지는 못해도, 자기네가 보유한 가장 큰 종을 이용해 가장 위력적인 행위를 할 수는 있었다. 바로 예배를 소집하는 일이었다. 영국에서 가장 오래된 교구 교회 종 가운데 하나가 옥스퍼드 근처의 세인트로렌스 교회church of St Lawrence 안에 있다. 세인트로렌스 교회 종이 울리면, 종 바로 아래 교회당에 있는 이들뿐만 아니라 교회에서 반경 수 킬로미터 밖에 있는 이들 모두가 종의 풍성한 고음을 들었다. 집안에서 쉬던 이도, 걷거나 말을 타고 마을을 지나던 이도, 인근의 밭에서 열심히 일하던 이도 들었다. 평일 정오나 오후, 일요일과 축일 아침에 종이 울려 모두가 그 소리를 들으면, 즉각 모든 일을 멈추고 예배에 참석해야 한다는 걸 알았다.

종은 이런 식으로 수천 년간 사용되었다. 서기 6세기에 카르타고의 어느 사제는 현지 수도승들이 "낭랑하게 종"을 울리는 "신성한 관습"에 대해 묘사한 바 있다.[6] 실제로 종탑은 교구 교회가 아니라 수도원에 먼저 지어졌다. 종소리를 가능한 한 멀리, 널리 보내기 위해서였다. 수도원과 대성당뿐만 아니라 세인트로렌스 교회 같은 교구 교회까지 모두 종탑을 갖추고 종을 칠 무렵에 이르면, 중세 유럽의 몇몇 도시와 시골 마을의 대기는 종소리로 포화 상태에 이르기도 했을 터이다. 종교 시설마다 각자의 종소리를 크고 복잡하게 키움으로써 신도들의 관심을 끌고 위신을 세우려 경쟁했고, 교구 주민에게 갈수록 많은 종교 서비스를 제공하려 했다.

이러한 소리의 교향악이 사람들을 짜증스럽게 했는지 즐겁게 했는지는 몰라도, 목표를 확실히 달성하기는 했다. 종은 교구 교회, 사원, 수도원 등이 힘을 과시하고 자기 영역을 규정하며 온 동네 주민의 행동을 통제하는 강력한 수단이었다. 지역사회 전체의 시계 노릇도 했다. 수도원바나 종을 담당한 수도승 1명이 해시계나 모래시계나 촛불을 불철주야 지켜보고 태양의 위치나 밤하늘을 관측하여, 시간에 맞춰 종의 밧줄을 당겼다.[7] 그는 밤낮을 가리지 않고 거의 하루 종일 높은 종탑에 외로이 갇혀 지냈다. 기계식 시계가 등장하기 전에는 이 고독한 영웅이 시계의 일을 했던 셈이다.

행정 당국도 교회 종을 이용하여 시간을 알렸다. 정복왕 윌리엄William the Conqueror 치하 런던에서는 저녁 8시마다 세인트마틴 르그랜드Saint Martin's Le Grand 교회에서 야간 통행금지를 알리는 종을 울렸고, 인근 교회들은 이에 맞춰 종을 울리며 모든 성문을 닫으라는 신호를 보냈다. 이런 방식은 약간의 변형을 거쳐 다른 곳에서도 되풀이되었다. 예컨대 베네치아 상인 마르코 폴로Marco Polo는 원나라 때 베이징 전역에서 다음과 같이 통행금지를 알렸다고 기록했다.

> 높은 건물에 커다란 종 하나를 매달아 매일 밤 울리는데, 타종 소리가 3번 난 이후로는 뭔가 위급한 사정이 없는 한 그 누구도 길거리에 나올 엄두를 내지 못한다. 경비대는 30~40명 정도가 한 부대를 이루는데, 각 부대는 밤새 끊임없이 길거리를 순찰하면서 부적절한 시간에도, 즉 큰 종이 3번 울린 이후에도 귀가하지 않은 자가 있는지 열심히 수색한다.[8]

서구에서도 통행금지 종이 울리고 나서 밖에 나와 있는 행동은 위험할 뿐만 아니라 매우 수상쩍게 여겨졌다. 종소리는 건실한 자라면 이때쯤 모두 실내에 있어야 한다는 메시지를 전했기 때문이다. 그러므로 종이 예상치 못한 때에 울리면 모두의 관심이 확 쏠렸다. 위험이나 죽음, 또는 기적이 발생했음을 알리는 신호였기 때문이다.[9] 메시지가 달라지면 사용되는 종이나 리듬도 달라지기 마련이었다. 사람들은 소리만 듣고도 지금이 무릎 꿇고 기도할 때인지, 애도할 때인지, 겁을 먹을 때인지, 아니면 그저 귀가하기만 하면 될 때인지를 잘 구별했다. 또한 자기네 지역사회의 지리적 경계가 어디인지도 알 수 있었다. 교구민이 된다

는 것은 사실상 마을 교회 종소리가 들리는 거리 안에 산다는 의미였기 때문이다.[10]

종은 이와 같은 유대 관계를 구축함으로써, 일상생활의 주기 전체를 종교의 틀 안으로 거듭 포섭했다.[11] 그런데 사람들이 종과 일체감을 느낀 이유가 그뿐만은 아니었다. 정신적인 측면에서 더욱 유서 깊고 이교도적이며 민속에 깊이 뿌리내린 무언가가 있었기 때문이었다. 바로 악령을 물리치는 종의 거룩한 힘에 대한 경외였다.

세인트로렌스 교회에 가서 800년 묵은 종을 자세히 살펴보면, 종에 각인된 문구가 희미하게 보인다. "하느님과 성 라우렌시오를 기리며, 휴 가게이트와 그의 아내 시빌라가 이 종을 세우다." 단순하고 겸손한 헌사이다. 그러나 종에는 무서운 메시지를 새기는 경우가 더 흔했다.

나는 바람을 흩뜨린다.
나는 구름을 달아나게 한다.
나는 천둥을 치게 한다.
나는 악마를 괴롭힌다.
나는 전염병을 도망치게 한다.
나의 목소리는 악마를 살해한다.
십자성호를 동하여 보는 악마는 달아날지어다.[12]

혹시 이 문구가 주문 같이 느껴지지 않는가? 주문이 맞다. 사람들은 종을 치면 종에 새겨진 글도 대기 중으로 날아가 작용한다고 믿었다. 바로 그러한 이유로, 15~16세기 중국 베이징 당국은 불경 구절을 안

팎으로 새겨 넣은 약 50톤짜리 거대한 범종을 가지고 있었다.[13] 범종은 금속이 마법을 깨뜨리고 소음이 악귀를 몰아낸다는 고대의 믿음을 구현했다. 수세기 동안 중국 전역에서는 날씨를 조절하거나 풍년을 기원하거나 집·유적·사원에 상서로운 기운이 서리기를 기원하며 제사를 지낼 때 작은 종을 쳤으며, 도사들은 종 모양의 법구를 흔들며 떠돌아 다녔다.

서구에서는 기독교의 영향이 커짐에 따라 농민들이 과거에 이교도 식으로 '혼령'이라 일컬었던 존재를 이제 '악마'나 '악령'이라 부르게 되었지만, 보이지 않는 세력을 저지하는 데 종이 효과가 있다고 믿기는 마찬가지였다. 예컨대 고대 로마에서 봄마다 거행하던 작물 정화 의식은 그냥 기독교 의식으로 전환되어, 4세기부터는 그리스도 승천대축일 전 3일간 '탄원의 날'이 열렸다. 이날 특정 지역에서는 사제와 교구민들이 작은 종을 울리며 교회에서 들녘까지 행진하면서 작물에 축복이 내리길 염원했다.[14]

손에 들 수 있는 종은 시골길을 따라 마을을 옮겨 다니는 순회 설교자와 선교사에게 가장 소중한 재산이었다. 교회 종의 유익한 효과를 어디서나 훌륭하게 발휘할 수 있었기 때문이다. 그중에서도 '성 패트릭의 유물 종Bell of Saint Patrick's Will'이 세계에서 가장 유명하며, 지금까지 아일랜드 국립박물관에서 보존하고 있다. 성 패트릭 생전에도 이 종은 그저 구부린 철판 2개를 대갈못으로 고정한 물건일 뿐이었지만, 사람들은 이 종에 악령을 몰아내고 질병까지도 치유할 능력이 있다고 믿었다. 오랜 세월이 지난 뒤 성 패트릭의 유물 종은 너무도 성스럽기에 평범한 인간들의 눈길로부터 보호되어야 한다고 여겨졌다. 그래서 종 표면에 구리를 입히고 종을 지킬 담당자까지도 임명했다. 담당자 직분은 대단히 영광스럽게 여겨졌기 때문에 대대로 계승되었다.[15]

이렇게 하잘것없는 종조차도 신성한 힘이 있다고 여겨져 대단한 숭배 대상이 되는 일이, 교회 입장에서는 문제를 해결해주는 동시에 또 다른 문제가 되기도 했다. 사제가 종을 치는 게 효과가 있다면, 평범한 소작농이 돼지 떼를 보호하려고 종을 쳐도 효과가 있지는 않을까? 교회는 해답을 찾아냈다. 강복降福받은(하느님이 복을 내려준) 종과 세례받은 종을 구분한 것이다. 전자는 평민들이 평소에 사소한 기적을 위하여 사용할 수 있고, 후자는 훨씬 강력한 힘을 갖지만 오직 사제만이 사용권을 가졌다. 자연히 교회 측은 괜찮은 성소라면 어디에서나 강복받은 종을 살 수 있게 했다. 사람들의 불안감을 이용하여 가윗돈을 좀 번다 한들 무슨 해가 있으랴.

이 이야기의 핵심은 바로 불안감에 있다. 중세 세계는 미신에 푹 빠져 있었고, 폭력적인 죽음은 늘 목전에 있는 듯했다. 사실, 교회의 사회적 권력은 이처럼 불안한 상태 덕에 강화되었다. 종에 악마를 물리치는 힘이 있다고 선언하거나 그 힘을 행사할 때마다, 교회는 악마가 실제로 사방에 존재하며 오직 교회와 교회의 종만이 악마를 막아낸다는 믿음을 더욱 굳혀나갔을 터이다. 유럽 각지의 도시에 교회를 중심으로 가옥이 다닥다닥 늘어선 이유도 마찬가지이다. 악으로부터 사람들을 지켜주는 종소리의 아우라 안에 다들 필사적으로 머물고자 했기 때문이다. 토마스 아퀴나스Thomas Aquinas가 선언했듯, "대기는 천사와 악마가 맞붙는 전쟁터"였다.

낮은 주택으로 둘러싸인 가운데 우뚝 솟은 첨탑에서 종이 울리는 형상은 날개를 펴서 병아리를 보호하는 암탉에 비유할 수 있다. 축성된 금속의 음색이 악마를 물리치고 폭풍과 번개를 막아주기 때문이다.[16]

선과 악의 격렬한 전투는 사람이 죽기 직전까지, 그리고 죽어 묻힌 후에도 소리로 계속되었다. 누군가가 병들어 영성체가 필요할 때, 사제가 찾아오는 길에는 종지기가 앞장섰다. 임종이 다가오면 조종弔鐘을 울려 세상을 떠나가는 영혼을 채가려는 악령을 몰아냈다. 조종의 리듬과 음높이를 다르게 함으로써 주위 사람들은 망자가 남자인지 여자인지, 아이인지 어른인지 알 수 있었다. 장례 행렬과 매장 때에도 다른 종을 쳤다. 시신을 옮길 때마다 소리의 방어막을 유지하기 위하여 종을 울렸다. 유가족이 충분히 부유하다면, 저승에서 망자의 영혼을 보호하는 종소리가 영원히 울리도록 교회에 돈을 지불하기까지 했다.[17] 마을에 전염병이 돌면 종에 금이 갈 때까지 계속 타종할 때도 있었다.[18]

중세 때 종소리에 귀를 기울이면 세상이 기성 종교에 지배받을 뿐만 아니라 고대 미신에도 젖어 있음을 알 수 있었다. 그렇지만 이 모든 것의 근원에는, 소리가 우리를 둘러싼 대기를 비가시적으로 통과하면서 사람들을 다른 사람이나 사물과 이어준다는 느낌이 있었다. 소리는 멀리 떨어진 채 '접촉하는' 수단이었다. 소리는 한 사람에게서 다른 사람에게로 정보뿐 아니라 실체가 다소 불분명한 특질을(아마도 특히 선과 악을) 전달하도록 해주었다. 앞으로 보게 되겠지만, 이러한 믿음은 치유에서 오락, 건축, 인간과 우주의 관계 등 중세 생활의 각종 측면을 형성하는 데 근본적으로 작용했다.

12 육신을
조율하기

《로마인의 지혜Gesta Romanorum》는 14세기에 세계적 베스트셀러가 된 작자미상의 일화집이다. 읽는 이에게 기쁨을 선사하기 위하여 모은 이 책 속의 이야기 가운데, 소리의 유혹적인 힘에 대해 교훈을 주는 설화가 하나 실려 있다.

어느 날 테오도시우스 황제가 사냥을 나갔다가 갑자기 달콤한 하프 연주를 듣게 되었다. 그는 서둘러 말에서 내려 소리의 진원지를 찾아 나섰다. 테오도시우스가 도착한 곳은 냇가였다.

> 그곳에 도착하자 테오도시우스 황제는 가난뱅이 남자가 손에 하프를 들고 바닥에 앉은 모습을 보았다. 아름다운 선율은 하프에서 나오고 있었다. 황제는 남자가 만들어낸 달콤한 소리를 듣고, 기분이 상쾌하고 명랑해졌다.[1]

알고 보니 하프 연주자는 어부였고 매우 불행했다. 남자는 30년 동안 신의 가호에 힘입어, 하프로 달콤한 음률을 연주하면 넋이 나간 물고기들이 곧장 그의 손으로 들어온 덕분에 가족을 부양할 수 있었다. 그러나 남자는 황제에게 더 이상 그러지 못한다고 설명했다.

> (…) 며칠 전에 외국에서 어떤 휘파람 부는 사내가 왔사옵니다. 그자가 휘파람을 어찌나 멋들어지게 부는지, 물고기들은 소인을 저버리고 그자에게 몰려가옵니다.[2]

황제는 가난뱅이 남자에게 황금 낚싯바늘을 주었다. 하프를 뜯자 다시 기적이 일어났고, 휘파람 부는 사내는 패배하여 물러났다. 익명의 작가는 여기에 친절하게 설명을 덧붙였다. 물고기들은 가난한 죄인들이고, 황제는 예수 그리스도이며, 낚시꾼은 사제, 하프는 복음, 휘파람 부는 사내는 바로 악마라는 것이다.[3]

중세에 교훈적인 이야기가 넘쳐나기는 했지만, 하프 연주자와 휘파람 부는 사내 설화가 특히 흥미로운 이유는 인간의 영혼을 두고 벌어지는 전투에서 선과 악 모두가 소리를 무기로 선택했다는 점이다. 물고기는 휘파람에 꾀여 지옥에 떨어질 수도 있고, 달콤한 음악인 복음을 따라 은총을 받을 수도 있다. 외줄을 타듯 아슬아슬한 선택이었다. 14세기에 이 이야기를 읽은 사람이라면 누구나 자신이 어떤 소리를 내는지는 물론이고 어떤 소리를 들었는지에 따라 지옥으로도 천국으로도 갈 수 있다는 교훈을 이해했을 터이다.

물론 당시 《로마인의 지혜》를 직접 읽은 이는 많지 않았다. 이 책이 라틴어로 쓰였기 때문만이 아니라, 사실 사제를 대상으로 쓰였기 때문이다. 사제에게 《로마인의 지혜》는 직업훈련 교본이었고 일상 업무에도 쓰였다. 가령, 내밀한 고해소 안에서 응용할 수 있었다. 고해소에서 사제는 고해자의 얼굴을 보지 못하고 목소리만을 듣기에, 이곳은 감각이 인간을 어떻게 유혹하는지 장황하게 잔소리를 늘어놓는 데 최적의 장소였을지 모른다.

사제는 우선 고해자에게 세 치 혀로 저지르는 끔찍한 죄악에 대해 이야기하리라. 헛된 말, 허풍, 아첨, 거짓말, 뒷말, 헐뜯기, 신성모독 등등이다. 그다음은 귀로 저지르는 죄악이다. 엿듣기, 음악의 치명적인 쾌락이나 사악하게 꼬드기는 말에 귀 기울이기 등. 사제는 삼손, 솔로몬, 다윗이 여인의 말의 힘에 어떻게 굴복했던가를 일깨워주려고 애쓸 터이다. 귀는 육신으로 진입하는 관문이며 육신은 영혼으로 진입하는 통로이므로, 귀로 무엇을 받아들이느냐가 영혼에 심대한 영향을 미친다고 말하고, 고해자에게 해로운 것을 내보내고 좋은 것은 받아들이는 법을 익혀야 한다고 이야기할 터이다. 거기에 덧붙여 사제는 성 안셀모Saint Anselm의 말씀을 들으라고 할 터이다. 성 안셀모는 이르기를, "감각으로부터 나오는 기쁨은 좋은 경우가 드물" 뿐더러 "실은 나쁜 경우가 더 많다."[4]

어떤 의미에서 고해소는 진료소와도 같았다. 1215년 교황 인노켄티우스 3세Innocentius III는 모든 신자가 소속 교구의 신부에게 적어도 1년에 1번 고해성사를 하도록 의무화했다. 교황은 기독교도가 앓는 도덕적 방종함이라는 병을 몰아내야 한다고 생각했다. 이는 단순한 비유적 표현이 아니었다. 당시에는 영혼을 보살피는 것이 육신을 돌보는 것보다 훨씬 중요했기에, 무슨 일이 생기면 의사보다 사제가 먼저 치료에 착수하는 게 당연했다.[5]

혹자가 지적했듯이 '해로운 것'을 뜻하는 라틴어 '녹시아noxia'는 '소음'을 뜻하는 '노이즈noise'의 어원인데, 이것의 함의는 명백하다. 소리가 중요하다는 뜻이다. 어떤 소리는 잠재적 위협이고, 어떤 소리는 이미 질병에 걸렸다는 신호였다. 모든 소음은 악마와 관련이 있다고 여겨졌다. 신성모독을 저지르는 자는 모독적인 말을 "쉭쉭"거리며 말한다고 흔히들 묘사했다. 광인이 제어하지 못하고 내는 소리는 악령이 들렸다는 표시였다.[6] 지옥은 두말할 나위 없이 시끄러운 장소로 여겨졌는데, 지옥에 빠진 망자가 끊임없이 울부짖기 때문이었다. 이 점을 모두 고려하면, 사제가 교구 신도에게 치료 작업을 실시할 때 우선 귀를 닫고 입을 다물라고 하는 것도 놀랄 일은 아니다.

***

고해소가 해로운 소리를 차단할 필요성을 강조하기에 좋은 공간이라면, 교회의 중심부는 교구 신도들이 반드시 귀를 바짝 기울여야만 하는 장소였다. 사제가 강론대에서 하는 말은 병든 영혼에게 구원받을 수단을 제공했다. 마리아도 대천사 가브리엘이 전한 하느님의 말씀을 듣는 순간 예수를 수태하지 않았던가? 사제 역시 신과 소통하는 통로 노릇을 했기에, 강론은 천사의 메시지보다는 평범할지라도 일종의 거룩한 말씀이었다. 신자들은 사제의 강론을 열심히 경청함으로써 하느님의 말씀을 듣는 셈이었다.

자연히 사제가 하는 말은 대단히 중요하게 여겨졌다. 사제는 성경, 행동거지, 도덕 등에 관해 꼭 들어야 할 중요한 이야기를 들려주었다.

교회 종소리에 거룩한 힘이 깃들었듯이, 사제의 말소리도 그 자체로 힘이 있었다. 미사에 모인 신도는 다들 사제의 말이 스며듦으로써 축복이 내릴 뿐만 아니라 병이 치유될지도 모른다고 여겼다.[7] 중세의 종교 문헌은 신의 목소리를 감미롭다거나, 성령을 불러내는 바람과 같다거나, 누구든 듣는 이를 어루만지는 것 같다고(사실상 변화시키는 것 같다고) 적는 경우가 많았다.[8]

그러므로 생사가 걸린 순간에 말씀을 읊는 것이 각별히 중요했다. 예컨대 베네딕토회 수사가 임종을 맞이할 때에 동료들은 그에게 밤낮없이 복음서를 읽어주었다. 죽음이 다가올수록 수사들이 더 많이 머리맡에 와서 가톨릭 경문을 외워주었고, 망자가 마침내 교회에 안장될 때에는 시신이 묻히기 전까지 끊이지 않고 찬송을 불렀다. 분명 이런 순간에 예배는 특히 치열해졌지만, 정도의 차이만 있을 뿐 평상시에도 말씀은 늘 울렸다. 수도원에서는 날마다 종이 울릴 뿐만 아니라 사람의 목소리도 울려 퍼졌다. 책은 아무리 조용하게 읽더라도 소리 내어 낭독했는데, 여기에 담긴 발상도 마찬가지였다. 낭독함으로써 신의 말씀을 허공으로 띄워 보내면, 가청거리 안에 있는 모든 이에게 말씀에 담긴 도덕적 권능을 전파할 수 있다고 여긴 것이다.[9]

몇몇 열렬한 신자는 소음에 대한 중세인의 견해를 매우 극단적으로 실천하기도 했다. 오늘날에도 이탈리아의 구아르디아 산프라몬디 Guardia Sanframondi라는 도시에서는 기독교 참회자들이 7년에 1번씩 가두를 행진하면서, 의례적으로 자기 몸을 채찍질하고 살갗을 피가 흐를 때까지 핀으로 찌른다. 요즘에도 보고 있기가 조마조마한 모습이지만, 흑사병이 유럽을 유린했던 14세기에는 고행자들이 이 고장 저 고장 돌아다니며, 한층 거세게 자기 몸을 채찍질하고 울부짖고 찬송가를 부르며 큰 소리로 기도문을 외워댔다.[10] 영국에서는 고행 열풍이 분 적이 전혀 없었지만, 중세의 연대기 작가인 애비스베리의 로버트Robert of Avesbury는 1349년 100명이 넘는 플랑드르 출신 고행자들이 런던을 방문했던 기록을 생생하게 남겼다. 그들은 벌거벗고 피가 흐르는 자기 몸을 채찍질하며 돌아다녔지만, 시민들에게 별 호응을 얻지 못한 채 서둘러 돌아가야 했다.

> 그들 중 넷이 자기 고장 말로 기도문을 외우면 다른 넷이 화답하니, 마치 호칭기도(사제가 선창하고 신자들이 응답하는 형식의 기도—옮긴이)를 드리는 듯했다. 이런 식으로 행진하다가 3번에 걸쳐 모두들 땅바닥에 몸을 던지고는 십자가 형상으로 팔을 뻗었다. 노래가 계속되는 동안 행렬 뒤쪽에 있던 자부터 먼저 바닥에 엎드리더니, 일행이 순서대로 서로를 밟고 지나가며 밑에 깔린 사람을 1대씩 채찍질했다.[11]

이 고행자들은 런던의 군중에게 꽤 볼만한 구경거리였다. 그러나 외양만큼이나 중요한 것은 그들이 내는 끔찍한 소리였다. 참회하는 과정에서, 고행자들은 열심히 노력하기만 한다면 인간이 낸 소음의 힘만으로도 악을 물리칠 수 있다고 믿은 듯하다.[12]

물론 이런 행동은 대단히 극단적인 사례이다. 오늘날 우리들 대다수는 이런 일을 낯설고 비합리적인 먼 과거의 메아리일 뿐이라고 여긴다. 그렇지만 당대에도 고행자들이 부조리하다고 생각한 이들이 대다수였다. 더욱이 역사학자 로버트 바틀렛Robert Bartlett이 지적하듯이, 중세 전체를 "실용주의적이고 합리적인 근대 사회와 다른, 우스꽝스러운 '타자'"로 윤색하지 않도록 조심할 필요가 있다.[13]

따지고 보면, 중세 사람들이 소리를 대하는 태도는 당대 최선의 과학을 바탕으로 소리의 본질을 고찰하려는 진지한 시도를 통해 형성되었다. 예컨대 중세에는 음악의 화음 이론에 매우 엄밀한 사고를 적용했다. 당시 이 주제를 가장 깊이 사유한 학자 중에는 단연 보에티우스 Boethius가 돋보인다. 보에티우스는 그리스·아라비아·라틴 철학자의 저작, 특히 플라톤의 저작을 종합하여 음악은 3가지로 구분된다고 설명했다. 첫 번째는 '천체 음악'으로, 행성이 천공을 통과할 때 우주 자체가 만들어내는 음악이다. 이것은 실재하고 소리가 크며 영원히 끝나지 않지만, 평범한 인간에게 들리는 범위 너머에 존재한다. 두 번째는 '악기 음악'으로, 나팔이나 종소리 또는 사람의 노랫소리 따위를 말한다. 마지막으로 '인간 음악'은 인체의 각 기관에서 발생하는 소리이다. 인간 음악은 육신과 영혼을 하나로 엮어주지만, 우주의 음악과 마찬가지로 우리 귀에는 들리지 않는다.[14]

모든 소리에 주파수나 음높이 등 수학적 기준이 있으니, 질서정연하고 신성한 우주에 의해 소리들이 서로 어우러지도록 조정된다고 여긴 것도 무리가 아니었다. 사실상 인간이란 이따금 다시 조율해야 하는 악기와도 같다고 할 수 있겠다. 그리고 악기 음악은 인간을 타락시킬 수도 있지만 삼라만상을 바로잡는 수단이라 볼 수도 있었다. 다시 말해, 음악은 일종의 치료법이 될 수 있었다.

중세 유럽의 유명한 수도원이야말로 쾌락을 위해 음악을 듣는다는 증거 따위는 찾아볼 수 없는 장소라고들 생각할 것이다. 그러나 영국

캔터베리에 있는 성 아우구스티누스 수도원에 가보면, 음악을 엄격하게 반대하는 입장을 무너뜨리는 모습을 보여주는 사소하지만 의미심장한 증거가 있다. 적어도 중병 환자를 치료하는 데 한해서는 말이다.

13세기 중엽, 수도원 병원을 운영하는 수도승들에게 새로운 지침이 하달되었는데, 표현이 상당히 명료하다.

> (…) 보다 절실한 이유가 있어 만약 누군가의 병세를 개선하기에 매우 유용하다고 판단된다면, 즉 어느 형제든 매우 허약하고 아파서 악기 소리와 화성으로 기운을 돋울 필요가 있다면, 환자를 예배당으로 안내하거나 (…) 어떤 식으로든 성당에 데려와, 문을 잠근 채 다른 형제나 믿음직하고 신중한 하인이 현악기를 감미롭게 연주해준다면, 비난받지 않을 것이다. (…)[15]

성당 문은 반드시 잠그라는 대목에 유념하시라. 현악기를 아무리 감미롭게 연주해도, 건강한 수도승이 그 소리에 노출되어서는 안 될 일이었다. 설령 그렇다 하더라도, 환자를 가장 편안하게 해주리라 여겨지는 사람이 의사가 아니라 음악가였다는 점은 흥미롭다. 중세의 다른 기록을 살펴보면, 음악가가 환자 머리맡에서 연주하도록 하는 것이 조증, 우울증, 열병, 통증, 불면증, 전염병, 무기력, 졸중풍, 강경증, 폐결핵, 간질 등 놀랍도록 많은 질병에 가장 효과가 큰 대처법이라고 여겼음을 알 수 있다.[16]

이 모든 사례를 돌아보면서, 이것도 중세인의 불합리한 사고방식을 보여주는 예라고 속단해서는 안 된다. 따지고 보면 우리 현대인도 별로 다를 바가 없다. 우리는 그레고리안 성가나 편하게 듣기 좋은 음악 CD 를 사서, 목욕을 하면서 음악을 듣는다. 음악을 들음으로써 내면의 평화와 조화를 회복할 수 있다고 믿으면서 말이다. 심지어 미국의 어느 병원에서는 증세가 특히 심한 환자에게 하프 음악을 추천해준다. 뉴욕에서 신경학 전문의 올리버 색스Oliver Sacks는 각종 뇌 질환과 감각 교란에 시달리는 자기 환자들에게 "음악은 가장 깊게 영향을 미치는 비화학적 약물 요법이 되어주었다."고 자신 있게 주장했다.[17]

현대인과 마찬가지로, 음악 요법을 지지한 중세 사람들은 아무리 감미로운 선율을 연주한다 해도 치료에는 한계가 있음을 알게 되었다. 이미 13세기에 천체 음악이라는 개념 자체에 의문이 제기되었고 화성에 맞도록 소리들이 조정된다는 관념도 바뀌고 있었다. 더욱이 음악을 연주할 때, 듣는 사람에게 반드시 심오하고 형이상학적인 변화가 일어나리라는 기대를 갖지도 않았다. 음악은 대개 환자의 기운을 돋우려는 동정 어린 마음으로 연주했다. 환자의 귓가에 위안을 주는 말을 속삭이는 것과 다를 바도 없고, 그 이상의 의미도 없었다.

중세인들은 분명 음악 소리가 사람 목소리와 마찬가지로 진정한 힘을 가지며 어떤 식으로든 소리에 닿은 것을 변화시킬 수 있다고 생각했다. 음악 소리는 환경을 선하게도 악하게도 조성할 수 있었고, 병을 낫게도 하고 퍼뜨리기도 했다. 그러나 온갖 종교적 도그마와 미신을 섞어내면, 사람들은 대체로 실용주의적인 태도를 취했다. 그리고 소리의 여러 가지 속성과 듣기 능력을 세밀하게 조율하는 법을 나날이 익혀갔다.

13 천상의 소리

중세에서 오늘날까지 살아남은 거대한 종교 건물에 들어가면, 인간이 경험할 수 있는 사운드스케이프 가운데 가장 독특한 경우에 갑작스레 들어서게 된다. 유럽의 기독교 대성당이나 수도원이건, 인도의 힌두교 사원이건, 중동이나 북아프리카·중앙아시아에 있는 이슬람교의 웅장한 모스크이건, 문턱을 넘으면 동굴처럼 돌로 둘러싸인 세계가 펼쳐진다. 일종의 평온함이 내려앉는다.

그러나 고요함은 쉽게 찾아오지 않는다. 돌덩이로 둘러싸인 거대한 공간에서는 소리가 늘 크게 울리기 때문이다. 따라서 대성당과 사원과 모스크는 내부에 있는 사람들이 소리 죽여 말을 하거나 신발을 벗고 걸어 다니기만 해도 유별나게 시끄러워진다. 문이 닫히고 기도서가 떨어지고 아이가 기침하는 소리는 가파르게 솟은 벽, 돔, 높은 천장 따위에서 튕겨 나오면서 갈수록 시끄러워진다. 기독교 초대교회 최대의 예배 장소 2군데를 예로 들어보자. 하나는 로마의 판테온이고 다른 하나는 콘스탄티노플의 성소피아 성당(하기아 소피아)이다. 둘 다 눈으로 보기에도 놀라운 건물이지만, 음향 면에서는 훨씬 더 절묘하다. 이들의 절반 크기도 못 되는 건물이라 해도, 웬만한 석조 건물 안에서는 또렷한 소리로 신이나 신도들에게 노래하거나 설교하기가 대단히 곤란했을 것이다.

그러나 중세부터 16~17세기까지 판테온과 성소피아 성당에서는 합창이 연행되었다. 합창을 그럭저럭 해낸 정도가 아니라, 공간과 기막히게 어울리는 음향을 만들어냈다. 때로는 공간을 연출자에게 맞추는 방법도 있었다. 오로지 내부의 소리를 개선하기 위하여 건물의 외관을 개조하는 것이었다.

물론 모스크에서는 노래나 음악이 원체 부재했으므로, 문제는 이슬람 설교자들의 말이 잘 들리게끔 하는 것이었다. 바로 이 때문에 인도의 아요디아Ayodhya에 있었던 광대한 바브리 모스크Babri Mosque에서는 사암으로 지은 공간 내부에, 설교자가 서 있을 바로 그 위치에 큼직한 벽감을 여러 개 파놓았다. 벽감은 설교자의 말소리를 밀어내어 바깥쪽에서 기도하는 모든 이들에게 잘 들리도록 해주고, 다른 한편으로는 쓸데없이 메아리가 울리지 않도록 방지해주었을 것이다. 이슬람교와는 대조적으로, 기독교 교회와 힌두 사원에서는 예배에 대체로 음악과 노래가 필수였다. 하지만 해야 할 일은 기본적으로 마찬가지였다. 환경과 목소리가 완벽히 어울리는 방법을 찾아내는 것이었다. 음악가와 건축가 양쪽 다 이 문제를 멋지게 해결해냈다. 기독교를 믿는 서방에서는 로마네스크 및 고딕 양식 성당에서 성가와 음악이 수없이 변주되었고, 동방에서는 힌두교 사원의 예배 음악에서 중세 전체와 르네상스 시기를 통틀어 특히 숭고하고 유명한 음악 작품을 들을 수 있었다.

***

하지만 나는 이 장에서 1,000년에 가까운 종교 음악의 역사를 간략하게 제공할 생각은 없다. 그보다는 좀 더 단순한 주제를 고찰하고자한다. 이러한 소리들이 처음 만들어질 무렵에 여기에 둘러싸이는 경험은 어떠했을까? 또한 당시 그 소리를 직접 목격한 이들이 어떻게 경외감을 품게 되었는지도 살펴보고 싶다. 중세 교회에서 지금은 낯설어진오래전의 음악 기법이 동원되었다고 생각하지 않는 한, 중세 교회가 어떤 소리 특성을 지녔는지 이해하기 어려울 수도 있다. 때로는 부유하고권력 있는 후견인이 자기를 과시하기 위한 배경으로 종교 건물을 편리하게 이용하기도 했다. 과거를 신중하게 재구성해보면 건축과 음악이어떻게 결합되었는지 일별할 수 있다는 뜻이다. 대체로 그 목적은 신을찬양하기 위하여 천상의 소리를 창조하기보다는 세속 군주의 평판과입지를 강화하는 것이었다.

서유럽 중세의 기독교 교회를 이해하려면 우선 알아야 할 점이 있다.서민의 나무 가옥은 흙벽을 발랐으며 크기도 작고 지붕도 낮았기에, 소리가 흙바닥에 깔리고 흡수도 잘 되는 편이었다. 이런 공간의 음향을떠나 돌로 널찍하게 만든 영적 영역에 들어서면, 설령 음악이 없다 해도 소리가 대단히 다르게 들렸을 터이다.[1] 사실 북유럽에서 초창기 중세 교회당은 목재로 만들었기에 소리가 그다지 강렬하게 대비되지는않았다. 그러나 12세기에 이르면 교회 대다수가 석재로 지어졌다.

가령 12세기 즈음 수없이 많은 순례자가 긴 여정 중에 잠시 쉬어갔듯이, 여러분도 부르고뉴 지방의 베즐레 수도원Vézelay Abbey처럼 아름다운 로마네스크 교회당으로 걸어 들어갔다고 해보자. 그 효과는 경이로 웠을 터이다. 신도석에 들어서서 위쪽 창문으로부터 햇살 줄기가 옅은 색 석벽과 마루를 내리쬐는 광경을 보면서, 부산하던 길거리의 소음이 어느새 귓전에서 녹아 없어지는 경험을 했으리라. 그 속에서는 자신이 청각적으로 특별한 차원에 둘러싸여 있다는 느낌, 베즐레 수도원 내부의 소리가 꾸밈없는 건축미와 잘 어울린다는 느낌을 실감하지 않을 수 없었으리라.

하지만 방문객이 건물의 특별한 음향 특성을 처음으로 온전히 감상하게 되는 순간은 아마 베즐레의 수녀들이 성무일도(매일매일의 기도)를 드리며 노래하기 시작했을 때가 아니었을까. 바로 그 순간, 방문객은 수녀들이 노래의 음높이와 크기와 속도를 섬세하게 조절함으로써, 소리가 벽에서 벽으로 천장으로 마루로 튕겨나면서 제어하기 힘든 일련의 메아리가 생겨나는데도 노랫소리가 흐트러지지 않게 한다는 사실을 깨달았을 터이다. 다른 곳에서라면 분명 노랫소리가 흐트러졌을 텐데 말이다. 노래를 합창하는 이들의 목소리가 수도원에 어울리게 조율되고 있다고밖에는 설명할 길이 없다. 그 소리는 메아리가 되어 울려 퍼지기보다는 낭랑하게 화음을 이룬다. 수도원은 인간의 음성을 증폭하되, 흐트러뜨리지 않고 집중시킨다.[2]

이런 일이 어떻게 가능할까? 노래와 건물, 이 2가지에 해답이 나눠져 있다고 보인다. 앞에서 등장한 프랑스의 음악사가 레즈니코프를 다들 기억하시리라. 석기시대 벽화가 그려진 동굴의 공명 특성을 분석한 사람이다. 레즈니코프는 이런 로마네스크 양식 교회당에서 들렸을 음악에 대해 누구보다도 뛰어난 전문가이기도 하다. 실제로 그는 교육받은 성악가이기도 하며, 연구의 일환으로 베즐레 수도원에서 정기적으로 공연을 한다. 이를 바탕으로 레즈니코프는 이런 교회당에서 원래 부른 노래가 "근대적인 평균율 음계"가 아니라 "공명이 자연스럽고 순수하게 울리는 음정"에 따랐다고 본다. 그의 말에 따르면 이런 곡은 고대로부터 물려받은 "선법 성가"라는 창법을 나타내며, 고유하고 독특한 음계를 갖추었다고 한다.[3]

이처럼 베즐레 같은 곳에서 쓰이는 고대 창법의 본질은 바로 찬송이 건물의 자연스러운 메아리를 거스르지 않고 오히려 메아리와 함께 작용한다는 데 있다. 고음은 부드럽게 증폭되고 저음과 섞인다. 성가 가락은 겹겹이 쌓이면서 서로 충돌하지 않고 조화롭게 "맞물린다." 자연스러운 음정을 이용함으로써, 단 1명의 목소리로도 화성이 풍부해지는 효과가 발생하여 "하나의 합창단, 천사들의 합창단이 노래하는 듯한 인상"을 주곤 한다.[4]

건물이 특정한 방식으로 설계되지 않았다면 이런 효과는 전혀 나타나지 않았을 것이다. 베즐레 수도원은 로마네스크 양식 건물로, 후기 로마 시대의 곡선형 돔 건물에서 영감을 받았다. 비잔틴 양식 교회도 마찬가지로 영향을 받았고, 이슬람 세계의 모스크도 비잔틴 양식에 영향을 받았다. 곡선은 이 모든 교회당의 음향 설계에 중대한 요소로, 노래하는 목소리를 집중시키고 배음倍音을 연장해준다.

물론 때로는 완만한 곡선을 이룬 돔이 수직 벽만큼이나 골칫거리가 되기도 한다. 돔이 너무 크고 기울기가 완만해도 울림이 너무 심해지기 때문이다. 그러나 베즐레처럼 좀 더 작고 내밀한 공간에서는 벽과 천장이 편평하거나 완만한 대상이 아니라 훌륭하게 활용될 수 있는 3차원

물체로 취급되었다. 로마인들은 아치형 석조 지붕을 지하 제실祭室 같은 장소에 소규모로만 설치했지만, 이제 교회에서는 가장 폭이 넓은 곳에 활용했다. 베즐레 수도원에서는 신도석에 아치형 지붕을 올렸고, 둥근 아치들을 세워 별도의 구역을 표시했다. 어느 건축사가의 말을 빌리자면, 이 아치들은 "활기차고 리드미컬한 공간"을 만들어냈다. 결정적으로, 이 모든 곡선이 더해지고 우묵한 벽감들이 존재한 덕분에 노래소리는 훌륭하게 집중되었다.⁵

건축 일반에 쓰이는 '조화 비례harmonic proportion'에 대해 신비하고 거창한 이론 체계가 존재하고, 이에 의거해 베즐레 수도원에서 음악과 건축이 융합되었다고 해석하고픈 유혹을 느낄지도 모르겠다. 그러나 수도원이나 대성당 건물이 일정한 유사신비주의적 비율에 따라 지어졌다고 생각하면 오산이다.

우선 베즐레 수도원을 비롯한 여러 교회 건물은 지어졌다가 개조되고 여러 번 재건축되었기에, 애초부터 일관성 있게 설계되었다고 보기 어렵다. 유클리드Euclid, 베게티우스Vegetius, 비트루비우스Vitruvius 등이 저술한 건축 및 기하학의 고전에 관해서라면 중세 학자들도 확실히 알고 있었다. 하지만 중세의 건축 장인 가운데 이러한 고전시대의 유산을 굳이 배우려 한 이는 드물었다. 대개는 주어진 본보기를 당연하게 받아들이고 그것을 이리저리 뜯어고치며 작업했다. 예술사가 로저 스탤리Roger Stalley가 지적했듯이, 건축가들이 각종 비율을 활용하긴 했지만 그 이유는 건물에 신성하거나 신비로운 함의를 부여하기 위해서가 아니었다. 예전의 성공 사례를 바탕으로 "의사결정을 내리는 편리한 방법"을 썼기 때문이었다.⁶

그런데 이와 별도로 베즐레 수도원에는 나름대로 흥미로운 특징이 나타난다. 화성 이론에 맞춰 교묘하게 건물을 설계했다는 추측만큼이나 흥미롭다. 바로 소리와 분위기를 더욱 유기적으로 숭배하게 되었다는 것이다. 레즈니코프는 이를 두고 로마네스크 양식은 "규모가 인간적"이라고 말한다. 드높이 치솟은 고딕 양식 성당은 13세기부터 유럽 전역에 널리 세워졌다. 레즈니코프에 따르면 교회당은 시각적으로는 확실히 더 웅장해졌으나, 음향 면에서는 차츰 엉망이 되어가고 있었다. 베즐레 수도원 같은 장소는 시각적 매력 그리고 친밀함이 느껴지는 음향 사이의 미묘한 균형을 힘겹게 구현했으나, 그 균형은 뒷전으로 밀릴 위기에 처했다.[7]

***

혹시 우리가 로마네스크 시대를 지나치게 낭만화하여, 소리의 역사에서 이 시대가 독특하고 특별했다고 여길 위험에 빠진 건 아닐까? 그럴지도 모른다. 중세 후기부터 르네상스 시기에 걸쳐 음악가들과 건축가들이 어떤 성취를 이루었는지를 모른 척해서도 곤란하다. 그들 역시 음악과 석재를 함께 빚어 창의적이고 화려한 건축물을 만들어낼 줄 알았기 때문이다. 유럽에서는 성당 신도석의 높이가 급격히 높아진 새로운 고딕 양식이 확산되면서 소리의 반향이 커지는 한편, 다성 음악도 부상하고 있었다. 다성 음악이란 합창단이 각기 다른 성부를 맡아 1번에 2가지 이상의 음으로 노래하는 화려한 가창 형식이다. 다성 음악이 이런저런 시도를 해보다가 만들어졌거나 아예 우연히 만들어졌을지도 모르지만, 어쨌든 최고로 뛰어난 다성 합창이 연주 공간에 알맞게 다듬어졌다. 약간의 연습을 거치자, 각 성당이나 수도원에서는 합창 소리가 반향하면서 겹겹이 겹친 음과 길게 끄는 음이 딱 알맞게 배합되었고, 뒤죽박죽 혼란스러운 소리 대신 천상으로 솟구쳐 오르는 화음이 창조되었다. 우뚝 솟은 건축 양식과도 왠지 어울리는 화음이었다. 이전 시기의 단성 성가는 완전히 사라지지 않았지만, 형식이 한층 복잡하고 다층적인 성가가 나날이 늘어남에 따라 차츰 뒷전으로 밀려났다.[8]

엇비슷한 시기에 인도에서는 음악을 잘 아는 건축가들이 소리와 석재를 말 그대로 '융합'했다. 서양의 중세 후반기에 해당하는 시기에 지어진 힌두교 사원들 가운데 몇몇은 견고한 화강암 기둥들을 악기 삼아 연주할 수 있도록 정교하게 설계되었다. 오늘날까지 남아 있는 음악 기둥은 여행 가이드가 돈을 받고 연주해주기도 하는데, 16세기에 인도 남서부 함피Hampi에 지어진 푸란다라 만타파Purandhara Mantapa 홀에도 기둥 몇 개가 남아 있다. 이런 음악 기둥들은 일찍이 서유럽 선사시대 동굴에서 발굴된 소리 내는 석순石筍에 비하면 훨씬 발전한 악기이다. 인도 사원에서는 음악 기둥 각각을 길이와 너비는 물론 장력까지 이용해 '조율'한다. 기둥 위쪽의 하중을 조정하는 것이다. 음악 기둥은 경전 낭독이나 무용 공연 때 반주 용도로 쓰이는데, 이런 식으로 조율해둔 기둥은 각자 목적이나 의미에 맞게 갖가지 다채로운 소리를 낸다.[9]

인도 전역에서 사원들은 고대 베다 독경, 신비주의 종파, 심지어 시아파 수피 의식에 이르기까지 다양한 전통으로부터 음악적 영향을 흡수하여, 마치 그것들이 원래 자기 고유의 독특한 전통인 양 육성했다. 그러나 사원은 단지 힌두교의 요람만은 아니었다. 사원은 어마어마하게 많은 순례자를 모았고, 정기적으로 축제를 개최했으며, 행정 중심지이자 상업 활동 장소로 기능했다. 가장 중요한 점으로, 사원은 유력한 정치인 후원자들을 끌어모았다. 특히나 사원은 지역 정체성을 강하게 상징했기 때문이었다.[10]

서유럽에서 가톨릭교회는 종교 의례를 완벽하게 통일시키려고 시도했다. 그러나 인도와 마찬가지로, 유럽 각지에서는 대성당과 수도원이 지역의 자랑거리였다. 게다가 중세 유럽은 정치적으로나 문화적으로나 다루기 까다로운 곳이었다. 독립적인 영지, 공작령, 공국, 왕국이 난립하여 각자 자기 영토 고유의 특징이 주목받기를 갈망했다. 여기서도 마찬가지로 음악 문화와 건축을 무기처럼 동원했기에, 때때로 종교 건물에서 불리는 노래는 신을 섬기기보다는 해당 지역의 브랜드를 뽐내는 데 이용되었다.

이런 사정을 인상적으로 보여주는 사례를 16세기 베네치아에서 찾을 수 있다. 베네치아는 당시 통령이 통치하는 독립공화국으로, 예전부터 훌륭한 교회 음악과 탁월한 건축물로 명성을 드날리고 있었다. 이 시기에는 통령의 개인 예배당인 산마르코 대성당Basilica of San Marco이 창의적 활동의 핵심이 되었다. 통령의 후원 아래 건축가들은 합창곡 작곡가들과 긴밀히 협조하여 놀라운 음향 효과를 만들어냈다. 울림도 아름다울 뿐더러, 스테레오 효과도 놀랄 만하다.

이 혁신적인 건축가들은 지어진 지 몇 세기가 지난 데다 풍부한 전통을 등에 업은 교회에서 작업해야 했다. 산마르코 대성당은 '십자가형' 배치, 천장에 서로 연결된 돔 5개, 천장 표면에서 번쩍이는 모자이크와 대리석 덕분에 서유럽보다는 더 동쪽인 비잔티움에 있는 그리스정교회 건물들과 훨씬 닮아 있다. 보는 것만으로도 장관이다. 그렇지만 음향 면에서 이곳은 복잡한 공간이다. 돔 구조는 늘 까다롭기 마련이지만, 하나보다는 5개가 있는 편이 훨씬 낫다. 모자이크의 울퉁불퉁한 표면도 달갑지 않은 반향을 상당히 많이 방지한다. 전체적으로 보아 산마르코 성당은 음악을 하기에 좋은 곳이다. 아니, 굉장히 훌륭한 곳이라고 해야겠다.

그런데 성단소(성당에서 전례가 거행되는 구역. 난간으로 둘러싸여 있으며 제대와 성가대석이 대체로 그 안에 포함된다–옮긴이)와 강론대까지 가보면, 16세기에 내부 배치가 이상하게 변경되었음을 알게 된다. 오르간 2대가 맞은편에 1대씩 놓여 있고, 성단소는 칸막이로 가려서 나머지 공간과 분리했다. 성단소 안에는 성가대석이 하나도 아니고 2개인데, 오르간과 마찬가지로 서로 마주본다. 결코 우연이라고 볼 수 없는 배치이다. 변경 공사를 지휘한 사람들은 통령이 후원하던 건축가 자코포 산소비노Jacopo Sansovino와 통령의 악장으로 갓 임명된 아드리안 빌라르트Adrian Willaert로, 둘 다 이미 자기 분야에서 유명한 인사였다.

이렇게 내부 배치를 바꾼 유력한 이유는 몇 년 전 케임브리지대학교 세인트존스대학 합창단이 이곳에서 실시한 실험을 통해 밝혀졌다.[11] 합창단은 빌라르트가 편곡한 찬송가 중 하나를 골라 여러 가지 방식으로 공연해보았다. 중앙 제대 뒤쪽에 단성 성가대를 배치하기도 하고 4성부 다성 성가대를 배치하기도 했다. 한쪽 성가대석에 단성 성가대를, 맞은편 성가대석에 4성부 성가대를 배치해보니, 놀랍게도 대화하는 듯한 효과가 선명하게 났다. 심지어 양쪽 성가대석에 모두 4성부 성가대를 배치했을 때 소리는 더 놀라웠다. 두 모둠이 적당한 거리를 두고 떨어져 있어 아름답고 선명한 스테레오 효과가 만들어진 것이다.

빌라르트가 이와 같은 이중합창 대형을 발명하지는 않았다. 이중합창은 16세기 초엽 이탈리아 북부에서 처음 나타나 진화한 것으로 보인다.[12] 그러나 중요한 점은, 산마르코 성당에 성가대석이 이런 식으로 배치된 덕에 이중합창이 성단소에서 공연되었다는 사실이다. 산소비노가 내부를 개축한 결과, 성단소 안에는 통령과 고위 관직자들이 앉게 되었다. 그들은 사실상 교회 안의 교회인 그곳에서, 놀랍고 극적으로 과시되는 음악을 가장 온전히 경험했다.[13] 이것은 음악사에서 무척 흥미로울 뿐만 아니라 중요한 대목이기도 하다. 당시 베네치아는 인쇄의 중심지였으므로, 둘로 쪼갠 합창단을 위한 새로운 합창 음악이 유럽 전역으로 급속히 전파되었기 때문이다.

그러나 나는 이러한 음악 공연에서 벌어진 권력 놀음에 더 흥미를 느낀다. 베네치아는 국가 행사를 호화찬란하게 열어 베네치아공화국의 위용, 로마로부터 맹렬히 지켜낸 독립국의 지위, 그리고 당연히 통령 자신의 위상을 강조했다. 1574년 프랑스 왕 앙리 3세Henri III가 베네치아를 방문했을 때, 이를 기록한 연대기 작자들은 '앙리 3세의 행차 행렬을 따라 트럼펫은 팡파르를 울렸고, 피페(맑은 소리가 나며 작은 플루트처럼 생긴 악기-옮긴이)·북·종 따위가 연주되었으며, 축포가 터지고 노래가 흘러나왔다'고 여러 차례 언급했다. 그런 의례적인 행사에서 권력과 위신을 표현할 때, 소리는 시각적 구경거리만큼이나 중요하게 쓰였음이 분명하다. 산마르코 성당에서 열리는 모든 행사는(그곳에서 소리를 듣는 경험까지 포함하여) 통령이 내빈에게 좋은 인상을 주도록 세심하게 구성되었다. 그 덕분에 베네치아 통령은 그 어떤 귀빈 앞에서도 영예를

누릴 수 있었다.[14]

이처럼 종교 음악이 일단 세속 통치자에게 아첨할 용도로 쓰였다가 통치자의 상징이 되는 양상은 당연히 베네치아에만 국한되지 않았다. 유럽 전역에서 군주들은 궁정의 일상에 제의적인 요소를 창조하는 경쟁에 앞다투어 뛰어들어, 자신의 통치에 광채를 더하고자 했다. 16세기부터 오스만제국의 술탄들은 새로 차지한 수도 콘스탄티노플과 새로 세운 궁전이 얼마나 호화로운지를 과시하고 그곳에서 화려한 행사를 개최함으로써 신민과 외국인에게 강한 인상을 심었다. 북과 뿔피리를 연주하는 수행원단, 둥둥 뜬 뗏목에 올라탄 연주자들, 대포 발사와 불꽃놀이 등은 왕실 행사에서 빠지는 일이 없다시피 했다. 어느 역사학자가 적었듯이, 이 모든 것들은 "부와 권력을 과시함으로써 강한 인상을 심고 위압하는 것"이 그 목적이었다.[15]

인도에서도 호화로운 행사가 많이 열렸는데, 특히 중세 술탄들이 다스릴 때였다. 사실 인도에서 가장 큰 사원들 다수는 자신의 이미지를 반半신격화하고자 했던 통치자들이 자금을 대어 건설한 것이다. 그러므로 이러한 사원에서 열린 제의는 영적·음악적 창의성을 결코 온전하고 자유롭게 표출하지 못했고, 후원자의 인상을 좋게 비춰주도록 항상 위엄을 갖추어야 했다.[16]

당연히 종교 지도자들은 경계심을 품었다. 특히 서구에서 종교 지도자들은 갈수록 정교해지는 다성 악곡이 도처에서 들려오는 가운데, 많은 예배 장소에서 종교적 내용과 별개로 리듬과 화성 자체가 생명력을 띨까 봐 두려워했다. 귀족 궁정에서 호화롭고 격식을 갖춘 행사가 열리는 소리를 들으며, 성직자 계급이 소리를 구경거리로 활용할 권위를 더 이상 독점하지 못하게 될까 봐 두려워했다. 하지만 사실 소리는 그 누구도 독점하지 못했다. 이 싸움은 종교 지도자와 세속 통치자만의 싸움이 아니었기 때문이다. 보통 사람들, 즉 중세 사회의 소농민도 적잖이 소음을 일으킬 수 있었다. 춤추고 흥청대는 소리로, 그들은 아주 가끔이긴 해도 사회 질서를 온통 뒤집어엎을 수 있었다.

14   빼앗긴 자들의 카니발

21세기 긴축 경제는 고유의 소음을 만들어낸 듯하다. 사람들이 거리를 행진하거나 광장에 모이거나 아예 동네를 통째로 점거하면서 냄비며 팬 따위를 두드리는 소리 말이다. 2011년 5월 '로스 인디그나도스 los indignados', 즉 '분노한 사람들' 수백만 명도 스페인의 여러 도시 중심가에 가득 모여 냄비 두드리는 소리를 내면서 자기들이 최근 전 지구적 경제 붕괴의 희생양이 된 데 대해 불만을 표출했다. 그로부터 1년 뒤에는 캐나다 몬트리올대학교 학생들이 막대한 대학 등록금 인상에 반대하여 냄비를 두드렸고, 시 당국이 자발적 집회를 모두 금지하려고 시도하자 분노한 시민들 수천 명이 학생들과 합류했다.[1] 2012년 10월, 은행이 채무를 조장하는 데 반대하여 전 세계에서 조직적인 시위가 벌어졌을 때에도 이 소리는 시위의 트레이드마크가 되었다. 일명 '냄비' 시위는 리스본·런던·마드리드·뉴욕·이스탄불을 비롯하여, 아르헨티나에서 일본에 이르기까지 100여 개 도시의 거리에서 터져 나왔다.[2]

시위 기간 동안 갖가지 이슈와 슬로건 들이 격렬한 불협화음처럼 울렸고, 시위대는 각자 조금씩 다른 곡조에 맞추어 덜커덕거렸다. 그러나 어디에서나 냄비와 팬을 두드렸다는 점은, 즉 전 세계가 같은 소리를 공유했다는 사실은, 의도가 다분하면서도 상징적이다. 시위용 '악기'가 단순하고 값싸기에 거의 누구나 시위에 참여할 수 있다. 모든 이들의 고충이 어떻게든 연결되어 있음을 보여주겠다는 뜻이다. 무엇보다도, 냄비 두드리는 소음은 700년도 더 전부터 억압받는 자들이 요란스럽게 음악을 연주한 역사로부터 유래했기에 강력한 힘을 발산한다. 오늘날의 '냄비 시위' 행진은 중세에 뿌리를 둔 카니발 및 시위 전통이 현대판으로 나타난 모습일 따름이기 때문이다.

카니발과 시위, 믿기지 않겠지만 이 둘은 정말로 떼려야 뗄 수 없다. 다함께 리듬을 맞추고 마음을 모아 소음을 내면 재미있기도 하고 신나기도 한다. 하지만 역사를 통해서도 알 수 있듯, 소음은 감정을 뒤흔들기도 하고 겁을 주기도 한다. 상대를 일부러 위협하려고 소음을 내기도 하지만, 때로는 소음을 듣는 사람이 지레 겁을 먹기도 한다. 중세부터 16~17세기 사이에 흥청거림과 혁명이 언제나 명쾌하게 구분되지는 않았다. 불안하게도 현실에서는 2가지가 정확히 똑같이 들리기 십상이었다.

***

1,000여 년 전, 각지의 성인 축일이나 예수공현 대축일, 예수승천 대축일, 오순절, 성체성혈 대축일 등 교회력에 지정된 특별한 날이 되면, 필시 서유럽 전역의 교구 교회 수천 곳에는 춤추고 음악을 연주하고 노래하고 축제를 벌이는 소리가 넘쳤으리라. 기독교는 원래 로마에서 동

방의 '신비' 종교집단 중 하나였음을 기억하시라. 초대교회 신자 가운데 많은 이들은 거룩함을 경험하는 최고의 수단이 춤과 노래를 통하여 황홀경에 빠지는 것이라고 믿었다. 그로부터 수세기 동안, 예배 때 교구민과 사제가 함께 춤추며 노래하는 일이 종종 있었을 터이다. 한 예로, 12세기의 어느 여행자는 웨일스의 한 교회에서 거행했던 성녀 엘리네드Eluned 축일 행사를 보고 이렇게 묘사했다.

> 젊은 남녀들이 혹자는 교회 안에서, 혹자는 교회 마당에서 (…) 춤을 추며 묘지를 빙 둘러 간다. 전통 민요를 부르다가 갑작스레 다들 땅바닥에 쓰러진다. 그때까지 황홀경에 빠진 듯 평화롭게 선두를 따르던 이들이 마치 광기에 사로잡힌 듯 공중으로 뛰어오른다.[3]

당연히 교회는 이런 행위를 정식 교리로 인정할 의사가 없었다. 교회 당국은 교회를 보다 점잖고 차분한 장소로 만들려고 오랫동안 노력했지만 늘 성공하지는 못했다. 오히려 교구민들이 감각에 자극을 받을 필요가 있다면, 보다 절제된 방식으로 노래를 부르거나 정교한 제의를 거행하거나 기도문을 외거나 향을 피우거나 종을 울리자고 주장했다. 사람들이 춤이나 황홀경 따위를 갈망할지라도, 그처럼 요란한 행위는 특별한 경우에만 한정해 허락해야 하고, 교회 마당을 벗어나지 않게 하거나 교회 밖 길거리로 몰아내야만 했다.[4]

당연하게도, 바깥에서는 사람들이 흥겨움을 주체하지 못했다. 축제 행사는 여전히 교회 측이 예의주시하는 가운데 열리기는 했지만 더는 교회에 직접 통제받지 않았다. 사람들은 일상에서 벗어나 슬쩍 재미를 누린다는 것이 자신에게 무엇을 뜻하는지를 제 마음대로 정할 수 있게 되었다. 물론 축제에는 여전히 종교적인 요소와 시민으로서 느끼는 자부심이 많이 나타났지만, 좀 더 세속적인 즐거움도 있었다.

따라서 14~17세기 유럽의 거의 모든 도시에서는 축제일이나 축일이 되면 성경 이야기를 재연한 신비극을 상연했고, 시 지도층과 각 직종별 길드 대표가 등장하는 행렬이 활발하게 길거리를 누볐다. 아마도 어느 길드가 가장 인상적인 모습을 뽐내는지 서로 꽤나 시끄럽게 경쟁도 했으리라. 활쏘기, 씨름, 동물 싸움붙이기 같은 경기나 스포츠도 열렸을 테고, 다른 때라면 크게 문제가 되었을 만한 행동도 모른 척 해주었으리라. 주인과 종이 역할을 바꾸거나, 남자와 여자가 옷을 바꿔 입거나, 저속한 노래로 지역 유지들을 조롱하거나, 누군가가 '바보 왕Lord of Misrule'으로 나서서 익살스럽고 전복적인 장난이 꾸준하게 이어지도록 하는 일 따위 말이다.

심지어 종교계 일각에서도 이런 난리가 사회에 실제로 필요하다고 인정했다. 1444년 파리 신학대학에서는 "바보스러움"이 모든 인간에게 천성이나 마찬가지라고 선언하면서 "최소한 한 해에 1번은 거침없이 소진되어야 한다."라고 했다. 왜냐하면 "포도주 통은 가끔씩 열어 공기를 빼주지 않으면 터져버리기 때문이다."[5] 다시 말해, 엄격하게 제한된 기간 안에서나마 카니발이라는 기회를 통해 쌓인 감정을 조금씩 분출하도록 공식 허가를 내준 셈이다. E. P. 톰슨이 설명하듯, "이런 행사에 대한 기대(또는 추억)야말로 여러 주 동안 이어지는 고된 노동과 빈약한 식단을 보상해준다. 축제 때만큼은 먹고 마실 것이 풍족하고 구애와 갖가지 사교활동이 난무했으며, 고된 인생살이는 잠시 잊혔다."[6]

카니발은 시끄럽기도 했거니와, 확실히 술판이 벌어지기 쉬운 행사이기도 했다. 당국은 엄청난 양의 맥주와 포도주를 들여와 헐값에 팔거나 공공 광장에 설치된 파이프를 통해 공짜로 흘려보내도록 허락했다. 때로는 손쓸 도리 없는 난장판이 벌어져, 도시 중심가가 주색과 폭력을 일삼는 자들이 득실거리는 무법지대가 되기도 했다.

1607년 5월 영국 소도시 웰스Wells에서 사태가 걷잡을 수 없이 악화된 적이 있다. 웰스에서는 여느 해와 마찬가지로 봄을 맞아 경기와 연회, 갖가지 축제 행사가 열렸다. 이때 교구민 한 무리가 자기네 교구 성당인 세인트커스버트Saint Cuthbert's 성당을 보수할 자금을 마련하려고 '처치 에일church ale'(교회나 교구 차원의 축제. 맥주ale가 대단히 많이 사용되어서 붙여진 명칭—옮긴이)을 개최하기로 했다. 처치 에일은 대개 하루 이틀이면 끝나는 자선 행사였지만, 1607년에 웰스의 선량한 시민들은 행사 일정을 놀랍도록 길게 늘렸다. 5월제가 열리는 5월 1일부터 예수승천 대축일, 성령강림 대축일, 삼위일체 대축일, 세례자 요한 축일을 거쳐 그다음 날인 6월 25일까지, 무려 8주나 축제를 계속한 것이다.[7]

축제 개최측은 케이크랑 크림이랑 구운 고기 따위에 갓 양조한 맥주나 곁들이며 얌전하게 노는 소풍이 아니라, 17세기식 대중오락이란 대중오락은 모두 갖춘 판을 벌였다. 온 마을과 직인 길드는 연극과 해학극을 공연했고, 젊은이들은 5월의 영주(5월제를 주관하는 청년—옮긴이)와 영주의 궁정 식솔로 분장했고, 사람들은 게오르기우스 성인이 용을 무찌른 이야기나 로빈 후드와 의적단 이야기 같은 옛이야기를 재연하며 전통 춤을 추었다. 그 밖에도 각종 놀이가 이어졌고, 사람들은 끊임없이 먹고 마셨다.[8]

8주 내내 웰스의 지붕 위로 떠들썩한 소리가 끊임없이 퍼져나갔다. 누구랄 것 없이 다들 길거리에서 춤을 추었고, 바이올린과 뿔피리와 북이 반주가 되었다. 이 광경을 목격한 이의 말을 빌리자면, 사람들은 "신나서 아우성치며" 거리를 누볐다.[9] 나팔 소리는 일정한 간격으로 터져나왔다. 때로는 야경꾼을 귀찮게 하거나 주교를 조롱할 양으로 짓궂게 나팔을 불기도 했다. 북 치는 소리도 8주 내내 거의 쉬지 않고 울렸다. 밤늦은 시간에도 울렸고, 때로는 새벽 4시부터 울리기도 했다. 고수가 누구에게 고용되어 온 것도 아닌 듯했다. 자기들 말로는 순전히 재미있어서 북을 친다고 했다.

게다가 그해 여름 '샤리바리charivari'라 불리는 소동이 정기적으로 벌어지는 바람에 웰스는 한층 더 시끄러워졌다. 샤리바리는 유럽 전역에 퍼져 있던 전통으로 프랑스, 이탈리아, 독일 등 지역마다 조금씩 형태가 달랐는데, 대체로는 젊은이들이 변장을 하고 한밤중에 냄비나 팬, 방울 따위로 무장한 채 가여운 누군가를 괴롭히러 가는 방식이었다. 대개 과부나 홀아비, 때로는 나이 차이가 많이 나는 상대와 재혼해 추문을 일으킨 사람 등이 대상이 되었다. 난동꾼들은 피해자의 집 밖에 서서 시끄럽게 물건을 쨍그랑거리고 목청껏 노래하고 고함을 지르고 짐승이 으르렁대는 소리를 내어, 집안 사람들을 깨우고 조롱했다. 이런 난동이 몇 시간이고 이어졌다.[10]

샤리바리는 떠들썩하지만 근본적으로 악의는 없는 행동이었고, 괴롭힘 당한 쪽이 일종의 벌금만 내면 더 이상 해코지는 없었다고 알려졌다. 샤리바리는 지역사회를 아우르는 결속 행위이자, 폭력을 동원하지 않으면서 공동체의 규범을 강제하는 수단이었다.[11] 그렇지만 샤리바리에는 어두운 면도 있었다. 공동체가 이런 식으로 규범을 강제하려 든다면, 남과 다르거나 특이해서 험담을 듣고 편견에 시달리는 사람들이 곧바로 표적이 될 게 뻔했으니 말이다. 솔직히, 이런 분별없는 장난질은 약자를 괴롭힐 핑계가 되기 십상이었다.

16~17세기에 이르러 샤리바리에는 보다 정치적인 차원이 더해졌다. 웰스에서 난동꾼들은 고위 공직자나 사업가만이 아니라, 단연 누구보다도 청교도를 표적으로 삼았다. 애초에 청교도가 축제 분위기를 억누르려 했기 때문이다. 축제 때 난동꾼들은 일부러 신나게 북을 쳐, 청교도가 난동꾼을 해산시키려는 소리가 묻히게 했다. 전통 춤을 추는 이들은 종종 목마를 타고 나와 공격적으로 목마를 휙휙 밀치며 돌아다니거나, 작대기를 들고 고함을 치면서 마치 전투하듯 단체로 몸을 움직였다.[12] 총격도 있었다. 난동꾼의 표적이 되었던 남자 하나가 난동꾼들을 '불법 무기 소지'로 고소한 적이 있다.[13] 고소 내용이 사실인지 아니면 꾸며낸 것인지는 확실하지 않지만, 이런 행사에서 때로 총소리가 들린 것은 분명히 사실이며, 프랑스에서는 16세기부터 카니발에 총이 모습을 드러내기도 했다. 1600년대에는 유럽 전역에서 남자들이 자랑스럽게 총을 차고 거리를 행진했고, 때때로 총 여러 대로 축포를 쏘기도 했다. 웰스에서 총기 소동이 일어난 지 10년 뒤, 불과 몇 킬로미터 떨어진 월트셔Wiltshire에서도 샤리바리가 벌어졌다. 당시의 기록에 따르면 "총기류를 소지한" 남자 300~400명이 일제 사격을 퍼부었고, 다른 사람들은 피리나 뿔피리를 불어대거나 종을 울려댔다.[14]

저택이나 사제관 안에서 움츠리고 당하는 사람들은 이 모든 상황에 잔뜩 겁을 집어먹었으리라. 이토록 무질서하고 음량마저 어마어마한 소음은 곧 조화로운 사회관계를 계획적으로 공격하는 행위나 다름없었기 때문이다. 자연스레 상류층은 온갖 변장이며 가면이며 쿵쾅거리고 아우성치는 소리를 사회 규범을 강제하는 수단으로 여겨 용인하기보다는, 밑바닥 인생들이 이를 핑계로 반란을 은폐한다고 느끼기 시작했다.

가끔은 그런 느낌이 들어맞기도 했다. 카니발의 무절제한 소음에서 드러나는 것은 단지 쾌락과 자유분방함만이 아니었다. 소음의 근원에 도사린 불만이 확실하게 드러났다. 전염병이 돌지도 모른다는 불안감, 과도한 노동이나 빵값 인상이나 끝없는 빈곤 그 자체에 대한 염증과 분노였다. 바로 그런 이유로, 이탈리아 우디네Udine 시에서 카니발이 열렸을 때 귀족 궁 20곳이 약탈당하고 50명에 달하는 귀족과 수행원이 살해당했을 것이다. 설사 노골적으로 반란을 일으키지는 않는다 해도, 이 시대에 살았던 보통 사람들은 오직 축제 때에나 은밀한 의미가 숨은 말과 노래를 통해서 정치적 불만을 표현할 수 있었다. 욕설, 건배사, 불온한 수수께끼, 발라드, 심지어 "길가에서 부는 휘파람" 따위를 통해서 말이다.[15]

***

홍청망청 대는 소음은 점차 반란을 노골적으로 꾸미는 소리로 취급받게 되었고, 실제로도 이를 빌미 삼아 폭력적인 진압이 벌어지기도 했다. 예를 들어 1580년 남프랑스의 로망Romans시에서 열린 '마르디 그라 Mardi Gras(사순절이 시작되기 바로 전날인 참회의 화요일-옮긴이)' 축제는 잠복 공격과 재난으로 얼룩지며 끝났다. 축제가 한창 무르익어 시민들이 총과 빗자루와 밀 타작용 도리깨를 들고 공격적으로 춤을 추자, 로망의 지배층은 겁을 집어먹고 폭발해버리고 만 것이다. 그 결과로 포목상 주인이자 시에서 가장 유명한 파벌의 지도자가 암살당하자, 지배층에서 가장 반동적인 계파의 우두머리는 불량배 무리를 고용하여 피살자의 친지와 지지자들을 추적해 흠씬 두들겨 팼다. 로망 시민이 품었던 저항 정신은 무참하게 짓밟혔다. 이는 유럽 전역의 권력자들이 카니발에서 벌어지는 소란과 사소한 불복종에서 왠지 모르게 위협을 느꼈고, 결국 이를 떨치지 못했다는 조짐이었다. 이런 태도는 유럽에만 국한되지 않고 이내 퍼져나갔다. 스페인, 포르투갈, 프랑스, 영국 같은 나라들이 아메리카와 아프리카 등지를 식민지로 만들면서, 카니발 전통은 물론이고 카니발이 지배층에 초래한 불안감까지 수출되었다.

이 점을 현대에 보여주는 사례가 바로 '판카당Pancadao'이다. 판카당은 포르투갈어로 '강타'라는 뜻이며 길거리에서 벌어지는 파티를 말하는데, 오늘날 브라질 판자촌 특유의 풍성한 '소리 샐러드'를 이루는 여러 리듬 중 하나이다. 판카당을 벌일 때는 승용차 서너 대를 딱 붙여서 주차해놓고 차 스피커로 음악을 크게 틀어놓는다. 음악은 새벽녘까지, 적어도 경찰에게 단속당할 때까지 계속된다. 판카당에는 젊은이 수천 명이 모여들어 "연애 상대를 꾀고, 술을 마시고, 브라질 펑크 음악에 맞춰 춤을 춘다."[16] 판카당은 우리가 흔히 상상하는 중남미식 카니발과는 다르지만, 냄비 시위와 마찬가지로 중세 유럽 카니발의 전통을 잇는다.

물론 카니발이 보편적으로 어떠해야 한다는 모델은 없다. 그리고 브라질식 카니발이 더욱 독특해진 데에는 16~17세기 포르투갈 식민지배자들이 들여온 종교 축제가 아프리카에서 건너온 문화뿐만 아니라 신화적인 토착 전통과도 융합되었다는 점이 한몫했다. 브라질에는 아직도 옛날 유럽처럼 카니발 클럽이 많이 있다. 클럽은 각자 지역사회의 특정 구성원을 대표하며, 어느 클럽의 의상이나 행렬용 차량이 가장 휘황찬란한지를 두고 서로 경쟁한다. 그런데 클럽은 식민지 시대의 직종별 길드나 종교 분파별로만 조직되지 않았다. 이른바 '민족nation'별로 조직되기도 했는데, 이때 민족이란 과거 플랜테이션 농장주가 자기 노예를 어느 부족 출신인지(내지는 어느 부족 출신으로 추정되는지)에 따라 분류했던 기준이다.

헤시피와 올린다에서 열리는 조직적인 카니발, 판카당, 냄비 시위, 그리고 유럽 선조들이 열었던 카니발 모두에는 공통점이 있다. 바로 지루하게 노동하는 일상에서 잠시나마 벗어나 제멋대로 움직이고 싶다는 욕망이다. 가난한 사람일수록 이러한 행사에 열광하는 것은 우연이 아니며, 아마 그러한 이유로 오늘날에도 카니발이 4~500여 년 전 유럽에서 열렸던 카니발과 같은 운명을 맞이하기 일쑤이다. 부유층이 카니발을 수상쩍게 여기는 것도 무리가 아니다. 1608년 웰스의 청교도와 마찬가지로, 브라질 부유층도 카니발과 길거리 파티는 천박한 대중문화가 금방이라도 폭력으로 치달을지 모른다는 징조라고 여기기 때문이다.

물론 이런 생각은 예전부터 지금까지 대체로 피해망상이었다. 그러나 카니발의 북소리, 팡파르 소리, 노랫소리와 고함소리는 예로부터 늘 빼앗긴 자들의 진정한 소리였다. 자기 목소리가 제대로 전달되지 않는다고 느끼며, 기회만 되면 지배자들에게 한바탕 잔소리를 늘어놓고 싶어 하는 이들이 내는 소리였다. 이 점만큼은 부유층이 경계하는 것이 옳다. 이러한 소리는 빼앗긴 자들이 "나는 여기에 있다. 나는 존재한다. 나는 무시당하지 않겠다."라고 나름대로 말하는 수단이었다. 고귀하고 고상한 분들은 그런 메시지를 결코 반길 리 없다. 바로 그런 이유로 16~17세기에 수많은 상류층은 예의범절을 갖추고 감정을 절제하고 입술을 꾹 다무는 것이 미덕이라고 그 어느 때보다도 소리 높여 주창하기 시작했으리라.

15 절제와
침묵

17세기 영국의 신앙심 독실한 중산층 가정에 온 손님에게, 저녁 식사 자리는 아무리 해도 재미있거나 편안하게 느껴지지 않았을 것이다. 게다가 그 손님이 점잖은 행실을 배우는 중인 10대 소녀라면, 그 시간은 그야말로 최악이었을 것이다. 소녀의 품성을 시험하는 으스스한 실험장이나 마찬가지였을 테니 말이다.

숙녀라면 (…) 몸을 곧게 펴고 의자에 앉으며, 팔꿈치는 식탁에 괴지 말아야 합니다. 게걸스러운 몸짓을 하여 왕성한 식욕을 들켜서는 안 되고, 눈앞에 놓인 고기에 탐욕스럽게 시선을 고정해서도 아니 됩니다. (…) 원하는 것이 있어도 큰 소리로 요구해서는 아니 됩니다. 이것을 먹고 싶습니다, 이것은 좋아하지 않습니다, 양파는 싫습니다, 후추는 됐습니다, 같은 말은 소곤소곤 나직하게 전하여, 상대방이 아무 소리도 내지 않고 당신에게 원하는 것을 제공하도록 하십시오. 아무리 배가 고파도 너무 빨리 먹지 마십시오. (…) 음식을 먹을 때는 입을 벌리지 말고, 고기를 입에 넣은 채로 말하지 마십시오. 돼지처럼 입맛 다시는 소리도 내지 말고, 동석자들에게 실례될 소음은 절대로 내지 마십시오. (…) 입 안 가득 음식을 채워 양 볼이 스코틀랜드 백파이프처럼 부풀어 오르게 해서는 아니 됩니다. (…) 숨도 쉬지 않고 음료를 한꺼번에 들이켰다가 숨을 크게 내쉬어야 원상태로 돌아가는 모습은 결코 참하지 않습니다. 음료를 너무 빨리 삼켜서도 아니 됩니다. 과도하게 기침을 하거나 마신 것이 다시 올라오면 같이 식탁에 앉은 사람들 모두를 메스껍게 하여 크나큰 실례가 되기 때문입니다. (…)[1]

위의 글은 1675년 《숙녀를 위한 지침서 또는 여성에 대한 안내서The Gentlewoman's Companion, Or, a Guide to a Female Sex》에 실렸다. 이 책에 대다수의 현대 부모도 흔쾌히 동감할 만한 지침들이 적잖이 실린 건 사실이다. 그러나 아무리 자녀를 엄격하게 훈육하는 부모라 할지라도, 《숙녀를 위한 지침서》가 식사 시간에 아동은 일절 불필요한 잡담을 해서는 안 된다고 얼마나 강조하는지를 보면 움찔하지 않을 도리가 없다.

식탁에서 잡담을 해서는 아니 됩니다. 아니, 어른이 먼저 질문을 하지 않는 한 아예 말을 해서는 아니 됩니다.[2]

문제는 이런 식의 행동 규범을 하루 종일 지켜야만 했다는 것이다. 예컨대 공부 시간에는 이렇다.

헛된 잡담을 하느라 학교에서 할 일을 소홀히 하여서는 아니 됩니다. 시끄러운 소리를 내어 여선생님이나 급우를 방해하지 않도록 합니다. (…)

쉬는 시간에는 상냥하고 예의 바르게 즐거운 시간을 보내야지, 무례하고 떠들썩하게 굴어서는 아니 됩니다.[3]

한편 부모님과 교회에 갈 때에는 다음과 같다.

웃거나 말하거나 손가락질하거나 고개를 끄덕이는 짓으로, 본인의 경박함과 허영심을 모든 신도 앞에서 드러내지 마십시오.[4]

심지어 마지막으로 밤중에는 이렇게 하라고 말한다.

잠자리에 들 때 시끄러운 소리를 내어 가족을 방해하면 아니 되며, 특히 부모님을 방해하지 않도록 하십시오.[5]

사실 모든 어린이에 대한, 그중에서도 어린 숙녀를 지도하는 원칙은 매우 분명했다.

속담에도 나오듯이, 아가씨는 모습을 보이되 소리를 내서는 아니 됩니다. 말을 아예 하지 말라는 뜻은 아니지만, 너무 수다스러워서도 곤란합니다. 여행자는 이야기를 통해 자신을 가장 잘 피력하지만, 아가씨는 침묵을 통해 자신을 가장 잘 피력하는 법입니다.[6]

물론 장담컨대 침묵이 대부분의 가정을 지배하지는 않았을 터이다. 17세기 가정은 대체로 사람이 바쁘게 들락거리는 장소였다. 가정은 농장, 작업장, 방앗간, 가게, 여관 등 사업체일 경우가 많았다. 가정집은 부모와 자녀뿐 아니라 나이 들어 배우자를 잃은 친척, 하인, 심지어는 다른 집에서 맡긴 젊은이들까지 들어오는 바람에 비좁기 일쑤였다. 게다가 아무리 청교도적인 부모라도 자녀를 늘 회초리로 엄하게 다스리지는 않았으며 대체로 아이들과 "따스하고 애정 어린" 관계를 맺었다.[7] 《숙녀를 위한 지침서》에 따르면 여자 가정교사 또한 "엄격한 표정을 짓지 말고 학생을 가혹하게 교정하지 않아야" 했다.[8] 미성년자에게 자기관리를 요구했듯이 어른 모두에게도 자기관리가 요구된 것이다.

《숙녀를 위한 지침서》가 전하는, 늘 얌전하고 매사에 삼가라는 메시지는 신사 및 상인 계급, 즉 출세를 지향하는 이들에게 널리 읽혔을 것이다. 16~17세기에 유럽 전역 및 아메리카 대륙에 새로 개척된 식민지에서 날마다 일상에서 자신을 수양하라는 가르침이 새삼 강조됨에 따라, 소음을 일절 혐오하는 분위기도 퍼졌다. 길들여야 할 대상은 중세 카니발의 활기찬 분위기만이 아니었다. 어디에서나 시 당국과 종교계 지도자들은 연간 사교 일정에서 성인 축일 수를 줄였고, 공공 광장에서 노래하고 잔치를 벌이는 것을 금했으며, 메이폴maypole(5월제 때 세우는 꽃기둥-옮긴이)을 허물었고, 무질서한 길거리 파티는 성스러운 유물을 싣고 차분히 행진하는 것으로 대체했다.[9]

달갑지 않은 소리에 대한 반발은 훨씬 광범위하게 적용되있다. 언제 어떻게 말을 해야 하는지, 어떻게 웃고 먹고 춤추고 음악을 연주하여야 하는지, 무엇을 듣고 무엇은 듣지 말아야 하는지, 일련의 사회 규범이 완전히 새로 유포되었다. 거의 모든 경우에, 가장 우선 설파되는 덕목은 바로 절제였다. 잉글랜드에서 엘리자베스 1세 시대 작가들은 침 뱉기, 코웃음, 방귀 뀌기 따위가 얼마나 짐승처럼 더러운지를, 그리고 과거에는 이런 행동을 제멋대로 저질렀다 해도 이제는 피하는 것이 최선임을 생생하고 자세하게 설명했다.[10] 18세기 무렵에 이르면 잉글랜드 작가들은 이제 그런 상스러운 짓을 언급하기조차 꺼렸다. 1748년 작가 로드 체스터필드Lord Chesterfield는 다음과 같이 조언했다.

> 폭소를 자주 터뜨림은 어리석음과 무례함의 특징이다. 군중이 어리석은 기쁨을 어리석은 대상에 대해 표출하는 방식이다. (…) 소리 내어 웃는 것만큼 저속하고 돼먹지 못한 행동은 없으며 (…) 웃을 때 나는 불쾌한 소음은 말할 것도 없다.[11]

역사학자 키스 토머스Keith Thomas가 설명했듯이, 자신이 남보다 우월함을 확실히 나타내려면 "근엄함과 장중함", 즉 미리 연습한 듯한 몸가짐, 에둘러 이야기하는 말투, 죽음처럼 가라앉은 점잖음을 갖추어야 했다. 이와 같은 기풍은 무용 음악마저 바꾸어놓았다. 시골 민속무용에서 다리를 차올리고 팔을 휘젓는 동작들은 차츰 순화되어, 16세기에는 한결 세련되고 품위 있는 춤곡으로 유행에 민감한 사교계에 재등장했다. 예전에는 사람들이 팔짱을 끼고 자유분방하게 원을 그리거나 직진하며 춤을 추었지만, 이제는 한 쌍끼리 아니면 한 사람끼리 서로 마주보고 꼿꼿이 섰으며 몸이 닿아 이어지는 순간은 찰나에 불과했다.

한편 《숙녀를 위한 지침서》는 합의하에 어울리는 성인끼리 정중하게 대화를 나누는 데 대해서도 명명백백하게 맹비난을 퍼부었다.

말만 많은 게 다가 아님을 모르는 자들은 바닷물처럼 넘치는 말을 1방울의 분별도 없이 쏟아 부으며, 하는 말은 많되 표현하는 바는 적습니다. 그런 사람들과 똑같은 잘못을 저지르지 마십시오. (…) 손님으로 초대받아 방에 들어갈 때에는, 경망하고 교만하게 불쑥 들어가는 잘못을 범하지 마십시오. (…) 조용하고 예의바르게 들어가십시오. 인사를 전하고자 하는 사람에게 가까이 다가가게 되면, 겸손하고 근엄해야 합니다. 시끄럽게 소리치거나 날뛰어서는 아니 됩니다. (…)

입심 좋게 혀를 놀리면 (…) 가정교육이 버릇없이 되었거나 자기표현이 무례하다는 점을 증명하는 셈입니다. 숙녀 여러분에게 최선의 행동은 (…) 담화하기보다는 지켜보는 것이며, 연배 있는 부인들 사이에 있을 때 특히 그러하여야 합니다. 그분들은 숙녀 여러분이 깍듯하게 예우하여야 하는 분이므로, 여러분의 혀를 잠잠하게 할 터이기 때문입니다.

여러분보다 계급이 높은 상층 인사를 만나면, 그분이 하시는 말씀을 매우 주의 깊게 들어 그분이 같은 말을 2번 반복하시게 하는 폐를 끼치지 않도록 하십시오. 그분이 말씀하시는 도중에 끼어들지 말고, 말씀이 다 끝날 때까지 끈기 있게 기다리십시오. (…) 동석한 사람들이 여러분보다 경박하고 우습다면, 그들끼리 대화하며 시간이 흘러가게 내버려두고 여러분은 조용히 지내며 주의 깊게 듣는 역할에만 머무르십시오. (…)[12]

대체 왜, 자연스럽게 자신을 표현하고 다함께 어울려 즐기는 것이 대놓고 탄압할 일이 되었을까? 독단적인 종교가 문제였을까? 일종의 계급투쟁이 벌어진 걸까? 아니면 그저 세상살이가 너무 시끄러워졌기에 그에 대해 사람들이 자연스레 반발한 것일까?

물론 산업혁명 이전부터 소음의 수위가 점차 높아진다는 불만은 팽배했다. 사실 16∼17세기에도 시와 노래는 여전히 숲이나 초원에서 노래하는 새소리, 개울에서 찰싹 튀는 물소리, 나무 사이로 휘익 울리는 바람소리 등 전원의 매력을 열성적으로 읊기는 했다. 한편으로 마음 넓은 영혼들은 런던처럼 날로 팽창하는 도시에서 북적이는 가게, 선술집, 노점상을 누비며, 존 이블린John Evelyn이라는 작가가 그랬듯 "이처럼 정신 나가고 시끄러운 도시는 이 세상 어디에도 없다"는 이야기를 신나게 써내려가거나, 올랜도 기번스Orlando Gibbons, 토머스 윌크스Thomas Weelkes, 리처드 더링Richard Dering 등의 작곡가처럼 도시의 다채로운 외침과 욕망을 우아한 음악으로 바꾸어 후세에 남겼다.[13]

하지만 실제 북적이는 도시의 일상은 이와 달리 암울했다. 가령 여러분이 기번스의 신곡을 연습하는 음악가 옆집에 살았다고 상상해보시라. 1610년 옥스퍼드에서 바로 그런 일이 있었다. 존 보슬리John Bosseley라는 음악가가 2층 방에 세입자로 들어왔는데, 시 당국은 발 빠르게 조치를 취해 보슬리가 특정 시간대에만 연습을 할 수 있게 정했다. 그런데 보슬리의 본업은 무용학교 운영이었다. 여러 해가 지난 후에도 시의원들은 보슬리가 "밤 10시 이후 또는 새벽 5시 이전에 자신 또는 다른 사람이 춤추지 못하게 하여야 한다."는 입장을 고수했다.

그 정도는 약과였다. 옥스퍼드처럼(그때만 해도 옥스퍼드의 규모는 맨체스터의 2배에 달했다) 인구가 밀집하고 골목이 좁은 상업도시에서는 가정집과 작업장이 뒤섞여 있기 일쑤였다. 법원 기록에도 나오듯이 대장장이가 망치질하는 소리, 달그락대며 식기류를 만드는 소리, 늦은 밤 맥줏집에서 주정꾼이 흥청대며 우르르 나오는 소리에 주민들은 늘 시달리며 짜증을 냈다.**14** "참을 수 없는" 소음이 "끊이지 않는"다거나 주정뱅이가 "끔찍하게도" 시끄럽게 군다는 진정서가 빗발치자, 입법의원들이 반응했다. 1552년에 제정된 법에 따르면, 술집 건물주는 운영 허가를 받기 전에 반드시 "부상과 소란함 (…) 욕설과 난동"을 방지하겠다고 서약해야 했다. 또한 1595년에 제정된 법은 런던에서 "대장장이, 백랍 세공인, 주물공(을 비롯해), 망치 쓰는 직공이나 일할 때 큰 소리를 내는 장인은 그 누구도 밤 9시 이후나 새벽 4시 이전에 일하여서는 아니 된다."라고 규정했다.**15** 가정에서 발생하는 소음에도 시간제한이 가해졌다. 이 법에 따르면, 남자는 아내나 하인을 때려서 "아우성"치게 만들어서는 안 되었다. 적어도 저녁 9시 이후에는 말이다.**16**

사람살이가 갈수록 시끄러워졌는지 사람들이 소음에 갈수록 민감해졌는지 알기는 어렵다. 아마 둘 다였겠지만, 어쨌든 법 위반 사항을 세속 정부에서 일일이 단속하기란 불가능했다. 일상적으로 좋은 행실이란 사회 관습을 본능적으로 준수하는 데 의지했으며, 이는 종교에 대해 뿌리 깊게 박혀 있는 종교적 도덕관념을 반영했다. 《숙녀를 위한 지침서》 같은 가정용 안내서에는 처음부터 끝까지 인간은 개선되고 형성되고 개조될 수 있다는 생각, 그리고 사람들에게 주요하게 영향을 미치는 힘은 그들이 주변에서 보고 듣는 것들에서 나온다는 생각이 가득 스며들어 있었다. 고대부터 내려온 감각적 타락에 대한 경계는 《숙녀를 위한 지침서》에도 여전히 건재하다.

영혼으로 향하는 두 입구, 즉 귀와 눈이 더럽혀지지 않도록 엄격하게 감시하십시오. 눈을 선하고 올바른 대상을 보는 데 이용한다면, 음탕하고 음란한 담화를 즐기는 이들의 대화에 귀가 깜짝 놀랄까 봐 두려울 일도 줄어들 것입니다. 이러한 담화는 너무도 자주 기분 좋고 은밀하게 귀로 들어오기 마련이며, 순수한 영혼에 불결함과 독을 퍼뜨리는 공기를 싣고 들어옵니다.[17]

여기서 듣기와 말하기는 둘 다 비판 대상이다. 귀는 나쁜 영향에 물들지 않게 닫아야 하지만, 경솔한 말 역시 어마어마하게 해롭다.《숙녀를 위한 지침서》에 따르면 "선한 말로 악한 행실이 바로잡히듯이, 악한 말로 선한 행실이 타락하기도" 한다.[18] 이와 비슷한 사고는 청교도가 이주한 뉴잉글랜드뿐만 아니라 후대에 와하브파 이슬람교에서도 들려온다. 대체로 종교는 소리를 강력한 도덕적인 힘으로 진지하게 받아들였다. 뉴잉글랜드에서 설교자들은 경건한 말이 세속의 죄악을 깎아낼 힘이 있다고 여겼다. 경건한 말을 많이 들을수록 죄가 줄어든다는 소리다.[19] 그 외의 말하기(중얼거리기, 투덜거리기, 귀엣말하기)는 "수선스럽다"는 딱지가 붙고 무질서하다고 취급받았다. 바로 그런 이유로 뉴잉글랜드 청교도 일부는 노래란 교활한 과시 행위라고 생각했다. 설교자는 신도들에게 노랫소리가 들리지 않도록 거리를 두고 멀리 떨어져 있으라고 주의를 주곤 했다.[20]

금욕주의적인 종교인들을 가장 불안하게 만든 요소는 바로 음악과 노래였다. 17세기에 아라비아에서는 다른 이슬람권 지역과 마찬가지로 몇몇 모스크에서 기도뿐만 아니라 음악과 노래를 들을 수 있었다. 그러나 18세기에 이슬람교 신학자인 무함마드 이븐 아브드 알와하브 Muhammad ibn Abd al-Wahhab는 처음으로 황홀경적 숭배 양식을 이슬람에서 몰아내자고 주창했다. 그는 춤, 노래, 기도문 읊기 같은 예배를 타락했다고 간주했다. 그리하여 영국 청교도가 메이폴을 쓰러뜨렸듯이, 와하브 추종자들은 모스크에서 음악을 몰아냈다.

이슬람 교파 중 일부는 음악이 신성함을 체험하는 수단이라는 생각을 확고하게 지켰지만, 중동 대부분 지역에서는 비교적 온건한 교파조차도 갈수록 "개인의 영혼에서 벌어지는 성스러움을 위한 투쟁"을 강조하기 시작했다. 여기서 투쟁이란 자기를 절제하고, 기분 좋지만 마음을 어지럽히는 것으로부터 등을 돌리는 것이 핵심이었다.[21] 《숙녀를 위한 지침서》조차도 "외설스럽고 음탕한" 발라드와 "헤픈 노래가 전염병처럼 퍼지는 현상"에 대해 격분하며 비난한다. 그런 노래는 "귀를 즐겁게 할지는 몰라도 바른 행실을 타락시킨다"고 경고한다.

> 헛되고 우쭐거리는 노래를 즐기면서 그 음란함으로 자신을 더럽히지 않기란, 제 생각에는 거의 불가능합니다. 사악함은 무의식 중에 귀를 통해 영혼으로 들어오기에, 아무리 주의하여 자기 자신을 지키고 방어한다 하여도 그런 노래가 품은 기분 좋고 매혹적인 독에 더럽혀지지 않기란 어렵기 때문입니다.[22]

종교는 인간을 경건한 청자와 사익한 청자로 분류했다. 그런데 점점 사람들은 소리를 어떻게 들으며 얼마나 소음을 내느냐에 따라 사회적 계층으로도 분류되었다. 시끄러운 웃음, 외설스러운 춤, 헤픈 이야기, 선정적인 노래, 그 모든 것들은 술이나 마찬가지로 가난한 이들이 혹독한 현실에 순응하기 위해 기꺼이 쓰는 수단이었다. 그러나 이처럼 시끄러운 활동은 귀중한 노동 시간을 허비할 뿐만 아니라 부유층을 조롱했다. 실제로 시끄러운 언행에는 반항적인 성질이 있었고, 그것은 처리되어야 했다. 그러므로 로드 체스터필드가 웃음을 "저속하다"고 규탄하고 《숙녀를 위한 지침서》가 "예의범절의 규칙을 전심전력으로 숙지하지 않는 한 훌륭한 사람이 될 수 없습니다."라고 선언했을 때, 그들은 이 광범위한 흐름에 순응한 셈이었다.[23] 인기 있는 오락과 자연스러운 자기표현에서 나오는 소리를 천박함, 심지어 짐승스러움과 연결시킨 것이다.

하지만 대체 무엇 때문에 그래야 할까? 고상한 사람들은 그냥 시끄럽고 안목 낮은 사람들(빈민, 여성, 아동, 노예, 하인)이 자기들과 다르다는 사실을 받아들이고, 가청거리 밖에 두어 가까이하지 않아야 할까? 아니면 그러한 차이를 근절해버리고, 그들을 예의바른 상류사회의 영역에 강제로 들여 상류사회의 방식에 맞추게 하거나, 적어도 이웃으로서 견딜 만한 사람으로 만들어야 할까? 한편 상대편 당사자들은 어땠을까? 계속 조용히 잘 지내고 싶어 했을까, 아니면 자기네 고유의 생활양식을 받아들이고 즐기는 편을 선호했을까?

답은 간단하지 않았다. 그러나 갈수록, 점잖음에 대한 숭배는 지배층과 서민 문화 사이에 들끓는 분열을 키우고 계급 간에 새로 장벽을 세우는 듯 보였다. 이 시기에 프랑스의 몇몇 도시에서는 카니발 2가지를 별도로 개최하기에 이르렀다. 카니발 하나는 차분한 중산층을, 다른 하나는 절제력 없는 빈민층을 대상으로 했다. 노동계급은 여전히 시끄럽게 난리를 쳤지만, 상류층에서는 결혼 잔치마저 사적으로 엄숙하게 치르기 시작했다. 더 이상 온 동네 사람들을 초대하지 않고, 가까운 친족만을 초대했다. 미국의 역사학자 로버트 단턴Robert Darnton이 다소 그리운 투로 지적했듯이, "술주정도 없어졌고, 식탁에서 싸우는 일도 없어졌고, 행사를 방해하는 사람들이 난폭하게 쳐들어오지도 않았고 (…) 샤리바리나 카바레에서 외설스러움이 폭발하는 일도 없었다."[24]

곧 영국에서는 새로운 도시가 건설되어, 부유층에게 혼잡하고 시끄러운 도심의 소음에서 벗어날 기회를 주었다. 그러면서 가난한 사람들은 복작거리고 다 허물어져 가는 공동주택에 남겨졌다. 또한 오락이 여러 형태로 갈라지면서 누군가에게는 오페라와 무도회로, 누군가에게는 야외 축제와 흥청거림으로 남게 되었다. 소설가 헨리 필딩Henry Fielding은 잉글랜드인들이 "기독교의 가르침에 따라 서로를 형제로 여기기는커녕 (…) 같은 종으로 여기지도 않는 듯하다."라고 주장했다.[25] 한편 아메리카에서는 유럽 백인 정착민들이 뉴잉글랜드 식민지를 떠나면서, 아메리카 원주민과 아프리카 노예가 내는 낯설고 사나우며 위협적으로 보이는 소리를 길들이거나 아예 침묵시키고자 했다.

16~17세기가 완전히 고요했던 것은 아니다. 그러나 18세기가 되자 제각기 다른 소리 세상이 생겨나는 듯했다. 특히 권력을 가진 자와 가지지 못한 자 사이에 다른 소리 세상이 생겼다는 점이 중요하다. 근대에 접어들면서 세계는 권력자와 약자 사이에 우위를 차지하기 위한 투쟁이 계속될 가능성에 맞닥뜨렸고 성별 간, 계급 간, 인종 간에도 각종 투쟁이 벌어졌다. 어떤 갈등은 평화롭게 해결되거나 그냥 무산되었지만, 어떤 갈등은 폭발하여 혁명과 폭력적인 압제로 귀결되었다.

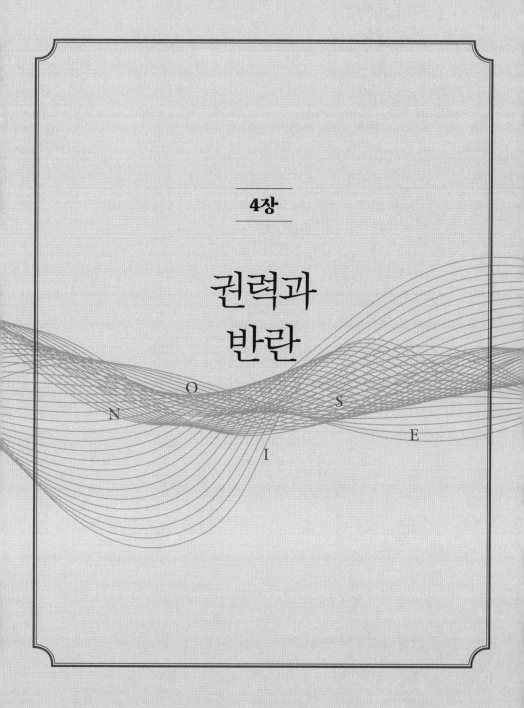

4장

권력과
반란

N O S
I E

16   식민지배자

1609년 7월 말, 시벤처Sea Venture 호라는 배가 첫 대서양 횡단을 마칠 즈음 폭풍우를 만나게 되었다. 폭풍우가 어찌나 거칠고 무시무시했던지, 이후 셰익스피어가 희극《템페스트The Tempest》를 집필할 때 이 폭풍우에 대한 기록으로부터 영감을 받았다는 설도 있다. 시벤처 호는 1달 전 영국 플리머스 항에서 다른 배 8척과 함께 미국 버지니아주 제임스타운Jamestown으로 출발했다. 제임스타운은 영국이 미국에 최초로 세운 식민지 중 하나였으나 천천히 죽어가고 있었기에, 이 배들의 임무는 그곳에 간절히 필요한 물자와 주민을 전달하는 것이었다. 그러나 목적지까지 불과 며칠밖에 남지 않은 곳에서, 시벤처 호에 탑승했던 전기 작가 윌리엄 스트레이치William Strachey의 표현을 빌리자면, 바람이 "극히 특이한 소리로 쉭쉭 노래하며 불어왔다."

지독하고 끔찍한 폭풍이 북동쪽에서 불어오기 시작했다. 폭풍은 발작을 일으키듯 부풀어 올라 포효했고, 어떨 때에는 유독 광폭하게 몰아쳤다. 오래도록 하늘에서 번개가 내리쳤다. 마치 지옥 같은 어둠이 눈앞을 검게 덮어버리는 듯했다. (…) 20하고도 4시간 동안 폭풍은 쉴 새 없이 요동쳤다. 폭풍이 어찌나 극심했던지 도저히 이 이상 거칠어질 리는 없다고 생각했으나, 폭풍은 더욱 더 끔찍하고 더 줄기차게, 분노에 분노가 더해지며 몰아쳤다. (…) 바람은 우리가 아우성치는 소리를 삼켰고, 천둥은 바람소리를 삼켰다. 마음으로 입으로 기도를 드렸지만, 그 소리도 항해사들의 비명에 묻혀버렸다. 안심할 만한 소리는 아무것도 들리지 않았고, 희망을 북돋울 만한 광경은 아무것도 보이지 않았다.[1]

평소처럼 랜턴이나 깃발이나 외침소리나 트럼펫 등의 수단으로 교신할 수 없었기에, 배들은 이내 뿔뿔이 흩어졌다. 시벤처 호는 선창에 남녀 및 어린이 150여 명을 태운 채, 버뮤다제도에 있는 어느 무인도에 좌초하고 말았다. 목숨은 건졌지만, 그들이 발견한 장소는 열대의 낙원 따위가 아니었다. 스트레이치가 보기에 그들은 이제 "위험하고 무서운" 곳, 낯설고 불길한 소음이 들리는 곳에 발이 묶여버린 셈이었다. "그토록 심한 폭풍과 천둥뿐 아니라 온갖 무서운 물체가 보이고 들리니, 이곳을 '악마의 섬'이라 불러 마땅하지 않겠는가."[2]

그렇지만 폭우와 천둥보다 더 무서운 위협이 있었다. 바로 무정부 상태에 처할 위험이었다. 어떤 생존자들은 원정의 지도자인 토머스 게이츠Thomas Gates 경과 조지 서머스George Summers 경의 권위는 배가 좌초하면서 자동으로 무너졌기에, 자기들은 "모두가 그 누구의 지배로부터도 벗어났다."고 주장했다.[3] 솔직히, 둘 중 누구에게도 권력을 행사할 그 어떤 군사적 수단은 없었다.

그때 게이츠 경은 시벤처 호의 종을 이용한다는 묘안을 생각해냈다.

매일 아침과 저녁마다 "종이 울리면" 전원이 소집되어 합동 기도를 드리고 점호를 받았다. 불응하는 자는 "응분의 벌을 받았다."[4] 역사학자 리처드 래스Richard Rath가 지적했듯, "교회도 궁정도 없는 땅"에서 난파선의 종을 울려 가청거리 내의 모든 이를 소집하는 행위는 "접착제 같은 역할을 했기에 게이츠에게 필요했다." 종소리는 질서 의식과 친밀감을 자아냈고, 여러 정착민 가족 간에 보이지 않는 유대감을 형성했다. 뿐만 아니라 섬에서 권력의 원천과 권력이 미치는 지리적 범위를 확립했다.[5] 수개월 후 정착민 가족들이 버뮤다를 벗어나 제임스타운에 도착했을 때, 게이츠 경이 가장 먼저 취한 행동은 교회로 곧장 걸어 들어가 종을 치라고 명령한 것이었다.[6]

***

우리가 익히 아는 대로, 수천 년 전부터 중국·인도·중동·유럽 전역에서는 종을 쳐 사람들이 예배하게 하고 악령을 쫓아냈다. 그러나 1609년에 종소리는 식민지배라는 새로운 서사의 일부가 되었다. 종소리는 세계 최강국들로 하여금 낯선 사운드스케이프를 압도하고, 그들이 혼돈이라고 여긴 것들에 질서를 부여하며, 각국의 영역을 표시하고, 제때 제국을 건설하도록 도왔다. 종은 식민지배자가 사용한 각종 무기 중 가장 소박한 것이었다. 그 외의 무기로는 북, 트럼펫, 피리, 호른, 그리고 당연히도 총이 있었다.

식민지 정복에 따르는 잔혹행위를 실제로 수행한 것은 육군과 해군, 그리고 그들의 살상무기가 내뿜은 화력이었지만 소리 역시 식민주의에 중대한 역할을 했다. 식민지 정착민이 가져온 총기류는 치명적일 뿐 아니라 소리가 극히 컸기에, 그런 무기를 접한 적이 없는 이들은 두려움에 빠졌다. 종소리, 북소리, 트럼펫 소리와 마찬가지로 총기에서 나오는 소음은 원주민을 확고히 지배하는 데 도움이 되었다. 총기 소리는 정착민이 새로 구축한 공동체들에 규율을 주입하는 데도 유용했다. 실제로 아메리카 대륙에서, 그리고 이후에는 오스트레일리아에서, 사람들이 머나먼 곳에 있는 지배 권력의 존재를 실감케 하고 더 나아가 두려워하게 하는 데 가장 유용한 수단은 바로 소리였다.

종소리의 가능성을 보여주는 모델은 구세계에서 이미 설계되었다. 16~17세기에 국민국가의 행정 조직은 정치력이 도달하는 범위를 국가 중심부인 왕궁에서부터 가장 외진 시골 구석까지 분주하게 확장했다. 빈의 합스부르크 가문, 베르사유의 부르봉 가문, 이스탄불의 오스만제국 술탄, 인도의 무굴 황제 등 모든 왕가는 관료제를 통해 명령을 전국 방방곡곡에 하달했을 뿐만 아니라 왕가의 권위, 즉 신이 왕가에게 부여한 지배권을 모든 신민이 일상에서 경험하기를 바랐다. 이러한 차원에서 국민이 감정적 소속감을 느끼도록 다독이거나 회유하려는 목적은 흔히 왕권을 상징적으로 과시함으로써 성취되었다. 호화롭고 거창한 의식, 그림, 축제 행사, 행진, 제복 등이 상징으로 활용되었지만 상징이 늘 시각적이지만은 않았다. 어느 교구 교회에서나 설교라는 '입말'로 왕권에 대한 충성을 주입할 수 있었다.

또한 왕권은 나팔 소리를 통하여 도시와 시골 각지에 도달했다. 여러 가지 의미에서 나팔은 국가가 신중하게 규제하는 도구였다. 나팔은 속달우편, 일반우편, 지역우편, 소포 등 각기 다른 종류의 우편물이 도착했음을 알리기 위해 정확한 통신 신호를 연주했고, 우편배달부나 우편 마차가 도착하거나 출발할 때마다 다른 신호를 연주했으며, 위험을 알리기도 했다. 환승역에 도착하기 전에 마차와 말이 얼마나 필요한지를 미리 알리는 특수 신호도 있었다.[7] 또한, 오스트리아 우편배달 체계에서 근무했던 노동자가 후대에 묘사했듯, 나팔에는 모종의 낭만적인 느낌이 있었다.

> 시골 마을과 도시의 거리에서, 저 높은 성의 대문에서, 저 아래 계곡에 있는 수도원에서, 우편나팔 소리는 비좁은 길이나 시골 풍경을 가로질러 들려왔다. 어디서나 나팔 소리를 익숙하게 여기고 반갑게 맞이했다. 나팔 소리는 심금을 온통 건드려 희망, 두려움, 그리움, 향수를 불러일으켰다. 나팔 소리의 마법으로 온갖 감정이 깨어났다.[8]

또한 아마도, 우편나팔은 그 소리를 듣는 이들 모두가 나팔에 권위를 부여한 행정 당국에 직감적으로 존경심을 갖도록 유도했던 것 같다. 나팔 소리로 정권을 광고하는 셈이었다. 우편나팔 소리는 진정한 의미에서 통치의 소리이자, 왕국이 평화와 질서로 다스려진다는 관념이자, 왕정이 통치 영역을 표시하는 수단이었다.

당연히도 신세계에서는 이러한 전통을 수입함으로써 위태롭게 뿌리내린 식민정착지들을 결속시키는 데 도움을 받고자 했다. 식민정착지는 버지니아주의 제임스타운, 그리고 해안선을 더 거슬러 올라가 매사추세츠주와 코네티컷주에 자리 잡고 있었다. 앞의 시벤처 호가 항해에 나서기 2년 전인 1607년, 식민지 정착민은 최초로 제임스타운에 도착하여 트럼펫 팡파르를 울렸다. 이는 정착민이 그 땅을 차지했음을 식민지와 본국 왕에게 표시하고 심지어 정당화하기까지 하는 행위였다.[9]

이후 정착민들은 교회 신도를 소집할 때만이 아니라 군대를 소집하거나 마을 회의를 개최할 때도 종을 울렸다. 종을 설치할 여건이 안 되면 대신 북을 치거나 소라고둥을 불었다. 공동체의 지도자가 죽으면 총포를 일제 사격했다. 래스가 설명했듯이, 그때부터 '가청거리earshot'라는 용어가 인쇄물에 실리기 시작했다. 가청거리는 식민지 공동체의 경계를 규정했다. 교회 종이 오랜 세월 교구의 경계를 규정해온 것과 마찬가지였다. 그렇지만 총과 대포는 교회 종보다 훨씬 시끄러웠기에, 세속 권력의 질서가 미치는 범위는 더 넓어졌다. 총포 소리가 들리는 곳이라면 어디든 식민지 총독의 뜻만이 아니라 5,000킬로미터가량 떨어진 왕정의 권력과 신성한 권리까지도 도달하는 셈이었다.[10]

식민지배자들은 흔히 자기네의 새 고향이 텅 빈 야생지라고 상상하고자 했지만, 그 땅에는 당연히도 선주민이 있었다. 제임스타운이 있는 땅은 원래 포우하탄족 원주민에게 속해 있었다. 식민지배자들은 해안선을 거슬러 올라가며 아메리카 원주민 부족의 영토로 이주했다. 원주민과 유럽에서 새로 이주해온 정착민 사이는 불안했는데, 그들 사이의 관계에는 인상적인 특징이 있었다. 상대가 아주 다른 소리를 낸다고 서로 묘사했다는 점이다.

이를테면 메리 롤런드슨Mary Rowlandson이 남긴 오싹한 경험담을 보자. 롤런드슨은 1675년 나라간세트족에게 11주간 포로로 붙잡혔는데, 그녀가 묘사한 바에 따르면 "지옥의 개 한 무리가 포효하고 노래하고 고함치고 모욕을 퍼부으며" 그녀와 자녀 몇 명을 끌고 갔다. 포로가 된

첫날밤은 무섭기 이를 데 없었다.

> 오, 저 검은 짐승들이 포효하고 노래하고 춤추고 외치는 탓에, 그곳은
> 생지옥이었다. (…)

나중에 롤런드슨은 다른 아메리카 원주민 부족이 접근한다는 소식
을 엿들었다.

> 오, 그 성난 포효와 함성이라니! 그자들은 우리에게 오기 1마일쯤 전부
> 터 괴성을 질러댔다. 시끄러운 함성으로 자기들이 살상을 얼마나 많이
> 했는지 나타내려는 것이었다.

이런 소리는 분명 위협적이었을 터이다. 그러나 롤런드슨은 자녀
1명이 죽은 뒤에도 자기 세계와 종교에 계속 매달렸다고 회고록에 절
실하게 남겼다.

> 그때부터 나는 하느님이 놀라운 은총을 베푸셔서 내 이성과 감각을 온
> 전하게 지켜주셨음을 생각했다. 그리하여 그 고통스러웠던 시기에, 나
> 는 사악하고 난폭한 수단으로 내 비참한 인생을 스스로 끝내려 하지 않
> 았다.[11]

롤런드슨은 경건했던 반면, 그녀를 사로잡은 원주민은 (다른 식민지
이주민의 표현을 빌리자면) "지옥같이 섬뜩했다."[12] 메리 롤런드슨과 동료

식민지배자들은 아메리카 원주민의 언어, 기도, 노래 따위를 "역겨운 소음" 내지 무의미한 "울부짖음"으로 얕잡아 보았다. 그러나 그 소리들이 완전히 무의미하지는 않았다. 기독교도 유럽인에게 이처럼 낯설고 "지옥같이 섬뜩한" 소리는 아메리카 원주민이 얼마나 사납고 야만적인지를 생생하게 보여주는 척도였다.

당연하게도 아메리카 원주민의 관점은 훨씬 더 복잡했다. 원주민은 대체로 소리가 그 자체로 살아 있다고 여겼다. 예컨대 천둥이 치면, 천둥소리에 한 존재로서의 정체성을 부여했다. 이러한 논리에 따르면, 인간으로서 침묵을 강요당하는 것은 자아를 잃는 것과 마찬가지였다. 바로 이 때문에, 이로쿼이족은 고문을 당하면서도 최대한 견디며 자기 부족의 "죽음의 노래"를 계속해 부르는 것을 중요하게 여겼다. 그렇게 할 수 있다면, 즉 자기 목소리를 계속 제어하며 끔찍한 고통을 당해도 결코 자기도 모르는 사이에 울부짖거나 훌쩍거리지 않는다면, 그는 온전한 존재로 남게 된다. 심지어 끝내 죽음을 당한다 해도 말이다. 아메리카 원주민 샤먼도 이와 같은 이유로 끊임없이 북을 치고 노래했다. 소리가 새나 물고기나 다른 동물을 그들 쪽으로 유인한다고 믿었기 때문이다. 기독교 선교사가 샤먼에게 소리를 내지 못하게 하자, 샤먼들은 그 탓에 더 이상 사냥이 안 된다고 주장했다.[13]

따라서 아메리카 대륙 식민지에서 삶이란 패권 투쟁이있으며, 소리는 공격 무기이자 투쟁에서 귀중하게 보호할 대상이었다. 식민지배자들은 자기네가 내는 소음이 신의 소리처럼 "벼락이 내리듯, 앞길을 가로막은 것들을 모두 무너뜨린다."고 생각했다.[14] 아메리카 원주민의 사납고 악마 같은 소음은 갖가지 절제되고 경건한 소리로 맞받아쳐야 했다. 스트레이치가 설명했듯이, 이를 위해 늘 무력을 동원할 필요는 없었다.

> 그들은 우리의 북소리와 날카로운 트럼펫 소리와 위대한 법령을 어찌나 두려워하는지, 그것들이 나타났다는 보고를 접하면 위험이 아무리 멀리 있어도 화들짝 놀라고 만다.[15]

한편 아메리카 원주민이 언제나 겁을 먹고 도망치지는 않았다. 대체로 그들은 신중하게 귀를 기울였다. 체사피크족은 청음 초소 같은 시설을 들판에 포물선 모양으로 설치했다는 기록도 있는데, 아마 식민지배자가 옥수수를 훔쳐 가는 소리를 잡아내려 했던 듯하다. 스트레이치에 따르면, 더 남쪽에 사는 포우하탄족은 1장 '선사시대의 소리' 중 '2. 말하는 북소리'에서 언급한 아프리카의 말하는 북에 해당하는 통신망을 갖추었다. 보초병이 많으면 50명까지 배치되어 30분마다 차례대로 소리를 질렀는데, 모든 파수꾼은 소리에 반드시 응답해야 했다.[16]

아메리카 원주민 부족들은 소리를 분명 잘 활용했음에도, 식민지배자의 화력에 결국 밀려버리고 말았다. 원주민을 패퇴시킨 유럽인들이 새로운 소리를 들여옴에 따라 원주민의 언어와 노래도, 원주민이 주위 자연의 소리와 맺은 밀접한 관계도, 모조리 아메리카에서 삶의 주변부로 밀려났다. 남의 땅을 지배하는 데 그치지 않고, 그 땅에서 들리는 불편하고 생경한 소리를 침묵시키거나 최소한 길들이기라도 할 필요를 느끼는 것. 이것이 17세기 이래 모든 식민지배의 본질적인 특징이었을까? 그로부터 200여 년 뒤에 아메리카에서 멀리 떨어진 곳의 비슷한 상황에서는 어떤 일이 벌어졌을까?

　오스트레일리아도 유럽인이 처음 도착했을 때 사람이 살지 않는 야생 상태는 아니었다. 그렇지만 새로 온 정착민과 탐험가 다수의 눈에, 원주민은 당혹스럽게도 자연의 일부에 불과한 존재로 보였다. 잉글랜드인인 존 옥슬리John Oxley는 1817~1818년, 오스트레일리아 동부 하천의 물줄기를 탐험하면서 생소한 주변 환경에 크게 동요했다.

> 이보다 황량한 지역이 있으리라고는 상상조차 되지 않는다. 우리가 이곳을 횡단하는 동안 과연 물을 발견할 수 있을지도 확실치 않은데, 이토록 고요하고 고독한 황무지에서 울적한 기분이 들지 않을 수 없다.[17]

　울적한 침묵을 뚫고 들어오는 유일한 소음은 바람이 매섭게 부는 소리, 나뭇가지가 땅바닥에 요란하게 떨어지는 소리, "토종 개떼" 소리뿐이었다. 옥슬리는 "개들은 밤낮을 가리지 않고 쉴 새 없이 울부짖는다."라고 적었다.[18] 잉글랜드인인 그에게 오스트레일리아의 내륙은 척박하고 험악하며 사람을 좀먹는 듯 느껴졌다. 자기 고향인 요크셔나 여러 해 동안 복무한 영국 해군에서 들은, 질서정연하고 분주한 소리와 리듬과는 전혀 달랐다. 1만 5,000킬로미터 넘게 떨어진 유럽에서는 자연의 숭고함에 도취하는 낭만주의가 유행했지만, 오스트레일리아 오지에 존 옥슬리가 보인 반응은 "경악과 우울"에 가까웠다.[19] 그렇게 느낀 이가 그 혼자만은 아니었다. 다른 탐험가들도 무덤처럼 고요한 분위기에 흠칫 움츠러들거나, 야생 개나 새가 마치 "야생 혼령"처럼 홀로 울부짖는 소리를 들으며 격렬하게 불안해했다.

애보리진Aborigines(오스트레일리아 원주민-옮긴이)에 대해 탐험가들이 묘사한 바는 엇갈린다. 원주민이 조용하다는 기록에 따르면, 원주민은 너무도 은밀하게 움직이기에 불안한 존재이며 언제 딴마음을 먹을지 모른다고 여겨졌다. 이와 정반대의 기록에 따르면 원주민은 "꽥꽥대는" 야만인에 불과하며, "고함치고 끙끙거리는" 소리나 "끔찍하게 악쓰는" 소리나 "흉측한 함성"이나 "시끄럽고 조화롭지 못한 외침"을 토할 따름이었다.[20] 식민지배자들이 아메리카 원주민을 묘사한 표현과 거의 일치한다. 탐험가들은 오스트레일리아의 토착 소리를 짐승이나 악마 같다고 묘사함으로써, 아메리카 식민지배자와 똑같은 신조를 선전했다. 원주민은 그저 미개인일 따름이기에 "토지에 대해 어떠한 도덕적 권리"도 박탈한다는 신조 말이다.[21]

19세기 탐험가들이 보기에, 이 새로운 땅에는 친숙하고 편안한 고향의 소리를 채워 넣을 필요가 있었다. 옥슬리의 글에 따르면, 언젠가 이 땅은 필경 최상의 농경지가 되어 "가늘게 매애 우는 양떼나 낮은 소리로 음메 우는 소떼"처럼 풀을 뜯는 가축으로 채워질 터이고, "발자국도 나 있지 않은 고독한" 황무지는 "사업이 일어나며 나지막한 소리와 먼지"로 기분 좋게 채워질 터였다.[22] 그때까지, 아메리카 대륙에서 그랬듯이 식민지배의 존재감을 강하게 인식시킬 필요가 있었다. 목적을 달성하기 위해 식민지배자들은 소리 포격을 퍼부었다. 총소리는 원주민을 고분고분하게 만드는 데 늘 효과적이었다. 1839년에 T. L. 미첼 소령Major Thomas Livingston Mitchell은 "2연발총을 발사하면 (…) 그들은 대단히 겁에 질리는 듯했고, 곧 물러났다."라고 기록했다.[23] 총이 별 효과가 없다 해도 폭죽, 작은 나팔, 확성기, 징 등을 이용해 다른 음향을 발사하면 그만이었다.[24] 대체로 불온한 소리 또는 불온한 침묵에 대처하는 최선의 방법은 이에 맞서 어마어마하고 압도적인, 일종의 끔찍한 소리를 터뜨리는 것이었다.

인정하기는 싫었겠지만, 소리에 대한 태도로 볼 때 식민지배자와 피지배자 사이에 공통점이 적지 않았다. 이를테면 청교도와 아메리카 원주민은 모두 소리에 보이지 않지만 막대한 힘이 숨겨져 있다고 생각했다. 천둥을 예로 들어보자. 천둥은 하느님의 음성인가, 아니면 어떤 동물의 혼령인가? 어느 쪽이든 합리적인 답변이라고 할 수는 없다. 그러나 식민지배자는 식민주의를 정당화하기 위하여 토착민을 자신과 전혀 다른 존재, 즉 사납고 야만적이며 비이성적인 존재로 묘사할 필요가 있었다.

토착민의 복잡한 언어와 다양한 음악 전통은 한데 뭉뚱그려져 일종의 무정형적이고 원시적인 '구어'로 격하되었고, 기본적으로 읽고 쓸 줄 아는 정착민의 문화와 대조되어 더욱 열등하게 비춰졌다. 더욱이 성문법과 선언문뿐만 아니라 의례적인 북치기, 총포 발사, 트럼펫 불기, 타종 등도 식민지에 어느 정도 적법성과 영속성을 부여했다. 이는 근대가 동틀 무렵 소리의 권력 정치를 제대로 보여준 실례였다. 이러한 권력 정치는 식민지배자와 피지배자의 관계에서뿐 아니라, 다음 장에서 보게 되듯이 부자와 빈자의 관계에서도 작용했다.

17 통행금지
이후의 소음

18세기 스코틀랜드의 수도 에든버러는 유럽에서 특히 경이로운 도시로 여겨졌다. 그러나 에든버러는 살기에 최악의 도시이기도 했다. 너무 북적대고 불결하며 시끄러웠기 때문이다.

영국군 장교인 에드워드 토팸Edward Topham 대위는 1770년대 에든버러에 주둔했을 때 자주 하이스트리트를 산책했는데, 에든버러 성으로 올라가는 길에 주변의 특이한 건축물들을 보고 감탄했다고 한다. 특히 화강암 같은 잿빛 공동주택이 길 양쪽으로 치솟은 모습이 놀라웠다. 1775년에 토팸은 "이곳 건물들은 프랑스 건물 양식과 매우 흡사하지만 대체로 더 높습니다. 어떤 건물은 12층까지 올라가고, 무려 13층짜리 건물도 있습니다."라고 편지에 썼다.[1]

이처럼 높고 후리후리한 공동주택 사이로 '와인드wynd' 또는 '클로즈close'라 불리는 좁고 어두운 길 또는 골목이 수없이 많이 나 있다. 어떤 와인드는 하이스트리트 양쪽 끄트머리에서 가파른 경사를 이루며 급강하한다. 집들이 종종 뒤쪽으로 확장되어 내려가면서 숨은 층이 덤으로 생기기도 하고 어느 역사학자의 말마따나 "산허리에 움푹 파인 동굴 같은" 지하실이 생기기도 한다.**2** 인구가 늘어남에 따라, 건물은 도로 위로 확장되기도 했고 옆으로 넓어져 클로즈까지 덮어버리기도 했다. 영국 소설가 로버트 루이스 스티븐슨Robert Louis Stevenson의 말을 빌리자면, "샛길과 통로가 복잡해진" 탓에 에든버러는 "온통 토끼 굴처럼 되어 버렸다."**3** 이런 환경은 에든버러에 그 어느 시내 중심가보다도 시끄러운 사운드스케이프를 만드는 데 기여하기도 했다.

문제는 에든버러가 외곽으로 확장되기 어려웠다는 점이다. 수세기에 걸쳐 시민들은 성곽 가까이에 옹기종기 모여 살며 보호를 받아왔다. 1746년에 자코바이트의 난(영국 왕에서 폐위된 스튜어트 왕가의 후계자를 복위시키려 했던 반란—옮긴이)이 패배로 끝나면서 전쟁의 위협은 사라졌지만, 에든버러는 여전히 옛 요새 성벽과 자연 환경에 옹색하게 둘러싸여 있었다. 에든버러 주민에게는 부자, 빈민, 중간층 가릴 것 없이 더 가까이 부대끼며 사는 것 말고는 뾰족한 수가 없었다. 토팸 대위는 "에든버러 하이스트리트의 거주자 인구는 유럽의 그 어느 거리보다 많다고 믿어 의심치 않는다."라고 썼다.

그런데 19세기 초엽에 급격한 변화가 일어난다. 에든버러의 부유한 집안들이 모여 우아하고 사생활이 보장되며 조용한 자기들만의 구역을 만들어낸 것이다. 이들은 자기네보다 불우한 이웃 시민들이 내는 소음과 오물로부터 등을 돌리고 문을 닫아버렸다. 그러나 그 전까지는 부자이든 빈민이든, 젊은이든 늙은이든 구 에든버러의 공동주택과 계단과 골목길에서는 모두와 어울려 사는 것이 당시의 질서였다.

따라서 나는 이렇게 묻고 싶다. 그들의 생활에 깔린 사운드트랙은 무엇이었을까? 이처럼 독특하게 뒤죽박죽된 거주환경은 주택과 길거리의 소리에 어떤 영향을 미쳤을까? 거주자가 소음을 대하는 태도는 18세기의 사생활에 대하여 무엇을 알려줄까?

에든버러 하이스트리트 북쪽의 어느 공동주택이 유용한 단서를 제공해준다. '글래드스톤스 랜드Gladstone's Land'라 불리는 건물인데, 스코틀랜드의 문화유산국민신탁에서 원래대로 복원하여 오늘날 방문이 가능해졌다. 이곳은 1층에 있는 가게를 통해 출입하는데, 실제로 이런 공동주택에서는 2층에 조성된 아케이드 아래에 이와 비슷한 가게들이 길가 쪽으로 나 있었을 것이다. 가게 뒤편으로 가면 나선형 돌계단을 통해 다른 층으로 갈 수 있다. 토팸 대위는 다음과 같이 썼다.

> 극히 두꺼운 칸막이벽이 건물을 큰 집 여러 개로 나누는데, 집을 이 지역에서는 '랜드land'라고 부릅니다. 랜드의 각 층은 '하우스house'라고 부릅니다. 어느 랜드에나 공용 계단이 있습니다. (…) 계단은 늘 더럽기 마련이며, 대개 매우 어둡고 좁습니다. (…) 하우스마다 한 가족이 기거하며, 랜드는 매우 커서 여러 가족을 수용합니다. (…)[4]

'글래드스톤스 랜드'는 층이 6개이므로, 토팸 대위가 에든버러에 살던 시절에는 적어도 늘 6가구가 살고 있었을 것이다. 런던에서 부유층은 대개 2층을 가장 선호했고, 가난한 세입자일수록 높은 층에 살았다.[5] 그런데 토팸의 말에 따르면, 에든버러에서는 "상류층일수록 높은 층의 하우스를 보유"했다.[6] 물론 예외도 적지 않았다. 17세기에 이 공동주택의 원래 소유주였던 글레드스테인Gledstane 부부는 4층을 자택으로 택했다. 천장에 그림이 그려진, 조용하고 우아하며 편안한 공간이었다. 토팸이 살던 시대에는 2층을 가장 부유한 가족이 임대했다. 아마 상인 집안이었으리라. 2층은 공동주택에서 가장 널찍한 집으로, 홀과 방 2개와 주방이 딸려 있었다. 두 방 중 하나는 벽에 널빤지를 대어 방음효과를 더했다. 누구든 그 2층에 서보면 '글래드스톤스 랜드'야말로 바람직하고 평화로운 도시 주택이라고 생각할 것이며, 실제로도 어떤 의미에서는 그랬다.

반면 중간층을 제외한 위층과 아래층은 살림이 그만큼 넉넉하지 않은 세입자들로 들어찼다. 어느 층에는 교회 목회자, 어느 층에는 상점 주인, 또 다른 층에는 시청 공무원이 사는 식이었다. 인근의 어느 공동주택에서는 3층은 홀몸이 된 백작 부인, 1층은 생선 장수, 2층은 여성용 모자점 주인과 여성복 재봉사, 다락방과 지하실은 각각 양복장이들과 방문 판매원들이 썼다. 이러한 공동주택은 더 수수하고 비좁은 데다 가게와 정문 앞 길가에서 나는 온갖 소음이 가까이에서, 특히 1층과 지하실에 사는 이들에게는 더 가까이에서 들렸을 터이다.

건물 뒤쪽에는 바로 공용 계단이 있었다. 세입자들 사이에 사회적 격차가 얼마나 나든 간에, 모두가 계단을 공동으로 이용했고 오르내리는 길에 매일 서로를 지나쳐야 했다. '글래드스톤스 랜드'는 중간 정도 크기의 건물이지만, 11층이 넘는 건물도 많았다. 바로 그런 이유로, 언제나 사람들이 분주히 오르내리는 공용 세단을 '직립 거리upright streets'라고 부르기도 했다.[7] 하인용 숙소가 건물 내부에 따로 마련되지 않았으므로, 부유한 세입자에게 고용된 이들은 행여 주인이 부르면 곧 달려가기 위하여 계단에서 쉬거나 잠을 청했을 가능성도 적지 않았다. 집안으로 들어와도 사생활은 전혀 지켜지지 않았다. 2층 부엌 벽에는 접이식

침대가 부착되어 있는데 아마도 아이나 하인이 저녁마다 펼쳐서 사용했던 모양이다. 즉, 한 공간에서 요리도 하고 잠도 잘 수밖에 없었던 것으로 보인다.

이처럼 에든버러 공동주택의 파사드 뒤에는 특이한 사회 구조가 존재했다. 사회적 지위가 매우 다른 사람들이 한곳에 뒤섞인 채, 서로 다른 생활방식과 가사 운영 방식은 물론 소음을 대하는 태도가 제각기 다르다는 데에도 적응해야 했다. 그러나 입주자들이 감각에 가장 강력한 충격을 느꼈을 때는, 아마 건물에서 벗어나 분주한 거리로 나설 때였으리라.

영리한 입주자들, 특히 부녀자들은 계단을 내려와 햇볕을 맞기도 전에 미리 '패튼pattens'을 신었다. 패튼은 일종의 금속제 덧신으로, 이것을 신으면 발과 치마 끝단이 바닥에서 몇 인치 위로 올라간다. 클로즈를 따라 큰길로 나아가면 주민들이 왜 패튼을 신었는지가 명백해진다. 진흙과 쓰레기가 널브러지고 처리되지 않은 하수가 바닥에서 질척하게 썩어가고 있었기 때문이다. 그러므로 당시 거리에서 가장 먼저 들리는 소리는 사람들이 볼일을 보러 걸어가면서 패튼이 덜그럭덜그럭 자갈길을 밟는 소리였으리라.[8] 그러나 하이스트리트에서는 온갖 활동이 휘몰아쳤기에 소리도 갖가지가 겹겹이 쌓여 들려왔을 것이다. 토팸 대위는 이렇게 기록했다.

사람들은 일주일마다 서는 장 때문에 고생한다. 장날에는 거리 전체를 따라 노점이 죽 늘어서면서 상상조차 하기 어려운 혼란이 일어난다. (…) 약초를 파는 여자들은 (세상 어디에서나 그 여자들은 온순하다거나 깔끔하

다는 평판 따위는 듣지 못한다) 상한 약초의 뿌리나 줄기 따위를 여기저기 내던진다.[9]

7일장이 서지 않는 때에도 '루켄부스luckenbooths'는 열렸다. 루켄부스란 당시 길 한복판에 열렸던 노점이다. 이곳에서는 옷가지뿐만 아니라 식민지로부터 에든버러를 비롯한 유럽의 도시들로 유입된 신상품, 즉 커피, 차, 마시는 초콜릿, 담배 따위를 팔았다. 행상과 발라드 가수 떼가 거리를 오가는 가운데, 노점상들은 자기 상품에 대해 큰 소리로 외치면서 고객을 끌어들이려 경쟁했다. 다른 사람들은 노점 앞에 모여 떠들곤 했다.

사실 토팸 대위는 스코틀랜드인이 잉글랜드인보다는 프랑스인과 비슷해 보이는 데 놀랐다. 스코틀랜드 사람들은 쾌활하고 솔직하며 수다스러웠으며, 이성끼리 대화할 때조차 그러했다.

그들은 땅바닥을 내려다보고 손톱을 깨물며 어찌할 바를 모르는 채 시무룩하게 입 다물고 앉아 있지 않는다. (…) 처음 보는 사람에게도 인사를 건넨다.[10]

물론, 쇠테를 두른 수레바퀴와 마차바퀴가 지갈길 위를 달려가며 무지막지하게 덜컹거리는 소리, 가죽 몰이꾼이 채찍으로 공기를 날카롭게 가르는 소리, 갖가지 양떼며 소떼며 돼지떼가 도살장으로 끌려가며 우짖는 소리, 심지어 인근 거리에서 가죽 공방, 대장간, 양조장 장인들이 웅성대고 달그락대는 소리마저도 뚫고 서로의 말소리를 들을 수 있

다면 말이다.[11]

어둠이 깔리면 에든버러 길거리에서 나는 소음은 급격히 감소했다. 저녁 8시가 되면 공동주택 아케이드 아래 늘어선 가게들은 문을 닫았다. 10시가 되면 시 당국에서 명한 대로 "큰 종"을 울려 "시내에 질서를 유지하고 소란과 야간 보행을 삼가도록 했다."[12] 이 종소리는 밤에 요강의 내용물이나 집안 쓰레기를 창밖 길가로 내다 버리라는 신호이기도 했다. 사람들은 오물을 내던지면서 "가디루Gardey-loo!"라고 소리쳤다. "물 조심!"이란 뜻이다. 거리에 나온 사람은 오물이 자신의 몸에 튀지 않게 하려면 위쪽 창문을 향해 "호드 여 헌Haud yer haun!", 즉 "잠깐만요!"라고 외치는 수밖에 없었다. 당연히 최선책은 길가에 나와 있지 않는 것이었다.[13]

이 시각은 에든버러뿐 아니라 스코틀랜드 전역에서, 제대로 된 사람이라면 모두 '통행금지' 상태에 들어가기로 정해진 시각이다. 동시에 역사학자 어맨다 비커리Amanda Vickery가 묘사했듯이 "요새화 의식을 개시하는 숙명적 순간"이었다. 어디에서나 문이 "문손잡이 자물쇠, 맹꽁이자물쇠, 안쪽 빗장, 철봉, 주철 쇠사슬" 등으로 단호하게 걸어 잠그는 소리가 울렸다.[14]

18세기 중반 즈음 대부분의 마을과 도시에서 통행금지가 공식적으로는 없어졌다. 그러나 건전한 시민이라면 일찍 잠자리에 드는 법이었고 야간에 길거리를 배회하는 사람은 수상쩍게 여겨지기 마련이었다. 그 시간에 밖에서 어슬렁거릴 만한 사람은 길거리 매춘부나 강도밖에 없다고들 생각했다.[15] 고요함이란 곧 질서가 잡힌 상태를 의미했다. 그리하여 토팸 대위는 이내 에든버러에서 만사가 다 잘 돌아간다고 생각하게 되었다.

> 11시가 되면 사방이 온통 조용해집니다. (⋯) 야경꾼조차 사람들의 안식을 방해하지 못할 지경입니다. 이따금 밤늦은 시간, 아니 이른 아침이라 할 시간에 몇몇이 선술집에서 흥에 겨워 술병이나 잔을 깨기도 하지만, 기분 좋은 장난일 따름이라 순경이 개입할 일은 못 됩니다.[16]

이처럼 긍정 일색인 기록은 신중히 다루어야 한다. 그 시간에도 사방이 온통 조용하지는 않았기 때문이다. 모든 사람이 집에 들어와 있거나 기분이 좋지도 않았고, 분명 순경이 개입할 만한 일도 충분히 많이 벌어졌다. 실제로, 에든버러가 한밤중에 안정을 찾아감에 따라, 도시의 사운드스케이프는 낮 시간의 소음이 안개처럼 자욱하게 낀 상태에서 수정처럼 선명한 상태로 변했다. 후자의 상태에서는 부스럭거리는 소리, 발걸음 소리, 외침 소리 하나하나가 극명하게 도드라져서, 위험한 일이나 장난질이 일어나고 있음을 암시했다.[17]

***

에든버러의 공동주택과 좁은 골목길에서는 '통행금지'라는 발상 자체가 오해를 낳기 쉽다. 일단, 집이 없어 한밤중에 어슬렁거리는 이들이 많았다. 존 맥도널드John Macdonald라는 사람의 사연을 들어보자. 맥도널드는 하인으로 일했는데, 원래 그는 1740년대에 누나와 세 남동생과 함께 거리를 떠돌다 에든버러로 들어왔다. 어린 맥도널드 남매는 자코바이트의 난이 진압될 즈음 모두 고아가 되어, 저 멀리 인버네스셔 Inverness-shire주에서 에든버러까지 걸어와 일을 구하거나 구걸을 하려 했다. 에든버러에 도착한 남매는 어느 클로즈로 들어왔다가 공동주택 뒷문 계단에 도착했다.

> (…) 우리는 계단 층계참에 누웠다. 파리나 마드리드와 마찬가지로, 에 든버러에서도 여러 대가족이 한 계단 위에 산다. 주민들은 자기 집 문을 닫지만, 길가 문은 언제나 열려 있다.[18]

남매는 공용 계단에 몸을 뉘고 최대한 추위를 피해보려 했지만, 분명 평안하게 쉬지는 못했다.

> 당시 우리 가난한 아이들 사이에 널리 떠도는 이야기가 있었다. 자코바 이트의 난 이후 가난하고 집 없는 어린이들이 많이 늘어났는데, 의사들 이 밤에 찾아와 잠자는 아이의 입을 반창고로 틀어막고 아이를 해부한 다는 것이었다. 나는 그 이야기가 사실이라 믿는다. (…) 그래서 우리는 계단이나 문가에서 밤을 지낼 때, 1명은 잠을 자고 다른 1명은 불침번을 섰다.[19]

빈민과 노숙인에게 에든버러의 야간 사운드스케이프는 공포스럽기 짝이 없었다. 더욱이 도시 외딴 구석이 정말로 로버트 루이스 스티븐슨 이 묘사한 바와 같았다면, 이들은 눈뿐만 아니라 귀도 활짝 열어두어야 했을 것이다.

어두컴컴한 아치 밑을 지나 어두컴컴한 계단과 골목을 따라 내려가면 (…) 보도에 부랑자들이 거치적거린다. (…) 슬금슬금 돌아다니는 우범자들, 꾀죄죄하고 맨발 차림인 아이들, 목소리가 우렁차고 튼실한 여인네들 (…) 몇 안 되는 관할 순경, 그리고 그 사이로 폭도들, 좋았던 지난날의 흔적이 아주 조금 남은 몰락한 상류층이 비참하게 드문드문 섞여 있다. (…)[20]

변호사이자 전기 작가인 제임스 보즈웰James Boswell은 몰락한 상류층은 아니었지만 분명 야밤에 배회하는 자들 중 하나였다. 보즈웰은 적포도주에 벌겋게 취한 채, 제 딴에는 소리를 죽여 흥청망청 방탕하게 밤의 정적을 깨뜨렸다.

1767년 3월 6일 수요일. 엄청나게 취하는 바람에 귀가하는 대신 에든버러 골목에 있는 저층 집으로 갔다. 아는 평민 여자가 거기 기숙하는데, 짐승처럼 그녀와 밤새 정사를 했다.
1776년 8월 28일 수요일. 만취해서 거리를 돌아다니다 반반하고 산뜻한 여자를 만나 캐슬힐 북쪽 언덕에서 화끈하게 뒹굴었다.
1777년 2월 27일 목요일. 평소답지 않게 기분이 들떠서 술을 너무 많이 마셨다. 울적하게 길거리로 나가 뚱뚱한 창녀를 골라잡고는, 데이비드 흄David Hume의 집 바로 옆 어느 석공소 구석진 곳으로 가서 다듬는 중이던 돌덩이 위에서 그녀와 몸을 섞었다.[21]

이런 행각을 벌이면서 보즈웰이 얼마나 시끄럽게 굴었는지는 상상에 맡길 따름이다. 그러나 스코틀랜드 법원에는 취객의 길거리 싸움이나 매춘부가 영업하는 소리 때문에 수면을 방해받았다는 고소가 수많이 접수되었다. 실제로 야간 소음에 대한 고소 건수는 유럽 전역에서 지속적으로 늘고 있었다. 도시든 시골이든 그 어느 때보다도 인구가 밀집하고 노동 시간도 늘어났기에, 사람들에게는 휴식이 필요했다. 물론 이에 따라 수면을 방해받을 공산도 커졌고, 사람들은 수면 방해를 한층 짜증스럽게 여겼다.

　인구가 밀집하고 분쟁이 벌어지기 쉬운 환경에서, 다들 자고 싶지만 아무나 푹 잠들지는 못하다 보니 극단적인 적대감이 폭발하기도 했다. 1730년대 파리의 생세브랭Saint-Séverin가에 있던 분주한 인쇄소에서 기이하고 살기등등한 사건이 벌어지며 이런 적대감이 적나라하게 드러났다. 인쇄소에서 일하던 젊은 도제들은 인쇄소 부지 마당에 딸린 작고 더러운 창고에서 자곤 했다. 주인과 마님은 본채 건물 몇 층 위에서 잠을 잤다. 아침에 가장 먼저 일어나야 하는 쪽은 당연히 도제들이었다. 그러나 하루 종일 고단하게 일하고 나서도 이 불행한 청년들은 단잠을 잘 수가 없었다. 마님이 고양이를 몇 마리 길렀는데, 고양이들이 으레 그렇듯이 마님의 고양이들도 한밤중에 모여 빽빽거리며 울어댄 것이다. 하필이면 도제 숙소 바로 밖에서 말이다.

　끝내 도제들은 폭발하여 복수하기로 결심했다. 고양이 흉내를 가장 잘 내는 젊은이가 건물 옥상에 올라가, 주인과 마님 부부의 침실 밖에서 울어대기 시작했다. 이렇게 며칠이 지나자 주인과 마님은 도제들에게 고양이들을 조용하게 제거하라고 명령했다. 물론 마님이 가장 아끼는 회색 고양이는 해치지 말라고 당부했다. 그러나 상황은 걷잡을 수 없게 되었다. 도제들은 인쇄소 안팎에서 고양이를 닥치는 대로 학살했다. 마님의 회색 고양이도 예외가 아니었다. 어떤 고양이는 죽을 때까지 두드려 팼고, 어떤 고양이는 불구로 만들어 모의재판에 처한 다음 마당에 목을 매달아 죽이면서 웃어대고 야유했다. 나머지 고양이들은 모닥불에 태워 죽였는데, 이것은 원래 프랑스에서 대개 마르디 그라에 행했던 풍습이었다. 그 주위에 군중이 모여들어, 고양이들이 죽어가면서 가련하게 울부짖는 소리를 들었다.[22]

사람들의 인내심은 분명 약해져 가고 있었다. 생세브랭가의 고양이 대학살이 나쁜 징조임은 쉽게 알 수 있었다. 18세기 프랑스에서 귀족과 부르주아 계급은 아래에서 혁명적인 감정이 들끓는 것을 느끼며 나날이 초조해졌다. 영국 도시에서조차 인구가 과밀해지고 소음이 갈수록 솟구치면서 불안한 분위기가 생겨났다. 이를테면 당시 런던 중산층은 일기에 "하인, 일꾼, 빈민, 행상인, 주정뱅이, 곤봉을 들고 싸우는 사내들"을 욕했다. 영국 화가 윌리엄 호가스William Hogarth는 유명한 판화 〈성난 음악가The Enraged Musician〉(1741)에서, 예술가는 평온함과 고요함을 갈구하지만 정작 창밖에는 떠돌이 음악가가 진을 치고 길거리 행상인이 고함치는 상황에서 짜증을 느끼는 모습을 완벽하게 담아내기도 했다.[23]

물론, 생세브랭가에서 소음으로 고통받은 쪽은 가난한 청년 도제들이었다. 그럼에도 오히려 부자들은 빈민이야말로 문제의 근원이라고 확고하게 믿었고, 빈민과 거리를 두어야만 문제가 해결되리라고 생각했다. 게다가 당연하게도, 소음에 대해 뭔가 조치를 취할 위치에 있는 쪽은 부자들이었다. 부자들은 아주 간단한 해결책을 택했다. 이사해버리기로 결심한 것이다.

에든버러 하이스트리트 안쪽과 그 주위에는 중산층을 위해 고요한 오아시스를 만들 가능성이 거의 없었다. 주택 몇 채는 클로즈에서 가장 끄트머리에, 소음이 그나마 가장 안 들리는 곳에 지었다. 론마켓 Lawnmarket에 있는 하우스 몇몇은 방을 1칸이 아니라 2칸이 되게 하여, 사생활이 잘 보장되고 조용해지도록 개조했다. 창유리와 목재 패널을 덧대고, 융단을 걸고, 천장에 석고를 발라 바깥이나 다른 방에서 유입되는 소음을 줄이거나 차단하기도 했다.[24] 그러나 이는 임시방편에 불과했다.

새로 시가지를 신축하겠다는 계획이 1750년대에 공개되면서 비로소 결정적인 변화가 일어났다. 계획안에 따르면 신 시가지는 "오직 일정한 지위와 재산을 갖춘 사람"만을 위한 구역이 될 터였다. 건설은 자금 문제로 더디게 진척되었지만 50여 년 뒤 마침내 웅장한 신 시가지가 건축되자 에든버러의 부유한 시민은 거의 다 구 시가지를 떠났다.[25]

신 시가지는 아름다웠다. 깔끔하고 반듯하고 우아하며 질서정연했다. 신 시가지는 "새로운 시민사회"를 창조하려는 계몽주의적 충동을 반영했고, "감수성"을 숭배했던 18세기의 분위기, 즉 천박하고 저속한 것보다 세련됨과 품위와 섬세함을 선호한 풍조에 완벽하게 맞아떨어졌다.[26] 또한 신 시가지는 건축 양식을 통하여 사생활에 대해 완전히 새로운 태도를 보여주었다. 토팸이 기록했듯이, "신 시가지는 대부분 영국식으로 지어졌고, 주택은 현지에서 '자기만의 집houses to themselves'이라 불리는 개인주택"으로 지어졌다.[27] 공용 계단을 함께 쓰는 공동주택이라는 옛 주거 형태가 버려짐에 따라, 사회 계층이 난잡하게 뒤섞이던 시절도 지나갔다. 가족마다 한 집에 여러 층이 있고 각자 대문이 달린 자기만의 주택을 갖게 되었다.

신 시가지 주민들은 때때로 문지방을 넘고 다리를 건너 구 시가지로 돌아가서 업무를 보거나 물건을 샀다. 그러나 그들은 구 시가지의 갑갑하고 시끄러운 사운드스케이프에 더 이상 참여하지 않고 관찰자로만 행동했다. 그들은 이제 밤낮으로 소음에 시달리며 지낼 필요가 없었고, 그들의 눈에 구 시가지는 희한하고 진기할 따름이었다. 구 시가지는 갈수록 불결해졌고, 예전에 살던 공동주택에 건축사학자 찰스 매킨Charles McKean의 말마따나 "하층 계급, 갈수록 더 가난한 자들이" 들어오면서 "필연적으로 극빈자가 다세대로 거주하는 곳이 되었다."[28]

신 시가지 주민은 해질녘 직전 다리를 다시 건너, 가로등이 밝게 비추는 포장보도를 따라 자기네만의 우아한 거리를 당당하게 걸어와서 자기 집 대문을 단단히 잠그고 나서야 비로소 요새 같은 새 집에서 고요하고 차분한 정적에 젖을 수 있었다. 역사학자 에밀리 코케인Emily Cockayne이 《소란Hubbub》에 적었듯이, 그들의 집은 그 어느 때보다도 소리를 제어할 여지가 커진 공간이었다.[29]

물론 이 문제가 이렇게 간단히 끝날 리는 없었다. 실내에 들어앉아 소음으로부터 보호받게 되자, 어떤 주민은 "실외 소음에 더 귀를 기울이게 되면서 그만큼 더 심하게 불평하게 되었다."[30] 배경이 조용해질수록 갑작스럽고 달갑지 않은 소음이 사생활 침해로 느껴졌다. 확실히, 야단스럽고 저속한 소음이 조용한 중산층 거주지를 침범하려고 위협할 때마다 불만을 표출하려는 욕구는 다음 세기가 되어도 줄어들지 않았다. 게다가 신 시가지 주택도 처음 이사 올 때 상상했던 만큼 사적인 공간이 아니었다. 오히려 방과 복도가 조용하다 보니 엿듣기에 완벽하게 좋은 환경이 조성되었고, 내밀한 비밀과 섹스 스캔들을 알아내 대중에게 폭로하기도 더 용이해졌다.

18   주인과
        하인

1796년 부유한 스코틀랜드인 지주 존 라몬트John Lamont는 에든버러의 신 시가지에 마련한 자택에 첫발을 디뎠다. 그는 틀림없이 행복해서 어쩔 줄 몰랐을 것이다. '샬럿스퀘어Charlotte Square 7번지'는 새로 완공된 건물이었다. 에든버러를 통틀어 가장 화려한 광장 옆, 가장 비싼 부지에 세워진 주택 중에서도 아마 가장 멋진 집이었을 것이다.

라몬트는 필시 문 앞에 잠깐 머무르며 우아한 파사드를 감상한 다음, 널찍한 로비 한복판에 섰으리라. 로비 중앙 계단을 오르면 3개 층이 더 있었고, 계단을 내려가면 지하실이 있었다. 이 4층짜리 주택에는 식당과 큼직하고 멋진 응접실과 거실이 있었고, 1층에는 안방, 그 위층들에는 널찍한 침실 6개와 아기 방이 하나 있었다. 이 집 덕분에 라몬트는 가족의 사회적 지위를 뽐낼 수 있었을 뿐 아니라, 가족 모두도 이웃과 낯선 외부인이 부산하고 오지랖 심하고 귀에 거슬리게 구는 세계를 벗어나 아늑하고 조용하고 사적인 안식처에서 쉴 수 있게 되었다.

그러나 집은 과연 사적인 안식처였을까? 18세기부터 19세기 초에 이르기까지, 이런 집은 결코 완벽하게 사적이지도 조용하지도 않았다.

거실에서 벽난로 난로망을 부지깽이로 달그락달그락 흔드는 듯한 소음이 들렸습니다. 침실과 거실 사이에 있는 문으로 갔더니 그 안에서 부스럭대고 사람들이 같이 있는 듯한 소음이 들렸습니다. 열쇠구멍으로 들여다봤더니 마님과 손더스Saunders 중위님이 응접실 바닥에 누워 있었고 중위님이 마님 위에 있었습니다. (…)[1]

샐리 매키Sally Mackie가 증언하며 남긴 말이다. 매키는 어린 스코틀랜드인 유모로, 샬럿스퀘어 7번지 근처에 있는 집에서 일했다. 매키의 증언은 에든버러를 비롯해 그 어디에서도, 설사 자기 가족의 집으로만 통하는 현관문이 있다고 해도 감시의 눈길은 피할 수 없었음을 보여준다.

18세기 후반에 '가족'의 범위는 매우 넓었다. 부모와 자식뿐 아니라 나이든 친척, 미혼의 누이, 하숙인까지도 가족에 포함되었다.[2] 그리고 당연히 하인들도 가족의 일원이었다. 라몬트 가 같은 가족은 필시 하인을 5~6명 두었을 터이다. 하인들은 주인의 집에 그냥 거주하기만 한 게 아니다. 주인이 거실 문을 노크할 때마다, 또는 주인에게 한두 걸음 떨어져 있다 부름을 받을 때마다 즉시 대령했다. 그렇기에 훌륭한 중산층 주택은 안전함과 조용한 휴식과 따스함과 음식을 제공하고 완벽하게 행복한 가족생활의 토대가 되어주었지만, 까딱하면 하인이 들어서는 안 될 이야기를 듣고 모든 것을 뒤엎을 수도 있는 장소였다. 즉 엿듣기와 귓속말, 가십과 스캔들이 횡행하는 장소였다.

물론 중산층은 갈등을 피하고 사생활을 보장하기 위해 온갖 노력을 기울였다. 라몬트 가 자택인 샬럿스퀘어 7번지의 실내 배치를 보면, 구시가지 공동주택 특유의 혼잡한 공동생활을 피하려고 얼마나 애를 썼는지 드러난다. 우선, 위층과 아래층은 일반적으로 분리했다. 요리는 늘 냄새를 풍길 뿐 아니라, 식사를 차리는 과정에서 쉭쉭 끓는 소리, 두드리고 자르는 소리, 냄비가 덜그럭거리는 소리 등등이 울리다 보니 엄청나게 시끄럽기도 했다. 따라서 흔히 그렇듯, 이 집에서 주방은 포도주 저장실 및 설거지 곁방과 더불어 지하실에 있었다. 밤이든 낮이든 식구들을 최대한 방해하지 않기 위해서였다.

하인용 침실 역시 지하실에 있었다. 샬럿스퀘어 7번지에는 요리사의 침실과 다른 하인용 침실 2개뿐만 아니라 하인용 홀도 있었는데, 홀에 우묵하게 패인 공간은 작은 침대 하나를 더 들여놓을 만큼 컸다. 다른 하인들이 꼭대기 층에 있는 작은 침실을 썼을 가능성도 없지는 않지만, 그다지 바람직한 선택은 아니었으리라. 작가 토머스 시튼Thomas Seaton은 1720년에 《위대한 가문에서의 하인의 처신The Conduct of Servants in Great Families》이라는 책을 출간하여, 무릇 하인은 다락이나 지붕 밑 방에 거주해서는 안 된다고 주장했다. "불쾌한 물건은 모두 떨어지는 법이지 올라가지는 않으며, 그것들이 동요하며 일으키는 소음은 골칫거리이기 때문"이었다.[3] 시튼이 보기에 하인은 걸핏하면 "자기들끼리 다투기" 마련이어서, 하인이 '아래쪽' 자리에(공간적으로나 사회적으로나) 고분고분 분수를 지키며 머무르게 하지 않는다면 어느 점잖은 집안이라도 "혼란의 현장, 소동과 잡음이 난무하는 장소"가 되기 십상이었다.[4] 그렇다 해도 하인을 결코 너무 멀리 떨어뜨려 놓을 수도 없었다. 국왕 찰스 2세의 명을 받아 1666년 대화재 이후 런던 재건을 담당했던 한 사람은 주택을 설계함에 있어 다음과 같이 균형을 맞추어야 한다고 설명했다. 시중드는 이들은 주인 가족을 방해하지 않도록 가족이 오락을 즐기는 방에서는 충분히 멀리 떨어져 있되 "아무리 작은 벨 소리나 호출 소리라도 들릴 만큼"은 가까이 자리하여야 한다는 것이었다.[5]

위층과 아래층 사이를 구분하는 것만큼이나 '무대 앞'과 '무대 뒤', 즉 집에서 '공적'인 공간과 '사적'인 공간을 구분하는 것도 중요했다. 라몬트 가 자택 2층 내부도 이에 따라 전형적으로 배치되었다. 방문객을 접대하는 넓고 우아한 응접실은 집 정면을 따라 끝에서 끝까지 펼쳐져 샬럿스퀘어를 굽어보았고, 양쪽에 벽장이 놓인 짧은 통로를 지나면 아담하고 격식을 덜 차린 거실이 건물 뒤쪽을 향해 자리 잡고 있었다. 거실은 라몬트 일가와 특히 절친한 친구들이 책을 읽거나 바느질을 하거나 차를 마시면서 대부분의 시간을 보내는 곳이었다. 사람을 싫어하는 남편들은 "손님 오는 날이 시끄럽다고" 푸념했지만, 여성이 손님을 맞이하고 손님에게 자기 취향이 얼마나 고상한지 보여주는 것은 18세기 후반 도시 생활을 특징짓는 유행이었다. 그러나 손님을 많이 맞고 자신을 더 많이 '전시'할수록 집안에 완벽하게 사적인 공간, 남들로부터 물러나 홀로 있을 장소를 만들고자 하는 욕구도 커졌다.[6]

그런데 대체 어느 정도로 홀로 지내야 할까? 건축가들은 하인들이 정확히 얼마나 가까이에 있어야 하는지를 설계도면 상에 규정하려고 노력했다. 예전에는 하인이 응접실 안 또는 주인의 침실 문 밖에 잠자리를 깔거나 아예 주인의 발치에 간이침대를 놓고 잠들었다면, 이제는 다락방이나 지하실에 자기 거처를 갖도록 설계한 것이다. 그러나 여러 교회 및 법원 기록이 증언하는 바에 따르면, 한 가정의 하인 중에서도 가장 상급자만이 자기만의 방과 침대를 가질 가망이 있었으며 그 외의 하인 다수는 여전히 집안 아무데나 널브러져서 통로나 공용 공간 한편

에 임시 침대를 놓고 잤다고 한다.[7]

이처럼 여전히 집주인과 가까이 지내는 것은 하인이라는 직업의 본질이었다. 하인은 주인이 필요로 하면 당장 대령해야 했고, 당장 대령하려면 가청거리 내에 있어야 했기 때문이다. 하인이 어느 정도 엿듣지 않는다면 포도주가 더 필요한지 난로에 땔감을 더 넣어야 하는지를 어떻게 알겠는가?[8] 그렇다. 하인은 조용하게 일해야 했지만, 귀도 잘 기울여야 했다. 실제로 런던의 몇몇 주택에서는 어린 견습생을 경비견처럼 이용하기도 했다. 바깥에서 조금이라도 기척이 들리면 깨어나도록 일부러 현관문 바로 곁에 두었던 것이다.[9]

말하자면 집주인 가족은 긴장을 풀고 싶었지만, 하인들은 귀를 쫑긋 세우고 있어야 했다. 이러한 환경에서는 상호신뢰야말로 가장 중요했다. 그렇지만 인류학자들이 보여주듯, 대부분의 인간 사회에서 신뢰와 사생활은 함께 가기 쉽지 않았다. 예컨대 1970년대에 질리언 필리하닉 Gillian Feeley-Harnik은 마다가스카르의 사칼라바족을 연구하여, 그들이 대부분의 시간을 집 밖에서 남들과 함께 보낸다는 사실을 알게 되었다. 울타리는 못마땅하게 여겨졌고, 문은 숫제 금기 취급이었다. 자기 모습을 숨기고 사적인 공간에서 조용히 지낸다는 것은 곧 나쁜 꿍꿍이가 있다는 것이나 마찬가지로 여겨졌다. 그런 사람이 공동체를 배신할 위험이 있다면, 주변 사람들 모두가 귀를 바짝 내고 엿들을 명분은 확실히 충분하다고 보였다. 즉, 엿듣기가 생존 본능의 일부였다.[10]

그런 생존 본능은 우리에게도 있다. 언어학자 존 로크John Locke가 상기시키는 바, 인간은 늘 공동체 전체의 이익을 위해 남의 말을 엿들으라는 부추김을 받아왔다. 예를 들어 중세 유럽 전역의 법원 기록을 보면 염탐 및 도청 사건이 난무한다. 이유는 간단하다. 교회가 사람들을 부추겨 타인의 행동을 감시할 도덕적 의무감을 느끼도록 했기 때문이다. 18세기에 과거 어느 때보다도 주택에 벽과 문이 많이 달림으로써 감시가 더 쉬워졌음에도, 벽과 문 뒤에서 지내는 가족은 마음껏 '본모습으로' 지낼 수 있다고 착각했을 터이다. 우리의 에든버러 사회생활 관찰자 토팸 대위도, 당시 신 시가지에서 유행하던 사적인 만찬을 묘사하면서 이러한 점을 시사한다.

> (…) 체면을 차릴 필요가 사라지면서 (…) 사람들은 본모습을 드러냅니다. (…) 만찬은 상당히 오래 지속되는데, 이때 스코틀랜드 숙녀들은 영국 숙녀라면 감당도 못 할 정도로 많이 포도주를 마십니다. (…) 필경 어느 정도는 그 덕에 그녀들이 타고난 활기가 살아나지 않나 싶습니다.[11]

술에 취해 흥청망청 저녁 파티를 진행하는 동안, 문 밖에 서 있던 하인들은 거실 안에서 무슨 일이 벌어지는지 호기심을 키워갔으리라. 사람들이 '본모습대로' 있을 때 부적절하게 처신하는 낌새를 포착할까 싶어 마음이 솔깃했을 터이다. 어떤 이야깃거리를 엿듣게 될지, 그걸 나중에 값어치 있는 뒷공론거리로 삼을 수 있을지 모를 일 아닌가?

하인은 종종 법정에 증인으로 끌려와 주인 나리나 마님의 간통 혐의를 증언하는 신세가 되었다. 해군 대령 존 버트John Burt와 젊은 부인 해리엇 버트Harriet Burt의 애석한 사연을 들어보자. 버트 부부의 이야기는 1778년 캔터베리 법정에서 만천하에 공개되었는데, 존의 고소 내용은 간단했다. 아내 해리엇이 아래처럼 처신했다는 것이다.

(해리엇 버트는) 예전이나 지금이나 성격이 음탕하고 음란합니다. 피고의 남편이 지중해로 파견을 나가 부재한 동안, 낯선 남자 여럿이 얼토당토않은 시간에 방문하여 피고와 부적절한 관계를 맺었습니다. 특히 영국군 제10용기병연대 존 발로John Barlow 중위가 (⋯) 빈번히 방문했으며 (⋯)[12]

존 버트는 자주 항해를 나갔기 때문에 아내가 부정을 저질렀다는 결정적 증거는 요리사 수재나 헉스텝Susanna Huckstepp을 포함한 하인 2명에게서 나왔다. 헉스텝에 따르면 존 버트가 출타한 동안 낯선 이들이 해리엇 버트를 만나러 오곤 했다는 것이다.

(⋯) 게다가 그 남자들은 저녁 9시 즈음에 와서는 자정이 될 때까지 머물렀습니다. (⋯) '발로 대위'라는 신사 분은 (⋯) 저녁만이 아니라 낮에도 버트 마님을 매우 자주 방문했습니다.

헉스텝이 법정에 증언한 바에 따르면, 문제는 바로 다음과 같았다.

(⋯) 저녁이면 뒤편 거실에서 이상한 소음이 자꾸 들렸는데 (⋯) 마님은 발로 대위님이나 다른 신사분과 둘이서만 거실에 계시곤 했습니다. 그래서 (⋯) 마님이 그때 간통 행각을 벌이고 있다고 (⋯) 의심했습니다.

어느 날 저녁, 헉스텝은 소음이 아니라 수상한 침묵에 못 이겨 염탐을 하고야 말았다. 헉스텝은 발로 대위가 마님과 둘이서만 있다는 사실을 아주 잘 알고 있었다. "응접실에서는 아무런 기척도 소음도 들리지 않았"다고 말하면서 헉스텝은 증언을 이어갔다.

> 저는 주방 문을 열고 마당으로 나가 응접실 창문을 (…) 통해 안쪽을 살펴보려고 했습니다. 마님과 발로 대위님이 뭘 하시는지 보려고 창문을 들여다보았는데 (…) 안에 촛불이 몇 개 켜져 있었습니다. (…)

그러면서 헉스텝은 모든 것을 목격했다.

> 마님은 의자 2개 위에 누워 (…) 페티코트와 슈미즈를 걷어 올린 채 두 다리를 넓게 벌리고, 자기 허벅지를 똑똑히 보고 있었습니다. 그리고 발로 대위는 바지를 내린 채 마님 위에 누워 있었습니다. (…)

헉스텝은 자신이 본 광경이 무엇인지 확신했다. 그녀의 말에 따르면 "8분에서 9분 정도" 창가에 머물러 있었기 때문이다. 다른 하인이 제시한 증거는 그만큼 노골적이지는 않았지만 결정적이기는 마찬가지였다. 하녀 메리 스테이시Mary Stacey는 버트 집안이 아니라 해리엇 버트의 자매 집에서 일했다. 스테이시가 진술한 바에 따르면, 해리엇 버트는 바로 그 집 위층 식당에서 '에이어스트 씨Mr. Ayerst'나 '러트렐 씨Mr. Luttrell'를 만나곤 했다. 식당 방은 창문 셔터가 닫혀 있어서, 남녀가 어둠 속에서 1시간쯤 머무를 수 있었다. 스테이시는 "엿들으려고 일부러 올라갔다"고 밝히면서, 자신이 계단을 올라갔을 때 무슨 일이 벌어졌는지 설명했다.

한 번은 (…) 소파에서 우지끈 소리가 들렸습니다. 그때 에이어스트 씨와 버트 마님이 (…) 소파에서 간통 행위를 하는 것 같았습니다. (…) 그리고 (…) 어느 날 저녁 (…) 제가 마침 응접실에 있다가 버트 마님께서 러트렐 씨와 단 둘이 이야기하는 걸 들었습니다. 러트렐 씨가 다정하게 대해주지 않고, 약속과는 달리 예전처럼 자주 찾아오지 않는다고요. 버트 마님은 "당신은 내키는 대로 날 이용해요."라고 (…) 아니면 그런 뜻으로 비슷하게 말했습니다. (…)

두 하인의 증언 덕에 존 버트는 소송에서 이겨 이혼하게 되었다. 다른 도시에서 다른 남자들이, 수없이 많은 하인들이 수없이 많은 재판에서 주인 나리가 출타했을 때 침실 침대가 '흔들리는' 소리를 듣거나 거실에서 성교하는 '소음'이 흘러나왔다고 증언하고 나서 이혼했듯이 말이다.[13]

이 모든 이야기에서 인상적인 점은, 변호사는 대개 간통 행위의 목격담을 요구했지만 정작 하인은 종종 어떤 소리를 들은 것을 계기로 의심을 품고 간통 현장으로 찾아갔다는 것이다. 그들은 눈으로 본 목격 증인이기에 앞서 귀로 들은 청취 증인이었다. 남녀 집주인들이 불안해하며 하인들이 "미주알고주알 캐묻는"다고 불평하거나 〈타운 앤드 컨트리 매거진Town and Country Magazine〉에서 "하인은 가정의 첩자"라는 내용을 읽은 것도 무리가 아니다.[14] 심지어 1세기 후에도, 당대 최고라는 집주인용 지침서의 내용도 그들을 전혀 안심시켜 주지 못했다.

하인은 문가에서 엿듣고 (…) 여러분이 부엌에서 내뱉은 악담을 곱씹으며 (…) 비꼬고 빈정대면 언제나 눈치 챘다. (…) 하인은 여러분의 부루퉁한 침묵도, 고의로 과장되게 베푸는 친절도 눈치 챘다. (…) 미움과 분노를 아무리 우아하게 포장해도, 가정의 첩자 눈에는 여러분이 서로 칼을 던지듯 뻔히 들여다보인다.[15]

  사실 하인이 엿듣기로 큰 힘을 쥐는 경우는 드물었다. 물론 하인은 험담으로 누군가의 평판을 몇 초 만에 깎아내릴 수도 있었고, 심지어 협박으로 몇 푼 건질 수도 있었다. 그러나 대체로 하인은 추문 따위를 듣는다 해도 이러지도 저러지도 못했다. 대개 하인은 10대 소녀로, 자기보다 나이도 많고 남성인 집주인에게 자기 말을 책임져야 했다. 하녀는 어느 쪽이든 편을 들어야 했고, 편을 잘못 선택하면 직장에서 쫓겨날 위험이 있었다. 때로는 신중하게 침묵을 지키는 것이 최선책이었고, 때로는 어쩔 수 없이 입을 다물어야만 했다. 이전 시기에 남자들은 자기의 개인적인 일에 해가 될 정보를 퍼뜨릴 위험이 있는 여자에게 수다쟁이 재갈scold's bridle(머리 전체를 감싸는 쇠틀에 재갈을 단 징벌 도구로, 주로 언행이 거칠다고 여겨지는 여자에게 사용했다–옮긴이)을 물려 물리적으로 침묵시키곤 했다. 18세기 말엽에는 하인들에게 "고자질을 삼가라. 고자질은 치명적인 악행이며, 대개 결국은 고자질한 사람에게 해가 되는 법이니라."라고 하는 지침서를 읽도록 권장하기도 했다.[16]
  라몬트 가 같은 가족에게는 하인들이 시도 때도 없이 엿듣고 있다는 찜찜한 기분을 떨쳐낼 방도가 하나 더 있었다. 샬럿스퀘어에 있는 중산층 주택은 최신 기술을 도입했다. 방마다 당김줄을 설치하여, 지하실로 향하는 계단 발치에 일렬로 늘어선 종과 철사로 연결한 것이다. 원시적이지만 전화 시스템과 비슷한 장치도 있어서, 식구들은 감춰진 배관 설비를 통해 방에서 방으로 말을 전할 수 있었다. 이런 기술 덕분에 손놀림 1번이나 말 한마디로도 부엌이나 포도주 저장실에 있는 하인을 2층 응접실이나 3층 침실까지도 부를 수 있게 되었다. 식당에는 18세기 후반에 유행한 가정용 설비인 '벙어리 웨이터', 즉 음식용 소형 승강기를 식탁 양쪽 끝에 1대씩 설치했다. 덕분에 주위에 하인이 아무도 대기하지 않아도, 지하 주방과 1층 손님 사이에 빈 접시가 오고갈 수 있었다.[17] 이런 도구를 사용하면 확실한 장점이 있었다. 1775년 5월에 보즈웰은 아내의 "가장 친한 친구"와 식사하면서 벙어리 웨이터를 사용한 덕에 "거리낄 것 없이 마음껏" 서로 추파를 던질 수 있었다고 썼다. 그의 말마따나 "아무것도 겁내지 않고" 말이다.[18]

통신 기술의 발달이 우리를 더 가깝게 해준다고 생각하기 쉽다. 그러나 이곳 샬럿스퀘어를 비롯해 당김줄이나 벙어리 웨이터를 설치한 수많은 주택에서, 기술은 오히려 사람들을 서로 멀리 떨어뜨리는 데에만 초점을 맞추었다. 하인들을 더 이상 문간이나 복도에서 서성거리게 할 필요가 없었다. 주인 가족에게서 가장 멀리 떨어진 구석 자리에 격리했다가 필요할 때 불러내면 그만이었다. 라몬트 일가 같은 사람들에게는 비로소 사생활이 보장되었다. 누구도 엿듣지 않는 가정생활을 꾸릴 기회를 제대로 거머쥔 것이다.

그러나 사생활에는 대가가 따랐다. 인류학자들이 옳다면, 인간은 벽과 닫힌 문 뒤에서 살아가기 시작하면서 뭔가를 잃었다. 상대의 말을 듣고 자신의 말이 상대에게 들린다는 것을 앎으로써 인간은 불안해하기보다는 안심하고, 두려워하기보다는 신뢰할 수 있다. 1899년 어느 평범한 날, 런던에서 어느 여성이 자기 집 벽을 통해 들려오는 소리를 기록하면서 느꼈듯이 말이다.

> 위층 세입자 A씨가 하루 일과를 시작하기 위해 기상하는 소리가 들린다. (…) A씨의 아내는 이웃에게 틈틈이 일감을 받아 손수 옷을 짓는데, 어제는 밤늦도록 깨어 일했기에(재봉틀 소리가 들렸다) A씨는 아내를 깨우지 않는다. (…) 하지만 미처 아내를 깨우기도 전에 아이의 울음소리가 들리고, 곧 A부인이 졸린 목소리로 아이에게 차 한 모금과 빵 껍질을 먹이라고 말한다. (…) 울음이 그치고 나니 A씨가 아래층으로 내려가는 발소리가 들린다. 8시가 되자 긁어내고 그러모으는 소리가 요란하다. (…) 이웃집 B부인이 (…) 난로에서 그을음을 긁어내고 청소하는 소리이다. 그런 다음 문이 열리고 (…) 두 여자가 (…) 대화하는 소리가 들린다. (…) 그 무엇보다도 A부인의 게으른 아침잠이 단연 화제다. (…)**19**

사람들이 부근을 오가는 소음, 설핏 들려온 대화, 심지어 뒷공론까지도 우리가 혼자가 아님을 확인해주는 배경음 노릇을 한다. 역으로, 사람은 가청거리에서 벗어나면 남들과도 멀어져 고립되고, 외면당하고, 오해를 산다.

19　　노예들의
　　　　　반란

18세기 에든버러에서 하인이 경험한 사회적 방음은 계급 격차를 한층 고착시키기는 했지만, 생사가 걸린 문제까지는 아니었다. 반면 아프리카계 미국인 노예에게는 소음을 내고 소음을 들리게 하려는 투쟁이 자신의 존재를 건 결정적인 문제였고, 백인 플랜테이션 소유주는 노예를 강제로 침묵시킬 권력을 갖가지 방법으로 수호하려 했다. 반란이 전면적으로 일어나는 순간에 소리를 둘러싼 투쟁은 가장 격렬하게 들려온다. 동시에, 새롭고 개성 있는 미국 음악 문화의 탄생도 들려온다.

　1739년 9월 9일 일요일 아침, 사우스캐롤라이나주 스토노Stono강 근처에서, 미국 역사상 가장 규모가 크고 폭력적인 노예 반란이 일어났다. 남자 노예 한 무리가 현지 플랜테이션 농장주들에 대항하여 무장 봉기를 일으킨 것이다. 며칠 되지 않아 사망자는 50명을 넘어섰고, 반란은 진압되었으며, 보복이 가해졌다. 노예들 본인은 왜, 어떻게 반란을 일으켰는지 단서를 전혀 남겨놓지 않았고 반란의 전말은 오로지 노예를 진압한 백인의 기록으로만 전해진다.

　하지만 남아 있는 증거만으로도 매우 흥미로운 특징이 드러난다. 바로 북소리가 반란에서 맡은 역할이다. 스토노 반란에서 소리가 매우 중심적인 역할을 맡았던 것으로 보인다. 반란 세력이나 그 적에게나 마찬가지였다. 전자에게 소리는 노예들이 공유하는 아프리카의 유산을 표현하는 수단이었고, 후자에게는 무슨 수를 써서라도 중단시켜야 할, 불온하기 짝이 없는 비밀 통신이었다. 대체 무슨 일이 벌어지고 있었을까? 그날 스토노강 근처에서 사건이 벌어졌을 때, 북을 두드리는 소리는 왜 그토록 중요했을까?

스토노 반란이 일어나고 오래지 않아 다음과 같은 내용이 기록되었다. 이 오싹한 묘사에서 몇 가지 기본적인 사실을 알 수 있다.

(…) 그들 소유의 흑인들은 스토노강에서 반란을 시작했는데 (…) 놈들은 큰 상점을 강탈하여 총기와 탄환으로 무장했고, 플랜테이션 주인 가족 전원과 다른 여러 백인을 살해했다. 자기네 길을 막는 것들은 모두 불태우고 파괴했다. _윌리엄 스티븐스 대령Colonel William Stephens, 1739년 9월 13일.[1]

(…) 그들은 스토노 다리까지 행진하여 가게 주인 2명을 살해한 뒤 머리를 잘라 계단에 놓아두었고, 가게에서 원하는 물건을 약탈하면서 마주치는 사람들마다 남녀노소를 막론하고 죽였으며, 가옥을 불태우는 등 갖가지 잔학 행위를 저질렀다. _제임스 에드워드 오글소프 장군General James Edward Oglethorpe, 1739년 9월 17일.[2]

(…) 그들은 24시간이 채 지나기도 전에 길에서 마주친 백인 20명 내지 30명을 살해하고 집 3, 4채를 불태우고 나서야 따라잡혔다. 이제는 일당 대부분이 이미 사로잡히거나 괴멸된 상태이다. (…) _로버트 프링글

Robert Pringle, 찰스턴의 상인, 1739년 9월 26일.[3]

(…) 그리고 그들을 추격한 지 이틀 안에 20명 넘게 살해하여, 일부는 교수형에 처하고, 일부는 산 채로 교수대에 매달았다. _'사우스캐롤라이나로부터의 편지A letter from South Carolina', 〈보스턴 위클리 뉴스레터Boston Weekly News-Letter〉, 1739년 10월 1일.[4]

이 토막글들은 반란이 어떻게 시작했는지 시사한다. 토요일 밤에 쌀 플랜테이션에서 일하던 노예 소수가 상점을 공격했다. 상점은 목조 건물이었고 농기구, 일반 가정용품, 주류는 물론이고 무기도 당연히 팔았다. 그런데 기록은 급작스럽게 플랜테이션 주택이 전소하고 노예주들이 학살되었다고 언급하더니, 순식간에 반란이 처참하게 막을 내렸다고 묘사한다. 반란자들은 뿔뿔이 흩뜨려진 후, 눅눅하고 모기떼가 들끓는 사우스캐롤라이나 저지대의 들판이나 숲속이나 강가나 개울에서 한 사람 한 사람 추격당해 즉결심판에 처해졌다.[5]

변변찮은 가게에 일회성으로 가해졌던 공격이, 일요일 동틀 무렵이 되자 명백히 더 크고 위협적인 사태로 번진 이유는 무엇일까? 상점과 몇몇 주택을 약탈했던 노예들은 그때 먼지 자욱한 길을 따라 사바나Savannah 쪽으로 걷고 있었다. 노예 행렬은 이미 40~60명 정도로 늘어나 있었고, 다른 노예들도 속속 가세했다. 소규모 폭동이 자칫하면 보다 광범위한 봉기로 비화할 듯 보였다. 그렇게 보인 이유는 그들이 휘둘렀던 폭력뿐만이 아니라, 걷는 방식과 행군하면서 내는 소리에도 있었다.

그들 무리는 자유를 부르짖으며 깃발을 들고 북 2대를 두드리며 행진하다가 백인을 만나기만 하면 쫓아갔다. (…) 다른 흑인들이 속속 합류하면서 무리가 늘어 60명이 넘었고, 혹자에 따르면 100명도 되었다. 무리는 들판에 멈춰 서서 춤추고 노래 부르고 북을 두드리고 흑인들을 더 많이 끌어들이며, 자기네가 바야흐로 주 전역에서 승리를 거두었다고 생각했다. 10마일을(16킬로미터에 해당한다—옮긴이) 행군하면서 마주치는 것은 모두 불태웠으니까. (…)[6]

행진하는 남자들은 잘 훈련받은 군대는 아니었지만 단순히 걷기만 하는 것도 아니었다. 그들은 행군하고 있었다. 깃발까지 들고 북을 치면서 말이다. 북소리는 그들이 행진함을 알리는 동시에 근처 오두막이나 들판에 있는 사람들을 불렀다.[7] 그러나 역설적으로 소음이 반란군에게 패착이 되고 말았다. 북소리 탓에 지역 민병대가 반란군을 쉽게 발견했기 때문이다. 하지만 반란이 신속히 진압되었음에도 플랜테이션 농장주들이 몇 달간, 길게는 몇 년간 불안에 떨었다는 사실은 사뭇 놀랍다. 그들을 가장 불안하게 한 것은 바로 반란군의 북소리였다.

플랜테이션 농장주 대다수는 늘 노예들의 동향을 감시하고, 심지어 오두막 안까지 들여다보았다. 1688년 자메이카 식민지에 온 영국인 의사 한스 슬론Hans Sloane은 오두막에 사는 노예의 모습을 묘사했는데, 자메이카 노예의 오두막은 극히 기본적인 생필품밖에 없는 사우스캐롤라이나 플랜테이션의 오두막과 매우 흡사했다.

몸을 뉠 깔개 하나, 음식을 끓일 토기 하나, '컵과 숟가락' 용도로 쓸 표주

박 한두 개.**8**

노예들의 길고 고된 일상은 귀를 찌르는 소리로 시작되었다.

동이 트자마자, 때로는 동이 트기도 전에, 노예들은 소라고둥 소리와 감
독자가 내는 소리에 기상하여 일터로 가야 한다. 더 괜찮은 플랜테이션
에서는 종을 울렸다.**9**

일어나면 불평이나 잡담 없이 밭에 가서 일해야 했다. 실제로 노예주
들은 자기가 노예를 얼마나 잘 침묵시키는지 자주 자랑하곤 했다. 물
론 때로는 노예에게 노래를 부르라고 명령할 때도 있었다. 혹시라도 작
업 능률이 올라갈까 싶어서였다. 미국 작가 프레더릭 더글러스Frederick
Douglass는 자서전에서 이렇게 설명했다.

노예들은 일하면서 노래를 불러야 했다. 조용한 노예는 주인도 감독자
도 좋아하지 않았다. 노예가 조용하면 대개 "어이, 소리 내. 거기, 소리
내라고."라고 말했다. 노예야말로 세상에서 가장 흡족하고 행복한 일꾼
이라고들 이야기했고, 노예가 부르는 노래는 그 증거로 언급되었다.

노예들이 조용히 있건 노래를 부르건, 플랜테이션에서 사운드스케
이프를 통제하는 주체는 농장주나 감독자였다. 그러나 자메이카에서
도 노예들은 이따금 스스로 선택한 소리를 낼 수 있었다. 슬론은 자메
이카 노예들이 주인에게 간섭받지 않을 때 어떤 음악을 연주했는지 간

략하게 묘사한다.

'흑인 놈'들은 (…) 고된 노동에 시달렸음에도 밤이나 축일이 되면 춤추고 노래한다. (…) 루트를 본떠 만든 갖가지 악기가 있는데, 목이 달린 작은 박에 말총이나 덩굴식물 줄기를 꿰었다. (…) 때로는 속이 빈 통나무를 양피지나 다른 가죽을 적셔 감싸고 목 부분에는 음을 바꿀 수 있도록 길고 짧은 줄을 꿰어 활로 켠다. (…) 춤추는 사람은 다리와 손목에 방울을 묶고 손에도 방울을 들어 소리 내 박자를 맞추고, 다른 사람은 속 빈 박이나 단지 주둥이를 손으로 두드려 화답한다. 그들의 춤에는 매우 활발한 움직임, 힘찬 몸놀림, 박자 맞추기가 포함된다. (…)¹⁰

슬론은 분명 노예들의 음악 연주를 다소 원시적이라고 보면서도, 표면 바로 밑에 또 다른 의미의 층이 도사렸음을 감지한 듯하다. 예컨대 그는 노예들의 춤에 "힘찬 몸놀림, 박자 맞추기"가 필수임을 알아차렸다. 또한 어떤 악기는 이상하게도 쓰이지 않는다는 사실도 깨달았다.

예전에 노예들은 축제 동안 자기네 식 나팔과 속 빈 나무로 만든 북을 사용하는 것이 허용되었다. (…) 그러나 이 악기들은 '아프리카' 고향에서 전투를 벌일 때 쓰였으므로, 반란을 선동할 여지가 크다고 여겨 섬의 세관이 반입을 금지했다.¹¹

그렇다면 스토노 반란이 일어나기 40여 년 전에 자메이카의 식민지 배자들은 이미 북이나 나팔이 위험하다고 판단한 셈이다. 1699년에는 바베이도스에서도 이 악기들이 금지되었다. 1711년에 세인트키츠Saint Kitts섬도 그 뒤를 따랐다.[12] 어느 경우에나, 북과 나팔은 아프리카에서 악명을 떨친 탓에 금지된 것으로 보인다.

북 치기가 위험하다고 최초로 경고한 사람들은 16세기부터 가나, 나이지리아, 앙골라, 콩고 등지에 정착한 기독교 선교사들이었다. 한 선교사는 "지옥 같은" 북이 "불법인 잔치와 유흥에서 흔히 사용된다."라고 기록했다.[13] 선교사들이 '2. 말하는 북소리'에 등장한 말하는 북을 목격했을 가능성도 높다. 선교사들은 뿔피리나 북 연주자들이 왕과 궁정에 연관되어 있음을 잘 알았으므로, 북을 두드리는 리듬이 모종의 군사 신호를 포함한다고 의심했다.

이 모두가 황금해안이나 앙골라 등지에 살던 백인 식민지배자들이 위협을 느끼기기에 충분해 보였다. 하지만 북과 나팔을 연주하던 바로 그 아프리카인들은 이제 노예 상인에게 팔려 서인도제도나 북아메리카 대륙으로 수출되었다. 비록 실제로 그들과 함께 대서양을 건넌 악기는 몇 점 되지 않았지만,[14] 자메이카의 플랜테이션 농장주는 악기 자체보다는 노예들의 음악 전통을 더 우려했다. 사탕수수밭의 거물들은 자기 소유지에 은밀하게 신호를 보내거나 전투를 선동하는 듯한 소리가 전혀 들리지 않게 하려고 촉각을 곤두세웠다.

똑같은 불안감이 나중에는 북쪽 사우스캐롤라이나까지 번졌다. 그곳 플랜테이션 농장주 가운데에는 애초에 서인도제도의 사탕수수밭에서 재산을 모은 자들이 많았다. 농장주들은 노예들의 아프리카 문화유산에는 딱히 관심이 없었지만, 북소리에 대해서라면 전해 들은 바가 있었다. 또한 스토노강 유역에는 18세기에 대규모 전투가 벌어진 앙골라

나 콩고에서 끌려온 노예가 많다는 사실도 아마 알았을 것이다. 노예 중에는 노련한 병사도 있었을 터이다.[15] 바로 이 때문에 플랜테이션 농장주들이 1739년 스토노강 반란자들이 북을 두드리고 그 소리에 맞춰 노래를 부르는 것을 듣고, 더 큰 음모가 펼쳐지리라는 징후를 느끼고 신경이 온통 곤두섰을 것이다.

사실 스토노강에서 조직적으로 음모를 꾸몄다는 증거는 없다. 필시 노예들은 유일한 휴일인 일요일에 뱀과 벌레가 득실대는 도랑을 치라는 명령을 받자 화가 났을 것이다. 그러나 문제는 플랜테이션 농장주들이 열에 들뜬 머리로 무슨 생각을 했느냐는 것이었다. 폭동을 진압하고 나서도 그들은 노예들이 사방에서 공모하고 있는지도 모른다는 불편한 느낌을 떨치지 못했다. 소문이 퍼지면 "그것은 유령들이 몸을 얻은 듯 일종의 형체를 띠게 되었다."[16]

그리하여 사우스캐롤라이나주 입법자들은 이런 두려움을 누그러뜨리려면 노예에게 "북이나 나팔을 비롯한 시끄러운 악기를 사용하거나 보유하지 못하도록 금하여, 그들이 사악한 계획이나 목적을 실행하기 위해 서로를 부르거나 신호를 보내거나 통지하지 못하도록" 하는 것이 타당하다고 생각했다.[17] 래스가 지적하듯, 이 법이 1740년에 새로 도입되자 "노예가 북을 친다는 언급은 사우스캐롤라이나주와 조지아주의 식민지 기록에서 사실상 사라졌다."[18]

그러나 플랜테이션 농장주들은 북과 나팔의 위험성에만 신경을 쓴 나머지 노예들이 다른 방식으로 아프리카 전통을 어떻게 유지하는지는 모두 간과했다. 슬론이 1688년에 자메이카에서 목격한 음악은 현악기로 연주되었고, 1740년 이후 사우스캐롤라이나와 조지아의 노예 오두막에서는 북 대신 민속 바이올린fiddle이 등장했다. 지역 상류사회는 이를 인정했다. 바이올린 연주라는 점잖은 유럽 전통을 반영했기 때문이다. 분명 많은 노예가, 특히 2세대 노예들이 "유럽인들이 노예로 하여금 연주하기를 바라는 음악을 익혔다."[19]

그러나 그들은 서아프리카의 옛 현악기 연주 전통을 민속 바이올린 연주에 끌어들여 독특한 리듬을 만들기도 했다. 그런 연주는 아프리카 전통을 반영할 뿐만 아니라, 백인 지배당국이 금지한 북소리를 교묘하게 재발명한 결과이기도 했다.[20] 20세기에 이르러 북 치기는 미국 남부 아프리카계 문화에서 오래전부터 핵심 노릇을 하지 않았지만, 그와 비슷한 리듬은 여전히 매우 구체적으로 남아 있었다.

이러한 음악 특유의 '메기고 받는' 스타일은 노예 문화의 또 다른 측면을 보여준다. 아프리카와 유럽의 영향이 복합되어 아메리카의 사운드스케이프에 독특하고 새로운 요소를 만들어낸 것이다. 이것은 연설하는 소리, 특히 종교적인 연설을 하는 소리였다. 메기고 받기라는 가창 양식은 흔히 중앙아프리카의 다성 음악 리듬과 가장 가깝다고 여겨지지만, 사실 스토노강 반란에 참가한 노예 다수는 이미 아프리카에서 포르투갈이나 스페인 선교사들에 의해 기독교로 개종했다.

1738년 조지 화이트필드George Whitefield라는 유명한 전도사가 조지아와 사우스캐롤라이나에 왔을 때, 엄청난 군중이 그의 야외 설교를 들으러 논으로 쏟아져 나왔다. 처음에 화이트필드의 설교를 들으러 온 노예들에게는 예배드릴 건물이 없었다. 노예들은 숲속 '보이지 않는 교회'에서 예배를 드렸다. 냄비와 젖은 담요를 뒤집어쓰고 기도를 올리면서, 주인에게 발각되지 않도록 목소리를 죽였다.[21] 마침내 가건물이나마 교회당이 세워지면서 노예들은 거리낌 없이 자신을 표현하게 되었다. 자유가 없는 생활에 잠시나마 감정을 배출할 숨통이 트인 것이다.

1850년대, 프레더릭 로 옴스테드Frederick Law Olmsted라는 이름의 호기심 많은 신문 기자는 미국 남부의 아프리카계 미국인 교회를 우연히 접하고 강한 인상을 받았다. 북부식 예배의 질서 있고 경건한 분위기에 익숙한 그에게, 남부 교회의 모습은 완전히 생경하면서도 흥미진진했다. 뉴올리언스에서 그는 "이해는 불가능하나" 어쨌든 "아름다운" 설교의 언어를 듣고, 신도가 어떻게 반응하는지 지켜보았다.

> (⋯) 나의 근처에 있던 늙은 흑인 하나가 (⋯) 몸을 떨고 이를 딱딱 맞부딪치면서 간간이 얼굴에 경련을 일으켰다. 그는 곧 설교자가 전하는 정서에 소리 내어 반응하기 시작했다. (⋯) "예!" "맞습니다, 맞고말고요!" "예, 예, 영광입죠! 예!" 이와 같은 표현이 설교자의 목소리가 유독 엄숙해지거나 말이 웅변조가 되거나 행동이 격해질 때마다 건물 도처에서 들려왔다. 신도들의 아우성과 반응은 이처럼 외침을 토하는 데에서 끝나지 않았다. 때때로 고함치고 신음하고 날카롭게 악쓰는 소리, 쾌락인지 고통인지는 모르겠지만 황홀경에 빠져 내는 형언하기 어려운 소리가 들려오고, 거기에 더해 발을 구르고 뛰어오르고 손뼉을 치기도 했다. 장내의 소란은 열광적인 정치 모임과 비슷해지기 일쑤였다. 놀랍게도 마치 싸움이라도 준비하는 양, 내 몸의 근육조차 온통 팽팽해지고, 얼굴이 달아오르고 발이 쾅쾅 굴러졌다. 흥분한 군중에 사람의 신체가 본능적으로 동조하듯이, 나 또한 무의식적으로 그들에게 물든 것이다.[22]

옴스테드에게 이는 모두 '뒤죽박죽 불협화음'에 지나지 않았다. 그의 귀는 그 소리에 익숙하지 않아서, 소리에 진정한 의미가 풍부하게 담겨 있고 다양한 전통이 녹아들어 있다는 것을 제대로 감지하지 못했다. 그러나 옴스테드는 적어도 메기고 받기, 매끄럽게 혼합된 음악과 연설, 흥겨운 언어가 있는 아프리카계 미국식 교회가 고향에 있는 근엄한 백인 교회보다 훨씬 집단적이고 참여적인 방식으로 예배를 드린다는 점만은 인지했다. 하지만 그것은 단순히 종교에 국한되지 않았다. 노예의 말하기 방식은 독특한 어투와 음조를 띠고 미국 남부의 사운드스케이프에 속속들이 스며들었으며 남부 말씨에는 음악적인 성질이 구석구석 배어들었다.[23]

***

우리는 지금 21세기의 시점에서도 풍성한 청각의 역사를 쉽게 역추적할 수 있다. 서아프리카의 북소리부터 1688년 자메이카 노예들이 벌인 즉흥 연주회, 스토노 반란의 소음과 혼란, 민속 바이올린 음악, 손뼉치기, 설교와 노래를 거쳐, 이제는 미국 주류 문화의 일부로 정착한 자이브, 랙타임, 블루스, 재즈, 가스펠, 힙합에 이르기까지 역사는 직통으로 이어진다.

실제로 미국 남부 노예제의 소리는 전 지구적으로 문화를 형성했다. 이것은 작가 캐릴 필립스Caryl Phillips가 "대서양의 소리"라 부른 소리의 일부로서, 서아프리카와 사우스캐롤라이나를 이어주었다.[24] 술집이나 카페나 나이트클럽 어디에서도, 뉴욕과 런던뿐만 아니라 가나의 수도 아크라 같은 해안도시에서도(아크라는 과거 노예무역과 밀접한 관련이 있던 장소이자, 이제는 아프리카에서 문화가 가장 개방적인 곳이며 무역과 관광의 중심지이다), 우리가 본질적으로 미국적이라고 여기는 리듬과 박자를 쉽게 접할 수 있다. 그 북적이고 고동치는 중심가를 걷다 보면 음악이 '고향으로 돌아왔음'을 귀로 느끼게 된다.

물론 18~19세기 미국에서 그랬듯이, 오늘날 아크라에서도 음악은 결코 오래 고정된 상태로 남지 않는다. 아크라는 범세계적인 도시다. 가나인, 나이지리아인, 옛 아샨티 왕국의 후예, 네덜란드·독일·포르투갈 선교사 및 영국 식민지배자의 후손, 이슬람과 가톨릭과 오순절파 신도가 사는 곳이며, 전통과 민족성이 수없이 다양한 사람들이 300만 명 넘게 모인 도시다.[25] 그런 연유로 아크라에는 아프리카 재즈와 '하이라이프(록과 재즈의 영향을 받은 서아프리카 음악-옮긴이)'부터 힙합을 아프리카식으로 해석한 '힙라이프', 택시 운전사 한 무리가 장례식장에서 경적을 울려 연주하는 독특한 음악에 이르기까지, 즉흥 연주와 창의적 변용에서 나는 소리가 가득하다. 소리의 역사는 끊임없이 돌고 돈다.

1730년대에 스토노 강가 논에서 일하던 아프리카 노예에게는 자유가 거의 없었다. 그들에게 유일하게 있는 자유란, 노예주가 억압했던 소리를 새로운 형식으로 변용하여 그 자체가 생명력을 갖게 할 자유였다. 그로부터 2세기 후, 랠프 엘리슨Ralph Ellison은 저서 《보이지 않는 사람Invisible Man》에서 아프리카계 미국인들이 사회에 가시적인 존재가 되는 데 어떤 어려움을 겪는지 보여주는 동시에, 목소리를 가짐으로써 비가시성을 보완할 수 있다는 점도 보여주었다. 아프리카계 미국인들이 점차 크고 뚜렷하게 '가청성可聽性'을 확보함으로써 민권 운동 전반에 결정적인 영향을 미칠 수 있다는 것이다.

민주주의는 늘 어느 정도 청각적인 투쟁이었다. 스스로 선택한 방식으로 자기 소리가 들리도록 하는 투쟁 말이다. 아프리카계 미국인에게 민주주의는 원래 부적절하다고 여겨지던 '소리'를 현대인이 공유하는 문화생활에서 용인되는 요소, 더 나아가 널리 칭송받는 요소로 바꾸는 느리고 오랜 싸움이었다.

20 혁명과 전쟁

혁명과 전쟁이라는 사건은 고요할 리가 없다. 격변과 폭력의 틈바구니에 낀 이들은 무엇보다도 소음을 통해 혁명이나 전쟁 체험을 인식할지도 모른다. 오랜 세월이 흘러도 그들은 기억한다. 압도적이고 끊임없는 굉음에 몸속 깊숙이 충격을 받거나 방향감각을 상실하고, 굉음이 예고하는 위험에 불길함이나 두려움을 느끼고, 그 모든 것이 순전히 청각적으로 상연되는 경험을.

> (…) 숱한 머리들이 큰 바다처럼 몰려와 그곳(프랑스의 도핀Dauphine)을 뒤덮었고 수천수만 명이 혼란과 소음과 폭력에 몰두했다.[1]
> (…) 끔찍한 싸움이 웅얼거리며 (…) 들리기 시작했다. 이내 굉음이 터졌다. 총포 100대가 큰 아가리에서 소리를 토하기 시작했다.[2]

첫 번째 목격담은 1788년, 8월 혁명 직전의 파리 이야기이고 두 번째는 그로부터 75년쯤 후 미국 남북전쟁에서 전투 와중에 어느 보병이 겪은 이야기이다. 두 이야기는 모두 정치·사회적 갈등이 싸움으로 터져

나올 때, 사람들의 감각이 곧장 맹공격당한다는 사실을 증명한다(증명이 굳이 필요하다면 말이다).

그런데 프랑스 혁명의 사운드트랙은 광분한 군중이 내는 소리만은 아니었고, 미국 남북전쟁의 사운드트랙 또한 포격이 끊임없이 퍼붓는 소음만은 아니었다. 혁명에서도 전쟁에서도, 분쟁은 인간의 소리가 융단처럼 풍부하고 복잡하게 짜여 만들어졌다. 두드러지는 굉음뿐만 아니라 투쟁가요와 대중을 선동하는 연설, 적의 보이지 않는 움직임에 조용히 귀 기울이는 능력 등에 신경을 쓰면, 분쟁을 다른 식으로 경험할 여지가 생긴다. 혁명과 전쟁이 어떤 방식으로 펼쳐지는지를 결정하는 데 소리가 종종 중대한 역할을 맡았다는 사실도 드러난다.

프랑스 혁명의 경우에는 1780년대 파리 곳곳에서 공원과 거리에 명랑하게 퍼지던 소리부터 살펴보는 것이 좋겠다. 당시 파리 시민들은 시내를 돌아다니며 들은 소리를 통해 정치에 감도는 분위기를 예리하게 감지했으리라.

왕정 말기에 살았던 파리 시민이 여가를 가장 활기차게 보낼 만한 장소는 아마 팔레루아얄Palais-Royal의 정원이었을 것이다. 최근 대중에게는 개방되었지만 경찰은 출입하지 못하는 곳이다. 당시 파리 시민이라면 군중 사이를 산책하면서 거리 연예인, 가벼운 연극, 여흥거리, 상점, 소매치기와 매춘부가 자아내는 분위기에 흠뻑 젖을 수 있었을 것이다. 소책자나 신문을 파는 상인들도 지나칠 터인데, 그들이 대량으로 파는 읽을거리는 대개 왕실이나 대신들에 관한 야비한 소문으로 가득 차 있다. 나중에는 붐비는 카페에서 술친구들과 함께 소문을 안줏거리로 삼을지도 모른다. 퐁네프다리나 인근 대로에서는 발라드 가수들이 어슬렁거리며 부르는 풍자적이거나 외설적인 노래가 들릴 터이다. 그리고 한잔하러 카페에 가면 아마도 사랑과 유혹 노래뿐만 아니라 정치 노래, 예컨대 궁정에서 부리는 사치와 왕의 발기 불능과 왕비의 성적 취향에 관한 노래가 들릴 것이다. 어쩌면 같이 부르게 될지도 모른다. 잘 알려진 가락에 조잡한 가사를 붙여 기억하기 쉽게 만들었을 테니까.[3]

파리는 아직 공개적으로 반란에 돌입하지는 않았지만, 팔레루아얄의 정원들은 특이한 문화 용광로였다. 역사학자 사이먼 샤마Simon Schama에 따르면, 이곳은 "거칠고 라블레 풍(16세기 르네상스 작가인 프랑수아 라블레François Rabelais에게서 비롯한 용어로, 신랄한 유머와 과감한 희화화 등을 내세운 예술 풍을 가리킨다 ─ 옮긴이)인 대중문화를 왕족과 귀족의 심장부인 파리로" 가져오는 데 성공했다.[4] 적어도 이곳에서는 프랑스의 정치생활이 변화하는 소리가 또렷이 들려왔다. 서로 다른 계급끼리 무차별하게 뒤섞이고 지위와 위계가 느슨해지면서 공경심이 사라지는 소리였다. 1789년과 1790년에 마침내 터진 혁명은 시끄러운 소리 버무리를 꿀꺽꿀꺽 들이켰다.

***

음악, 특히 노래는 혁명에 중요한 역할을 하게 되었다. 노래 수천 곡이 작곡되어 카페와 극장과 공공 광장에서 불렸으며, 특히 인기 있는 노래는 정치적 사건이나 군중의 분위기에 맞추어 달마다 진화했다. 그중 〈카르마뇰The Carmagnole〉이라는 춤곡은 왕비를 '마담 비토(부정한 부인이라는 뜻)'라고 부르며 왕비와 그 귀족 지지자들을 한껏 조롱했다.

마담 비토는 약속했지

마담 비토는 약속했어

파리 사람들 목을 다 치겠다고

파리 사람들 목을 다 치겠다고

하지만 그녀는 실패했네

우리의 대포 때문에

카르마뇰 춤을 추세

그 소리 만세

그 소리 만세

카르마뇰 춤을 추세

대포 소리 만세[5]

1790년에 이보다 더 인기 있었던 노래로 〈잘되리라Ah! Ça ira〉가 있다. 〈잘되리라〉는 분노가 아니라 희망의 메시지를 전한다. '다 잘되리라'고, 모든 것이 '이루어지리라'고 노래한다. 〈잘되리라〉를 부름으로써, 특히 왕당파가 자기네 노래를 부를 때 〈잘되리라〉를 더 목청껏 불러 젖힘으로써, 사람들은 혁명에 대한 신념을 상징적으로 드러냈다. 그러나 〈잘되리라〉가 널리 불릴수록 노래 가사에서 즉흥적으로 바뀌는 부분도 많아지고 분위기도 어두워졌다. 이내 과격 공화파인 '상퀼로트Sans-culottes'는 귀족을 참수하자고 신나게 노래하기 시작했다. "놈들의 목을 매달지 않는다면 놈들을 부숴버리리라. 놈들을 부숴버리지 않는다면 놈들을 불태우리라." 혁명기에 프랑스 민중의 분위기가 어떻게 낙관과 관대함에서 좌절과 분노로 변해갔는지 추적하려면 투쟁가요의 변천사를 따라가는 것도 좋은 방법이다.

투쟁가요는 그 형식을 불문하고, 군중을 열광시키고 집단적 유대감을 자아내는 데 늘 탁월한 역할을 했다. 하지만 노래는 혁명기 파리 시민이 정치적으로 결집하는 사운드스케이프의 일부에 불과했다. 대중연설 문화 또한 번성했기 때문이다. 1789년에 굉장한 연설을 목도하고자 한다면, 가장 좋은 방법은 일요일에 팔레루아얄에서 사람들 수천 명과 더불어 서성대는 것이었다. 어느 영국인 방문자는 카페에서 주변 상황을 지켜보며 그 극적인 광경에 놀라움을 금치 못했다.

> (…) 기대에 찬 군중이 (…) 의자나 탁자에서 열변을 토하는 연사들에게 (…) 귀를 기울였다. 군중이 연설을 얼마나 열심히 듣는지, 연사가 현 정권에 대해 보통 이상으로 대담하거나 폭력적인 정서를 표출할 때마다 군중이 얼마나 우레처럼 갈채를 보내는지, 보지 않고서는 상상하기 어렵다.[6]

재능 있고 조숙했던 카미유 데물랭Camille Desmoulins을 비롯한 프랑스 연사와 혁명가 들은 키케로와 타키투스Cornelius Tacitus, 리비우스Titus Livius의 저작을 제대로 공부했다. 데물랭은 자신이 이러한 로마 전통을 계승했다고 여겼다. 그렇지만 데물랭은 군중을 대등한 상대로 보았다. 그리고 필요할 때 군중에게 동의를 구하는 방식이 아니라, 군중에게 직접 호소하고 군중의 감정에 의지하는 방식으로 연설했다.

들으십시오. 파리와 리옹, 루앙과 보르도, 칼레와 마르세유에서 외치는 소리를 들으십시오. 프랑스 이쪽 끝에서 저쪽 끝까지, 모두 같은 소리로 외칩니다. (…) 모두가 자유를 원합니다.[7]

샤마가 지적하듯, 이런 식으로 연설하는 연사는 번번이 "가슴을 치고" "흐느낌이 터지도록 열변에 겨워" 하기 마련이었다. 군중도 브라보를 외치다가 "함성과 환호가 낭자한 와중에" 영웅이 된 연사를 휙 떠메고 가는 등 한몫을 했다.[8] 그렇기에 프랑스 혁명을 빚어낸 주체는 사적 공간인 자택에서 선전용 소책자를 읽으며 급진 사상을 배운 이들이 아니라, 공공 공간에 모여 혁명가들에게 직접 연설을 들은 사람들이었다. 즉 프랑스 혁명은 청중이 일궈낸 혁명이었다.

데물랭 같은 이들은 집필보다 대중 연설을 통해 지지를 얻는 것을 선호했다. 사상 따위보다 순전히 감정에만 기대도 된다고 생각했기 때문은 아니다. 군중은 분별없이 흥분해 있지 않았다(적어도 그때까지는 그랬다). 그보다는 데물랭이 자기가 하는 연설에 개성이 부여되어 인간적으로 들린다는 점을 알았기 때문이다. 소책자는 금지되거나 수정될 수도 있었고, 재해석되거나 심지어 오독될 수도 있었다. 그러나 자신의 목소리는 그 어떤 중재도 거치지 않고 전달되고, 자연스럽게 우러나오는 듯 보이며, 발화자인 자신과 불가분의 관계였다. 요컨대 목소리는 그가 한 인간으로서 어떤 자질이 있는지를 웅변했다. 늘 절제만 하기보다 이따금 다소 격하게 감정을 드러내는 모습은 더 이상 미개하거나 천박하게 여겨지지 않았고, 오히려 감수성이 예민하고 인정이 풍부하다는 표시가 되었다.[9] 군중에 속한 이들도 단순히 수동적인 구경꾼 노릇에 머무르기는커녕, 1789년 "찬란하게 빛나는 역사적 순간"에 행위자가 되었

다고 느꼈다.[10]

　파리 군중의 소리에서 느껴지는 것은 대기에 떠도는 혁명의 기운만이 아니다. 새로운 유형의 정치가 부상하는 소리도 들린다. 베르사유 궁정은 엄격하고 작위적인 의례와 예법의 세계였고, 그곳에서 정치는 치밀하게 통제된 구경거리와 신중한 발언으로 짜여 절대 권력의 신비를 수호했다. 그러한 정치가 한층 감정 표현이 풍부하고 시끌벅적하고 심지어 저속하기까지 한 무언가에 자리를 내준 것이다. 열정적인 거리 연설의 정치는 당연히 더 유기적으로 살아 있었다. 감정은 자칫하면 걷잡을 수 없이 치달았다.[11] 시끄러운 새 정치는 흥분될 만큼 민주적이면서도, 더욱 불길한 소리를 유발할 위험도 있었다. 구체제가 마지막 힘을 짜내 소리로 무장하여, 혁명의 소리를 맞서 제압하려는 소리 말이다.

　청중 대신 폭도가 몰려오자, 파리 시 당국은 경종을 울림으로써 지원 세력을 소집했다. 필요하면 대포 소리와 북소리를 추가했다. 한편 파리 시 밖에 주둔하던 기병은 왕과 왕비를 지키기 위해 시내로 진입하여 군중에게 일제 사격을 퍼부었다. 혁명이 전면적으로 벌어지던 시점에 반란군의 소음과 당국의 소음은 서로 충돌하며 우레 같은 불협화음을 울렸다. 소란은 결국 지나가긴 했으나, 이런 순간에 혁명의 소리는 전면전의 소리와 거의 분간이 되지 않았다.

　물론 1860년대 미국 남북전쟁에 참전한 군인이라면 제대로 된 전쟁은 다르다고 말했으리라. 전쟁의 소리는 훨씬 더 시끄럽고 가차 없다고, 그 본질은 뭐니 뭐니 해도 대량 파괴를 예고하는 데 있다고 말했으리라. 1862년 10월자 〈찰스턴 머큐리Charleston Mercury〉에서 어느 기자는 미시시피주 코린스 전투Battle of Corinth에서 남군이 중화기 포격에 밀려 퇴각하던 당시를 다음과 같이 회상했다.

"공중에는 온통 치명적인 포탄이 날았고, 대지는 전투의 혼란스러운 소음 아래 흔들렸다."[12] 수많은 총포가 불을 뿜고, 소총이 발사되고, 북이 울리고, 기병대가 땅을 쿵쿵 밟으며 이동하고, 포차 바퀴가 삐걱삐걱 돌아가고, 병사들은 비명을 지르고 고함을 쳤다. 그 와중에 전장에 있는 사람은 어느 병사의 말마따나 "귀청이 터질 듯한 (…) 불지옥"에 와 있는 느낌이 들었을 것이다.[13] 사실, 다분히 고의로 만들어지는 소음도 있었다. 수세기 동안 전쟁에서 그래왔듯이, 상대를 위협할 목적으로 말이다. 예컨대 남북전쟁 때에는 남군의 "반란의 외침rebel yell"이라는 것이 있었다. 남군은 카랑카랑한 소리로 울부짖고 함성을 지르고 악쓰면서 적을 공포에 시달리게 하는 것으로 유명했다.[14] 물론 북군도 소리는 질렀지만, 화력이 뒷받침해주지 않는 한 별달리 효과가 없었다.

게다가 남북전쟁은 대체로 소음보다는 무소음이 도드라지는 양상을 보였다. 병사들은 오랫동안 주위에 귀를 기울이며 대기하곤 했다. 그사이 도시 출신인 북군 병사 다수는 "잠잠하고 고요한" 남부 전원의 풍경에 깊은 인상을 받은 반면, 남군 병사는 두고 온 고향에서 전쟁이 소중한 평온함을 깨뜨리는 소리를 들으며 불안에 떨었다.[15] 때로 고요함은 끔찍하게 느껴지기도 했다. 선장에서 사망자가 너무 많이 발생했다는 징조이거나 폭풍 전야의 정적일지도 몰랐기 때문이다. 때로는 비밀리에 이동하기 위해서 지휘관이 부대원에게 침묵을 강제하기도 했다. 어느 북군 병사는 "그렇게 소리 없이 신중하게 후퇴한 덕분에, 적군은 아군 척후병이 퇴각한 것도 알지 못했다."라고 회상했다.[16]

이러한 배경이 있었기에, 갑작스럽거나 맹렬하게 발생하는 소음에는 한층 중요한 의미가 더해졌다. 소음은 무의미한 불협화음이기는커녕 전황을 알려주는 값진 단서였다. 가령 어느 남군 병사는 버지니아주 불런 전투Battle of Bull Run에서 결정적인 순간에 들은 바를 다음과 같이 묘사했다. 1861년 7월에 벌어진 불런 전투는 남북전쟁 최초의 주요 전투였다.

> 소총 부대와 포대가 좌측에서 불을 뿜기 시작했다. (…) 시작된 지 얼마 지나지 않았지만 전투의 소리는 커져만 갔다. 총격이 와장창 쏟아지며 여단 규모 병력이 진군해 옴을 알렸고, 총성은 더 커졌다. (…) 오전 11시 30분경 (…) 총과 대포 소리가 더 가까이 들렸다. (…) 누구든 그 소리를 듣고도 의미를 모를 리 없었다. 좌측에서 오는 전갈은 이제 필요 없었다. 모두가 순간 동작을 멈추고 귀를 기울였다. (…)**17**

즉, 병사들은 신중하게 귀를 기울여 소리에서 군사 정보를 얻어냈다. 대체로 이 방법은 잘 통했지만 애매할 때도 있었다. 청각에 너무 의지하다 현혹되기도 했고, 때로 그 결과는 처참했다. 1862년 2월에 벌어진 전투가 좋은 예이다. 남군은 테네시주 포트도널슨Fort Donelson에서 자기네를 포위하던 북군에 기습 공격을 가했다. 원래 북군이 유리한 상황이었으나 남군은 어느 날 동틀 녘 공격을 개시했고, 북군의 핵심 지휘관인 율리시스 그랜트Ulysses Grant는 전장을 떠나 전술을 짜고 있다가 사건 발생 약 6시간 후에야 보고를 받고 병력을 증강했다. 전투가 벌어지는 소리를 그랜트가 직접 듣지 못했다는 점은 일견 설명하기 어렵다. 전장은 고작 6킬로미터 남짓 떨어져 있었고, 누가 보아도 그 전투는 분명 터무니없이 시끄러웠기 때문이다.

> 소총과 대포가 뒤섞여 집중 포화를 끊임없이 퍼부었다. 포격이 끔찍하게 연속되었다. (…) 소총은 거의 쉴 새 없이 발사되고 (…) 우리 전열에 퍼붓는 폭격은 조금도 수그러들지 않고 계속되었다.[18]

그런데 그랜트는 왜 아무것도 듣지 못했을까? 십중팔구 그는 모종의 음향 그늘, 즉 전투의 현장음이 귀에 닿지 않는 지대에 있었을 것이다. 그랜트와 전장 사이에는 숲이 가로놓여 있었기에, 남군이 공격하는 굉음은 나무와 산마루에 가로막혔으리라. 게다가 불과 하루쯤 전에 "휘몰아치는 북풍"이 심한 눈보라를 몰고 온 바람에, 바닥에 쌓인 눈이 다른 소리를 흡수했을 터이다. 설상가상으로 그랜트는 전장에서 역풍 방향에 있었다. 그러다 보니 그랜트가 전장의 상황을 눈치 챌 가능성은 사실상 없었다. 북군에게는 다행하게도 그랜트는 결국 전세를 역전했고, 남군은 어쩔 수 없이 기지로 회군해야 했다.[19]

그렇다 해도 매우 아슬아슬한 상황이었다. 이 사례에서도 알 수 있듯이, 전투에서는 소음의 크기가 너무도 크다든가 병사가 굉음에 무차별하게 노출된다든가 하는 것만이 문제가 아니다. 병사가 귀를 훈련하고 주의하여 귀를 기울일 필요가 있다는 점도 중요하다. 무엇보다도, 전투에서 발생하는 소음은 인간이 일으키는 분쟁에서 소리가 어느 한편에게만 충성하기를 일관되게 거부해왔다는 점을 잘 보여주었다.

베르사유에서 호화로움과 권력을 과시하던 부르봉 왕조나 '16. 식민지배자'에 등장한 뉴잉글랜드 식민지배자들과 마찬가지로, 남북전쟁에 참전한 미군은 소리의 힘을 활용하여 상대를 위압하거나 공포를 조장하거나 아니면 그저 공중으로 중요한 정보를 전송하려 했다. 그러나 이 과정에서 변덕스러운 힘에 의지해버린 게 문제였다. 분명 강자는 종소리와 북소리와 총소리를 동원할 수 있었고 타인에게 그저 침묵을 강요할 수도 있었으며, 18세기와 19세기에도 여전히 여러 가지 소리가 권위의 징표로 남아 있었다. 그러나 소리는 족쇄에서 빠져나갈 수도 있었다. 누구나 어떤 식으로든 소음을 낼 방도를 찾아낼 수 있었던 것이다. 식민지 피지배인, 하인, 노예, 혁명가, 포위당한 병사 같은 약자도 강요된 침묵을 깨고 자기 고유의 소리를 이용할 방도를 찾아냈고, 때로는 이를 통해 <u>스스로</u>를 해방했다.

소리에 어느 정도 민주적 성질이 있다는 점은 당시에도 다들 잘 이해하고 있었다. 그렇지 않았다면 왜 자메이카나 미국 남부에서 플랜테이션 농장주가 노예 음악을 억압하려 했겠는가? 농장주는 노예들이 기회가 있을 때마다 내는 소리에 독자적인 힘이 실린다는 것을 알았다. 이를 이해했다는 것은 말과 음악에 풍부한 의미가 담긴 '청각 문화'라는 관념 자체가 절대 '원시'적인 과거나 선사시대의 특징만도 아니고 인류사에서 소멸해가고 있지도 않다는 신호였다. 청각 문화는 늘 현재형이었고, 인쇄와 독서와 글쓰기와 이미지의 세계와 무리 없이 공존했으며, 지금도 끊임없이 진화하는 것으로 보인다.

중세에 학계 바깥에서는 여전히 소리에 거룩하든 사악하든 신비로운 성질이 깃들었다고 여겼다. 소리에는 실재하는 힘이 있다고 간주했다. 19세기에 들어와 신비로움은 줄었지만, 그래도 소리는 여전히 힘을 나타냈다. 인간이 수동적으로 복종해야 할 힘인 자연이나 혼령의 힘이 아니라, 인간이 장악하고 꽤 정밀하게 구체화함으로써 사람들의 감정을 관리하고 정보를 전달하는 데 쓸 수 있는 힘이었다. 인류가 근대의 문턱에 서면서 산업화, 기계, 새로운 통신망, 발전한 과학과 휘황한 시각적 구경거리가 밀려듦에 따라, 소리는 인간의 생활양식에 그 어느 때보다도 중요해지게 되었다.

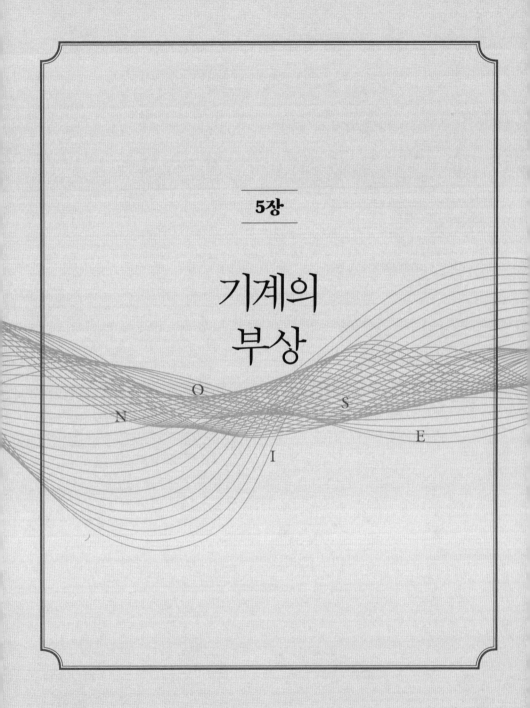

5장

기계의
부상

21   산업혁명의
        소음

미국 보스턴에서 북서쪽으로 몇 킬로미터 지점, 보스턴 교외 지역을 갓 벗어난 곳에 아담하고 깔끔한 역사적 도시 콩코드Concord가 있다. 상당히 조용한 간선도로를 따라 콩코드 중심부에서 남쪽으로 내려가면, 10분도 안 되어 목가적인 호수에 도착하게 된다. 소나무 숲에 둘러싸이고 거의 원형에 가깝게 생긴 이 호수는 바로 미국 문학의 성지, 월든 호수Walden Pond이다.

월든 호수는 '야생'이라고 부를 만큼 문명으로부터 멀리 떨어져 있지는 않지만, 1845년 당시에는 미국에서 가장 뛰어난 작가 가운데 1명을 매혹할 만큼 충분히 평화로웠다. 콩코드에 살고 있던 당시 28세의 헨리 데이비드 소로Henry David Thoreau였다. 소로는 호수 북쪽에 소박한 단칸 오두막을 짓고 2년 가까이 살면서 자연과의 확장된 교감을 기록했다. 그렇게 탄생한 소로의 대표작이 바로 《월든Walden》이다. 소로는 외딴 곳에 지내면서 자신이 비로소 충분한 여유를 갖고, 그의 표현에 따르면 지금 이 순간이 "피어남"을 즐긴다는 것을 깨달았다. 바로 그게 《월든》의 핵심 내용이다.

여름날 아침에는 늘 하듯이 목욕을 마치고 나서, 해돋이부터 한낮까지 볕 잘 드는 문간에 앉아, 소나무와 히커리나무와 옻나무에 둘러싸인 채 온전한 고독과 정적에 파묻혀 몽상에 잠기곤 했다. 그동안 새들은 지저귀거나 소리 없이 나풀거리며 집안을 돌아다녔다. 햇살이 서쪽 창가에 비치거나 저 멀리 큰길을 지나는 마차 소음이 들려서야 시간이 얼마나 흘렀는지를 문득 깨달았다.[1]

이런 경험을 하려면 소로에게는 평온함과 고요함이 필수였다. 평온함과 고요함 속에서 오두막 문가에 앉아 있을 때, 소로는 풍부하고 미묘하게 층을 이룬 자연의 소리를 알아챌 수 있었다.

> (…) 들보에는 쏙독새가 앉았고 창문 아래에서는 큰어치가 우짖었다. 바닥 밑에는 산토끼나 땅다람쥐가, 집 뒤에는 가면올빼미나 수리부엉이가, 연못에는 기러기 떼나 웃음소리를 내는 아비새가 있었고, 밤이 되면 여우가 울었다. (…) 튼실한 리기다소나무는 자리가 비좁을 정도로 자라, 지붕널에 부대끼며 삐걱삐걱 소리를 냈다. (…)[2]

소로가 월든 호수 기슭을 향해 몇 미터쯤 걸어가면 "황소개구리의 우렁찬 울음소리"가 호수를 울렸다. 숲으로 들어가면 "지평선 너머 어딘가에 소가" 음매 하고 "감미로운 멜로디로" 우는 소리가 들렸고, 일요일에는 콩코드의 교회에서 "희미하고 감미롭게" 울려 퍼지는 종소리가 언뜻 들렸다. 차츰 숲속으로 멀어져 가는 종소리를 들으며, 소로는 종소리가 "지평선에 펼쳐진 솔잎을 하프 줄처럼 쓸고 지나가, 윙윙대는 떨림"을 띠는 듯했다고 썼다.[3] 층층의 소리는 서로 엮여 월든 호수 고유의 사운드스케이프를 만들어냈다. 그러나 호숫가에서 사색한 기록은 얼마쯤은 애도의 노래이기도 하다. 소로는 이 소중한 장소가 위협받고 있음을 감지하며 다음과 같이 썼다.

> 기관차 기적이 빽빽대는 소리는 여름에도 겨울에도 나의 숲을 뚫고 들어온다. 마치 매가 농가 마당을 가로질러 날아가며 내지르는 소리 같다. 철마가 힝힝대는 소리에 언덕이 메아리치고, 철마의 발굽에 밟힌 땅은 요동친다. (…) 그리고 나는 잠에서 깬다. (…)[4]

철도에서 나는 소리가 여전히 신기하게만 여겨지던 시대였다. 소로가 그토록 흠모한 자연의 소리만큼이나, 철도에서 나는 소리도 사람들의 귀에는 나름대로 다채롭게 들렸다. 캐나다 작가 셰이퍼는 이 주제에 대해 눈부신 찬사를 쓴 바 있다. 선구적인 저서 《사운드스케이프The Soundscape》에서, 셰이퍼는 과거의 감각 체험에 대한 풍요로운 '전승'을 담아내려 시도하면서 "기적소리, 종소리, 기차가 갓 출발할 때 엔진이 느릿느릿 발동을 거는 소리, 바퀴가 미끄러지며 엔진이 급격히 속도를 냈다가 도로 속도를 줄이는 소리, 느닷없이 터져 나오는 증기, 삐걱대는 바퀴, 덜컹이는 객차, 덜그럭거리는 선로"를 묘사했다.[5]

그러나 소로에게 기차가 지나가는 소리는 소음이 한층 더해진다는 것만을 의미하지 않았다. 화물 열차가 덜컹대며 지나갈 때 소로는 느닷없이 바깥세상과 더 강하게 연결된 듯한 느낌을 받았다. 기차에 실린 온갖 상품이 어디서 와서 어디로 가는지를 생각하노라면 소로의 마음속에는 "산호초, 인도의 해양, 열대 기후, 드넓은 지구"가 떠올랐다.[6] 역에서 기차 소리가 들리면, 소로는 농부와 마을 사람들이 교회 종소리 대신 기차가 들어오는 소리나 기차가 떠나며 경적을 울리는 소리에 시계를 맞추기 시작하는 모습을 생각했다.[7] 소로에게 기차 소리는 새 시대가 태동하는 소리, 즉 자연이 기계에 굴복하는 소리였다.

그렇지만 월든 호수는 외려 운이 좋은 편이었다. 19세기 중반에 이르러 철도는 아메리카와 유럽 시골 방방곡곡을 놀라운 속도로 맹렬히 습격했다. 아프리카와 아시아도 그 뒤를 따랐다. 이집트에 1852년 철도가 처음 깔린 데 이어 수단에도 철도가 깔렸다. 영국 최초의 철도 노선은 1825년에 개통했는데, 얼마 지나지 않아 콘월·웨일스·스코틀랜드 북부 일부 지역을 제외한 전국에 철도망이 깔렸다.[8] 철도는 자극적이고 새로운 감각을 몰고 왔다. 철도는 흥분을 불러일으켰다. 그러나 적잖은 당대인들이 얼마쯤 두려움을 느끼기도 했다. 철도에서 나는 어마어마한 소음은 마치 거대한 무언가가, 난폭하고 파괴적인 무언가가 곧 뒤따라 오리라고 말하는 듯했다.

***

영국 작가 찰스 디킨스Charles Dickens는 소로가 월든 호수에 머물던 무렵과 거의 같은 시기에 소설 《돔비 부자Dombey and Son》를 집필했다. 소설에서 디킨스는 기차를 "정복하는 기관conquering engines"이라 부르며, 기차가 "의기양양하게 새된 소리를 지르며 우르릉 덜컹덜컹 맹렬하게 달려"간다고 묘사했다.[9] 소설에서 묘사하고 있는, 승객들이 기차를 타고 시골길을 질주하는 여정은 무자비하고 두렵게까지 느껴진다.

> (…) 끼익 우르릉 덜컹덜컹 하며 마을로부터 달려 나간다. 사람 사는 곳 사이를 파고들며 거리가 진동으로 떨리게 한다. 번쩍 하고 초원으로 튀어나오는가 하면 축축한 땅속을 뚫고 지나간다. 어둠과 숨 막히는 공기를 부웅 가르더니, 다시 눈부시게 펼쳐진 햇살 속으로 튀어나온다. 끼익 우르릉 덜컹덜컹, 기차는 지나간다. 들판을 지나, 수풀을 지나, 옥수수밭을 지나, 짚더미를 지나, 석회암을 지나, 곰팡이를 지나, 찰흙 바닥을 지나, 바위틈을 지나 (…)**10**

그러나 철도는 온 세상을 덮어버릴 듯이 새로 등장한 소음의 일부에 불과했다. 그 소음이란 바로 산업혁명이 꾸준히 진전하는 소리였다. 시골에서는 탈곡기가 낫을 대신했고, 작업장 마을에 동력 직조기가 들어오면서 섬유 생산은 가내수공업에서 방대하고 기계화된 공장 체제로 바뀌었다. 각종 제조업에는 증기기관, 수압 프레스, 피스톤이 도입되었고, 쇠와 쇠가 마주 갈리는 소리가 끊이지 않았다.**11** 초인적인, 아니 비인간적인 소음이 수백 년간 누구도 손대지 않은 자연 그대로의 사운드스케이프를 짓누르는 듯했다.

대체로 시골에는 산업혁명의 메아리만이 멀리서 들려왔을 뿐, 맨체스터나 버밍엄 같은 도시야말로 산업혁명의 도가니였다. 19세기 중반에 이르면 이러한 도시는 완전히 모습이 바뀌어버렸기에 여기에 처음 내린 기차 승객은 완전히 압도당했을 것이다. 1845년에 스코틀랜드인 민속학자 겸 지리학자인 휴 밀러Hugh Miller는 영국을 여행하는 길에 맨체스터와 버밍엄에 들렀다. 기차가 버밍엄으로 굽이굽이 들어갈 적에, 먼저 그의 시야에 들어온 것은 "길고 낮게 펼쳐진 교외의 풍경"이었다. 그리고 시내에 들어서자, 완전히 낯선 사운드스케이프가 펼쳐졌다.

> 기계 기술이 이토록 시끄러운 소리를 내는 고장은 세상 어디에도 없을 것이다. 망치는 쉴 새 없이 모루를 두드린다. 쇳소리는 철그렁철그렁 끊임없이 울리고, 엔진은 덜컹덜컹 쉬지 않고 돌아간다. 불은 타닥타닥 피어오르고, 물은 쉬익쉬익 끓어오르고, 증기는 우르릉 하고 뿜어져 나온다. 그 와중에 시시때때로 이 모든 소리를 뚫고, 검사소에서 폭음이 거칠게 메아리친다. (…)[12]

'검사소'란 총기 제조업자들이 새로 제작한 총을 시험하는 장소였다. 지나가는 사람의 귀에는 1개 소대쯤 되는 병사들이 건물 안에서 일제 사격을 하는 것처럼 들렸을 터이다. 그리고 그 소리는 좀처럼 잦아들지 않았을 것이다. 버밍엄에서는 1년 내내 밤낮을 가리지 않고 1분에 1개 꼴로 소총을 생산했으니 말이다.[13]

노동자 본인은 어땠을까? 휴 밀러는 검사소에 들어가길 거부했다. 들어가지 않는 편이 분명 현명한 처사였을 터였다. 그렇지만 영국 비평가 토머스 칼라일Thomas Carlyle이 1824년에 버밍엄을 방문했을 때, 제철소 소음의 불협화음을 생생하게 기록해둔 내용이 남아 있다.

> (…) 용광로는 사방에서 회오리바람이 몰아치듯 우르릉거렸다. 쇠는 불타며 거푸집 속에서 치직대거나, 터무니없이 큰 망치에 맞아가며 반짝

거리고 쇳물을 튀겨댔다. 망치가 두드려대는 소리에 작은 지진이 이는 듯했다. 한편에서 노동자들은 석탄을 수레로 날라 오고 철광석을 쪼개어 몽땅 불구덩이에 던져 넣었다. 다른 한편에서는 노동자들이 대포를 빙글빙글 돌리며 속을 파냈다. 그 흉측하게 찢어지는 소리는 지상의 그 무엇과도 비할 바가 없었다.[14]

일단 증기기관이 작동하고 가스불이 밝혀지자, 영국 공장은 숨 돌릴 필요도 없이 바쁘게 돌아갔다. 안에서 고생하는 노동자들의 일일 근무 시간과 교대 근무 횟수도 늘어났다. 노동자 대다수는 작업장에서 되도록 가까운 곳에 살거나 아예 기계 틈새에서 숙식해야 했다. 1832년에 조사관들은 어느 공장에 실태조사를 나왔다가, 어린이들이 지각해서 공장주의 노여움을 사는 것을 피하려고 종종 공장에서 자고 간다는 사실을 발견했다. 다시 말해, 꼼짝없이 거의 하루 종일 소음을 견뎌야 하는 사람들이 수십만, 어쩌면 수백만을 헤아리게 되었다는 것이다. 얼마 지나지 않아 소음이 이들의 건강에 얼마나 끔찍한 영향을 미쳤는지가 명확하게 드러났다. 상상해보시라. 의사 토머스 바Thomas Barr가 1886년에 글래스고에서 관찰한 보일러 제조공은 운 나쁘게도 어떤 악영향에 시달렸을지.

보일러 제조 공정에 동원되는 인원은 리벳공, 접합공, 판금공, 고정공 등 네 부류이다. 리벳공은 시뻘겋게 달군 쇠 리벳을 커다란 망치로 박아 철판을 잇고, 접합공은 끌로 철판 가장자리를 두드려 판들이 완전히 밀착되게 하고, 판금공은 철판을 모양에 맞게 만들어내 제자리에 정확히 늘어놓는다. 한편 고정공은 큰 망치를 들고 보일러 안에 서서, 망치 머리를 리벳 안쪽 끄트머리에 대고 누른다. (…) 물론 고정공처럼 보일러 안에서 일하는 사람들이 가장 시끄럽고 파괴적인 소리에 노출된다. 고정공의 귀는 리벳공이 밖에서 두드려대는 리벳에 가까이 닿아 있다. 고정공이 서 있는 철판은 힘센 남자 20명가량이 휘두르는 망치 20개에 맞아 맹렬하게 진동한다. 보일러 벽 안에 갇힌 소리는 한층 더 강렬하게 증폭되어 물결치며 가공할 힘으로 고막을 때리고, 철판의 진동은 고정공의 몸을 타고 직접 연약한 속귀 기관까지 전해진다. (…) 그런 경험을 하고 나서도 귀 내부의 연약한 구조물이 하루라도 온전히 남아 있다는 게 그저 놀라울 따름이다. (…)[15]

바의 진료소에 보일러 제조공이 넘쳐나도록 찾아온 것도, 이들 중 "그 누구도 청력이 정상이 아니었"던 것도 무리가 아니다.[16] 19세기 말에 이르면 보일러 제조공뿐만 아니라 조선공, 자물쇠 제조공, 선반공, 직조공, 기관사, 철도 노동자도 흔히 "보일러 병"에 걸렸다.[17] 월든 호수에서는 가끔 지나가는 기차 소리가 소로를 성가시게 했을 따름이지만, 선로를 깔고 기차 보일러에 불을 때는 사람들은 산업혁명이 내는 소음 중에서도 가장 시끄러운 음역의 소리를 들으며 고통스러워했으리라. 이들에게 기계시대는 말 그대로 귀가 먹먹해지는 시대였다.

산업이 내는 거슬리는 소음에서 노동자가 잠시라도 벗어날 기회는 없었을까? 글쎄. 일요일이 되면 몇몇은 평온함과 고요함을 누리기 위해 기차를 타고 가까운 시골로 찾아가기도 했을 터이다. 하지만 모두에게 그렇게 할 여유가 있지도 않았을 뿐더러, 도시에 머무르는 대가로

건강을 해치는 것에 대해 신경 쓸 여유가 있는 사람은 더더욱 없었다. 많은 이들은 소음이 일상에 불가피하게 따라다닌다는 사실을 그저 받아들였다. 아니, 받아들이도록 강요당했다고 해야겠다.

앞서 등장한 스코틀랜드인 여행자 밀러에 따르면, 버밍엄에서는 주물 공장 바로 옆에 여러 가족이 살았는데 이들은 망치 소리가 사방에서 끊임없이 울리는데도 "밤마다 곤히 잠들었다."[18] 밀러는 공업 소음에서 미미하게나마 긍정적인 측면을 찾고자 애썼다. 그는 버밍엄의 풍요로운 음악 문화가 공업 소음의 부산물이 아닐까 생각했다. 그는 버밍엄 주민이 "요란한 소리가 끊임없이 울려대는 분위기"에서 살다 보니 시끄러움을 마음속 깊이 좋아하게 되었고, 그래서 노래를 부르고 공연과 축제를 열어 공장의 소음을 자기들이 만들어낸 소리로 몰아내려 한다고 생각했다.[19] 설령 그게 사실이라 쳐도 결론이 암울하기는 마찬가지였다. 버밍엄 사람들이 잠시도 조용할 틈이 없도록 일부러 소리를 낸다는 게 사실이라면, 이는 끔찍하게도 사회 전반에 걸쳐 누가 더 시끄러운지 경쟁이 불붙었다는 징조로 보였다. 사람들은 소음 대신 고요함을 부자연스럽게 여기고, 기계에 완전히 굴복한 듯했다.

다들 알다시피, 귀에 소리가 전해지면 사람은 어떻게든 바뀌지 않을 수 없다. 소리는 우리의 기분을 결정하고 일상을 규율한다. 산업혁명 당시 기계 소리에 굴복한다는 것은 기계의 필요와 기계의 리듬에 굴복한다는 의미였다. 밀러는 영국을 여행하다 맨체스터에 들렀을 때, 맨체스터의 시계가 1시를 알리면 텅 비었던 거리에 약 1분 내로 "밀물처럼 사람들"이 "하일랜드 강물이 범람하듯" 가득 몰려드는 현상을 알아차렸다. 근방 모든 공장과 창고에서 교대 근무가 끝나 "노동하는 영국인의 식사 시간"이 된 것이 분명했다. 거리는 채 몇 분 지나지 않아 다시 텅 비었다가, 1시간 뒤 시계가 울리거나 다음 교대 근무 시간을 알리는 공장 호루라기가 울리면 사람의 밀물로 다시 뒤덮였다.[20] 사람들이 파도처럼 밀려 다니는 모습에서, 밀려는 새로운 인류가 형성되고 있음을 직감했다.

기계시대와 함께 등장한 신인류의 모습은 훨씬 나중인 1930년대에 들어서야 멋지게 포착되었다. BBC에서 셰필드에 있는 강철 공장이 내는 음향의 초상을 방송했을 때다. 프로듀서 제프리 브리드슨Geoffrey Bridson은 공장 안에서 나는 소리에 오케스트라 연주와 성가 낭송을 믹싱하여 청각적인 대서사시를 엮어냈다. 남자들이 공장 출입구에 차례로 다가와 시간기록계에 카드를 찍는 소리, 선철이 제련되어 강철이 되는 소리, 고된 하루가 끝날 무렵 어마어마한 원재료 투입량과 일일 산출량을 항목별로 읊는 목소리, 이 모든 소리가 한데 결집해 공세를 퍼붓는다. 브리드슨의 프로그램은 웅장한 사운드로 공업의 우렁찬 포효를 확실히 전달한다.[21]

그런데 놀랍게도, 이 와중에 제철 노동자들이 스스로 말하는 목소리는 전혀 들리지 않는다. 처음에는 이런 상황이 기이하게 느껴진다. 실제로 포크 가수 유언 매콜Ewan MacCall은 이런 면에서 브리드슨의 프로그램이 생신 과정의 중심에 있는 노동자들의 개성을 말살한다고 비판하기도 했다. 하지만 바로 그 점이 핵심이다. 브리드슨은 공업의 추상적인 힘과 에너지, 공업이 만들어낸 새로운 사회질서를 전달하고자 했기 때문이다.[22] 브리드슨의 프로그램은 이것이야말로 새로운 리듬에 바탕을 둔 새로운 질서이며 인간은 한낱 기계 부속품일 뿐이라고, 이름도 얼굴도 목소리도 없는 존재라고 말하는 듯했다.

***

옛날에 사람들은 노동요를 부름으로써 밭 갈기, 고기 잡기, 옷감 잣기 등등 각종 노동의 리듬을 인체의 리듬, 즉 숨을 쉬고 몸을 굽히고 손발을 움직이는 리듬에 맞추곤 했다. 이런 노래 덕에 일은 견딜 만해졌고 일꾼들에게는 서로에 대해 노래를 부르거나 마을 괴짜들에 대해 농담을 하거나 심심풀이 삼아 중매를 설 기회가 주어졌다. 노동이 진행되는 속도는 자연 조건과 현지 상황에 따라 조금씩 달라졌다.

그러나 산업화된 노동은 이와 같이 섬세하고 유기적인 관계를 엉망으로 흐트러뜨렸다. 토머스 하디Thomas Hardy의 소설 《더버빌가의 테스 Tess of the d'Urbervilles》의 주인공이 그랬듯, 노동자는 산업화 이래로 죽 "귀를 찌르듯 윙윙대며 돌아가는 탈곡기" 앞에 "말없이" 서 있을 수밖에 없었다. 기계음이 너무나 시끄러워서 노래하거나 수다를 떨기는 불가능해졌고, 자연의 리듬은 더 이상 중요하지 않게 되었다. 효율이 요구되면서 노동자는 자신을 기계에 맞추어야만 했다.[23] 그리고 물론, 기계는 돈을 벌기 위해 존재했다. 기계가 내는 소음과 리듬은 진보와 생산성을 상징하기에 거의 성스럽기까지 한 것으로 간주되었다.[24] 사업이 잘 되기 위해서라면, 사람들은 참고 견딜 수밖에 없었다.

어떤 점에서 보면, 소리의 역사 자체가 산업혁명에 달려 있다. 셰이퍼에 따르면, 세계의 음향은 바로 산업혁명기에 바뀌었다. 각양각색 다채로운 소리가 있고 자연의 사운드스케이프에서 나는 소리의 미묘한 뉘앙스 하나하나를 음미할 수 있는 세계에서, "불협화음 쉿소리"가 다른 소리들을 묻어버리고 숨 가쁘지만 "단조로운" 공업 소음이 어디서나 끊임없이 울리는 세계로 바뀐 것이다.

셰이퍼는 바로 여기에 현대인의 삶이 왜 무기력한지를 설명할 단서가 있다고 시사했다. 그는 프랑스 철학자 앙리 베르그송Henri Bergson이 했던 질문을 인용하여 묻는다. "보이지 않는 어떤 힘에 의해 온 우주에서 일어나는 모든 일이 2배 빠르게 일어나게 된다면, 우리는 그걸 어떻게 알 수 있을까?" 베르그송이 내놓은 답은 간단했다. 우리의 체험이 훨씬 덜 풍요롭게 느껴지리라는 것이다. 셰이퍼는 "베르그송이 글을 쓰던 바로 그 순간에도 그런 일은 벌어지고 있었다."라고 결론을 내린다.[25] 소로 같은 사람이 월든 호수 같은 곳에서 지금 이 순간이 "피어나는" 모습을 포착할 기회는 빠른 속도로 사라지고 있었다.

하지만 19세기가 우리에게 단조로운 기계적 소음만을 남겼는가? 산업혁명기에 인류는 창의성을 발휘하여 수많은 사회문화적 변화를 일으켰고, 그 덕에 인류는 점점 더 많은 소리를, 아니 심지어 더 다양한 소리를 들을 수 있게 되었다고 주장하는 것도 가능하다. 사람들은 귀를 다시 조율했고, 듣는 행위를 기술로 간주해 소중히 여기는 법을 익혔으며, 심지어 도시의 소음에 맞서 싸우기 시작했다. 자연의 소리는 산업에 파묻혀 들리지 않게 되었지만, 과학 기술은 너 색다르고 이상한 소리를 발견하는 데 열중했다. 우리가 미처 알아채지 못했지만, 늘 존재했던 소리를.

22   심장 뛰는 소리,
        파리 걸음 소리

1780년 1월 어느 날, 에든버러 출신인 60살 남자가 걱정스러울 정도로 숨을 씨근덕거리며 천천히 고향의 거리를 걸어갔다. 구 도심 남쪽의 '인퍼머리 가Infirmary Street (병원, 치료소의 거리라는 뜻-옮긴이)'에 접어들자, 그는 '서전스 스퀘어Surgeon's Square (외과의의 광장이라는 뜻-옮긴이)'로 발길을 돌렸다. 이미 숨은 턱에 닿았지만, 그는 목적지에 다다르자 있는 힘을 다해 마지막 몇 계단을 올라 뒤죽박죽 세워진 건물로 들어갔다. 그 건물은 에든버러대학교 의대 겸 부속병원이었고, 존 파쿼 John Farquhar는 에든버러대학교에서 가장 명망 높은 의사인 프랜시스 홈 Francis Home을 만나기 위해 그 먼 길을 왔다.

1780년 영국에서 병을 정확히 진단받고 제대로 치료받을 희망이라도 가지려면 에든버러로 가는 것이 제일 나았다. 에든버러는 세계 최고의 의학 교육 중심지라는 평판을 받기 시작한 터였고, 영국의 다른 고장이나 미국의 수준은 이미 훌쩍 뛰어넘었다. 어쩌면 머지않아 파리와 경쟁할 수준까지 오를지도 모를 터였다. 그리고 홈은 에든버러대학교 의대 교수였다. 파쿼 씨는 그 누구보다도 안심하고 믿을 만한 의사를 만났다고 생각했으리라.

첫 번째 진찰은 순조로운 듯했다. 홈은 파퀴 씨가 "간 부위에 통증을 느끼고, 누르면 특히 아파한다"는 데 주목해, 병명은 더 볼 것도 없다고 여겼다.[1] 물렁조직에 물이 과도하게 차서 붓는 병, 즉 흔한 '수종병'이라 본 것이다.[2] 그러나 파퀴 씨의 병은 이상하게도 전신에 급속히 전이되었다. 1월 중순이 되자 배가 부어오르기 시작했고, 3월 초에 접어들자 다리도 부어올랐다. "환자는 침대에 수평으로 잘 눕지도 못하고, 자다가도 숨이 막힐까 두려워 흠칫 놀라 깨어난다."라고 홈은 기록했다. 소변이 "짙은 색으로 변하고 양이 감소"하는 등, 각종 생체 기능에도 변화가 있었다.[3] 그러나 홈은 파퀴 씨가 수종병에 걸렸다고 확신했고, 수종병에 전통적으로 처방하는 치료약을 주지 않을 이유가 없다고 생각했다. 바로 주석영으로 만든 설사약이었다.

파퀴 씨는 낫기는커녕 그 주가 지나기도 전에 죽어버렸다. 그의 주치의는 처음부터 끝까지 증상에만 집중하느라 울혈심부전이라는 근본적인 사인을 진단하는 데 실패했다. 파퀴 씨의 다리가 부은 이유는 심장이 피를 제대로 내보내지 못했기 때문이고, 피곤하고 숨 막히는 느낌이 들었던 이유는 폐에 피가 고여 막혔기 때문이며, 소변 색이 짙어진 이유는 신장이 망가졌기 때문이다. 이 모든 증상은 파퀴 씨의 몸속 깊은 곳에서 일어났다. 눈에서 밀어지면 마음에서도 멀어신다는 말마따나, 눈앞에서 나타지지 않은 증상은 마음에도 떠오르지 않은 것이다.

홈은 결코 무능하지 않았지만, 그 시절 의사들이 대개 그랬듯 그도 큰 실수를 저질렀다. 홈은 환자의 몸에서 나는 소리를 듣지 않았다. 보이지 않는 것은 당연히 들리지도 않으리라고 여겼기 때문이다. 사실,

당시에는 환자의 숨소리와 맥박을 제외하면 애초에 들을 거리도 없었다. 하지만 홈이 40년쯤 뒤에 에든버러에서 환자를 만났더라면, 진찰은 아마 해피엔딩으로 끝났을 것이다. 19세기 초에 과학이 발달하면서 듣기에도 일대 혁명이 일어났기 때문이다. 신기술이 등장한 덕에, 늘 존재했지만 보통 인간의 능력으로 지각할 수 있는 영역 밖에 있는 소리를 듣게 된 것이다. 새로운 발견 덕에 소리의 스펙트럼은 극적으로 확장되었다. 스펙트럼의 한쪽 끝에서는 산업이 우렁차게 발전하는 소음이 들리는 반면, 다른 쪽 끝에서는 인간이 상상할 수 있는 가장 작고 미묘한 소리를 들을 수 있게 되었다. 인류는 소음이 만들어낸 기묘한 소우주를 최초로 목격하게 되면서 보이지 않는 세계에도 생명이 충만함을 깨달았고, 그에 따라 인간과 인간이 맺는 관계도 완전히 변모하게 되었다.

***

몸속에서 은밀하게 일어나는 변화를 이해하는 방식에 혁명이 일어났다 치면, 그 혁명의 시작은 참으로 기이하다 하겠다. 1750년대에 오스트리아 그라츠Graz에 있는 호텔 지하 와인 저장고에서 어린 레오폴트 아우엔브루거Leopold Auenbrugger는 아버지가 술통을 두드려 술이 얼마나 찼는지 가늠하는 모습을 종종 지켜보았다. 10년 후 빈에서 의사 자격을 취득했을 때, 그는 사람에게도 이 방식으로 같은 효과를 거둘 수 있으리라고 생각했다. 환자의 가슴에 두 손을 얹고 손가락 하나로 가슴을 두드려서 어떤 진동이 울리는지 느끼거나, 환자의 가슴에 머리를 대고 울림을 들으면, 가슴이 공기로 가득 찬 건강한 상태인지 아니면 액체가 꽉 차 위험한 상태인지 알아낼 수 있다는 것이었다. 손가락으로 두드렸을 때 맑고 낭랑한 소리가 나면 가슴 밑에 제대로 텅 빈 자리가 있다는 뜻이었다. 반면 둔탁한 소리가 난다면 문제가 있다는 뜻이었다. 폐에 고름이 찼거나, 심지어 종양이 생겼을 가능성도 있었다.[4]

아우엔브루거는 의학적으로 흥미로운 가능성이 잠재된 기법을 발견했지만 그의 기법에는 2가지 문제점이 있었다. 몸속 깊은 곳에서 나는 소리는 아직도 무척 희미해서 귀를 바로 가슴에 맞댄다 해도 듣기가 쉽지 않았거니와, 1760년대에 남의 가슴에 귀를 갖다 대는 행위는 제아무리 점잖은 의사가 한다 해도 꼴사나운 짓으로 여겨졌기 때문이다.

프랑스 의사인 르네 라에네크Ｒené Laennec은 이 문제에 상당히 고심하며 다음과 같이 썼다. "더럽거나 가슴에 땀이 흥건한 환자에게 귀를 갖다 대기란 누구에게나 불쾌할 터이므로, 이 기법을 일상적으로 자주 쓰지는 못할 것이다."[5] 환자가 청결하고 온전한 사람이라 해도 미묘한 문제가 생길 수 있었다. 예컨대 환자가 여자라면 어떡해야 하나? 라에네크가 썼듯이, "순전히 예의범절 문제 때문에, 여성에게는 유방이 있는 부위 어디에도 이 기법을 적용할 수 없다."[6] 의사와 환자 사이에 어느 정도 거리를 두게 해줄 만한 무언가가 분명 필요했다. 그때 어린 학생들이 속이 빈 긴 막대를 갖고 노는 모습을 보고, 라에네크는 해결책을 떠올렸다.

종이 1묶음을 원통처럼 말아서 한쪽 끝은 심장 부위에, 다른 한쪽 끝은 내 귀에 댔다. 그랬더니 귀를 가슴에 직접 가져다 댈 때보다도 심장의 움직임을 훨씬 또렷하게 감지할 수 있게 되어, 적잖이 놀라면서도 기뻤다. 바로 그때부터, 심장뿐만 아니라 흉부 안의 장기들이 움직일 때 내는 갖가지 소리의 특질을 판명할 수단을 만들어낼 수 있겠다 싶었다. (…)[7]

라에네크가 발명한 것은 바로 청진기였다. 그는 이 도구로 무장하고 인체 내부의 사운드스케이프 지도를 계속해서 극히 섬세하게 그려나갔다. 이제 라에네크는 병으로 괴로워하는 환자의 가슴 소리를 듣고, 환자가 죽으면 즉시 부검대에서 시체를 갈라 심장과 폐의 상태를 관찰할 수 있게 되었다. 이런 방법을 통해 신체에 어떤 변화가 생기면 몸에서 어떤 소리가 나는지 연관성을 직접 밝힐 수 있었다. 동굴에서 울리는 듯 꾸르륵 소리가 나고 환자가 말을 한마디 할 때마다 헉헉대기라도 한다면 결핵이었다. 가슴에서 호흡 소리가 들리지 않으면 폐기종이었다.[8] 새로운 질병 진단 사운드스케이프에서 기침은 단순한 기침으로 여겨지지 않았다. 어떤 기침은 덜그럭거리는 마찰음이었고, 어떤 기침은 가래 낀 꾸르륵 소리였다. 메마르고 낭랑한 기침 소리는 메마르고 낮게 쉰 기침 소리와 구분되었다. 라에네크는 소리를 최대한 정확하게 묘사하려고 한 나머지, 특정한 기침 소리를 "메마르고 덜그럭거리는 마찰음으로, 크게 부글거리거나 타다닥거리는 소리, 타원낭이 윙윙 울리는 소리, 빈병 공명음을 수반함."[9]이라고 정의하기까지 했다.

라에네크는 질병 각각을 특정한 소음과 연결시켰는데, 이는 19세기 사람들이 열성을 다해 동식물부터 인간 두상에 이르는 세상 만물을 체계화하고 분류한 풍조를 반영했다. 이 시대 사람들은 그렇게 함으로써 짜증스러운 불확실성과 불규칙성을 자연계에서 몰아내고자 했다.[10] 그러나 나중에 밝혀진 바로는, 라에네크의 접근법은 지나치게 낙관적이었다. 인체처럼 개성 강한 대상을 이처럼 체계화된 방식으로 치료하기란 도저히 불가능했다. 그래도 청진기로 환자의 몸에서 나는 소리를 주의 깊게 듣는다는 기본 발상은 확실한 전망을 제시했다. 이제 환자의 몸은 스스로 말할 수 있게 되었다. 청진기를 통해 육체의 내부 구조와 공간과 움직임을 과학적으로 면밀히 검토할 수 있게 되었다. 라에네크의 근거지인 파리뿐만 아니라 급격히 세를 불리는 에든버러의 의과대학에서도, 실험정신에 넘치는 신세대 의사들은 청진기가 가져다주는 새로운 가능성을 열렬히 반겼다.

에든버러 의사들은 처음에 망설였다. 그들은 귀를 훈련시키는 데 시간이 걸리리란 것을 알았다. 청진기가 드러내 보이는, 몸의 낯설고도 무한히 다양한 사운드스케이프를 해석하려면 귀를 다시 조율해야 했다. 그렇지만 영향력 있는 인사들 중에는 새로운 기법을 적극 도입하려는 사람들이 적지 않았다. 그중에는 왕립 병원 상근의사인 윌리엄 컬런William Cullen과 왕립 병원 교수인 앤드루 덩컨 2세Andrew Duncan Junior도 있었다. 1822년에 덩컨은 갈수록 흥분하는 마음을 감추지 못하고 자신이 실험한 결과를 다음과 같이 보고했다.

누구든 끈기 있고 주의 깊게 원통을 (…) 병원 환자 대여섯 명의 가슴에 대어본다면, 심장의 움직임이나 리듬과 호흡으로 인해 발생하는 소리가 매우 다양하게 나타난다는 사실을 납득할 것이다. 이러한 소리는 체내 장기의 상태에 따라 결정되기에, 신체 내부 상태를 확실히 보여주는 지표가 된다.[11]

하지만 진찰실에서 원통을 실제로 사용하기는 보기보다 훨씬 어렵다는 점이 드러났다. 문제는 디자인이었다. 초기 형태의 청진기는 그냥 속이 빈 뻣뻣한 나무 원통일 뿐이었다. 한쪽 끝을 환자의 가슴에 단단히 맞대고 다른 쪽 끝을 의사의 귀에 단단히 맞대려면, 환자나 의사나 몸을 비비 꼬며 갖가지 불편한 자세를 취해야 했다.[12] 한가운데 경첩이 달린 청진기가 그나마 쓰기 쉬웠다.

1828년 에든버러 왕립 병원 내과의들이 유연하게 휘어지는 관을 개발하면서 비로소 청진기에 일대 혁신이 일어났다. 그때부터 환자의 몸 여기저기를 더 자유롭게 진찰할 수 있게 되었을 뿐만 아니라, 민망한 상황도 피할 수 있게 되었기 때문이다. 한 의사는 "의사가 청진기를 사용할 때 환자 위에 머리를 올리지 않아도 되므로… 까다롭고 미묘한 격식을 어기지 않고도 사회 최고위층을 진찰하는 데 쓸 수 있다"고 적었다.[13] 또한 왕립 병원 의사들은 유연한 관을 이용할 때 정반대 계층, 즉 "명백하게 전염병에 걸린 사람이나 비참하고 불쌍한 사람"을 진찰하는 부담도 훨씬 줄었다고 밝혔다.[14] 그러므로 1830년대에 이르면 의사가 환자의 몸속 소리를 듣지 않으려 할 이유는 사회적으로도 기술적으로도 전혀 없을 듯했다.

그러나 이 시기에 이르러서도 청진기가 임상 진찰에 도입되는 과정은 지지부진했다. 스코틀랜드가 역사적으로 프랑스와 가까운 관계인 덕에, 영국의 다른 고장에 비해 에든버러는 파리에서 발전한 의학을 빨리 받아들이는 데 유리했다. 또한 에든버러는 시대를 앞서 있었다. 의대와 왕립 병원의 의료 서비스가 예산을 충분히 갖추고 중앙조직화되어 있어서, 환자는 전문성이 집중된 환경에서 전문가에게 직접 진료받을 수 있었다. 반면 런던의 의료체계는 엉망진창으로 흐트러져 있었다. 임상 의료는 대부분 개인 개업의가 담당했고, 의과대학은 여기저기 흩어진 데다 서로 경쟁했으며, 반 프랑스 정서도 더 강했다. 우수 사례가 있어도 좀처럼 공유되지 않았다.[15]

한편 예나 지금이나 마찬가지로, 미국은 서유럽과 같은 수준으로 일반 환자들을 진찰할 역량을 갖추려 애썼다. 청진기는 1846년에야 처음 도입되었지만, 그때에도 많은 의사들은 청진기에 관심을 갖지 않았다. 주된 이유는 의사들이 과학 교육을 충분히 받지 않았기 때문이었다. 1770년대 미국에는 의사가 3,500명가량 있었는데, 이 중 의학 학위를 받은 사람은 겨우 400명 남짓했다. 19세기 중반에 이르면 상황이 점차 나아졌다. 에든버러나 파리로 가서 연수를 받는 의사가 늘어났기 때문이다. 1870년 이후, 미국이 하버드대학교, 로체스터대학교, 존스홉킨스대학교, 시카고대학교에 자체적으로 설립한 의대에서도 마침내 청진기 사용법을 가르치기 시작했다.[16] 그러나 청진기가 최첨단 실험 연구에서만 사용되다가 일반 진찰에 실용화되기까지의 과정은 느려서 답답할 지경이다. 청진기가 개발되고 50년쯤 후에야 비로소 의사 일반은 환자의 몸에 도사린 소리를 근거로 웬만큼 정확한 진단을 내릴 역량을 갖추게 되었다.

청진기는 19세기에 이루어진 거대한 지식 혁명의 일부일 따름이었다. 엑스레이, 전기, 라디오 전파, 유전자, 무의식 등등 각종 새로운 발견이 이루어졌는데, 이는 자연계에 놀라운 차원이 숨겨져 있음을 시사하는 듯했다. 인간이 평소의 감각으로 감지할 수 있는 영역 너머 바로 저편에 생명력 넘치는 다른 차원의 현실이 존재해왔고, 이제 그 새로운 현실이 느리지만 흥미진진하게 펼쳐지려 하고 있었다. 소리라는 영역에서도 이처럼 새로운 세계를 드러내주는 도구가 발명되었다. 케임브리지대학교 물리학자인 찰스 휘트스톤Charles Wheatstone은 1872년에 그 도구를 "전기를 사용하지 않고 희미한 소리를 증폭시키는 원시적 기계"라고 설명했다. 단순하지만 오늘날에는 그 진가가 희미해진 도구, 바로 마이크이다.[17]

휘트스톤은 마이크의 기본 원리를 정립했고, 켄터키에 사는 어느 음악 교수가 1878년에 마이크를 실용화했다. 같은 해에, 영국 우체국에 근무하는 엔지니어 윌리엄 프리스William Preece는 마이크가 세상을 어떻게 바꿔놓을지에 대해 공개 강연을 했다.

> 마이크는 아무리 해도 절대 들을 수 없는 소리를 명확하게 드러냅니다. 실제로 저는 파리가 상자 위에서 타박타박 걸어가는 소리를 말이 나무다리를 건너는 소리만큼 크게 들었습니다.[18]

빅토리아 시대의 상상력에 고삐가 풀렸다. 한 예로, 잡지 〈스펙테이터Spectator〉에는 다음과 같은 일이 머잖아 가능하리라 선언하는 글이 실렸다. "나무에 수액이 차오르는 소리도, 수액이 자그마한 장애물을 제치고 뿜어져 올라오는 소리도, 마치 냇물이 돌멩이를 제치고 흐르는 소리처럼 선명하게 들릴 터이다. 꿀벌이 꽃에서 꿀을 빠는 소리도, 가느다란 핏줄에서 피가 뿜어져 나가는 소리도…."[19] 셰이퍼가 사운드스케이프의 역사를 저술하면서 암시한 바와는 달리, 세상의 소리는 갈수록 단조로워지지 않았다. 오히려 그 어느 때보다도 풍부하고 다채롭고 입체적으로 변했다.

빅토리아 시대의 과학은 작은 소리에까지 귀를 기울임으로써 소리를 합리적이고 정보를 '읽어낼' 수 있는 대상으로 대해주었다. 그렇다고 해서 태곳적부터 내려온 소리의 마법적인 성질이 사라진 것은 아니었다. 온 세상과 모든 사람 안에 비밀스러운 소리가 생생하게 울려 퍼진다는 사실이 밝혀지자 오히려 시적인 경이로움이 솟구쳤다. 여러 작가와 예술가는 아찔한 청각적 현기증이라고밖에 묘사할 수 없는 상태에 빠졌고, 새로운 감각이 몰려들면서 자기들의 섬세한 영혼이 어떤 영향을 받게 될지 고민했다.[20]

그러나 머잖아 그들은 결론을 내렸다. 자기네 고유의 능력을 발휘해 좋은 소리와 나쁜 소리를 가려내는 것이 품격을 유지하는 데, 어쩌면 심지어 문명 자체를 수호하는 데 관건이라고 말이다. 이제 듣기는 대충해서는 안 될 일이 되었다. 듣기는 철두철미하게 훈련해야 하는 기술, 오직 선택된 소수만이 연마할 수 있는 기술이 되어야 했다.

23　　새로운
　　　　　듣기 태도

1869년 8월 어느 화창하고 따뜻한 날, 스코틀랜드 태생인 미국 박물학자 존 뮤어는 캘리포니아 요세미티Yosemite 국립공원에서 폭포, 깊은 바위 계곡, 오래된 자이언트 세쿼이아 군락을 따라 돌아다녔다. 뮤어는 이 장소를 깊이 아꼈지만, 이날은 평소처럼 마음껏 즐거워하지 못하고 다른 데 완전히 정신이 팔려 안절부절 못했다. 뮤어가 다음날 일기에 설명했듯이, 그토록 심란했던 이유는 국립공원에 온 다른 사람들의 행동 때문이었다.

요세미티를 찾아온 사람들이 진기하고 웅장한 풍경에 별 감흥이 없다니 이상하다. 마치 눈을 가리고 귀를 막은 사람들 같다. 사방을 둘러싼 산으로부터 흐르는 물이 힘차게 합창하는 성가 소리에 장엄한 암벽이 떨려도, 그 음악 소리에 하늘의 천사마저 이끌려 나올 듯했는데도, 어제 내가 만난 이들 대다수는 마치 주위에 무슨 일이 일어나는지 전혀 모르는 듯 아래만 내려다볼 뿐이었다.[1]

새가 지저귀는 소리, 나무에 부는 "바람 음악" 소리, 곤충이 "기쁨에 차 흥얼대는" 소리, "시냇물이 기분 좋게 노래하며 바다로 흘러가는" 소리.² 자연의 장엄한 신비는 도처에 있어, 얼마든지 보고 들을 수 있었다. 특히 듣는 것이 어쩌면 더 중요할지도 몰랐다. 뮤어가 예전에 썼듯이, 요세미티 같은 자연공원은 소리가 어찌나 풍부한지 "눈먼 사람도 이 숲에서 분명 즐거울 터"이기 때문이다. 그런데도 여행객들은 그 소리를 제대로 감상하지 못했다. 낚시에 열중하거나, 서로에게 정신이 팔리거나, 자기들끼리 시끄럽게 떠들어대며 나귀와 말을 끌고 다녔기 때문이다. 이들이 "경건하고 고요하게, 눈을 크게 뜨고, 사랑하는 마음으로 보고 듣는다면" 인생이 분명 훨씬 풍요로워질 것이라고 뮤어는 불평했다.³

그는 "경건하고 고요하게" 듣는 방식을 주창했다. 19세기 전반에 걸쳐 울려 퍼진, 특정한 소리가 품은 장엄한 힘을 고스란히 체험해야 한다는 주장에 호응한 것이다. 19세기가 열리고 낭만파가 자연을 경청하는 행위의 미덕을 예찬하면서 이러한 주장은 반복해 나타났다. 영국 시인 새뮤얼 테일러 콜리지Samuel Taylor Coleridge는 어느 겨울 밤 호수에서 "얼음이 깨지며 우레처럼 울부짖는 소리"를 듣고 "소리는 그 어떤 광경보다도 웅장할 수" 있음을 믿게 되었다고 썼다.⁴ 윌리엄 워즈워스William Wordsworth는 1828년에 〈소리의 힘에 대하여On the Power of Sound〉라는 시를 쓰기도 했다.⁵

낭만파나 존 뮤어를 비롯한 박물학자의 주장을 들으면, 경청을 숭상하는 행위는 합리적이고 자연스러울 뿐만 아니라 민주적이고 해방적이기까지 하다는 느낌이 든다. 그러나 그들의 주장에는 어둡고 권위적인 태도를 낳을 불씨도 숨어 있었다. 소리의 웅장함을 제대로 감상하려면 시골 사람이든 도시 사람이든 행실을 바르게 해야 한다는 의미였기 때문이다. 19세기 내내, 듣기라는 기술에는 이처럼 어둡고 강압적인 면이 뿌리내리는 듯했다.

뮤어가 캘리포니아에서 겪은 일에 대해 쓴 지 불과 몇 년 후, 독일 바이로이트Bayreuth에서는 웅장한 축제극장의 주춧돌이 놓였다. 축제극장이 1876년에 완공되면서 이곳은 세계 정상급의 음악 신전으로 등극했다. 바이로이트 축제극장은 작곡가 리하르트 바그너Richard Wagner의 작품에 헌정되었기에 특히 바그너의 숭배자들에게는 성지나 다름없었다. 그리고 숭배자들은 숭배 그 자체에 맹목적으로 빠져들었다. "감히 말하건대, 우리의 예술은 종교이다."[6] 바그너의 아내 코지마Cosima Wagner는 남편의 작품을 이렇게 평했는데, 바그너 팬뿐만 아니라 19세기 음악 애호가들의 태도도 대체로 비슷했다. 하지만 음악에 종교적인 오라를 부여하는 데에는 결국 대가가 따랐다. 얼마 지나지 않아, 열과 성을 다해 음악을 추종하는 사람들은 음악을 어떻게 들어야 할지 도그마를 만들어냈고 이단 냄새가 나는 행동은 끝내 모두 짓밟았기 때문이다. 결국 새로운 듣기 기술에는 찬탄, 예의, 혹독한 차별이 다소 어색하게 섞이게 되었다.

***

불과 1세기 전만 해도 음악은(심지어 클래식마저도) 놀라울 정도로 편안하게 들을 수 있었다. 사람들이 실제로는 음악에 귀를 기울이지 않았기 때문이다. 콘서트는 종종 식당에서 열렸다. 역사학자 피터 게이Peter Gay가 밝혔듯이, 음악가가 부자의 대저택에서 하는 공연은 종종 "추파를 던지거나 잡담하거나 식사할 때 듣기 좋은 배경음"에 불과했다.[7] 음악가는 설사 오페라하우스에서 공연하게 되어도 소란스러운 객석에 시달려야 했을 것이다. 제시간에 도착하고 공연이 끝나면 조용히 나가야 한다는 에티켓은 확립되지 않았다. 시끄럽게 왔다 갔다 하는 사람들이 끊이지 않았다. 몇 안 되는 음악 애호가들은 오페라 대본을 꼭 쥐고 무대에서 벌어지는 움직임을 성실하게 쫓아가기도 했지만, 청중은 대체로 공연 내내 수다를 떨었고 "제복을 입은 종업원들이 유리병에 든 와인과 오렌지를 팔러" 그 주위를 돌아다녔다.[8] 무대에서 멀리 떨어진 위층 발코니석에서는 매춘부도 부지런히 영업을 했다.

이런 소란 속에서 음악가들은 완전히 절망에 빠졌으리라 생각하기 쉽다. 하지만 음악가들은 소란에 익숙했고, 객석이 조용하면 오히려 불안함을 느꼈다. 모차르트는 1781년 빈에서 공연한 후, 연주 중 객석에서 외치는 '브라보' 소리에 정말 기분이 좋았다고 아버지에게 편지를 썼다. 오케스트라는 환호성과 박수가 연주의 대미를 뒤덮어도 개의치 않았다. 실제로 연주자든 작곡가든 곡이 끝나기 전에 어서 청중에게 인정을 받고 싶어 조바심을 냈다. 그들은 청중이 잠잠하면 오히려 작품이 거절당했다고 여겼으리라.[9]

그러나 변화의 조짐은 이미 18세기에 싹트기 시작했다. 음악은 단순히 배경에서 기분 좋은 여흥거리를 만들어주는 것이 아니라, 장엄하면서도 사람의 내면 깊은 곳을 울리는 경험을 하게 해주는 것이라는 생각이 점차 퍼져나갔다. 음악가 찰스 버니Charles Burney는 1770년대 말에 역작 《음악사General History of Music》를 저술하기 시작했는데, 그는 음악의 핵심은 감동하는 데 있고 음악을 듣는 사람 누구나 "감정을 주체하지 못할" 권리, "지식이나 경험이 없어도, 비평가의 지시를 따르지 않고도, 음악을 듣고 즐거워하거나 불만스러워할" 권리를 누린다고 썼다.[10] 그래도 물론 비평가들은 대중의 취향을 형성하는 데 여전히 큰 영향력을 발휘했고, 많은 비평가들은 베토벤이야말로 청자에게 가장 장엄한 경험을 약속한다고 생각했다. 한 예로, 프랑스 작가 조르주 상드George Sand는 자신이 베토벤의 음악에 어떻게 반응했는지를 프란츠 리스트Franz Liszt에게 아래와 같이 털어놓았다.

> 베토벤의 음악을 들으면 내면 깊은 곳에서도 가장 은밀한 곳으로 다시 들어가는 기분입니다. 베토벤의 천재적인 숨결이 닿으면 내가 평생 체험하고 느낀 것들, 사랑하고 괴로워하고 꿈꿔왔던 그 모든 것들이 되살아나 끝없는 몽상에 빠집니다.[11]

그런데 이처럼 음악을 경외하는 태도는 음악을 듣는 '보통' 사람에게는 어떤 의미가 있었을까? 리오넬로 발레스트리에리Lionello Balestrieri의 그림 〈베토벤Beethoven〉(1912)에 그 실마리가 담겨 있다. 19세기 끝 무렵만 해도 이 그림은 세계적인 화제작이었고, 대중용으로 찍어낸 판화와 복제화가 각국에 잇따라 퍼졌다. 〈베토벤〉은 피아니스트와 바이올리니스트가 가구조차 거의 없는 작은 방에서 다섯 사람을 상대로 연주하는 모습을 그렸다.[12] 청중 5명은 각자 소리 하나 내기는커녕 다른 넷을 상대하지도 않는 듯하다. 남자 둘은 연주자가 있는 방향을 뚫어져라

바라보지만, 시선은 연주자가 아니라 그 너머를 향한다. 마치 연주자들이 거기에 없는 것처럼 말이다. 세 번째 남자는 베토벤의 데스마스크가 걸린 벽에 기대섰다. 손은 주머니에 찔러 넣고 눈은 바닥을 내려다본다. 네 번째 남자는 몸을 앞으로 기울여 앉아, 머리를 두 손에 파묻고 눈을 가렸다. 한 여자가 그중 한 남자에게 기대지만, 정작 시선은 남자를 외면한 채 허공에 못 박혀 있다. 청중 5명은 그저 침묵하는 것이 아니다. 이들은 주위 세계를 거의 의식하지 못하고, 무한한 영적 영역으로 떠내려가 있다. 다시 말해, 이들은 신성한 임무를 수행하듯이 음악을 듣는다.

'경건한 침묵'이 화폭에 그려진 이유는 그것이야말로 이상적인 듣기방식이라고 여겨졌기 때문이다. 황홀경에 다다르려면 청자는 음악과 직접적이고도 순수한 관계를 맺어야 했는데, 그러려면 집중을 해야 했다. 침묵은 소극적인 태도와는 달랐다. 침묵은 강렬한 행위이자 노동이었다. 청자는 자아를 실현하고 문화를 개선한다는 거대한 과업을 평생 수행해야 했다.[13] 과업을 달성하려면 침묵은 필수였고, 당연히 그 누구든 침묵을 깨는 자는 이 순간의 순수함을 파괴하는 죄인이었다. 물론 들으면서 흐느끼는 것은 괜찮았다. 아니, 어떻게 울지 않을 수 있겠는가. 음악이 절망의 심연이나 사랑의 절정을 너무나 아름답게도 환기하는데 말이다. 하지만 흐느낄 때도 조용히 흐느껴야 했다. 소리 내어 울음을 터뜨리지 말고, 볼에 눈물 방울만 흐르게 해야 했다.

이제 공연 중에는 경의를 담아 침묵하는 것이 대부분의 상황에서 예의로 간주되었다. 콘서트홀이나 극장에 아무리 관객이 많고 북적인다 해도 예외가 아니었다. 실제로 프랑크푸르트, 파리, 런던, 뉴욕 등 대도시에 있는 대중공연장은 관객을 통제하고 침묵을 강제하느라 곤욕을 치렀다. 우수한 오케스트라와 인기 지휘자가 공연하는 유명한 음악을 들으러 관객이 몰렸기 때문이다. 그에 따른 사회적 갈등이 이런 대중공연장에서 가장 격렬하게 나타난 것도 무리가 아니다.

한 예로, 1808년에 프랑크푸르트에서는 관객이 강연이나 콘서트에 참석할 때 지켜야 할 행동 지침을 인쇄하여 배포했다.

> 문학 내지 음악 공연을 보는 중에는 말씀을 삼가주시기 바랍니다. 공연자에게 찬사를 표하시려면 손뼉을 치기보다는 정중하게 경청하는 것이 바람직합니다. 공연에 대한 불만을 드러내지 말아주십시오. (…) 개를 데려오지 말아주십시오.[14]

안타깝게도, 이와 같은 지침을 배포해도 처음에는 별달리 효과가 없는 듯했다. 사람들에게 듣기 기술을 훈련시키려면 시간도 걸리고 힘도 들 게 분명했다. 그런데 만약 콘서트에 오는 사람들이 서로를 감시하도록 장려한다면 일이 좀 더 빨라지지 않을까? 1857년 뉴욕 필하모닉 오케스트라도 바로 이런 효과를 기대하며 관객에게 "음악을 감상하는 예의"를 지키도록 요구하려 했다. 관객이 공연 중 "다른 데에 정신을 빼앗기고 수다를 떠는" 문제가 계속되자, 뉴욕 필하모닉은 이를 해결할 방법을 연례보고서에 다음과 같이 설명하려고 애썼다. "해결책은 (…) 바로 관객에게 있습니다. 가까이 앉은 관객끼리 서로 신경을 써주고 관객의 즐거움을 방해하는 자가 어쩌다 나타날 때마다 즉각 눈살을 찌푸린다면, 금세 질서를 완벽하게 회복할 수 있을 것입니다."[15] 뉴욕을 비롯해 세계 각지에서는 모범 사례를 발굴해 거듭 찬양함으로써 관객의 저항을 줄이고자 했다. 1819년 3월자 〈런던 모닝 크로니클London Morning Chronicle〉은 로열 필하모닉이 최근에 연 콘서트에서 관객이 "조용히 집중"했다고 열렬히 호평했다. 한 평론가는 1896년에 시카고의 어느 신문에 기고한 글에서, 시내에서 베토벤 콘서트가 열렸을 때 관객이 "극히 주의 깊게 공연을 관람했으며, 객석에서 나누는 대화도 예전에 비해 줄어들었다."고 칭찬했다.[16]

애쓴 결과 느리게나마 변화가 일어났다. 19세기 말에 이르러, 이상적인 예의범절이 비로소 자리 잡는 듯했다. 이제 사람들은 좌석에 꼼짝 않고 가만히 앉아 있으려 했다. 공연 프로그램을 펄럭이는 소리조차 내지 않으려 애썼고 숨조차 제대로 쉬지 못했다. 피터 게이가 시사했듯이, 청중이 들썩이고픈 본능을 공연 내내 억누르는 시기가 마침내 다다르자 박수갈채는 극적으로 강렬해지고 앙코르 요구도 더 자주 터져 나왔다. 상연이 절정에 이르렀을 때 관객이 열광하며 우렁차게 터뜨리는 소리는 오랫동안 억눌러온 감정이 폭발하는 소리였다.[17]

경건한 듣기가 거둔 최후의 승리는 바이로이트 축제극장 같은 공연장 설계에 구조적으로 반영되었다. 바이로이트 축제극장의 주 공연장은 우리가 2장 '웅변의 시대' 중 '6. 서사시적 이야기'에서 이미 살펴본 고대 그리스 극장을 모방해서 지었다. 중앙 통로와 박스석은 아예 없애고, 불필요한 장식도 모두 제거했다. 음향의 질을 최고로 끌어올리기 위해서이기도 했지만, 무엇보다도 음악을 들으며 황홀경에 빠지는 데 방해되는 요소를 완전히 제거하는 것이 가장 중요한 목적이었다. 시각적인 방해요소도 모조리 제거하면서, 놀랍게도 오케스트라마저 없애

버렸다. 관객의 시선이 닿지 않는 무대 아래쪽 깊숙이 오케스트라석을 만들어 오케스트라와 지휘자를 치워버렸다. 또한 바이로이트 콘서트홀은 오페라 극장으로서는 세계 최초로 공연이 시작되면 객석 불을 껐다. 예전에는 공연장이 공연 내내 객석을 환히 밝히곤 했는데 말이다. 바그너에게 헌정한 바이로이트 사원에서 중요한 점은 오직 하나, "바그너가 창조한 소리와 풍경에 엄격하고 절도 있는 자세로 집중"하는 것이었다.[18]

어떻게 개개인 모두가 이토록 엄격한 기준에 맞게 행동할 수 있었을까? 답은 간단하다. 당연히 모두가 기준에 맞출 수는 없었다. 바로 이 점도 새로운 듣기 기술의 핵심이었다. 조용히 경청할 수 있는지가 사람의 지위를 평가하는 척도가 되었다. 조용히 경청함으로써, 자신은 음악이 표현하는 감정을 예민하게 감지할 줄 알 뿐만 아니라 남들보다 훨씬 품위 있다는 점을 드러낼 수 있었다. 즉, 자신이 상류층임을 드러낼 수 있었다.

그런데 계층을 구분하는 문제는 복잡했다. 꼭 값싼 좌석에 앉은 어중이떠중이들만 규범을 어긴 것은 아니었기 때문이다. 가령 파리 오페라좌에서 예의범절에 신경 쓰지 않고 계속 떠드는 사람들은 대부분 박스석에 앉은 "분칠한 가발들", 즉 귀족이었다. 귀족들은 뻔뻔하게도 다른 관객을 전혀 의식하지 않았고, 부르주아에게 무슨 비판을 받든 유독 요지부동이었다.[19] 프랑크푸르트의 극장들은 지침서를 인쇄해 배포한 지 85년이 지난 후에도 여전히 작품이 상연되는 도중이나 상연이 끝나기 전에 객석에서 일어나지 말아달라고 관객에게 요청해야 했다. 단, 요청하는 상대는 일반 관객이 아니라 "박스석에 앉은" 관객이었다.[20] 듣기

혁명은 귀족이 아니라 중산층의 행동규범이 주도권을 잡아 일어난 것임을 알 수 있다.

당연히 가발 쓴 귀족뿐만이 아니라 많은 사람들이 새로운 관습에 숨 막혀했다. 가령 낭만파의 정신을 아직 간직한 사람이라면 콘서트장 에 티켓이 너무도 숨 막히고 인공적이라고 소리 높여 비난했을 터이다. 바로 그래서 수필가 찰스 램Charles Lamb은 글 속 주인공의 입을 빌려, 어느 날 저녁 공연을 보다가 느낀 불쾌함을 아래에 같이 묘사했다.

> 꼼짝없이 앉아 이탈리아 오페라를 보다가, 너무도 고통스럽고 말도 못하게 괴로운 나머지 북적이고 시끄러운 거리로 뛰쳐나갔다. 애써 귀 기울이지 않아도 되는 소리로 스스로를 달래고, 끊임없이 헛되고 시시하게 정신을 집중하느라 받은 고통을 떨치러! 가식 없고 솔직한 일상의 소리 한가운데에서 나는 위안을 얻는다.[21]

아무리 애써도 모든 사람에게 일사불란하게 조용히 집중하라고 강요하기는 불가능했다. 그 이유는 간단했다. 인간의 기본적인 충동에 어긋났기 때문이다. 음악이 귀로 들어와 온몸에 스며들면, 인간은 본능에 맞춰 콧노래를 따라 부르거나 발을 까닥이거나 손가락으로 박자를 맞추거나 엉덩이를 흔들어야 즐거워진다. 사회 규범에 순응해야 한다는 압력에 짓눌리며, 자기 마음대로 즐겁고 편안하게 음악을 즐길 기회를 절실히 그리워한 사람들에게는 당연히도 지루함밖에 남지 않았다.[22] 얼마 지나지 않아 콘서트나 오페라에 가던 일반 관객은 시끌벅적한 뮤직홀로 발길을 돌려 쉽게 즐길 유흥거리를 찾았고, 클래식 음악에 헌정된 사원은 갈수록 중산층이 전유하는 영역으로 변해갔다.

이는 앞으로의 변화를 나타내는 조짐이었다. 하지만 빅토리아 시대는 일단 듣기 행위 자체에 비범한 의미를 부여하는 데 성공했다. 빅토리아 시대 문학은 '눈멂'에 매료되었다. 시각 중심의 세계에서 볼거리에 눈길을 빼앗기지 않을 때, 인간의 내면에 비범한 통찰력이 자라남을 완벽하게 상징하는 듯했기 때문이다. 한 예로, 1860년 〈내셔널 리뷰 National Review〉에는 만물의 깊은 뜻을 깨닫는 데 집중하기 위해 눈을 뽑아낸 고대 철학자들을 찬미하는 기사가 실렸다. 또한 엘리자베스 배럿 브라우닝Elizabeth Barrett Browning은 자신의 서사시 〈오로라 리Aurora Leigh〉의 주인공을 맹인으로 설정한 이유를 다음과 같이 설명했다. "그는 눈이 멀어야 한다. (…) 그래야 눈을 뜨게 된다."[23]

과학자들마저 사람들에게 겉으로 보이는 것 이상을 보라고 촉구했다. 저명한 물리학자 올리버 로지Oliver Lodge의 말마따나, 인간의 지식이 발전하려면 사람들이 한낱 눈에 보이는 것 이상을 탐구하는 것이 무엇보다 중요했다. "인간은 감각으로 물질만을 포착할 수 있다. (…) 그러나 타고난 동물적 감각으로는 형체도 없고 보이지도 않는 영역에 얼마나 다양한 존재가 있는지 실마리조차 잡지 못한다."[24] 로지는 보이지는 않지만 들리는 대상에 깊이 매혹되면서, 텔레파시·강령회·심령술 따위에 손을 대기도 했다. 그러나 '보이지 않는 것'의 가능성을 탐구한 덕에 로지는 전기·자력·라디오 전파에 대해 중요한 과학적 발견을 하고 20세기 물리학의 초석을 다질 수 있었다.

인류의 청각은 차츰 완벽하게 다듬어져 가는 듯했다. 청각으로 장엄함을 구분하거나 세계의 숨겨진 과학적 진리까지도 밝혀내는 능력은 그 어느 때보다도 날카로워진 듯했다. 그러나 다음 장에서 설명하듯이, 예민한 청각은 축복이자 저주가 되기도 했다. 빅토리아 시대는 경건하게 듣기를 장려했지만, 런던이나 뉴욕 등 급격히 팽창하는 메트로폴리스에서 경건한 듣기 방식은 통찰력과 찬탄을 선사하기는커녕 신경쇠약과 괴로움만 일으킬 따름이었기 때문이다.

24 도시의 배경음

1853년 여름과 초가을, 런던의 고상한 주택가에 급박한 공사가 벌어지며 먼지가 풀풀 날리고 뚝딱거리는 소리가 울려댔다. 다급하게 톱질하고 쿵쾅대는 소리의 진원지는 5번지, 작가 부부인 토머스 칼라일과 제인 칼라일Jane Carlyle의 집이었다. 부부는 집을 대대적으로 개축하려고 다락에 건설업자를 데려왔다. 완벽하게 방음이 되는 서재를 지으려 한 것이다. 서재는 집 꼭대기에, 길거리에서 가능한 한 멀리 떨어진 곳에 지었다. 벽은 2겹으로 지었고, 천장 안쪽에는 '공기실空氣室'을 설치해 소리를 막았으며, 창문은 아예 만들지 않았다. 천장에 낸 채광창 하나만이 방을 밝혔다.

칼라일 부부는 공사가 끝나기를 간절히 기다렸다. 특히 토머스는 글을 쓰기 위해 완전히 고요한 분위기를 갖추고 싶어 했다. 토머스는 1852년 12월 31일 어머니에게 보낸 편지에 "누구나 그렇겠지만, 특히 저처럼 예민하고 마음이 어지러운 사람은 가끔씩 정신을 완전히 은둔 상태에 들어가게 만들고 가만히 내버려둬야만 합니다."라고 썼다.[1]

그러나 스코틀랜드에서 런던으로 이사 온 지 몇 년이 지나도 런던에서는 그가 갈망하는 은둔 상태에 도저히 들어갈 수 없었다. 책상 앞에 앉아 고심하는 와중에도 소리는 집요하게 토머스를 괴롭혔다. 닭들이 끊임없이 부산 떠는 소리도 그중 하나였다. 제인이 동서에게 보낸 다음의 편지에 썼듯이, 그 소리는 10여 년 전부터 느닷없이 부부를 괴롭히기 시작했다.

> 옆집 사람들이 여름휴가를 갔다가 살아 있는 수탉과 암탉을 데리고 돌아왔지 뭡니까! 지난 며칠 동안 그 수탉은 우는 재주를 유난히 뽐내더군요. 하느님께서 그 짐승을 얼른 치워주시길.[2]

하지만 시끄러운 소리는 멈추기는커녕 심해져만 갔고, 제인은 남편의 정신 상태를 갈수록 걱정하게 되었다. 제인은 어머니에게 다음과 같은 편지를 보냈다.

> 끔찍한 옆집 여자는 수탉을 치워버리기는커녕 (⋯) 1마리를 더 들여왔고 (⋯) 밤마다 수탉들을 수많은 암탉이 꾸역꾸역 들어찬 닭장에 집어넣고 밤새 바깥에 내버려두더군요. (⋯) 당연히 그것들은 아침부터가 아니라 한밤중부터 꼬끼오 꽥꽥 울어대지요. 소리가 어찌나 가까이에서 들리는지 머릿속을 길로 찔러대는 듯합니다. (⋯) 이러다가는 그이가 곧 정신병원에 가게 될 것 같고 (⋯) 남편은 맹세컨대 닭들을 쏴죽이겠다고 해요.[3]

하지만 사실 토머스는 악마 같은 닭들을 공격할 여유가 없었다. 바깥 거리에 잇따라 출몰하는 악사들에게 폭력을 휘두르는 공상에 종종 몰두

했기 때문이다. 그는 어머니와 아내에게 다음과 같은 편지들을 보냈다.

> 1853년 3월 12일: (…) 떠돌이 풍각쟁이 무리가 창가 아래에서 나무토막
> 을 딱딱 두드리고 기타를 튕기며 흑인 노래를 부릅니다. 동전 한두 푼이
> 라도 얻으려고 말도 못 하게 야단입니다. (…)
> 1853년 7월 8일: 이틀 연속으로 새벽 5시에 잠이 깼소. 누렇게 뜬 역겨
> 운 이탈리아 놈이 창가 아래에서 풍금을 켜대고 (…)**4**

여름은 특히 고역이었다. 이제 그는 한계에 달한 듯했다.

> 바람을 통하게 하려면 문과 창문을 어느 정도 열어두어야 하는데, 사람
> 도 짐승도 날씨가 맑아지면 버릇처럼 떠들어대더군요. 아무리 조용한
> 지역에서도 열린 창문을 통해 수탉, 앵무새, 노래지빠귀, 개, 쓰레기차,
> 멋 부린 마차 소리가 얼마나 자주 들어오는지 경악스럽습니다!**5**

완공을 앞둔 다락방 서재만이 토머스에게 유일하게 남은 희망이었
다. "어떤 소리도 침범하지 못할 '조용한 방'이 생겼으니" 이제는 평생
도시에서 살아갈 수 있으리라고, 어쩌면 늙어 망령 날 무렵이면 완전히
서재에 들어앉아 책과 문서에 둘러싸여 홀로 행복하고 평화롭게 지낼
수 있을지도 모른다고, 토머스는 어머니에게 장담했다.**6**
　안타깝게도 그렇게 되지는 않았다. '조용한' 서재에 앉은 첫날 알게
된 바로는, 짜증스러운 외부 소음은 방음 시설로 줄어들거나 차단되었
지만 사방이 고요해지니 다른 소리들이 이상하게도 크게 들렸다. 창을

내지 않으려고 통풍구가 14개 달린 환기 시설을 특별히 고안해 설치했는데, 오히려 환기 시설을 통해 하인 숙소와 아래층 거실에서 온갖 소리가 전해지는 듯했다. 게다가 날씨가 더워지면 채광창을 열어야 해서, 애써 창문을 뺀 설계가 무용지물이 되고 말았다. 실제로 1853년 11월에 제인은 "조용한 방이 이 집에서 제일 시끄럽다"며 "완전히 실패했다"고 단정했다. 제인은 "칼라일 씨"의 "심기가 매우 불편하다"고 평했지만, 그것은 토머스의 상태를 정중하게 돌려 말한 데 불과했다. 토머스는 옆집 뒷마당에 사는 "악마 같은 새들"을 죽이고 싶다는 어두운 생각에 다시금 빠져들었다.[7]

토머스 칼라일이 터무니없이 예민하게 구는 모습을 비웃지 않기도, 오랜 세월 그런 남편을 참고 견뎌야 했던 여성을 동정하지 않기도 쉽지 않다. 분명 소음은 신경과민과 관계가 있었다. 때로는 돌이켜 생각해봐도 무엇이 원인이고 무엇이 결과인지, 그러니까 신경과민 때문에 혹여 나지도 않은 소리가 들렸던 것은 아닌지 판가름하기 어렵다. 미국 작가 개릿 카이저Garret Keizer는 토머스의 조용한 서재에 다녀가고 나서, 그 방은 성지라기보다 차라리 경고를 전하는 신탁이라고 단언했다. "문에 경구가 새겨진 것 같았다. '고요함에 집착하면 절대 고요함을 얻지 못하리라'고."[8]

토머스 칼라일이 "떠돌이 풍각쟁이"와 "누렇게 뜬 이탈리아 놈" 풍금 연주자를 비난한 글에서 들리는 인종차별적·계급차별적 편견도 우리 현대인에게는 거슬린다. 그러나 거북해도 인정해야 한다. 토머스 칼라일의 태도는 빅토리아 시대 런던 중산층이(개혁적인 중산층이라 해도 마찬가지였다) 소음을 점차 적대시하던 경향을 전형적으로 보여주는 사례였다. 디킨스만 해도 "놋쇠 악기를 뻔뻔스레 두드리고, 북을 치고, 풍금을 켜고, 밴조를 퉁기고, 심벌즈를 두드리고, 바이올린을 그어대고, 유행가를 불러 젖히는 자들"에 대해 불평했다.[9] 한편 신문 기사도 런던 시내 거리 악사들의 인종 구성을 분석하는 데 열중해, 악사들은 "대개 잉글랜드인도 스코틀랜드인도 아니"며, 어느 기자의 주장을 빌리자면 "외국인이기 마련"이라고 단정지었다.[10] 실제로, 몇몇 악사는 돈을 뜯어낼 요량으로 일부러 남의 집 앞에서 소란을 피우기도 했다.

그러나 문학사학자 존 피커John Picker가 지적했듯이, 불행히도 거리 악사는 잉글랜드가 외국인으로 들끓는다거나 저속한 풍조가 밀어닥치면서 품격을 유지하기가 갈수록 어려워진다는 고정관념을 상징하는 존재가 되었다. 거리 악사를 모조리 조용하게 만들거나 점잖은 동네에서 어떻게든 내쫓아달라는 청원이 의회에 빗발쳤다. 이는 불쾌한 소리 문제를 해결한다는 명목으로 험악한 사회적 차별은 물론이고 인종 청소에 가까운 행위조차 얼마나 쉽게 정당화될 수 있는지를 보여주었다.

***

디킨스와 토머스 칼라일 같은 사람들이 거리 악사에 짜증을 내고 아래층에서 집안일 소리가 방음 서재로 희미하게 울려오는 데 괴로워했던 이 모든 상황은 역설적이다. 주위가 비교적 조용하다는 호사를 누렸기에, 소음이 오히려 두드러지게 들렸기 때문이다. 반면 런던의 다른 구역, 특히 부산한 도심에서는 신경을 찢을 듯 시끄럽고 끊임없는 배경음이 날로 커져만 갔다. 의학 작가 에드윈 애시Edwin Ash는 사운드스케이프의 이러한 변화에 자극을 받아, 현대에 새로운 질병이 창궐한다고 주장하고 그 병에 "런던병"이라는 이름을 붙였다.[11]

　19세기에서 20세기로 넘어갈 즈음, 런던 등지의 도시에 유입되는 사람 수와 교통량은 급속히 증가했고 교통수단이 이동해온 거리도 급속히 늘어났다. 어떤 소리는 차츰 소멸하기도 했다. 1920년대 후반에 이르면 쇠를 두른 바퀴를 덜그럭거리는 마차 대신 고무바퀴 달린 자동차가 일반화되었다. 길에는 시끄러운 소리를 내는 구식 자갈을 대부분 걷어내고 평탄하고 매끄러운 바닥재를 깔았다. 공학 기술이 발전하여 기차에도 구조적 개선이 일어났고, 철도에서도 고막을 찢을 듯 요란하게 덜컹거리는 소리가 줄어들었다. 전기 기계가 도입되면서 구식 기계가 증기로 돌아갈 때 내는 쿵쿵 쉿쉿 소리도 없어졌다.[12] 하지만 주민과 차량이 늘어나면서 소음도 함께 늘어나다 보니, 개선된 점을 알아차리기는 힘들었다.

　글래스고에 사는 의사 댄 매켄지는 상황이 악화되는 데 특히 불안을 느꼈다. 매켄지는 1916년에 《소란한 도시: 소음을 비판하는 장광설The City of Din: A Tirade against Noise》이라는 책을 출간했다. 책의 배경이 실재하는 장소가 아니라 가상의 소란한 도시라고 밝히기는 했지만, 사실 그 내용은 본인의 경험을 아주 많이 반영한 것이었다.

　　모터버스며 택시며 자동차가 부르릉대는 소리는 옛날보다 훨씬 무겁고 우렁차며 압도적이다. 주된 이유는 탈것들이 예전보다 묵직해지고 속도도 빨라졌기 때문이다.[13]

자갈길에 쇠바퀴가 덜그럭대는 소리는 잦아들었지만, 대신 짜증나는 소리가 새로 등장했다.

> 자동차 경적! 대체 왜 이따위 고문 도구가 단 하루라도 존재하게 허락한 것인가? (…) 경적이라니! 소음의 시끌벅적한 역사를 통틀어도 이처럼 악마 같은 장치 소리가 대기를 가른 적은 없으리라.**14**

물론 그 밑에는 다른 온갖 소음도 깔려 있었다. 전차가 "장송곡처럼" 우르릉대는 소리, 노점상의 목소리, 요란하게 울리는 음악 따위 말이다.**15** 매켄지는 유례없는 소음이 출현함으로써 도시인의 정신 건강이 느리지만 확실하게 망가질지도 모른다고 걱정했다.

> 현대인의 정신은 정밀한 기계와 같다. 이 기계의 바늘은 사고와 감정의 흐름이 조금만 바뀌어도 사정없이 떨리고 요동친다. 교양과 교육을 통해 우리는 화가나 시인 같은 감수성을 배양했다. 그러면서도 이토록 아슬아슬하게 균형이 잡힌 섬세한 기계를 사정없이 노출시켜 (…)**16**

매켄지는 도시의 배경음에 날마다 시달리기만 해도 인간의 뇌가 진저리를 치다가 완전히 탈진하리라고 생각했다. 결국 신경쇠약이 전염병처럼 만연할 터였다. 토머스 칼라일을 괴롭혔던 소음, 예컨대 거리 악사가 가끔 창밖에서 악기를 연주하는 소리나 이웃집 닭이 울어대는 소리는 짜증스럽기는 했지만 그다지 대수롭지 않았다. 매켄지의 주장에 따르면 음량은 다소 낮더라도 만성적인 소음이 더 위험했다. 남녀노소 일반인 수십만 명이 매일 듣는 소리, 즉 기차로 도심에 통학하거나 통근할 때, 기계에 둘러싸여 오랜 시간 가게나 공장에서 일할 때, 밤이 되면 잠 못 드는 거리에 면한 북적이는 공동주택으로 귀가할 때 듣는 소리가 더 위험하다는 말이었다.

하지만 19세기가 저물 무렵에 지구상에서 인구가 가장 과밀한, 다시 말해 소음 때문에 신경쇠약에 걸릴 위험에 처한 사람이 제일 많은 곳은 런던이 아니라 뉴욕 맨해튼 로어이스트사이드Lower East Side였다. 매년 이민자 75만 명가량이 미국으로 건너왔다. 연 100만 명 넘게 올 때도 있었다. 이민자 중 거의 절반은 뉴욕에 머물렀다.[17] 이들 대다수가 로어이스트사이드에 정착하면서, 겨우 몇 평방킬로미터 남짓한 공간에 아일랜드인, 독일인, 폴란드인, 이탈리아인, 유대인 등등 다양한 사람들이 모여 갖가지 국적과 문화의 눈부신 모자이크를 이루었다. 또한, 현지 역사 기록을 인용하자면, 이민자들은 "도시의 내연기관을 그 어느 때보다도 뜨겁게 달구었다."[18]

기자였던 제이콥 리스Jacob Riis는 1890년 《나머지 절반은 어떻게 사는가How the Other Half Lives》를 출간해 이 지역을 묘사했다. 지금은 고전이 된 이 책에서 리스는 생기 넘치는 거리의 풍경과 냄새와 소리, 사람들이 행상을 다니다 멈춰 서서 이야기를 나누고 다투고 노는 소리를 묘사한다.

사람들은 서로 밀치며 손수레와 노점상 곁을 지나간다. 노점상이라고 해봤자 재떨이통 2개 사이에 홈통 널빤지를 걸쳐놓고 카운터 흉내를 낸 게 고작이다! 서로 떠밀고, 지나가려 애쓰고, 왁자지껄 떠들고, 외국어

로 외쳐대는 풍경이 진정 바벨탑의 혼란상과도 같다.[19]

이곳에도 뉴욕 고가 철도가 가까이 지나가고 "기차가 시끄럽게 철제 고속도로를 질주한다." 하루는 "아무 때나" 시작하고, 밤이 되어도 이 구역은 고요히 잠들기는커녕 "와글와글 흥청거렸다."[20] 리스는 맨해튼 이쪽 구석을 "유대인 마을"이라 불렀는데, 매켄지의 '소란한 도시'가 현실에 정말 존재한다면 유대인 마을이 바로 그곳이리라.

19세기에서 20세기로 넘어갈 무렵 로어이스트사이드의 소리를 포착한 장면에는 기쁨과 따뜻함이 충분히 묻어난다. 예나 지금이나 소음은 공동체성, 근면성, 진보 등 활력을 강력하게 나타내는 상징이기 때문이다. 하지만 끊임없는 소음은 주민에게서 행복을 사정없이 앗아갔다. 이곳의 북적대는 거리를 따라 늘어선 공동주택은 6~8층짜리 대형 건물이었는데, 영국 소설가 아널드 베넷Arnold Bennett은 공동주택에서 "모든 문과 창문마다 사람이 땀처럼 흘러나올 듯"했다고 묘사했다. 1895년에 공동주택은 총 약 4만 채에 달했고, 입주자는 130만 명에 이르렀다.[21] 리스가 계산한 바에 따르면, 약 2.6평방킬로미터당 33만 명가량이 쑤셔 넣어졌다.[22] 이 구역에서도 특히 붐비는 블록에는 1903년 기준으로 대략 2,000명이 모여 살았다. 우리가 그 시절 그곳에 살았더라면, 공동주택 정문에 발을 들이는 순간 고요한 안식처가 아니라 여러 가족이 "장작 다발처럼 차곡차곡 쌓인" 장소로 들어서게 될 터였다. 사생활이라고는 전혀 없고 조용할 틈도 없는 곳이었다.[23]

제이콥 리스는 어린 소녀가 물을 길러 나갔다가 공동주택으로 돌아와 계단을 오르는 순간을 포착했다. 그는 공동주택을 "한순간도 햇볕이든 적 없는 곳"으로 묘사한다.

> (…) 항아리를 든 소녀가 좁은 계단을 삐꺽거리며 올랐다. 한 층을 오르
> 면 아이 한 무리가 옹기종기 모였는데, 절반은 아기들이었다. 아이들은
> 층계참이며 빨래통이며 빼곡하게 늘어선 침대 틀 위에서 동전 던지기
> 놀이를 했다. '집'에서는 청소가 한창이었다. 그 말인즉슨, 석유를 뿌리
> 고 깃털로 쓸어 들끓는 벌레를 쫓아냈다는 것이다. 또 한 층을 오르면 반
> 쯤 열린 문 틈새로 싸우고 욕하는 소리가 들렸다. (…)**24**

오처드 가Orchard Street 97번지(오늘날은 박물관이자 미국 역사기념물이
되었다) 같은 공동주택에 사는 사람들은 분명 최선을 다해 집을 꾸몄다.
꽃무늬 벽지를 바르고, 사진을 걸고, 가족을 기념하는 물건을 늘어놓
고, 식탁에는 음식을 차렸다. 하지만 공동주택을 운영하는 부동산업자
와 하숙집 주인들이 이익을 늘리려고 세입자를 가능한 한 많이 욱여넣
는 바람에, 소음이 끊이지 않을 조건이 완벽하게 갖춰졌다. 오처드 가
97번지뿐만 아니라 로어이스트사이드 전체에서 건물 뒤편에 방이 증
축되고, 조금이라도 공간을 넓히려고 화장실이 옥외에 설치되었으며,
어둡고 축축하고 환기도 안 되는 지하실마저 개방되었다. 지하실은 보
통 '맡긴 아기'들을 들이는 데 쓰였는데, 맡긴 아기란 결손가정이나 집
없는 가정에서 어린 자식이 길바닥에 나돌아 다니지 않게 하려고 부모
가 돈을 약간 주고 남에게 맡긴 아이들을 가리켰다.**25** 집주인은 예전에
한 가족이 그럭저럭 편하게 살던 셋방에 칸막이를 치기도 했는데, 칸막
이는 갈수록 늘어갔다. 리스는 "2가구가 살았던 집에 10가구가 들어왔

다. (⋯) 집주인의 안중에는 집세밖에 없었다."라고 썼다.[26]

방 크기가 줄어드는 것만이 문제가 아니었다. 칸막이를 앞뒤 벽과 직각으로 치면 방마다 창이 하나씩 생겼겠지만, 실제로는 층마다 수평으로 가로질러 치기 일쑤였다. 즉, 안쪽에 만든 방에는 빛도 공기도 직접 들어오지 못했고, 그쪽으로 들어가려면 다른 방을 거쳐야 했다. 그런 장소를 도저히 집이라 부를 수는 없었다. 실제로 공동주택은 종종 짐승 굴이니 막사니 벌집이라고, 심지어 번식지라고도 불렸다. 뭐라고 부르든 간에 공동주택에서 사생활 따위는 바랄 수 없었다. 시더 가 Cedar Street에서 리스는 5가구, 즉 남녀노소 총 20명이 가로세로 3.65미터짜리 방에서 침대 2대, 의자 1개, 탁자 1개만 놓고 사는 현장을 발견했다.[27] 상자를 쌓거나 바닥에 깔개를 깔아 임시로 만든 잠자리가 사방에 널렸다. 한순간도 조용할 때가 없었다. 낮이든 밤이든 적어도 한 사람은 뒤척거렸기 때문이다.[28]

이윽고 시 당국은 질병이 퍼질까 두려워 공동주택에 공기와 빛이 더 잘 통하도록 법을 제정했다. 하지만 소음에 대해서는 별다른 조치를 취하지 않았다. 무엇보다도, 이곳이 계속 벌집 같은 공업 지대로 남아 있어야 지역 경제가 유지되었기 때문이다. 바로 이곳, 보건과 공무원과 공장 감시관의 손길도 닿지 않고 노동시간을 규제하거나 아동 보호를 강제할 수단도 전혀 힘을 쓰지 못하는 곳에서, 무수한 일꾼 무리가 옷을 만드는 데 매달렸다.

히브리인 동네에서 집은 작업장이기도 하다. (⋯) 이스트사이드 거리 어디를 걸어도, 한 블록도 채 지나지 않아 그 사실을 깨닫게 된다. 이른 아

침부터 심신이 탈진할 때까지 재봉틀 수천 대가 고출력으로 윙윙 돌아가기 때문이다.[29]

식사와 빨래를 겸하는 방에서 남녀 어른과 아이 10여 명이 바삐 일하고 기계 10여 대가 밤늦게까지 돌아갔을 터이다. 리스는 "이러한 경제 조건에 힘입어, 내 친구인 제조업자는 뉴욕이 저렴한 옷으로 '세계를 제패하리라고' 장담한다."는 점을 일깨워준다.[30]

옷을 싸게 많이 만들려면 잠을 아끼고 줄여야 했다. 재봉틀 돌아가는 소리, 사람이 무시로 드나드는 소리, 툭하면 울리는 화재경보기 소리에, 여기 로어이스트사이드 주민들은 신경이 쉬이 너덜너덜해졌을 터이다. 근처 워드아일랜드 정신병원에는 공동주택에서 온 입원 환자가 넘쳤다. 1894년에 어느 신문 기자가 보도했듯이, 빈곤 그 자체도 원인이었다. "도시 빈곤층 가정은 살아남기 위해 악전고투해야 하므로, 여자가 늙고 병들어 쓸모없어지면 가족은 곧 체념하고 그녀의 부재를 받아들인다. 그래야 생계부양자의 부담이 다소 줄어들기 때문이다."[31] 하지만 몇몇 환자는 단지 잠이 부족해 정신적으로 탈진했기 때문에 입원 당한 것이 확실했다.[32] 리스는 공동주택에 사는 어느 가족이 병원까지 채 가보지도 못하고 다함께 음독했다고 썼다. 소란이 끊이지 않는 환경에서 계속 그렇게 살다 보니 "지쳤기" 때문이있다.[33] 이들은 런던에서 칼라일 부부가 "심기가 불편하다"고 정의한 상태보다 훨씬 심각하게 고통스러운 지경까지 몰려 있었다. 로어이스트사이드 주민에게 소음은 정말로 목숨이 달린 문제였다.

19세기 말에서 20세기 초까지 공동주택 주민들은 빵 부스러기를 두고도 서로 다퉈야 했다. 고요함은 공동주택에서 가장 희소한 자원이었다. 주민들은 사운드스케이프를 어찌해볼 힘도, 사운드스케이프에서 빠져나올 기회도 없었다. 그러나 20세기에 사회 개혁이 이뤄지면서 공동주택은 몰라보게 변했다. 특히 1930년대에는 개혁 덕에 공동주택 생활이 전보다 견딜 만해졌다. 그렇다고 그 시절의 생활환경이 완전히 사라지지는 않았다. 단지 다른 곳으로 옮겨갔을 뿐이다. 요즘 전 세계에 싼 옷을 공급하는 노동착취공장은 극동 지역 및 인도 아대륙에 있다. 그러므로 매켄지 같은 빅토리아 시대의 개혁가가 그토록 우려했던 소음, 수면부족, 신경쇠약도 그쪽에서 나타난다.

현대의 이스트빌리지나 로어이스트사이드 같은 동네는 여전히 부산스럽지만 예전만큼 시끄럽지는 않다. 오늘날 맨해튼의 젊은이와 부유층은 감당할 수 있을 만큼만 앞서가는 분위기를 감상하러 온다. 새로온 주민들은 사람이 늘 가까이에 있으며 사람이 여전히 보이고 사람 소리가 여전히 들리는 현실을 즐긴다. 사람들은 환경에 곧 익숙해지는데, 심리학자들의 설명에 따르면 현대인은 예전 사람들과는 달리 희소한 자원을 두고 경쟁하지 않기 때문이라고 한다.[34] 이들은 언제 혼자 지내고 언제 남들 앞에 나설지, 언제 자극을 받고 언제 편안히 쉴지를 결정할 수 있다. 간단히 말해, 이들은 자신의 삶을 지배하기에 사운드스케이프도 통제할 수 있다. 늘 그렇듯이 그게 모든 걸 좌우한다.

25 소리를
포착하기

2001년 9월 11일 뉴욕 쌍둥이 빌딩이 무너지던 광경은 좀처럼 잊기 힘들다. 그날 텔레비전은 테러 공격의 참상을 생생하게 포착했다. 포착한 영상은 전 지구에 생중계되었고 수많은 뉴스 방송에서 되풀이해 방송되었다. 그럼으로써 우리 모두는 세계 어디에서든 맨해튼의 고통을 목도하게 되었다. 그러나 우리의 몸과 마음 모두를 카메라가 포착한 영역 너머까지 데려간 매체는 바로 소리였다. 텔레비전과 사진도 생생한 순간을 잡아내긴 했지만, 그날 일어난 사건에서도 특히 사적이고 인간적인 측면은 종종 시각보다는 소리를 통해 생생하게 전해졌다.

9.11에서 무엇보다도 잊히지 않을 특징은, 쌍둥이 빌딩이나 비행기에 갇혀 자신이 곧 죽으리라는 사실을 깨달은 사람 중 상당수가 사랑하는 이의 전화 자동응답기에 메시지를 남겼다는 점이다. 납치당한 비행기의 어느 남성 승객은 아내에게 이런 말을 남겼다. "행복하게 지내. 포기하지 말고 살아. 훗날에 당신이 이리 오면 만나." 또한 뉴욕 시 소방관인 월터 하인스Walter Hynes는 아내 베로니카Veronica Hynes에게 이런 말을 남겼다. "살아서 나갈 수 있을지 모르겠어. 당신이랑 애들에게 사랑

한다고 말하고 싶어." 이 메시지들은 구구절절하지도 시적이지도 않지만, 두 여성이 마지막으로 들은 남편의 음성이었다. 남편이 세상을 떠난 첫 해, 베로니카는 월터가 녹음한 말을 수백 번 거듭해 들었다. "그이는 마지막 순간에 우리를 생각했어요. 그 사실이 제겐 무척 위안이 되네요."라고 그녀는 말한다. 베로니카는 그 후로 여러 해에 걸쳐 녹음을 여러 개 복사하기까지 했다. 자식뿐만 아니라 장차 태어날 손주도 월터의 목소리를 듣게 될 터이다.[1]

월터 같은 이들이 남긴 메시지는 이제 '음성 추모 프로젝트Sonic Memorial Project'에 등록되었다. 음성 추모 프로젝트는 9.11 및 그날 목숨을 잃은 사람들을 기리기 위해 온라인에 구축된 청각자료 아카이브이다. 프로젝트 공동제작자인 데이비아 넬슨Davia Nelson과 니키 실바Nikki Silva는 이런 짤막한 녹음 파일들이 "당사자가 직접 증언한 내용"을 "거의 모든 관점을 망라해" 들려주기에 중요하다고 주장한다.[2] 하지만 그뿐만이 아니다. 녹음된 음성은 소리가 우리의 감정을 여전히 강하게 움직이는 힘이 있다는 것을 감동적으로 증명하기도 한다. 또한, 일견 간단해 보이는 소리 보존 기술이 지난 120년에 걸쳐 우리에게 얼마나 놀라운 영향을 미쳤는지를 새삼 깨우쳐주기도 한다.

***

지금까지 나는 소리를 일시적인 무언가, 즉 한순간에 지나가 버리는 무언가로 논할 수밖에 없었다. 16세기에 이탈리아 과학자인 조반니 바티스타 델라 포르타Giovanni Batista Della Porta 같은 사람들은 소리를 납 파이프에 밀봉했다가 나중에 꺼내겠다고 공상하기도 했지만 공상은 어디까지나 공상으로 끝났다.³ 현실 세계에서 소리는 아무리 붙잡으려 해도 덧없이 지나가기만 했다. 19세기 후반까지는 말이다.

1877년에 토머스 에디슨이 녹음기를 발명해 실용화하면서, 비로소 소리를 포착할 뿐만 아니라 자유자재로 재생할 수 있게 되었다. 에디슨은 자기 목소리를 녹음해 처음 들은 순간 "평생 그토록 놀라보긴 처음"이었다고 회상했다.⁴ 오늘날에도 우리가 죽은 이의 목소리를 들었을 때 어떻게 반응하는지를 보면, 과거에서 온 소리에는 우리를 순간 얼어붙게 하는 힘이 있음이 분명하다. 베로니카 하인스는 월터가 2001년에 녹음한 목소리를 들은 순간, 남편이 되살아나 접촉해 온 것처럼 느꼈다. 이 이야기는 녹음 기술을 통해 소리가 새롭고 놀라운 방식으로 다양한 사람에게 감동을 주게 되었음을 일깨워주는 사례이기도 하다.

하필 죽음 애기로 서두를 꺼내다니 음침하기도 하다고 생각할지 모르겠다. 녹음의 역사란 대체로 음악이 녹음된 역사, 즉 오락과 즐거움의 역사이기 때문이다. 하지만 초창기에 녹음 기술은 좀 더 진지한 목적을 위한 것으로 여겨졌다. 에디슨은 자신의 발명품에 '축음기 phonograph'라는 이름을 붙였는데, 직역하면 '목소리 기록기'라는 뜻이다. 이 기계 하나로 소리를 재생할 뿐만 아니라 녹음할 수도 있으니, 사무실에서 구술을 받아쓸 때 편리하게 활용하거나, 발성법을 가르치거나, 원격 교육을 하는 데에도 쓸 수 있을 터였다. 어떤 작가들은 축음기가 가정에서 감시 도구로 쓰이지는 않을까 하고 상상의 나래를 펼치기도 했다. 1888년에는 소파 밑에 축음기를 숨겨 비밀스러운 행위를 엿듣는다는 단편소설이 출판되기도 했다. 아버지가 딸과 남자친구의 관

계를 의심한 나머지, 둘이 무슨 짓을 하는지 증거를 잡아 들이밀려 한다는 내용이었다.[5]

하지만 사람들은 무엇보다도 불멸이라는 가능성에 열광했다. 에디슨은 마이크를 사용해 인간의 언어와 담화, 특히 "죽어가는 사람의 마지막 유언"을 보존하고자 했다.[6] 에디슨은 이렇게 썼다. "우리가 죽어서 흙으로 돌아간 지 수백 년이 흘러도, 이 얇은 철판에 속삭였던 실없는 생각, 허황한 공상, 쓸데없는 말 하나하나를 (축음기는) 우리를 알지도 못하는 후손들에게까지 거듭거듭 들려주리라."[7]

축음기는 얼마 후 영국에서 '그라모폰gramophone'이라 불리게 되었고, 곧장 유명인의 목소리를 녹음하는 데 쓰였다. 예컨대 1889년에는 작가 로버트 브라우닝Robert Browning의 목소리가, 이듬해에는 간호계의 개혁가인 플로렌스 나이팅게일Florence Nightingale의 목소리가 녹음되었다. 그러나 녹음이 딱히 잘 팔리지는 않았다. 가장 큰 이유는 녹음물을 양산하는 것이 불가능했기 때문이다. 몇 년 후 셸락 수지와 78회전 레코드판이 등장하면서 비로소 대량생산이 시작되었다. 그 전까지 축음기를 보유한 중산층 가정에서는 축음기를 보통 가족의 목소리를 녹음하고 듣는 데 썼다. 이들은 응접실에 커튼을 드리우고 친지를 초대하여, 형체 없는 목소리가 불려나와 대기 중에 기묘하게 떠도는 걸 듣곤 했다. 마치 강령회 같았다. 강령회와 다른 점이 있다면, 어느 유령을 부를지 고를 수 있었다는 것이다.[8]

아서 코넌 도일Arthur Conan Doyle은 녹음된 소리가 사람을 "과거와 교감"하게 해준다고 말한 적이 있는데,[9] 사실 녹음으로 할 수 있는 일은 그 이상이었다. 소리는 일단 포착되고 나면 소리를 낸 사람으로부터 분리되었다. 자유로워졌다고도 할 수 있겠다. 그리하여 우리는 소리를 영구히 간직할 뿐만 아니라 휴대할 수도 있게 되었다. 축음기에 귀를 기울이면 지난 시간뿐만이 아니라 다른 공간마저 떠오르는 듯했다. 수많은 사람이 다른 나라로, 시골에서 도시로, 전쟁터로, 머나먼 제국 식민지로 이동하는 시대에 레코드는 그들의 향수를 멋지게 달래주었다. 어느 영국인 젊은이는 1910년에 처음 아프리카를 여행하며 케냐 오지에서 캠핑을 하던 중, 소중한 축음기에 영감을 받아 시를 쓰기도 했다.

> 들어라! 깨어나 발이 묶인 새처럼
> 캠프 위로 날아오르리니, 그 노랫소리로부터
> 사랑하는 것들에 대한 말없는 그리움이 살포시 내려앉고
> 잉글랜드의 마음이 이상하게도 가까이 다가오네.**10**

그를 감동시켰던 것은 말이 아니라 음악이었다. 기술이 발전함에 따라 녹음의 질도 향상되어 1910년대에 이르면 인간의 목소리뿐만 아니라 음악 공연까지도 녹음할 만하게 되었고, 이내 다들 전축과 음악을 한 묶음으로 생각하게 되었다.

그런데 앞으로 녹음해야 할 음악은 어떤 음악일까? 사람들이 늘 부르거나 콘서트에서 들어서 익숙한 가락과 노래? 아니면 뭔가 새로운 음악? 이런 질문을 던지지 않을 수 없었다. 녹음하는 행위 자체가 음악에 변화를 준다는 조짐이 나타났기 때문이다. 일단, 이제는 소리를 조작할 수 있게 되었다. 소리를 되풀이하고, 일그러뜨리고, 빠르게 감았다가 느리게 돌릴 수도 있었다. 그렇다면 완전히 새로운 화음 질서, 즉

도시화·기계화 시대의 정신을 포착하는 화음 질서를 창출하는 데 녹음이 도움이 되지는 않을까?

녹음의 가능성을 어디까지 밀어붙일 수 있을지 앞장서 탐구한 집단으로 이탈리아 미래주의 운동이 있었다. 이탈리아 미래주의의 선두주자인 필리포 톰마소 마리네티Filippo Tommaso Marinetti는 1909년에 이미 자동차가 부르릉대는 소리가 미켈란젤로의 작품보다도 아름답다고 공언한 바 있었다. 하지만 가장 앞장서서 소리를 탐구한 핵심 멤버는 루이지 루솔로Luigi Russolo였다. 루솔로는 밀라노에 실험실을 설치하고 일명 '소음 낭송 기계'를 구축하여, 세상의 갖가지 소리를 포착하고 자신이 소음 예술이라 명명한 예술을 창조하고자 했다.

소음은 (…) 삶이 불규칙하고 혼란스럽기에 혼란스럽고 불규칙한 모습으로 다가온다. 소음은 온전히 모습을 드러내지 않으며 언제고 느닷없이 우리를 놀라게 한다. 그러므로 우리는 소음을 선택하고 조직하고 통제함으로써 인류의 감각에 미지의 새로운 쾌락을 선사하리라 확신한다. 듣는 이로 하여금 인정사정없이 삶을 떠올리게 하는 것이 소음의 특징이지만, 소음 예술은 (…) 모방하고 재생하는 데 그쳐서는 안 된다. 소음 예술은 음향 그 자체를 즐길 때 감정에 가장 강력하게 작용할 것이며, 예술가는 영감을 받아 여러 가지 소음을 조합함으로써 음향 그 자체를 즐길 길을 이끌어낼 것이다.[11]

루솔로가 보기에, 세상에는 가지각색 소리가 있는데도 음악은 지금껏 극히 좁은 영역의 소리에서만 영감을 취했다. 소음은 무한한 가능성

을 열어줄 터였다. 그렇지만 청중의 생각은 달랐다. 〈타임스The Times〉
는 루솔로와 '소음 악가'들이 1914년에 런던에서 연 공연을 다음과 같
이 평가했다.

객석 곳곳이 동요하며 "당장 그만둬!"라고 애걸하는 소리가 사방에 울려
퍼졌다. 미래주의 음악은 미래에나 가서 하라고 생각하는 듯했다. 어느
행사에서든 청중은 미래주의 음악을 현재에는 하지 않기를 간절히 바란
다.[12]

루솔로는 자기의 비전을 제대로 구현하지는 못했을지 모르지만,
결국 다른 아방가르드 작곡가들이 등장해 소음을 좀 더 교묘하게 활
용함으로써 음악 문화에 혁명을 일으켰다. 이고르 스트라빈스키Igor
Stravinsky, 칼하인츠 슈톡하우젠Karlheinz Stockhausen, 조지 앤타일George
Antheil을 비롯해 더 나중에 등장한 존 케이지 등의 작곡가들은 모두 세
계대전 이전에 미래주의자들이 행한 실험에 작게나마 빚을 졌다.

한편 어떤 음악가들은 녹음이라는 신기술을 통해 미래보다는 과거
로 이끌렸다. 제1차 세계대전이 발발하기 전 헝가리에서는 벨라 바르
토크Béla Bartók나 졸탄 코다이Zoltán Kodály 같은 작곡가들이 시골을 구석
구석 뒤져 동유럽 민속음악을 음반에 녹취했다. 민요를 녹음해두었다
가 귀 기울여 거듭 들으니, 마치 민요를 "현미경으로 들여다 볼" 수 있
게 된 것 같다고 바르토크는 생각했다. 4분음, 미끄러지는 음, 템포나
음색의 미묘한 변화 등등 예전에는 미처 알아채지 못하고 흘려들은 특
징을 이제는 정확하게 집어낼 수 있게 되었기 때문이다.[13] 실제로 바르

토크와 코다이는 바로 이런 요소들이야말로 악보로 표현하거나 듣자마자 알아채기는 어렵지만 음악을 풍부하게 표현해준다고 확신했다. 그들은 클래식 곡을 작곡하면서 민요의 유동적인 성질을 점점 더 많이 주입했다. 이처럼 클래식, 포크, 현대음악을 융합한 것이야말로 축음기의 시대 이전에는 작곡할 수 없는 음악이었다.

***

단지 소리를 녹음해 휴대할 수 있게 되었을 뿐인데, 1920년대 이후 음악 레퍼토리는 폭발적으로 늘어나고 다양해졌다. 그 전까지만 해도 새로운 음악 사조가 유행할 때마다 과거는 묻혔다. 물론 인정받은 몇몇 대작은 예외였지만 말이다. 그런데 이제 음악의 가짓수는 점점 늘어만 갔다. 어느 시대, 어느 지역에서 만든 음악이라도 되살려내어 현재와 미래에 접어 넣을 수 있게 되었기 때문이다. 그리고 물론 음반을 팔면 돈이 되었다. 음반사들은 새로이 대두한 계층, 즉 음반을 구입하는 일반 대중의 취향을 만족시킴으로써 벌어들일 수입을 재빠르게 계산했다.

이 시기가 '틴 팬 앨리Tin Pan Alley'의 전성기였다. 틴 팬 앨리란 20세기 초반에 뉴욕, 구체적으로는 28번가 서쪽에 모인 상업 음악 출판사들을 일컫는다. 그렇지만 틴 팬 앨리라는 이름은 특정한 장소라기보다는 추상적인 관념을 지칭한다. 원래 음악 출판사는 악보를 팔아 짭짤한 수입을 올렸지만, 음반 산업에서 매우 특정한 부류의 음악에 대한 수요가 늘어나고 그 수요에 틴 팬 앨리가 의욕적으로 부응하면서 점차 이들이 미국 대중음악계를 지배하기 시작했다.

그러나 업계 사람이라면 다들 알듯이, 당시 녹음 기술로는 오케스트라나 댄스 밴드가 연주하는 소리는 물론 평범한 노랫소리조차 온전히 담아내지 못했다. 어떤 악기 소리는 다른 악기에 비해 마이크에 잘 잡히지 않았고, 미묘한 차이와 뉘앙스도 사라졌다. 게다가 초기 음반은 한 면에 고작 4분 남짓밖에 녹음하지 못했다. 이러한 이유로 곡조는 단순하고 악기 연주 소리는 크며 노랫소리는 힘차면서도 무난함을 유지할 필요가 있었다. 복잡미묘한 표현은 들어설 여지가 없었다.

그래서 틴 팬 앨리는 흔한 사랑이나 배신 이야기를 3분 30초 안에 우렁차게 불러 젖히는 노래를 원했다. 이런 난관에 잘 대처하는 음악가는 당연히 따로 있었다. 무대에서는 노련한 음악가라도 막상 인간미 없는 녹음실 집음기에 대고 노래할 때에는 아주 작은 결함조차 영원히 남으리라는 두려움에 떨곤 했다. 반면 음반이라는 매체에 적응한 음악가는 대박을 터뜨렸다. 빌리 머리Billy Murray가 바로 그런 가수였다. 머리는 신경 써서 모음을 원만하게 발음했고, 그의 테너 음색은 "쨍한" 울림이 있어서 왁스 실린더에 잘 새겨진다는 평을 받았다.[14]

작곡가와 가수 수백 명이 어빙 벌린Irving Berlin과 빌리 머리 식으로 일해준 덕에, 상업 음반 산업 자체가 히트를 쳤다. 1930년대에 이르면 대중음악은 대량생산된 음반에 녹음되어, 미국과 유럽의 수백만 가정에 익숙한 가락과 큰 즐거움을 선사했다. 틴 팬 앨리 식 상업 모델은 해외에도 수출되어 크게 성공했다. 한 예로, 어느 미국 회사는 인도에 '훈련 센터'를 세워 음반을 취입하는 대중가수를 양성했다. 회사는 현지 음악가들에게 기존 시에 곡을 붙이라고 가르쳐서 해마다 신곡 2,000~3,000곡을 꾸준히 생산해냈다. 바로 이렇게 만들어진 음악이

1940년대 이후 인도 뮤지컬영화에 크게 영향을 미치게 된다.[15]

전형적인 1940년대 인도 영화음악이든 틴 팬 앨리에서 만든 경쾌한 음악이든, 이들이 성공을 거둔 이유는 비슷했다. 적당히 빨랐기 때문이다. 그러나 성공에는 대가가 따랐다. 마이클 채넌Michael Chanan의 주장에 따르면, 상업 음악계는 스카우터가 보기에 음반이라는 매체에 잘 맞는 가수를 골라 흥행시켰고, 그에 따라 음악은 갈수록 "꾸밈없는 자발성을 잃었다." 위험부담이 크고 실험적인 시도는 점차 배제되었고, 검증된 화성과 스타일이 표준 구성 요소로 자리 잡았다. 음반은 제각기 달라야 했지만, 너무 다르지는 않아야 했다. 녹음된 소리의 시대에는 "모든 것이 언제나 새로우면서도 똑같다."라고 채넌은 결론지었다.[16]

그런데 채넌의 주장이 사실이라면, 대중음악은 오늘날까지도 왜 이토록 다양할까? 런던, 뉴욕, 도쿄, 파리, 아니 웬만한 도시나 중심가 어디서든 괜찮은 인디 음반 매장에 들어가 보시라. 사방에 CD와 레코드판이 갖가지 분류와 장르에 따라 진열되어 있고, 때로 소비자는 자기가 특정한 음악 종족에 속하기라도 한 양 어떤 스타일만 열심히 고집할 터이다. 소비자들에겐 대중음악이라고 다 똑같은 음악이 아니고, 다양한 대중음악을 서구에서만 누릴 수 있는 것도 아니다.

이 점을 가장 확실하게 보여주는 사례가 가나의 수도 아크라이다. 아크라는 특유의 역사와 입지 덕에 음악 애호가들에게 세계에서 가장 음악 문화가 활기차고 풍요로운 곳으로 손꼽힌다. 아크라 시내 중심가의 음반 매장과 시장 가판대에는 세계 각지에서 건너온 음악이 가득하다. 특히 레게, 댄스음악, 미국 힙합이 많지만 아프리카 음악도 적지 않다. 나이지리아의 아프로비트afrobeat, 탄자니아의 봉고 플라바Bongo Flava,

남아프리카공화국의 크와이토kwaito, 콩고의 수쿠Suku는 물론, 가나의 명물인 하이라이프와 힙라이프도 있다. '19. 노예제와 반란'에서 보았듯이, 서아프리카와 아메리카를 잇는 옛 노예무역로를 따라 가나에 음악이 전파되었다. "아프리카 본토와 세계 각지의 아프리카인 디아스포라"는 대서양을 가로질러 "왔다 갔다 원을 그리듯 서로 음악과 춤에 영향을 미쳤다."**17**

여러 음악이 혼합되어 새로운 장르로 발전했다가 다시 또 다른 음악에 차용되기를 반복하는 과정에 그 무엇보다도 필수적인 요소는, 바로 음악가와 음악 팬이 이역만리에서 만들어진 소리나 오래전에 만들어진 소리에 귀를 바짝 기울일 수 있어야 한다는 것이었다. 다시 말해, 지난 수십 년간 그래왔듯이, 녹음된 음반을 접해야 했다.

뉴욕 미드타운에서 틴 팬 앨리가 무난하게 귀에 쏙 들어오는 히트곡을 쏟아내는 동안, 눈에 띄지 않는 곳에서는 색다른 음악이 절로 생겨나기 시작했다. 1920년대에 뉴욕 할렘 흑인 거주지 사람들은 47번가 '빅 조' 음반점 같은 곳에 모이거나 좀 더 멀리 7번가까지 가서 유니언 스퀘어 바로 아래 있는 음반 매장 중 한 곳에 들러, 친구를 만나 수다도 떨고 음악도 듣고 음반도 사곤 했다.**18** 고객 중에는 뉴올리언스를 비롯한 남부에서 도시로 이주해 온 사람들이 많았고, 이들은 블루스·랙타임·재즈 등 고향의 음악을 가져왔다. 메이미 스미스, 마 레이니, 베시 스미스Bessie Smith 같은 음악인들은 당시 음반사에서 '유색인종 음반'이라 불린 음반을 꾸준히 취입해 이들이 모이는 장소에 가득 채웠다. 한 예로, 메이미 스미스가 1920년에 발표한 〈크레이지 블루스Crazy Blues〉는 무려 1주일에 8,000장씩 팔렸다. 이제 아프리카계 미국인 집단은 크고 유망한 시장이 되었다. 게다가 더 큰 잠재 시장이 있었다. 재즈로는 최초로 100만 장 넘게 팔린 음반을 다름 아닌 백인 5인조, 오리지널 딕시랜드 '재즈' 밴드Original Dixieland Jass Band가 취입하지 않았던가. 틴 팬 앨리는 할렘과 미국 남부에서 이른바 '거친' 음악을 손쉽게 가져가 백인이 흉내 내도록 하여, 부드럽고 달달하고 안전하게 가공해 대중 시장에 선보였다.

세월이 흐르면서 재즈 음악도 끊임없이 옮겨갔다. 재즈는 때로 서서히 적응해가며, 때로 폭발하듯 변신하며 새로이 거듭났는데, 변화 과정을 부채질한 동력은 대개 음반이었다.[19] 더 이상은 새로운 소리를 들으러 굳이 할렘이나 시내 클럽에 가서 라이브 공연을 볼 필요가 없었다. 음반 매장에서 듣거나 집에서 아무에게도 방해받지 않고 음반으로 들으면 그만이었다. 집이 할렘이든 어느 교외 구석이든, 흑인 가정이든 백인 가정이든 상관없었다. 사람들은 누군가의 집에 모이거나 파티나 소풍에 가서 서로 음반을 틀어주기도 하고, 라디오를 켜서 최신 곡을 듣기도 했다. 미국 작가인 해럴드 쿨랜더Harold Courlander에 따르면, 사람들이 모여 수다 떨며 듣는 음악에는 온갖 사운드가 뒤죽박죽 섞여 영감을 자아내기도 했다.

(…) 흑인 블루스 느낌이 묻어나는 카우보이 노래, 황금시대 서부 노래 같은 블루스, 물병이랑 입에 무는 현악기랑 쇠양동이로 연주하는 (…) 힐빌리 곡조, 재즈 풍으로 연주하는 옛 찬송가, 뉴올리언스와 모바일에서 밴드가 연주하는 칼립소 풍 스키플skiffle, 〈인디애나에 뜬 달Moon Over Indiana〉에서 살짝 영향을 받은 가스펠 곡이 들리기도 한다.[20]

마이클 채넌이 설명하듯이, "음악은 단순히 통계에 나타난 것보다도 훨씬 폭넓게 유통되었다."[21] 녹음된 음악은 유통되는 과정에서 다른 음악과 교배되었다가 다시 갈라져 나가기를 되풀이했다. 그토록 다양한 음악을 듣다 보면 흔적이 남지 않을 수 없었기 때문이다. 1920년대와 1930년대에 성장한 재즈 음악가 여럿은 음반을 듣고 따라하면서 연주 기법이나 창법을 연마했다고 서술한 바 있다.[22] 바르토크와 코다이가 헝가리에서 녹음에 귀를 기울이며 음악을 연구했듯이, 이들은 음반에 귀를 기울임으로써 음악을 익혔다. 이런 학습법은 악보의 정확한 지시에도, 인종 정체성에 따른 관습에도 더 이상 얽매이지 않았다. 음반을 들으며 학습한 음악은 좀 더 느슨하고 어디로 튈지 알기 어렵기에 즉흥성을 발휘할 여지도 자연스레 커졌다. 제 아무리 애써도 음반과 완벽하게 똑같이 따라할 도리가 없기 때문이었다. 음악은 매번 따라할 때마다 원본과는 조금씩 달라진다. 모든 것이 언제나 새로우면서도 똑같지 않게 된다.

100년 전 철도와 공장이 산업혁명기의 사운드스케이프를 빚어냈듯이, 20세기에 녹음을 통해 성장한 음악 산업은 기계시대만의 독특한 사운드스케이프를 만드는 데 일조했다. 음악 산업은 북적이고 인공적이며 반복되는, 그리고 그 존재가 점차 당연시되는 도시 소음의 배경 리듬을 만들어내는 데 나름대로 기여했다. 끊임없는 소음은 감당하기 힘들 때도 많았다. 가난해서 자기 삶에 통제권이 없는 빈민들이 특히 힘겨워했다. 그래도 인간이 창의성을 십분 발휘한 덕에 1가지 소리가 다른 소리를 모두 지배하는 일은 거의 일어나지 않았다.

사람들은 시끄러운 와중에도 귀를 기울여, 주위에 단조로운 기계 굉음만이 아니라 미처 생각지 못했던 갖가지 소리가 울린다는 걸 깨달았다. 음악에서 새로운 차원을, 자연에서 장엄함을 발견했을 뿐만 아니라, 청진기와 마이크에 힘입어 인체에 숨어 있던 놀라운 리듬까지도 찾아냈다. 심지어 완전히 새로운 소리까지 창조해 즐기기도 했다. 유기적이고 자연스러우며 인간적인 규모의 소음은 한때 산업 소음에 모조리 파묻혀 멸종 직전에 이르는 듯했지만, 결국은 살아남았다. 그런데 전기 및 증폭 기술, 세계로 뻗어나간 대중매체, 유사 이래 가장 고도로 기계화된 전쟁에 맞닥뜨린 후, 이런 소음은 어떤 운명을 맞이했을까? 이 책 마지막 장에서 바로 그 주제를 다룬다.

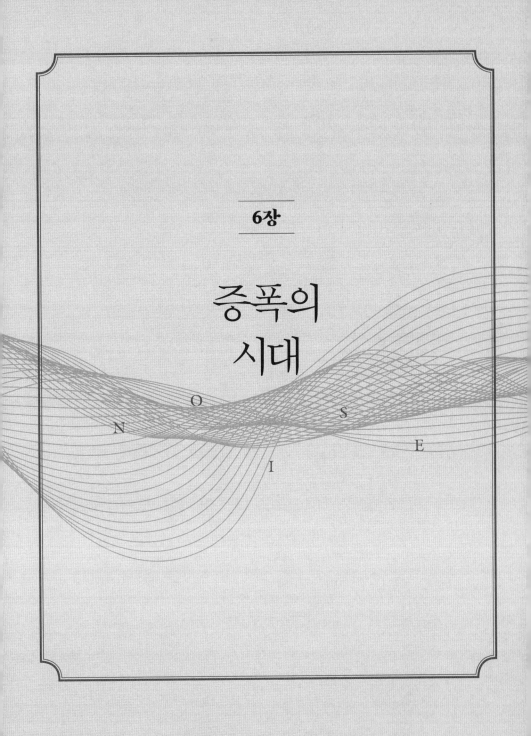

6장

증폭의 시대

NOISE

26 포격 쇼크

1917년 6월 7일 영국 육군은 벨기에의 메신 능선Messines Ridge에 주둔한 독일군 전선 바로 아래에 몰래 묻어둔 다량의 지뢰를 폭파했다. 지뢰를 터뜨리는 전술은 흔했지만, 이 경우에는 폭발의 규모 자체가 엄청났다. 이른 아침에 시작된 폭발음은 220킬로미터 넘게 떨어진 런던 다우닝 스트리트에 있던 영국 총리도 분명히 들었다고 전해진다. 일각에 따르면 더블린에서도 폭발음이 들렸다고 한다.[1] 이 파괴적인 폭발음이 켄트(잉글랜드 남동부 끄트머리에 있는 영국의 주. 도버 해협을 사이에 두고 프랑스 북부와 이웃해 있다-옮긴이) 해안 인근 주민에게는 더 크게 들렸겠지만, 주민들은 이미 전장의 소리에 익숙해진 터였다. 그때까지 2년 넘도록, 켄트에는 멀리 프랑스 북부에서 울리는 포격 소리가 매일같이 들려왔다. 이번에도 주민들은 전선에서 수십만 병사를 직접 공격하는 소음의 흔적만을 들었을 따름이었다.

작가 로버트 그레이브스Robert Graves도 이 병사들 중 1명이었다. 제1차 세계대전 비망록인 《모든 것과의 이별Goodbye to All That》에서, 그레이브스는 처음 전선에 접근했을 때 "포격 소리가 갈수록 커지던" 광경을 묘사했다. 이곳 전선에서, 그는 자신이 산업화된 대규모 전쟁에서 싸우고 있음을 깨달았다. 산업혁명은 한때 인류를 기계 톱니로 바꾸어놓겠다고 위협한 바 있었다. 유럽에서 전쟁에 휩쓸린 사람들은 산업혁명의 악몽이 현실화하는 광경을 목도하는 듯했다. 그레이브스 같은 병사들에게, 전쟁터에서 들리는 소리는 인간이 통제를 벗어난 괴물 같은 존재 앞에서 보잘것없이 무력해지는 상태를 상징하는 것 같았다.

> 몇 킬로미터 떨어진 수셰Souchez에서 프랑스군이 포격을 쏟아붓는다. 노트르담 들로레트Notre Dame de Lorette 옆 능선을 따라 대포가 끊임없이 포효하고 색색의 신호탄이 번쩍이고 포탄이 폭발한다. 잠을 이루지 못했다. 밤새 이어졌던 굉음은 잦아들기는커녕 오히려 자꾸만 커져, 대기가 온통 뒤흔들릴 지경이었다. (…) 나는 깃털 침대에 누워 식은땀을 흘렸다. 오늘 아침, 포격 와중에 벼락이 크게 한번 쳤다고 한다. 그러나 워커의 말을 빌리자면 "어디까지가 포격 소리이고 어디까지가 벼락 소리인지 구분하기 어려웠다."[2]

그레이브스처럼 전선에 있는 사람은 전쟁터의 소음을 듣는다기보다는 느꼈을 것이다. 소음에 몸이 꿰뚫리고 뼛속까지 뒤흔들렸을 것이다. 하지만 프랑스 북부 시골에 수백 킬로미터에 걸쳐 어지러이 늘어선 참호와 대피호 한가운데에서, 소리가 전투의 결정적인 경험이 된 이유는 전쟁에서 보이지 않는 면이 너무도 많았기 때문이다. 역사학자 폴 퍼셀 Paul Fussell은 참호를 '혈거 세계', 오직 하늘밖에 보이지 않는 까닭에 해돋이와 해넘이가 각별히 중요해지는 곳이라고 묘사했다. 참호 앞의 낮은 벽보다 높이 고개를 드는 것은 위험천만했다. 어차피 고개를 들어도 철조망이며 흙더미며 연기며 폭발이며 포격 때문에 시야는 없는 것이나 매한가지였을 터이다.[3]

하지만 몸을 낮춰 땅바닥에 쭈그리면 그래도 꽤 여러 가지 소리를 들을 수 있었다. 땅 위에서 벌어지는 상황과 자신을 이어주는 것은 바로 두 귀였다. 독일 소설가 에리히 마리아 레마르크Erich Maria Remarque는 《서부전선 이상 없다All Quiet on the Western Front》에서 "모두가 흙벽을 부수는 무거운 포탄을 의식하고 있었다."고 썼다. 광포한 폭발음은 마치 보일 듯 말 듯한 어디선가에서 "성난 맹수의 발에 후려갈겨지는" 것 같았다.[4] 레마르크의 소설은 허구이긴 하지만 직접 겪은 경험을 바탕으로 했다. 또한 소설에는 생생한 묘사가 가득한데, 전쟁의 광경보다는 소리가 더 많이 묘사된다. 포탄이 날아가는 소리, 철제 포탄의 탄피가 바닥에 부딪히는 핑음, 기관총이 덜컹거리는, 소총이 뿜어대는 총알이 핑 하고 날아가 뻥 터지는 소리, 교회 오르간이나 "발정 난 수사슴처럼" 한밤중에 멀리서 우르릉거리는 대포 소리.[5] 독일의 전쟁 시인 아우구스트 슈트람August Stramm이 소리의 사슬을 엮어 〈무인지대No Man's Land〉라는 시를 구성하기로 한 것도 우연이 아니다.

두려움	Grausen
나, 그리고 나, 그리고 나, 그리고 나	Ich und Ich und Ich und Ich
두려움, 포효, 충돌, 두려움	Grausen Brausen Rauschen Grausen
꿈, 깨짐, 태움, 눈부심	Träumen Spilttern Branden Blenden
눈부심, 조명탄, 포효, 두려움	Sterneblenden Brausen Grausen

충돌	Rauschen
두려움	Grausen
나[6]	Ich

참호전은 소음의 맹공을 초래했다. 그러나 모든 소음이 똑같지는 않았던 듯하다. 군인들은 소음의 틈바구니에서 서로 다른 개별적인 소리를 구분하고, 들리는 소리의 의미를 파악하여 주변에서 어떤 상황이 벌어지는지 알아내는 법을 익혔다. 그러는 데는 시간이 걸렸다. 한 예로, 그레이브스는 1915년 대공세 와중에 다른 부대들이 전선 너머로 얼마나 진진했는지를 필사적으로 파악하려 했다. 그러나 그가 들을 수 있었던 소리는 "머나먼 함성, 소총이 어지럽게 따다닥거리는 소리, 고함 소리, 아군 전선에 쏟아지는 대포의 포격 소리, 쉴 새 없이 덜컹거리는 기관총 소리"가 전부였다. 그레이브스 같은 신병이 뒤죽박죽인 소리를 해석하기란 거의 불가능했다.[7] 1915년 당시 그는 풋내기에 불과했지만, 노련한 전투병이 되어가면서 전우나 적군과 마찬가지로 자기 귀를 조율하고 서로 다른 소리에 서로 다르게 반응하는 법을 익혔다.

총격을 예로 들어보면, 그레이브스는 소총 소리가 특히 무섭다는 걸 깨달았다. 총알이 그 어떤 사전 경고도 없이 너무도 빨리 날아왔기 때문이다. 그레이브스 같은 병사들은 총알이 날아와도 애써 몸을 피하지 않게 되었다. 총알 소리가 들릴 무렵이면 총알이 이미 빗나갔음을 알았기 때문이다. 하지만 소총 소리는 무턱대고 쏘아도 "조준 사격"하는 소리처럼 느껴졌기에, 그 소리가 들리면 자기 목숨이 경각에 달렸다는 끔찍한 느낌이 들었다.[8] 기관총을 연사하는 소리는 달랐다. 동부 전선에서 의료 자원봉사를 했던 루트비히 숄츠Ludwig Scholtz가 묘사한 바에 따르면, 기관총 연사 소리는 개개인의 목숨이 위험해졌다는 느낌을 주기보다는 "불길한 예감"을 팽배하게 했다. 공격이 한층 무차별적인 방식으로 진행된다고 알리는 것 같았다.[9]

하지만 전쟁의 주된 사운드트랙은 대포가 발사하는 굉음이었다. 어느 영국 장교에 따르면 대포는 "전쟁터의 주인"이었고, 천둥 같은 대포 소리는 "마치 밤낮없이 결코 멈추지 않는 거대한 힘"이나 마찬가지였다.[10] 대포 자체의 규모는 파괴적이었음에도, 대포 소리는 마치 적군 포병이 사람을 향해서가 아니라 "지도 상 지점"이나 특정 지점을 목표로 포격을 가하는 것처럼 들렸다.[11] 대포는 병사에게 약간이나마 부상을 피할 기회를 주기도 했다. 그레이브스는 다음과 같이 기록했다.

어느 날 나는 캉브랭Cambrin에서 참호를 따라 걷다가 급히 납작 엎드렸다. 2초 후 참호 뒤쪽에서 포탄이 터졌다. 방금 전까지 내 머리가 있던 바로 그곳이었다. (⋯) 포탄은 겨우 1,000야드 떨어진 곳에 있는 르브리그Les Brigues 농장 근처 포대로부터 날아왔으니, 나는 포가 발사된 바로 그 순간에 반응한 게 틀림없다. 포탄이 내 쪽으로 오리란 걸 대체 어떻게 알아차렸을까?[12]

대답은 간단하다. 포를 발사하는 소리가 포탄보다 빨리 날아와 사전 경고를 해주었기 때문이다. 이 무렵 그레이브스는 노련한 병사답게 본능적으로 반응하는 법을 익혔는데, 그는 누구나 몇 주만 지나면 그처럼 노련해지리라 생각했다. 그레이브스의 주장에 따르면, 그때쯤 되면

"다들 갖가지 폭발 소리를 구분하고 우리와 상관없는 소리는 무시"하게 되었다.[13] 어떨 때에는 폭격 소리가 끊이지 않다 보니 대개 폭격 소리를 단순한 배경음 취급해 무시하기도 하고, 어떤 이들은 심지어 폭격 와중에도 쿨쿨 자곤 했다. 그러다 보니 병사들은 "전투 대기!" 명령처럼 반드시 반응해야 할 소리에만 반쯤 무의식적으로 귀를 기울이다, 소리가 들리면 때맞춰 재깍 깨어나곤 했다.[14]

그렇지만 병사들은 주위에서 울리는 포격 소리가 미묘하게 변하지는 않는지 신경 쓰지 않을 수 없었다. 소리가 변하면 귀중한 정보가 나왔기 때문이다. 연합군과 독일군 양측 모두 특수훈련을 받은 장교를 동원해 "음향 측정", 즉 탄이 발사되어 폭발하기까지의 시차를 여러 각도에서 측정하여 이를 토대로 적군 총포의 정확한 위치를 정밀하게 산출하는 데에 많은 시간을 들였다. 소리 패턴에서 변화가 감지되었다면, 이는 적군이 이동 중이거나 공격을 준비한다는 의미였다. 일반 병사도 조잡하게나마 나름대로 음향을 측정하는 법을 익혀서, 전장에서 움직일 때 격렬한 기관총 사격을 피하거나 적군 방어진에서 취약점을 찾아내기도 했다.[15]

그런데 병사들이 참호 속에 웅크리고 있을 때나 포탄 구덩이에 납작 엎드려 있을 때, 유독 이들의 정신을 고통스럽게 하는 소리가 있었다. 바로 전우가 고통에 몸부림치며 죽어가는 소리였다. 그레이브스는 잠을 청하려다 누군가 참호 바닥에 쓰러져 "코 고는 듯한 소리에 짐승 같은 신음이 섞인 소리"를 내는 걸 들은 적도 있었다. 소리를 낸 장본인은 머리 일부가 날아가는 치명상을 입었는데도 3시간이 지나서야 비로소 숨을 거두었다.[16] 만인이 지켜보는 가운데 끔찍하게 질질 시간을 끌며 죽어가는 사람은 그만이 아니었다. 독일 시인인 안톤 슈나크Anton Schnark는 전투가 끝난 후의 참상을 다음과 같이 묘사했다.

> 나는 살인과 폭행이 난무하는 한가운데 누워 있다. 푸른 포탄 연기가 물결치고 바람이 탄식하고 밤하늘은 사납게 요동치고 사방에 고인 녹색 물에 달팽이와 벌건 벌레가 우글대는 곳에서, 썩어 부어오르며 죽음을 기다린다. 사방에서 말과 사람이 죽어가며 울부짖는 소리를 뚫고, 그들은 철조망에 내걸려 어둠 속에서 외친다. 새들은 이렇게 노래한다. 이번에는 누가 죽을 차례냐고, 한창 청춘인 나이에 외롭게 시들어갈 자 과연 누구냐고.[17]

웬만큼 용감한 사람이라도 참호를 넘어가 철조망에 걸린 부상자를 끌어내 안전하게 데려올 엄두는 내지 못했다. 죽어가는 병사가 가까이에 있어도 쉽사리 손을 내밀 수 없었다. 참혹하지만, 부상자는 되도록 조용히 죽어주는 것이 도리였다. 물론, 그레이브스의 다음 글에 등장한 병사처럼 자신을 희생하면서까지 소리 없이 죽는 것이 결코 쉽지는 않았지만 말이다.

> 샘슨Samson은 최전방 참호에서 20야드(약 18미터―옮긴이)쯤 떨어진 곳에 쓰러져 신음하고 있었다. 너무 심한 부상을 입었기에 몇 차례 구조를 시도했지만, 그 과정에서 세 사람이 전사하고 장교 둘과 병사 둘이 부상을 입었다. 샘슨을 담당하는 잡역병이 간신히 그에게 기어갔지만, 샘슨은 손을 내저어 그를 돌려보냈다. 자기는 총을 너무 많이 맞았으니 구해

봐야 소용없다고, 시끄럽게 해서 부대원들에게 미안하다고 전해달라고
했다.[18]

해질녘에 그레이브스는 무인지대로 나가 샘슨의 시신을 찾아냈는
데, 시신은 17군데에 포격을 맞은 상태였다.

샘슨은 자기가 소리를 질렀다가 자칫 다른 병사들까지 죽을까 봐 주먹
으로 입을 틀어막은 채로 죽어 있었다.[19]

안타깝지만, 그렇게 해도 죽어가는 소리를 멈추지는 못했을 터이나.
《서부전선 이상 없다》에서 레마르크는 시체가 내는 고약한 소리, 즉 시
체에서 가스가 쉭쉭 꺼억 하고 빠져나가는 소리를 묘사했다. 좀처럼 잊
을 수 없는 소리였다. 미국 작가 윌리엄 포크너William Faulkner도 그 소리
를 절대 잊지 못했다. 포크너는 전쟁터 사방에 널린 시신이 산산조각
나서 "분비물이 툭 터져 질질 흘러나오는 소리, 나직하게 보글거리는
소리"를 냈다고 묘사했는데, 그 소리는 오래도록 그를 따라다녔다.[20]
　사람이 죽는 소리, 비명 소리와 신음 소리, 총탄이 우르릉우르릉 드르
륵드르륵 아우성치며 터지는 소리, 포탄이 자기 쪽으로 날아올 때 느끼
는 불안함과 두려움…. 오랫동안 이런 상황에 놓이게 되면 누구든 사기
가 꺾이고 신경이 곤두서게 마련이었다. 어느 영국군 군의관이 1916년
4월자 일기에 적은 바대로, 감각이 이토록 맹공격당하는 경험은 인간
의 정상적인 경험치를 "완전히 벗어나는" 일이었다. "보병대가 이런 소
리에 계속 당하면서도 (…) 어떻게 제정신을 유지하는지 도저히 모르

겠다."[21]

답은 간단했다. 제정신인 사람은 많지 않았다. 로열 푸질리어Royal
Fusiliers 연대 22대대 소속 조지 곰George Gomm 일병의 사례를 보자. 1916년
4월, 곰 일병은 부대를 벗어나 참호 근처에서 어슬렁대다가 깊이 정신
적 외상을 입은 상태로 발견되었다. 곰 일병은 자기가 "쇼크를 받아서"
그랬다고 주장했는데, 대체 어떤 쇼크였을까? 그저 일시적으로 신체가
쇼크를 입었을 뿐이고 앞으로 나아질 가능성은 있다는 걸까? 어쩌면
정신이 차츰 마모되면서 심리적으로 심각한 쇼크를 받은 것은 아닐까?
혹시 꾀병은 아닐까? 일명 '포격 쇼크'에 대해서는 이미 전쟁 당시부터
논란이 한창이었고, 군의관 사이에도 의견이 분분했다. 이런 사례가 나
타날 때마다, 큰 소리에 노출된 것이 원인일 가능성이 높다는 진단이
속출했다.

앞에 언급했던 신경과 의사 애시는 개전 무렵에 이미 전장의 소음이
"신경을 박살내는 데 강한 영향을" 미치리라고 경고했다. 애시에 따르
면, 근방에서 포탄이 터지는 소리에 고막과 청신경이 맹렬하게 난타당
하면서 결국 "그에 따라 뇌가 진동하는" 반응이 일어날 터였다.[22] 한편
육군 위생병 찰스 마이어스Charles Myers의 의견은 달랐다. 마이어스는
원래 케임브리지대학교 연구소에서 일하다가 징집되어 프랑스 북부와
플랑드르 일대의 군 병원에서 복무했다. 애시가 설명한 식으로 심하게
신체적 피해를 입음으로써 귀가 멀고 기억을 잃을 뿐만 아니라 몸이 떨
리고 방향감각까지 상실하는 병사도 분명 없지는 않았다. 하지만 마이
어스가 보기에 이런 증상은 매우 심한 뇌진탕에 지나지 않았고, 피해
자는 대개 시간이 지남에 따라 나아질 터였다.[23] 마이어스가 훨씬 우려

한 것은 포탄이 폭발하는 근처에 가지도 않은 장병에게 이런 증상이 나타나는 사례가 수백 건은 된다는 점이었다. 그는 전투 후유증이 누적되면서 이런 장병들이 포격 쇼크를 앓게 되었다고 생각했다. 이들은 단지 전장에 너무 오래 있었고, 끔찍한 광경과 두려움에 하도 시달린 나머지 한계에 달했을 뿐이었다고 말이다.

> (…) 이미 탈진했거나 예전에도 이 병을 앓은 사람이라면, 신경쇠약은 아주 사소한 계기로도 발생하고 점진적으로 진행하기도 하므로, 신경쇠약의 원인을 '충격'이라고 하기에는 어폐가 있다. '포격 쇼크'라는 명칭은 사실 몹시 부적절하다.[24]

마이어스가 진단을 내릴 때 소음에 대해 딱히 언급하지는 않지만, 그의 연구 증례를 좀 더 꼼꼼히 살펴보면 소음이야말로 무엇보다 중요한 문제였음을 알 수 있다. 마이어스는 1916년 중반까지 포격 쇼크에 걸린 병사를 2,000명가량 진료했는데, 그중 몇몇은 전쟁 전에 이미 심리 문제가 있었다고 보이지만 대다수는 그저 탈진한 탓에 무너져버렸다고 확신했다. 탈진한 병사들은 잠을 제대로 자지 못했다. 끊임없이 소음에 시달리고 자다 깨는 바람에 잠이 부족했던 것이다. 그레이브스는 자신이 한때 열흘에 8시간 이상 자지 못했다고 추정했다. 그는 이런 경우는 전장에서 흔하지 않을까 생각했다. 하지만 이렇게 버티다가는 결국 큰 대가를 치르리라는 것도 잘 알고 있었다.

참호에서 지낸 지 5개월이 지났으니, 나도 한창때를 넘겼다. 전장에 갓 도착한 장교는 첫 3주간은 전선에서 무용지물이다. 길도 헤매고, 보건 수칙과 안전수칙도 모르고, 위험이 어느 정도인지 능숙하게 파악하지도 못한다. 3주에서 4주 사이에 상태가 가장 좋다. 그 전에 유독 심한 충격을 받거나 여러 번 충격을 받지만 않았다면 말이다. 그 후로는 신경쇠약에 걸리면서 차츰 쓸모없는 존재가 되어간다. 6개월까지는 그래도 어느 정도는 쓸 만하지만, 9개월에서 10개월 차쯤 되면 기술 교육을 받거나 입원하느라 중간에 몇 주 쉬어주지 않는 한 다른 위관들에게 짐이 될 뿐이다. 1년에서 15개월쯤 지나면 아예 없느니만 못한 인간이 된다.[25]

그레이브스는 본인이 장교이다 보니 동료 장교들이 고생하는 데에 자연스레 초점을 맞추었다. 그러나 심리학사를 연구하는 피터 바럼Peter Barham에 따르면, 전쟁이 끝나고 20년쯤 후에도 영국에는 "참전군인 약 3만 5,000명이 정신장애로 인해 여전히 상이연금을 지급"받았으며, "이들 중 장교는 거의 없고, 하사관과 일반 병사가 과도하게 많다."[26] 마틴 오브라이언Martin O'Brian 일병이나 찰스 버터워스Charles Butterworth 일병이 바로 그런 사례다.

오브라이언은 원래 제빵사였는데, 포화 속에서 정신을 놓고 나서 의사에게 "그때 이후로 총격과 포격 소리에 시달려 잠을 잘 못 잔다."고 털어놓았다.[27] 버터워스는 폭발에 휘말려 다치면서 귀를 먹고 점차 벙어리가 되어갔을 뿐만 아니라, 참호에서 "가스가 폭발하듯" 폭격 소리가 들리는 악몽을 거듭해 꾸었다. 어느 날 밤, 병원에 입원해 있던 버터워스는 자다 깨어 흥분한 목소리로 "포탄이 날아오니 다들 몸을 숨기라고" 소리쳤다.[28] 이들은 전장에서만 소리에 고통받은 것이 아니라, 여러 해가 지나도 머릿속에서 울리는 환청에 여전히 고통받았다. 그레이브스가 묘사한 장교들과 마찬가지로, 이 병사들도 소음 때문에 완전히 망가져버렸다.

포격 쇼크는 소음에 과도하게 노출됨으로써 발생할 가능성이 높으니, 의사들은 포격 쇼크를 치료하려면 정반대로 고요한 환경을 제공해야 한다는 데 대체로 동의했다. 하지만 퇴역 군인이 고향에 돌아와서 어떻게 치료받는지는 사회적 지위에 따라 달라졌다. 고통을 얼마나 덜게 될지가 계급에 따라 완전히 달라진다는 뜻이었다. 가령 장교라면 '장교 전용 특수병원' 같은 곳으로 보내질 터였다. 에드윈 애시는 이 장교 전용 특수병원에 어떤 발상이 깔려 있는지를 살짝 보여준다.

(…) 힘센 몸으로 전선에서 싸우는 일반 병사와 비교했을 때, 우리 장교들의 두뇌는 대체로 더 고도로 훈련되고 정교하게 조직되어 있다. 그러므로 장교가 정신에 충격을 받으면 제대로 쉬게 하고 심리적으로 지지해주어 보살펴야 한다. (…) 이처럼 적절하게 조치를 취하지 않으면, 수많은 젊은이가 귀중한 두뇌에 손상을 입어 나라를 위해 복무하지 못하게 된다.[29]

귀중한 두뇌를 지닌 젊은이들에게 가장 이상적인 환경은 사실 시골 구석일 터였다. 역사학자 피오나 리드Fiona Reid가 설명했듯이, "목가적인 시골 풍경을 만듦으로써 혹독한 산업전쟁의 후유증을 치유할 수 있다고 보았다."[30] 그나마 애시가 있던 켄싱턴Kensington은 도시이기는 해도 공원을 갖추었고, 병원은 외딴 곳에 자리 잡아 환자 수가 33명을 넘지 않는 데다 환자마다 독방을 쓰도록 했다. 평온함이 이곳을 지배했다.[31] 애시가 설명했듯이, 환자를 치료하는 데에는 "조용하고 어두운 방에서" "몇 시간 편하게 자는 것이 그 어떤 약이나 요법이나 수술보다도 도움이" 되기 때문이었다.[32] 어쩌다 끼어드는 소리는 아래층 치료실에서 들려오는 음악 소리일 터였다. 음악이 환자가 몸을 흐르듯 자연스럽게 움직이는 감각을 회복하는 데 강력하게 도움을 주는 수단으로 재조명을 받으면서, 전쟁 기간에 음악요법이 장교 전용 특수병원 같은 의료기관에서 부활했기 때문이다. 음악요법뿐만 아니라 어느 면에서 보아도 이 장교 전용 특수병원은 가히 모범 사례라 부를 만했다.

포격 쇼크에 시달리는 일반 병사의 가족도 당연히 그런 치료를 해주고 싶어 했다. 그러나 장교는 대체로 "신경쇠약에 걸렸으니" 몇 주만 쉬면 나아지리라고 여겨진 것과는 달리, 일반 병사는 근본이 나약한 사람이자 치료가 불가능한 '히스테리 환자' 취급을 받았다. 그런 이유로 우리가 앞에서 만났던, 정신에 심한 외상을 입고 북프랑스 일대를 헤매다 발견된 곰 일병은 영국으로 귀환하자 사우샘프턴Southampton(영국 남부 연안에 위치한 항구도시-옮긴이)에 있는 대형 군 병원으로 이송되었다. 마이어스가 치료 가능성이 매우 높다고 인정했는데도 말이다. 군 병원에서 곰 일병은 "버르장머리가 없다"며 꾸중을 당하고 "어리석고 둔하다"는 꼬리표가 붙어, 끝내는 정신병원으로 보내지고 잊혀버렸다.[33] 일반 사병은 곰 일병처럼 정신병원에 갇히는 처지는 면한다 해도 대체로 환자가 1,000명 넘는 큰 병원으로 보내지기 일쑤였다. 이런 병원은 복잡하게 붐비고 시끄럽기 마련이라, 조용히 요양하는 것은 꿈도 꿀 수 없었다. 의료진이 제아무리 선의를 갖고 노력한들, 병사들은 여전히 적

절한 치료를 받지 못하고 밤마다 공포에 시달릴 터였다.[34]

제1차 세계대전이 끝나 수많은 추모 시설이 지어지면서, 추모 행사를 시작할 때마다 묵념을 하는 것이 가장 적합하다고 여겨지게 되었다. 어쩌면 당연할지도 모른다. 묵념은 전장의 극악하고 난폭한 소음과 정반대이니 말이다. 묵념은 마치 한순간 예배를 드리는 것과도 같았다. 그 순간 사람들은 평온하고 고요하게, 생각에 잠기거나 나름대로 애도를 할 수 있었다.[35]

그러나 정전 후에도 전쟁터의 소음은 오래도록 수많은 장병의 머릿속에서 울려댔다. 애시는 여전히 런던 병원에서 "머릿속이 윙윙 시끄럽게 울려댄다"고 호소하는 환자들을 치료했다.[36] 한편, 로버트 그레이브스는 전쟁을 겪고도 그다지 망가지지 않았다고 자부했음에도, "포탄이 한밤중에 침상으로 날아와 터지곤 했다"고 불평했다. 그레이브스는 "족히 4년은 밀린 잠"을 자려 애썼지만 느닷없이 환청이 터져 잠을 설치곤 했는데, 환청은 1928년에 이르러 비로소 사라졌다.[37]

종전 후 대중은 소음과 소음이 심리에 미치는 영향에 대해서도 더욱 예민해졌다. 마치 사람들의 귀가 평상시 생활에 울리는 갖가지 소리에 활짝 열린 듯했다. 한 예로 사회학자 야론 예안Yaron Jean의 연구에 따르면, 독일 바이마르 공화국 시절 사람들은 종종 "베를린 같은 대도시의 소음을 옛 전쟁터의 불길한 포효에 빗대었다."[38]

도시의 소음은 전쟁의 소음과 마찬가지로, 너무도 커지고 증폭된 나머지 인간의 통제를 벗어나는 듯했다. 이제 소음은 기계나 전쟁뿐만이 아니라, 폭주하는 현대 사회에서 인간이 자기 운명을 제어하기가 갈수록 어려워짐을 상징했다. 애시 같은 신경과 의사가 보기에, 정신장애는 더 이상 군인에게만 일어나는 것이 아니라 "전국에 만연한 질병"이었다.[39] 확성기, 나이트클럽, 전축, 라디오 소리 등등 도시 생활 중에 들리는 온갖 증폭된 소리는 인간의 신경을 긁어대는 20세기 전쟁의 새로운 전쟁터가 될 터였다.

27 라디오
전성시대

제1차 세계대전 전야, 지구의 대기에 통신 잡음이 치지직 울렸다. 점과 선으로 이루어진 모스 부호 메시지만이 아니라, 순간순간 터져 나오는 대화와 음악이 실린 통신이었다. 우리 인류가 내는 소리가 라디오 전파에 실리기 시작하는 순간이었다. 그 희미한 소곤거림을 창공에서 뽑아낼 장비를 가진 극소수의 눈에 이것은 새로운 마술이나 마찬가지였다. 1912년 12월 28일자 〈런던 스탠더드London Standard〉에, 어느 젊은 기자는 흥분에 겨워 이렇게 묘사했다.

> 올해 크리스마스 철에는 대기 중에 불가사의한 음악과 목소리가 떠다니면서 잉글랜드인 수백 명을 놀라게 했다. 멜로디 몇 마디와 귀를 잡아당기는 대화가 고요한 밤을 뚫고 조각조각 퍼져 나왔다. (…) 일정 간격의 울림이 고막을 두드리는 대신, 조화로운 화음과 짧으나마 사람 목소리임이 확실한 소리가 기록되었다.[1]

초창기에 라디오를 청취하는 일은 축음기를 듣는 일보다 훨씬 묘한 경험이었다. 음반에서 누군가의 목소리가 흘러나오는 것도 충분히 기이한데 아무것도 없는 공중에서 소리가 나다니, 도저히 믿지 못할 일 아닌가. 아니, 공중에서 느닷없이 소리가 나는 정도가 아니라 수십, 수천, 수만 킬로미터 저편에서 소리가 들려온다니! 이 모든 형체 없는 목소리가 눈에 보이지도 않은 채 사방에서, 지평선 너머, 바다 건너, 단단한 건물들을 통과하여 거실로, 빛의 속도로 나타나 윙윙거렸다.[2]

그러나 1930년대에 이르면 참신함도 마술도 썰물처럼 사라졌다. 라디오는 일상생활의 일부가 되어, 평범하고 당연하게 존재하며 즐거움을 주었다. 사람들은 카페나 술집에서 라디오를 에워싸고 인기 댄스곡을 들으며 술을 마시거나 중요한 권투나 풋볼 경기에 대한 해설을 들었다. 수백만 명이 자기 집 난롯가에 앉아 뉴스, 쇼핑 정보, 요리 교실, 스릴러 드라마나 좋아하는 코미디 쇼 따위를 들었다. 그런데 이제는 라디오가 일상의 흐름에 너무도 밀접하게 녹아들어서 더 이상 특별하게 여겨지지 않는데도, 아니 어쩌면 바로 그렇기 때문에, 라디오의 영향력은 그 어느 때보다도 커졌다.

***

나는 지금까지 내내 소리가 멀리 떨어져 있어도 '접촉할' 수 있게 해주는 수단으로 쓰였다고 설명했다. 예컨대 교구 교회는 종을 울림으로써 마을 구석구석까지 영향력을 넓혔고, 총과 대포 소리는 왕정의 권위를 머나먼 식민지에 새기는 데 기여했다. 사람은 특정한 소리의 가청거리 안에 자리함으로써 말 그대로 시민이나 피지배민이 되었다.

그런데 라디오가 등장하면서 소리가 미치는 거리가 극적으로 변했다. 런던이나 베를린이나 모스크바나 뉴욕 어딘가의 스튜디오 탁자에 마이크를 올려놓고 소리 한마디를 내면, 그 소리가 거대한 송수신기를 타고 순식간에 수백만 명에게 닿았다. 어느 목소리든 음악이든 메시지든 적어도 이론상으로는 전국 청취자에게 가 닿을 수 있었기에, 그때부터 온 나라가 가청거리 안에 들어왔다. 라디오는 방구석에 늘 자리 잡은 존재이자 친근하고 재미있는 상자이기도 했지만, 유사 이래 인류가 발명한 최강의 메가폰이기도 했다. 온 국민의 생각을 획일적인 틀에 가두고자 하는 선동꾼에게, 라디오는 천국에서 내린 선물이나 진배없었다. 1930년대에는 라디오의 양면성 중 어느 쪽이 라디오의 미래를 결정하는 데 더 큰 영향을 미칠지 도저히 알 수 없었다. 실제로 1930년대에는 라디오가 독재자에게 총알을 장전한 총을 건네준 듯한 순간도 여러 번 있었다.

나치가 라디오를 사랑한 것도 어쩌면 당연할지 모르겠다. 나치당은 1933년 집권 당시 3월에는 전체 표의 37퍼센트를, 11월에는 44퍼센트를 얻었다. 하지만 나치는 국민에게 100퍼센트의 지지를 얻고자 했다. 독일이라는 국가를 '한 민족'으로 거듭나게 하려면, 방송을 통해 민족의식을 고취하는 것이야말로 가장 확실한 방법이었다.[3] 영화와 신문도 이데올로기를 확산하는 데 유용하기는 했지만, 나치 선전부 장관인 요제프 괴벨스Joseph Goebbels는 늘 라디오에 가장 큰 기대를 걸었다. 다른 매체와 달리, 라디오는 단일하고 명료한 메시지를 국가 중심부로부터 머나먼 주변부까지 확실하게 전달할 수 있기 때문이었다.[4]

괴벨스는 임명된 지 불과 며칠 만에 독일 각지 지역방송국 책임자를 베를린으로 호출해, 연단을 두들기며 자신의 비전을 설파했다. 라디오는 "본디 권위주의적이며" "전체주의 국가에 자동으로 봉사한다."라고 말이다.

> 돌려 말하지 않겠다. 라디오는 다른 누군가가 아닌, 바로 우리의 것이다! 라디오로 우리의 사상만을 전파할 것이며, 다른 어떤 사상도 라디오로 전달되지 못하게 할 것이다.[5]

이렇게 큰소리친 바를 현실로 만들기 위해, 확성기가 달린 기둥 수천 개가 길모퉁이와 광장에 세워졌다. 일명 '인민의 수신기Volksempfänger'라고 불린 값싼 라디오 수백만 대가 출시되었는데, 대개 해외 방송을 듣기 어렵도록 특수하게 조작이 가해졌다. 1939년 제2차 세계대전이 발발할 무렵 독일에는 열 집에 일곱 집 꼴로 라디오가 있었다. 라디오 보유율로는 세계 1위였다. 이때에 이르러 라디오 청취는 국민의 의무나 마찬가지가 되었다. 히틀러가 연설하는 등 특별한 행사가 벌어지면 사이렌이 울리도록 라디오 관리인이 조치를 했고, 사이렌이 울리면 사람들은 하던 일을 즉시 멈추고 카페, 광장, 학교, 사무실, 공장 바닥 등지에 놓인 라디오나 확성기 앞에 모이는 것이 당연했다.[6]

그런데 나치는 (그나마 이것만 언급하자면) 큰 실수를 저질렀다. 독일인들은 라디오를 편안한 휴식처이자 즐거움의 원천으로 여기는 데 이미 익숙했는데, 그 사실을 잊은 것이다. 사람들이 제일 좋아하던 라디오 쇼들이 없어지고 대신 정치 프로그램과 당 간부의 연설이 줄줄이 흘러나왔다. 히틀러 총통만큼 카리스마 넘치게 연설하는 사람은 거의 없었다. 최악은 단연 1933년 5월 '전국노동절'이었다. 정부가 하루 종일 라디오를 들으라고 종용한 결과 수천만 국민이 12시간가량 연설과 정치 논평에 쉬지 않고 귀를 기울여야 했던 것이다. 막간에 음악 한마디 틀어주기는커녕, 저녁이 되자 히틀러가 직접 2시간짜리 연설을 했다. 듣기에 지루했을 뿐만 아니라 괴롭기까지 했다. 마치 자기 집에서 남에게 시끄럽게 닦달당하는 느낌이었다.[7]

그래도 나치는 라디오의 잠재력을 본능적으로 옳게 간파했다. 라디오야말로 단일한 관점을 순식간에 온 나라에 전파하는 데 최적의 수단이었다. 나치는 라디오라는 새 매체를 받아들였다기보다는 강제한 쪽에 가까워 보이기는 하지만, 이들만이 라디오의 장거리 전파력에 열광한 것은 아니었다. 한 예로, 소련에서는 레온 트로츠키Leon Trotsky가 이미 라디오를 옹호한 바 있었다. 트로츠키는 국민의 대부분이 신문도 못 읽는 소농에 해당하는 광대한 나라를 근대화된 공산주의 국가로 개조하는 데 반드시 필요한 도구가 라디오이며, 라디오는 국경선 너머로 혁명의 메시지를 전파하는 데에도 유용하리라고 역설했다.

사회주의를 도입하려면, 일단 전국에서 가장 외진 벽지와도 대화할 수 있어야 합니다. (…) 라디오로 마을을 정복하는 것을 향후 몇 년간 주요 과업으로 삼아야 합니다. 문맹 퇴치 및 전기 도입이라는 과업과도 밀접한 관련이 있을 뿐만 아니라, 이를 수행하는 데 어느 정도는 전제조건이 되기도 합니다. (…) 지도를 펼치고 새로운 전쟁을 벌이십시오! (…) 유럽에서 노동자가 라디오 방송국을 차지할 때, 프랑스에서 프롤레타리아가 에펠탑을 점령하고 탑 꼭대기에서 자신이 프랑스의 주인임을 유럽의 모든 언어로 선언할 때, 바로 그날 그 순간 도시와 공장 노동자뿐만 아니라 오지 마을 소농까지도 유럽 노동자의 부름에 답할 수 있어야 합니다. "우리 목소리가 들립니까?" "들립니다, 형제여. 우리도 돕겠습니다!"라고 말입니다.[8]

미국은 개인주의가 강력하고 중앙집권을 불신하니 라디오에도 다르게 접근했으리라 생각하기 쉽다. 겉으로 그렇게 말하기는 했다. 1933년에 어느 방송계 대변인은 "미국 방송"이 온 국민에게 "인간이 할 수 있는 모든 발언을 자유롭게" 들려준다고 주장했다. 업계에서 이런 식의 주장은 드물지 않았다.[9]

물론 미국 라디오에는 1930년대 초반 독일에 비하면 오락이 훨씬 많았다. 〈에이머스 앤 앤디Amos 'n' Andy〉 같은 코미디 연속극은 선풍적인 인기를 끌었는데, 인기가 절정을 달리던 1929년에서 1931년 사이에는 미국에서 매일 밤 약 4,000만 명이 이 쇼를 청취했을 정도였다. 하지만 그토록 청취자가 몰렸던 이유는, 전국 도시와 마을에 산재한 수많은 라디오 방송국들이 거의 다 NBC나 CBS 같은 대형 방송국과 제휴해서 같은 프로그램을 점점 더 많이 틀었기 때문이다.

미국의 경우에는 독일과 달리 청중의 수요가 반영되었지만, 그래도 라디오가 전국에 동일한 문화 체험을 퍼뜨렸다는 점에서는 다르지 않았다. 똑같은 대사, 똑같은 줄거리, 똑같은 개그가 대서양 연안에서 태평양 연안까지 전국 가정에 송출됨에 따라, 미국에서는 수백만 명이 정확히 동시에 폭소를 터뜨렸다.[10]

***

라디오는 훨씬 심각한 주제까지도 미국 국민에게 직접 호소할 수 있는 가능성을 제시했고, 프랭클린 루스벨트Franklin Roosevelt는 이에 매우 관심을 가졌다. 1933년 당시 루스벨트는 대공황을 타개하기 위해, 대다수 신문사의 반대를 뚫고 뉴딜정책에 대한 대중의 지지를 확보해야만 했다. 또한 몇 년 후에는 미국이 고립주의를 고수하지 말고 유럽에서 벌어지는 전쟁에 좀 더 적극적으로 대응하자고 국민을 설득해야 했다. 2번 모두 라디오는 문제를 해결하는 데 가장 강력한 수단이 되었다. 루스벨트가 출연한 방송 중에는 〈노변담화Fireside Chats〉가 가장 유명하지만(재임 기간 동안 총 29차례 방송했다), 그 외에도 재임 첫 해에만 무려 50번이나 라디오 방송에 나와 연설을 했다. 어떤 방송에서든 루스벨트가 목적한 바는 같았다. 바로 인간의 말을 라디오로 '증폭'하여, 말에 담긴 힘을 이용해 사람의 마음을 바꾸고 전국 단위로 여론을 조성하는 것이었다.[11]

영국에서는 BBC 방송이 창립자 존 리스John Reith의 지도하에 대중의 정신을 계몽하겠다는 의지를 대놓고 드러냈다. 사람들을 교육하여 교양과 탐구심을 길러준다는 명목, 다시 말해 민주주의 체제에 걸맞고 국가에 강력하게 결속된 시민을 양성하겠다는 명목이었다. 리스와 BBC의 초창기 멤버들은 예술 및 사상계에서 무엇이 '최고'인지를 안다고 자부했고, 소수 특권층만이 아닌 대중이 최고급 예술과 사상을 향유하도록 보장하고자 했다. 리스는 1924년 저서 《영국 전역에 방송하다 Broadcast over Britain》에 다음과 같이 썼다.

우리의 책임은 모든 분야에서 인류가 이룩한 최상의 지식, 최선의 노력, 최고의 성취를 가능한 한 여러 가정에 전달하고, 해롭거나 해를 끼칠 가능성이 있는 내용은 피하는 데 있다고 생각한다. (…) 우리는 방송이 공공 서비스라는 방침에 따라, 최대한 많은 사람에게 최대한 유익을 주는 것을 염두에 두고 조직화하고 있다.[12]

한 예로 방송에서 사용하는 영어 발음 문제가 있었다. 리스는 표준 발음이 정해지면 삶의 질도 높아지고 취직할 기회도 늘어나리라고 확고하게 밝혔다. 거리마다 술집마다 가정집마다 제각기 다른 지방 사투리와 억양을 썼지만, 방송에서는 BBC가 "교양인이 쓰는 남부 영어"라고 부르는 영어를 '표준' 삼아 말해야 했다. 리스는 "아나운서가 제대로 된 영어로 자연스럽게 말한다면, 아나운서의 말투를 따라 하는 것이 바람직하다고 본다."고 선언했다.[13] BBC는 라디오가 소리를 이용해 온 나라를 묶어주는 수단이라고 여겼다. 그렇게 함으로써 청중이 무얼 원하는지 개의치 않게 된다 한들, 지방색을 좀 없앤다 한들, BBC가 방송을 독점하도록 강력하게 보장한다 한들 어떠랴. 민주적인 목적을 달성하려면 비민주적인 수단을 동원해도 상관없었다.

존 리스와 프랭클린 루스벨트가 히틀러와 같은 전체주의자라고 주장할 생각은 아니다. 하지만 이들은 라디오에 소위 '획일화하는 힘'이 있다는 점을 명민하게 인식했다는 데에서 공통점이 있었다. 라디오는 텔레비전이 등장하기 훨씬 전부터 계급과 성별과 연령을 막론하고 누구에게든, 도시든 시골이든 가깝든 멀든 어디에나, 사상을 전파하는 탁월한 능력을 과시했다. 이들이 깨달은 바대로, 라디오에서 다들 정확히 동시에 같은 내용을 듣다 보면 같은 경험을 공유한다는 인식이 싹텄다. 청취자들은 각자 가정에서 자기네끼리 라디오를 들으면서도 전국 각지에서 다른 이들도 라디오를 듣는다는 사실을 늘 의식했다. 그럼으로써 사람들은 민족국가라는 '상상된 공동체'에 소속될 뿐만 아니라 민족국가의 정치·문화생활에 국민의 일원으로서 참여한다는 느낌을 받게 되었다.

하지만 이 모든 상황에는 분명 위험이 도사리고 있었다. 나치 라디오 프로그래머들은 일종의 '민족공동체Volksgemeinschaft', 즉 게르만 민족이 단일한 사고방식을 공유하게 만드는 사회 집단을 창조하기를 꿈꿨다. 영국 지식인들은 라디오 때문에 영국인의 사고방식이 획일화되고 '평범'해질까 우려했다. 미국인, 특히 좌파들은 상업 라디오 방송끼리 청중을 최대한 늘려서 광고 수입을 극대화하려고 경쟁하다가 비슷비슷하고 온건한 프로그램만 제작하게 되지 않을까 우려했다. 1935년 미국에서 라디오의 영향력을 연구한 보고서는 이러한 우려를 다음과 같이 표현했다.

> 100만 명 넘는 사람들이 똑같은 주제, 똑같은 주장과 호소, 똑같은 음악과 유머를 듣고, 똑같은 자극에 동시에 반응해 똑같은 식으로 관심을 돌린다면, 이들의 관심사도 취향도 태도도 어느 정도 비슷해지는 것이 심리적으로 불가피하다. 즉, 라디오의 본질은 사람들로 하여금 똑같이 생각하고 똑같이 느끼도록 유도하는 데 있다고 보인다.[14]

라디오를 '소리로 사람들을 획일화하는 악'이라고 지목하는 것은 과연 정당했을까? 라디오 때문에 정말로 청중이 집단망상이나 최면에 걸려들게 되었을까?

그게 과연 사실인지 1930년대에 하버드대학교에서 연구하던 심리학자 집단이 알아내기로 했다. 연구를 주도한 인물은 해들리 캔트릴Hadley Cantril과 그의 스승인 고든 올포트Gordon Allport였다. 캔트릴은 여론이라는 주제로 갓 박사학위를 취득한 젊은 연구자였고, 올포트는 보통 사람이 어떤 계기로 권위주의적인 사고를 하게 되는지에 관심이 있었다. 캔트릴과 올포트는 몇 년간 꾸준히 하버드 심리학연구실로 실험대상자를 불러 모아 앉혀놓고 일련의 흥미진진한 라디오 실험을 실시했다.

한 번은 확성기를 통해 실험대상자에게 여러 라디오 진행자의 목소리를 들려준 다음, 진행자의 성격에 대해 어떤 인상을 받았는지를 질문했다. 매체가 라디오인 만큼 실험대상자는 진행자의 목소리만을 근거로 인상을 평가할 터였다. 캔트릴과 올포트는 이 실험을 통해, 청자는 목소리만으로도 진행자가 실제로 어떤 사람일지, 기분은 어떻고 정치적 견해는 어떻고, 생긴 것도 어떨지에 대해 아주 강렬한 인상을 받는다는 점을 발견했다. 청자가 늘 정확한 평가를 내리지만은 않았지만, 요점은 형체 없는 목소리에도 개성이 충만하다는 것이었다.[15]

두 번째 실험에서는 실험대상자를 두 집단으로 나누어, 한쪽은 인쇄한 글을 읽게 하고 다른 쪽에는 같은 내용을 확성기로 들려주었다. 결과는 더욱 놀라웠다. 글을 읽은 사람은 내용을 비판하고 의문을 제기하는 경향이 높은 반면, 같은 내용을 확성기 방송으로 들은 사람은 들은 내용을 그대로 믿는 경향이 두드러졌다. 캔트릴과 올포트는 깜짝 놀랐다. 이들은 목소리가 설령 벽에 달린 상자에서 흘러나오더라도 "글보다

훨씬 흥미롭고 설득력 있고 친밀하며 관심을 잡아끈다."라고 결론을 내렸다.[16]

바로 이것이야말로 라디오가 거둔 최고의 성과였다. 라디오는 육신으로부터 분리되어 형체 잃은 말을 수백 킬로미터 너머에 있는 익명의 청중 집단에게 전달할 뿐인데도, 집에서 라디오를 듣는 청취자는 마치 누군가가 방 안에 실제로 존재하며 왠지 모르게 자기에게 직접 말을 건 듯이 느꼈다.

그러나 이런 효과를 제대로 발휘하려면 라디오를 메가폰처럼 사용해서는 안 되었다. 사람들을 대중이라는 '집단'의 이름 없는 일원 취급하며 소리를 질러대는 것은 금물이었다. 그래서 존 리스는 '대중mass'이라는 단어를 절대 쓰지 않았고 '청중audience'이라는 말도 잘 쓰지 않았다. 대신 '청취자the listener'라는 표현을 써서 개인을 지칭했다. 프랭클린 루스벨트가 〈노변담화〉에서 늘 일대일로 이야기하는 듯한 느낌을 냈던 것도 바로 그래서였다. 그는 〈노변담화〉를 방송할 때 말을 천천히 하고, 듣는 이를 2인칭으로 직접 지칭했으며, 때로는 머뭇거리기도 했다. 다시 말해, 루스벨트는 대화를 나누듯이 말했다.[17] 언론학자 그렉 구데일Greg Goodale은 루스벨트가 억양을 조절해 한 단어 한 단어가 "쇠메처럼 청자를 내리치도록" 했다고 주장했지만, 이는 루스벨트식 화법의 묘미를 과소평가한 것이 아닌가 싶다.[18] 특별한 화법이 따로 없는 것처럼 말하는 것이야말로 루스벨트 화법의 묘미였으니 말이다. 〈뉴욕타임스The New York Times〉가 1933년 6월 18일자 기사에서 내렸던 다음의 평가가 아마 오히려 더 정확할지도 모른다.

성대모사를 해서 목소리를 의식적으로 사용하지 않는 한, 인간의 목소리에는 자기도 모르게 기분과 기질과 성격이 묻어난다. 목소리는 화자의 인격을 표현한다. 루스벨트 대통령의 목소리에는 신실함, 선의와 친절함, 굳은 의지와 확신, 힘, 용기, 넘치는 기쁨이 드러난다.

청취자들의 생각도 같았다. 수백만 명이 루스벨트에게 편지를 보내, 대통령이 마치 아는 사람인 양 라디오 방송에 회답했다. 루스벨트 숭배자 한 사람은 이런 편지를 보내기도 했다.

대통령님께 제가 너무 허물없이 말씀드리는지도 모르겠네요. 대통령님께서 저희 국민에게 워낙 친근하게 다가오셔서 말입니다. 어젯밤 대통령님 연설을 듣는데, 기침하실 때마다 저도 모르게 움찔거리면서 가족에게 하듯이 잔소리를 하게 되지 뭡니까. 대통령님 본인의 건강뿐만 아니라 나라를 위해서라도 몸조리 잘 하시라고 말입니다.[19]

한편 나치는 라디오에 대고 소리를 지르는 경향이 있었다. 그러나 공정하게 말하자면, 괴벨스는 그게 문제라는 걸 제대로 인식했다. 위협조로 끊임없이 이어지는 연설과 군악은 감정이 격렬하게 들끓는 스타디움에서는 멋지게 들릴지 몰라도, 거실 라디오에서 울려 퍼지면 끔찍하기 이를 데 없었다. 괴벨스는 자기가 장악한 방송사에도 이렇게 경고했다. "방송이 지루하면 절대 안 된다. 어떤 태도가 가장 바람직한지를 대놓고 제시하지 마라. 저녁마다 군대 행진곡을 우렁차게 틀어대는 게 중앙 정부를 가장 위하는 길이라고 착각하지 마라."[20] 시간이 지나면서 나치 라디오 방송은 예능 쇼, 댄스 음악, 대담 등을 갖추고 훨씬 세련되게 바뀌었다.

　라디오는 유흥 그 자체를 목적으로 유흥을 제공하지 않았다. 히틀러 정권에서 유흥은 수단에 지나지 않았다. 시민을 게르만 '국민공동체'로 통합한다는 목적에 복무하는 수단 말이다.[21] 그럼에도 방송 스타일을 부드럽게 바꾸는 것은 엄청나게 중요했다. 하버드 대학의 심리학자들·BBC·루스벨트는 물론 나치도 결국 깨달은 사실은, 라디오가 발휘하는 힘은 교묘하므로 신중하게 다루어야 한다는 것이었다. 라디오로 동시에 온 국민에게 말을 걸 수는 있지만, 라디오를 메가폰처럼 사용해서는 안 되었다. 라디오기 청취자의 마음에 스며들게 하려면 청취자의 환심을 사야만 했다. 정치 선동꾼 같은 목소리가 아니라, 홍보 담당자나 영업사원 같은 목소리로 말을 걸어야 했다. 적어도 친구 같은 느낌은 주어야 했다. 바로 그런 이유로, 텔레비전이 등장하면서 거실에 있던 라디오가 부엌과 침실로 물러가고 나서도 라디오의 영향력은 줄어들기는커녕 커졌다. 배경에서 흘러나오는 라디오 소리는 우리 삶에 중요하면서도 늘 존재하는 사운드트랙이 되었다. 라디오에서 흘러나오는 목소리와 곡조와 이야기는 우리가 미처 알아차리지도 못하는 새에 우리의 의식으로 스며들었다.

　독재자와 영업사원 들이 결국 승리했다는 얘기처럼 들릴지도 모르겠다. 하지만 이들도 웬만하면 청취자의 요구에 맞춰주어야 했다. 방송 진행자의 목소리가 가 닿는 곳은 우리 청취자의 영역이지 그들의 영역이 아니기 때문이다. 설령 방송이 청취자를 유혹하려 한다 해도 청취자는 태평하게 무시하면 그만이다. 1938년 BBC에서 방송한, 남부 웨일스에 사는 어느 가족이 버릇처럼 라디오를 듣는 모습이 그 예이다.

거실 라디오에서 아르투로 토스카니니^{Arturo Toscanini}가 지휘하는 연주가 흘러나오는데, 이 집 여주인은 바느질을 하면서 더 재미있는 프로그램이 안 나오나 끈기 있게 기다린다. 한편 아버지와 아들 사이엔 싸움이 붙었고, 다른 식구들은 들락날락거리며 왜 싸우느냐고 물어본다. 이웃들은 수시로 들러 요즘 무슨 소문이 도는지를 목소리도 낮추지 않고 쑥덕거린다. 단 한 사람만이 연주를 들으면서 "속으로 끙끙"대지만 라디오를 끄지는 않는다.[22] 아마 그가 라디오를 껐더라면, 당장 다시 켜라고 방안에 있는 사람들이 일제히 소리를 질렀을 터이다. 온 정신을 집중해 듣고 있지 않다 하더라도, 듣기는 듣고 있기 때문이다.

라디오가 주절대는 소리는 배경으로 물러났다 해도 의미 없이 단순한 소음만은 아니다. 라디오 소리가 사라진다면, 다들 미칠 듯이 그 소리를 그리워할 터이다.

28 쇼핑할 때도 음악, 일할 때도 음악

1920년 어느 날, 프랑스 작곡가 에리크 사티Erik Satie는 화가 페르낭 레제Fernand Léger와 파리의 한 식당에서 점심을 먹고 있었다. 식사는 순탄치 않았다. 식사를 하면서 다정하게 대화를 나누려고 했는데, 식당에 상설 오케스트라가 있었던 것이다. 연주가 너무도 시끄럽고 열정적이어서 도저히 대화를 할 수가 없었다. 결국 식사를 중도에 그만두고 나와야 했다. 그러나 완전히 시간을 낭비한 것만은 아니었다. 사티는 방금 무슨 일이 일어났는지를 곱씹다가, 앞으로 이 문제를 어떻게 해결하면 좋을지 레제에게 이야기했다.

가구 같은 음악을 만들어야 해. (…) 주변 소음을 고려하고 그 일부가 되어버리는 음악을. 듣기 좋고 식기가 달그락대는 소리를 가려주되 완전히 덮어버리지는 않는 음악, 들으라고 강요하지 않는 음악이라고 보면되네. 때때로 어색한 침묵이 손님을 덮쳐도 음악이 메워줄 테니 시시한 짓거리로 시간을 때울 필요도 없어지겠지. (…) 바깥 거리의 소음이 생뚱맞게 끼어들어도 중화해줄 테고.[1]

사티는 발상을 행동으로 옮기기로 했다. 그해 사티는 가구 음악을 직접 작곡해, 연극 중간 휴식시간에 로비에서 연주했다. 잘 알려진 가락들을 조각조각 따와서 리믹스하고 거듭 되풀이한 곡으로, 그레고리안 성가나 벽지 문양과도 좀 비슷했다. 정처 없이 떠돌며 거의 몽롱하기까지 한 소리였다. 그런데 음악이 들리자마자 관객들은 입을 다물고 조용히 서서 경청하는 게 아닌가. 사티는 격분했다. 사티는 군중들 사이로 뛰어들어 제발 말을 하라고, 뭐든 시끄러운 소리를 내라고, 아니면 적어도 벽에 걸린 그림이라도 감상하며 시간을 보내라고 애걸했다. 음악에 신경만 쓰지 않는다면 무슨 짓을 해도 좋았다.[2] 들리는 대로 들되, 귀를 기울이지는 말라고 말이다.

1920년에 이런 발상은 사티의 희망사항에 불과했다. 사티는 소리로 된 벽지나 마찬가지인 곡을 의도적으로 작곡하려 했는데, 이는 음악을 들을 때 마땅히 특정한 자세를 갖춰야 한다는 전제를 거의 송두리째 뒤집는 시도였다. 교양 있는 유럽인들은 18세기부터 줄곧 음악을 경건하게 집중해서 들어야 한다는 말을 들었다. 음악은 특색이 있고 의미와 감정이 가득하기 때문에, 소음처럼 무시하거나 여느 소리처럼 건성으로 들어서는 안 되었다. 바깥세상이 진짜 소음을 얼마나 많이 토해내는지를 감안하면, 이렇듯 인간적이고 영적인 특성을 표현하는 매개체로서의 음악을 보존하는 것은 그 어느 때보다도 중요한 듯했다.[3] 그런데 사티의 행동은 이 모든 규범을 위반하는 것으로 보였다.

하지만 사티가 한 일은 사실 일탈이 아니라 혁신이자 미래를 예견하는 징조였다. 1920년에 문제의 연주회가 열린 이래, 배경음악은 금세 20세기의 성격을 규정하는 소리가 되었다. 배경음악 소리는 현대 도시인의 삶에 덧붙어, 쇼핑센터와 카페와 사무실과 호텔 로비와 승강기에서 울려 퍼졌다. 그러므로 이 이야기는 시시한 일회성 소리에 대한 이야기이자, 우리가 더 많이 소비하고 더 빨리 일하도록 고안된 소리에 대한 이야기이기도 하다.

다들 알다시피, 소리는 우리가 거의 알아차리지 못해도 우리의 몸과 마음에 엄청난 영향을 미친다. 옛날에는 소리의 이런 특성을 활용해, 사냥할 때 협동하거나 공동체 의식을 느끼거나 종교적인 경외감을 자극했다. 그러나 지난 한 세기에 걸쳐, 음악은 우리의 에너지와 기분을 통제하여 기업에 이득을 주게끔 정교하게 다듬어진 도구가 되었다.[4]

그런데 정말 배경음악이 출현함으로써 일터 및 마을과 도시에 있는 공공장소의 사운드스케이프가, 어쩌면 우리 몸까지도 통제할 권한이 사익 추구 집단에 넘어가고 만 것일까? 아니면 1920년대에 이르러 기계적이고 판에 박히게 변한 일상은 배경음악이 등장한 덕에 좀 더 사람답고 여유롭게 바뀌었을까?

***

배경음악은 21세기 자본주의의 심장부인 뉴욕에서 출발하지 않을 수 없었다. 뉴욕 엠파이어스테이트 빌딩은 1931년 5월 개관하면서 엘리베이터, 로비, 전망대마다 음악을 방송했다. 그 이유는 단순했다. 음악사가 조지프 랜자Joseph Lanza가 연구한 배경음악의 역사에 따르면, 당시에 엘리베이터는 공항이나 롤러코스터처럼 신기하면서도 사람을 동요시키는 공간으로 여겨졌기 때문이다. 랜자는 엘리베이터를 "둥둥 떠다니는 불안정한 공간"이라고 불렀다. 그 공간에서 과학기술이 수행하는 임무, 즉 케이블과 모터와 볼트에만 의지해 사람을 초고속으로 공중에 들어 올리는 일에 대해 누구든 당연히 불안함을 느끼게 되기 때문이다. 엘리베이터에서 차분한 음악을 몇 마디 들려주기만 해도 낯선 공간이 조금은 친숙해지고 견딜 만해져서, 금세 죽을 듯한 두려움이나 멀미나는 느낌을 몰아낼 수 있다는 점을 다들 깨닫게 되었다.[5]

엠파이어스테이트 빌딩은 "엘리베이터 음악"이 현실에 가장 극적으로 구현된 사례이지만, 사티가 구상한 가구 음악을 미국에서 처음 실생활에 적용한 장소는 아니다. 몇 해 전에 이웃한 뉴저지주와 스태튼 Staten섬에서 더욱 급진적인(뿐만 아니라 돈도 당연히 더 잘 벌리는) 사업의 기초를 닦아둔 사람이 있었다. 바로 군인 출신 라디오 엔지니어인 조지 오언 스콰이어George Owen Squier였다. 1920년대 중반에 스콰이어는 녹음한 음악을 식당, 호텔 다이닝룸, 사무실, 상점 등에 연결해 틀어주고 소정의 구독료를 받는 체계를 고안했다. 가령 식료품점에서는 음악과 특별 세일 안내를 번갈아 틀어주고 식당과 호텔에서는 음악을 계속 이어 틀어주는 식이었다. 중앙 스튜디오에 턴테이블 여러 대를 갖춰 놓고, 음반 하나가 끝날 무렵이면 다른 음반이 곧바로 돌아갈 수 있도록 돌아가며 음원을 틀도록 했다. 이런 방식으로 하루에 거의 18시간 가까이 방송을 이어갈 수 있었다.[6]

스콰이어가 일했던 회사의 이름은 원래 '와이어드 라디오Wired Radio'였는데, 회사가 갈수록 번창하고 다른 회사에서도 이 기법을 따라하자 스콰이어는 귀에 착 붙는 이름을 새로 짓기로 했다. 그래서 붙인 이름이 '뮤작Muzak'이었다. 1936년에 뮤작은 맨해튼 4번가에 있는 더 큰 사무실로 이전하면서 활동 규모를 한껏 넓히고 운영 체제도 정비했다. 뮤작 고객은 4가지 음악 방송 중 원하는 방송을 고를 수 있게 되었다. '보라 방송'은 낮 시간대에 운영하는 식당에 맞춰 설계했고, '빨강 방송'은 "소규모 바 및 그릴 식당"을 대상으로 스포츠, 뉴스, 날씨 중계를 조합해 틀었으며, '파랑 방송'은 백화점용, '초록 방송'은 개인 아파트용이었다. 그뿐만 아니라 뮤작은 자체 스튜디오에 음악가를 데려와 방송용으로 편곡한 음악을 녹음하기도 했다.

뮤작의 방송용 음악은 클래식도 재즈도 아니고 쇼튠showtune (뮤지컬 등 무대 공연에서 부르는 대중가요-옮긴이)도 왈츠도 아니라는 점에서 특이했다. 뮤작은 이느 장르로도 분류할 수 없는 잡탕 음악이었다. 원래 장르에서 두드러지는 요소는 다 지워버렸고, 화끈하게 쿵쾅거리는 리듬 대신 풍성하고 부드러운 현악 소리를 넣었다. 미국 작곡가 겸 피아니스트인 모턴 굴드Morton Gould의 표현을 빌리자면 "최대한 많은 이들을 즐겁게 해주고 가능한 한 누구의 비위도 거스르지 않을" 바로 그런 음악이었다.[7] 다시 말해, 들리지만 귀 기울여 듣지 않을 소리로는 최적이었다.

뮤작 음악의 특징은 무난한 스타일만이 아니었다. 1940년대에 이르러 뮤작은 음악을 좀 더 다듬어 '연쇄 자극Stimulus Progression'이라는 상표로 출시했다. 상표명에서 빅 브라더 냄새가 물씬 풍기는 것도 무리가 아니었다. '연쇄 자극'은 분위기와 빠르기에 따라 곡 하나하나에 '우울함: −3'에서 '열광: +8' 따위로 순위를 매긴 다음, 순서대로 방송했다. 가게나 공장 작업장에서 트는 음악은 15분 간격으로, 듣는 사람도 거의 눈치 채지 못할 정도로 차분한 분위기에서 신나는 분위기로 점차 미세하게 바뀌었다. 그 후 여러 해에 걸쳐 뮤작은 점점 더 진화했다. 아침 식사 시간에는 명랑하고 잠을 깨우는 음악을 더 집중적으로 틀어준다든가, 저녁 식사 시간에는 클래식 음악의 비중을 높인다든가 하는 식이었다. 그래도 기본 원리는 변함이 없었다. 노동자가 피로해지고 효율이 떨어질 무렵, 음악은 "상승곡선"을 그리면서 노동자에게 활기를 불어넣을 터였다.

이는 사실상 프레드릭 윈슬로 테일러Frederick Winslow Taylor의 이론을 소리에 적용한 데 지나지 않았다. 그의 저서 《과학적 관리법Principles of Scientific Management》은 1911년 출간되어 많은 사람에게 지대한 영향을 미쳤는데, 테일러는 이 책에서 공장이 노동자로 하여금 규격화·단순화된 동작을 그대로 수행하도록 강제함으로써 시간과 에너지를 아낄 수 있다고 설명했다. 이것이 바로 유동작업 생산 라인의 이론적 근거가 되었다. 영화감독 프리츠 랑Fritz Lang은 1927년작 영화 〈메트로폴리스Metropolis〉에서 생산 라인의 디스토피아적 공포를 스크린에 유감없이 보여주었다. 영화 속 노동자들은 지하세계에서 탐욕스러운 기계에 발맞추어 노예처럼 움직일 따름이다.

찰리 채플린은 1936년작 영화 〈모던 타임스Modern Times〉에서 이러한 생산 라인 시스템을 멋지게 전복한다. 채플린이 분한 주인공은 단시간 생산 라인에 근무하면서도 정해진 움직임을 도저히 따라가지 못해 결국 엄청난 소동을 일으킨다.[8] '연쇄 자극' 모델에 따라 직장에 음악을 방송하는 이유는 단순했다. 노동자의 신체를 특정한 리듬과 동작에 맞게 움직임으로써 노동자가 업무를 계속하도록 하는 수단이었다. 랜자의 표현을 빌리자면, "최적화된 노동 자궁"을 창조한 것이다.[9]

업무 효율과 소리의 중요성을 연계시키는 데 중요한 계기가 된 연구는 사실 영국에서 나왔다. 1937년에 영국 의학연구위원회는 극히 반복적인 작업을 하는 노동자에게 축음기로 음반을 들려주면 생산성이 향상된다는 사실을 발견했다. 뮤작을 비롯해 배경음악을 제공하는 미국 업체들은 연구 결과에 즉각 반응했다. 하지만 연구 성과가 대대적으로 실용화되기 시작한 것은 3년 후 영국에서였다.

1940년에 영국은 나치 독일과 전쟁 중이었다. 국가의 존망은 군수품 및 각종 필수품을 산업에서 효과적으로 공급하는 데에 달려 있었다. 6월 23일, 됭케르크에서 연합군이 철수한 지 불과 3주 후, BBC 라디오는 시의적절하게도 〈일할 때도 음악Music While You Work〉이라는 프로그램을 새로 편성했다. BBC가 목적하는 바는 분명했다. 공장에서 산출을 늘리는 것이 전쟁을 수행하는 데 아무리 중요하다 하더라도, 생산 라인 노동이 굉장히 단조롭다는 사실은 달라질 리 없었다. 이 시기 공장 노동자 중 상당수는 여성이었는데, 노동자들이 지루함을 느끼고 사기도 떨어졌다는 보고가 속속 들어왔다. 무엇보다도 심상찮은 문제는 교대근무 시간이 끝날 무렵 집중력이 차츰 떨어진다는 점이었다.[10]

〈일할 때도 음악〉은 바로 이런 문제를 해결하려고 제작한 맞춤형 방송이었다. 하루에 2번, 오전과 오후에 각각 30분씩, 전국 각지 공장은 라디오를 켜고 노동자에게 음악을 연속해서 중간 광고 없이 들려주었다. BBC는 "리듬감 있고" "사람 목소리가 없는" 음악을 특별히 선곡해서 방송했다. 〈일할 때도 음악〉의 프로듀서 중 하나가 설명했듯이, 음악이 "배경에 깔림으로써 사람들이 거의 무의식적으로 듣도록 해야" 했다.[11]

핵심은 〈일할 때도 음악〉이 소기의 목적을 달성했는지에 있었는데, 어느 프로듀서는 1943년 3월 공습 다음 날 아침에 공장을 방문하면서 방송의 효과를 확신하게 되었다.

사람들의 얼굴은 지치고 핼쑥했고, 어깨는 피곤에 절어 처졌고, 눈길은 힐끗힐끗 빈자리들로 향했다. 간밤의 불안함과 긴장감이 대기에 팽팽하게 감도는 듯했다. (…) 갑자기 확성기가 켜지고, "노동자 여러분에게 알립니다."라는 목소리가 들려왔다. 그러더니 활기찬 행진곡 가락이 들려왔다. 이번 전쟁과 지난번 전쟁을 겪은 수많은 사람들에겐 익숙할 노래, 〈보기 대령 행진곡Colonel Bogey〉이었다. (…) 작전 개시를 알리는 나팔 소리처럼 행진곡 선율이 작업장에 울려 퍼지자 눈앞에 펼쳐진 광경이 순식간에 바뀌었다. 지친 얼굴에는 웃음꽃이 피었고, 굽은 어깨는 반듯이 펴졌고, 턱도 치켜 올라갔다. 나직했던 노랫소리는 갈수록 우렁차게 변했고, 공장 노동자들은 노래에 맞춰 고개를 빳빳이 들어 올리며 힘차게 노래했다. "여러분도 기운 내요!"[12]

하지만 〈일할 때도 음악〉이 늘 이토록 효과적이지는 않았다. 일단 BBC는 오케스트라를 고용해 런던에 있는 스튜디오에서 라이브로 연주하도록 했는데, 곡이 끝날 때마다 연주자들이 악기를 조율하느라 멈추는 바람에 중요한 순간에 김이 빠지곤 했다. 게다가 BBC가 딱 알맞게 음악을 조합하고 흐름을 조절하는 요령을 익히는 데에도 한두 해가 걸렸다. BBC는 시행착오를 겪으면서 선곡 기준을 점차 강화했다. 너무 복잡한 곡은 뺐고, 오케스트라에게 소위 "적당히 센 힘에서 아주 센 힘"

만을 주어 연주하라고 독려했으며, 1곡당 연주 시간을 엄격히 제한했다. 어느 프로듀서는 오케스트라에게 이렇게 주문했다. "방송 시간 동안 밝고 명랑한 분위기가 끊임없이 이어지게 하십시오."[13]

또한 BBC는 〈일할 때도 음악〉에서 공장 노동자들이 확실하게 좋아하는 곡을 방송하고자 했다. 평소의 방송 관행과는 매우 다르게 말이다. 당시 상식에 따르면, 생산성을 올리는 것만이 목적이라면 리듬감이 강한 음악, 즉 행진곡과 특정한 춤곡을 트는 것이 최고였다. 그런데 막상 〈일할 때도 음악〉을 듣는다고 생산량이 정말 증가한다는 근거는 일정치 않았다. 다만 방송이 노동자의 사기를 북돋는다는 점은 확실했는데, 그러려면 아무래도 노동자들에게 친숙한 음악을 들려주어야 하는 것 같았다. 방송 프로그램을 구성하는 데 기여했던 밴드 리더 윈퍼드 레이놀즈Wynford Reynolds는 음악이나 노동자가 전쟁을 위한 기계의 부속품으로 전락하지 않도록 방송이 최선을 다하는 것이 극히 중요하다고 생각했다.

노동자는 귀에 익은 가락을 확실히 선호합니다. 콧노래나 휘파람으로 따라 부를 수 있어야 방송이 인기를 얻습니다. (…) 음악은 정신을 자극합니다. 음악은 노동환경을 인도적으로 만들어서 노동자의 기계화에 따른 악영향을 중화하는 효과를 발휘합니다. 그럼으로써 음악은 생산성을 높이는 데 간접적으로 기여합니다.[14]

음악사학자 크리스티나 바드Christina Baade가 설명했듯이, 〈일할 때도 음악〉은 테일러가 주창한 과학적 관리법의 도구로 전락하지는 않았다. 오히려 그중 가장 비인간적인 측면을 교정하려는 시도에 가까웠다. 〈일할 때도 음악〉은 생산 라인에서 일할 때 질기게 따라붙는 단조로움과 지루함을 몰아내고자 했다. 레이놀즈에게 〈일할 때도 음악〉은 음악의 치유 효과를, 태곳적부터 음악이 간직한 영적인 힘을 보여주는 숭고한 사례였다. 이처럼 통합적인 접근법은 영국의 일반 대중에도 크게 호응을 얻어, 전쟁이 끝날 무렵에는 공장 노동자 800만 명뿐만 아니라 가정에서도 수백수천만 명이 〈일할 때도 음악〉을 들었다. 집안일을 할 때 기운을 돋워준다는 이유 때문이었다.[15]

〈일할 때도 음악〉은 더 높은 차원에서도 효과를 발휘했다. 공장 노동자도 일반 청취자도 같은 프로그램을 청취함으로써, 국내 전선에 남은 사람 모두가 힘을 합쳐 전쟁을 준비한다고 느끼게끔 했다. 이들은 방송을 수동적으로 듣지만은 않았다. 콧노래를 부르거나 휘파람을 불고 노래를 따라 부르면서 공동체 의식뿐만 아니라 모두가 평등하다는 의식마저 자연스레 갖게 되었다. 이는 '인민전쟁'이라는 이상을 실현하는 데 도움이 되었다. 배경음악이 해로운 정치적 영향력을 발휘해 언제 어디서나 우리의 심신을 지배하고 조종한다는 주장과는 정반대로 말이다. 소리는 인간을 쉽사리 조종하지 못한다. 인간은 소리를 장악해 자기 것으로 만드는 데 뛰어난 능력을 발휘하기 때문이다.

***

하지만 배경음악이 돈이 되지 않는다면 어떻게 지금도 널리 쓰이고 있는 것인지 설명하기는 어렵다. 어쩌면 이미 오래전, 뮤작 같은 회사와 수많은 상점, 카페, 사무실은 〈일할 때도 음악〉에서 교훈을 얻었는지도 모른다. 우리가 전속력으로 일하게끔 독촉할 수는 없지만, 적어도 우리를 유도해 기분이 좀 더 느긋하고 만족스러워지도록, 좀 더 오래 머무르도록, 커피 1잔을 더 마시도록, 돈을 좀 더 쓰도록 할 수 있으니 길게 보면 이익을 본다는 점을 깨달은 것이다. '연쇄 자극'의 엄격한 규정을 따라 흔하고 무난한 경음악을 편곡해봤자 온 세상 다양한 음악 취향과 생활방식을 만족시키지는 못한다. 아니 애초에 만족시킨 적도 없었을 터이다.

요즘은 배경음악을 좀 더 신중하게 세분화해서 제공하는 편이다. 뉴욕 같은 도시에서 겨우 몇 블록 걷는 동안 호텔 로비나 폐점시간을 앞둔 쇼핑몰에서는 클래식 음악을, 체인점에서는 무난한 록 음악을, 이스트빌리지의 어느 카페에서는 손님들이 왠지 유식한 듯 자유분방한 듯 수다를 떠는 가운데 세련되게 선곡한 뉴웨이브 음악이나 얼터너티브 포크 음악을 트는 식이다. 어느 경우에나 음악은 우리의 기분을 특정한 방향으로 살짝 유도하기 위해 존재한다. 웬만해서 이런 음악은 별달리 해를 끼치지 않으며, 심지어 우리 기분을 풀어주는지도 모른다. 배경음악은 라디오와 마찬가지로, 긴장을 풀어주고 세상과 하나 되는 느낌을 받게 해주며 근심걱정을 잠시 잊게 해주는 치유 수단이다. 랜자의 말마따나, 안락한 청각적 양수에 온몸을 담그는 셈이다.[16]

특정 장소에 앉거나 섰을 때 배경음악이 기분에 어떤 영향을 미치는지는 핵심이 아닐지도 모른다. 배경음악은 어디를 가든 우리를 쫓아다니고 주변의 다른 소리를 몰아낸다. 그 점이야말로 핵심이다. 〈일할 때도 음악〉의 프로듀서조차도 이 프로그램은 한 번에 조금씩만 틀어야 하며 하루 방송 시간이 2시간 반을 넘으면 안 된다고 결정했을 정도이다. 그러나 이런 규제는 이미 풀려버렸다. 우리의 삶은 올더스 헉슬리Aldous Huxley가 1932년 《멋진 신세계Brave New World》에 그려낸 소설 속 디스토피아에 조금 더 가까워진 듯하다. "진실과 아름다움보다는 행복이 중요한" 세계, "하이퍼바이올린, 수퍼첼로, 오보에대리악기"가 연주하는 "좀비 교향곡"의 "기분 좋은 나른함"이 방송을 타고 빈 공간을 끊임없이 채우는 세계 말이다.[17]

그 후 수십 년간, 배경음악은 순전히 어딜 가나 있다는 이유로 신랄하게 비난당했다. 영국 극작가 J. B. 프리스틀리John Boynton Priestley는 "가장 좋은 장소에서는 배경음악을 꺼버리게 한 적도 있다."고 자랑한 바 있다. 이후 영국 작가 스파이크 밀리건Spike Milligan도 "고요함은 영혼을 자유롭게 하고, 뮤작은 영혼을 파괴한다."고 주장했다.[18] 좀 더 최근으로 거슬러 올라오면, 미국 작가 조지 프로호니크George Prochnik는 배경음악이 더 이상 '배경' 음악이 아니라 '전경' 음악이 되었다고, 대놓고 시끄럽게 굴면서 관심을 끌려 한다고 시사했다.[19]

위와 같이 논평한 사람들은(또한 아시다시피, 우리 중 수많은 사람들도) 배경음악에 어떤 장점이 있다 할지라도 개의치 않는다. 아무리 해도 피할 수 없다면, 어떤 곡이든 소음이자 일종의 공해일 따름이다. 고삐 풀린 소음이 사방팔방 날뛰는 듯한 세상에, 듣기 싫은 소리가 하나 더 늘었을 따름이다.

29 세상은 정말 더 시끄러워졌는가

1926년, 뉴욕 시 34번가와 6번가가 교차하는 지점에 명예인지 불명예인지 모를 평가가 내려졌다. 특수훈련을 받은 엔지니어들이 세심하게 측정한 결과, 이곳이 당시 미국에서 가장 시끄러운 도시라고 간주되던 뉴욕에서도 최고로 시끄러운 지점이라고 밝혀진 것이다.[1] 도시가 시끄럽다는 것은 세계화된 시대에 모든 도시에서 나타나는 특징이고, 뭄바이나 리우데자네이루나 나이로비가 이제 소음으로는 맨해튼을 능가할 공산이 크다. 하지만 맨해튼은 1920년대에 단연 세계에서 가장 큰 소비 중심지였고 그에 걸맞은 사운드스케이프도 갖추고 있었다. 가게마다 입구에 확성기를 달아 온 거리에 자기네 상품을 광고했고, 비행기는 사람들 머리 위로 저공비행하며 광고 문구와 광고 음악을 몇 시간씩 연거푸 방송했고, 승용차와 화물차와 택시가 거리를 시끄럽게 질주했고, 고층 건물을 짓는 공사장에서는 쿵쾅쿵쾅 소리가 끊이지 않았다. 〈새터데이 리뷰 오브 리터러처Saturday Review of Literature〉는 1925년 10월 24일자 기사에서 이 불협화음을 생생하게 포착한다.

모터가 일정하게 윙윙대는 소리, 고가 철도가 규칙적으로 덜컹대는 소리, 강철 드릴이 부르르 떠는 소리가 대기에 가득하다. 발밑에서는 지하철이 달그락대는 타일 위로 우릉우릉 박자 맞춰 굴러가고, 머리 위에서는 비행기가 웅웅거리며 날아간다. 내연기관에서 되풀이되는 굉음과 몸들이 바삐 움직이고 흔들거리는 리듬에 맞춰 우리가 사는 소리 세상의 템포가 정해진다.[2]

수십 년 전만 해도 사람들은 마차, 거리 악사, 행상꾼, 가축, 교회 종소리 따위에 대해 시끄럽다며 소리 높여 불평했다. 그런데 현대에 들어오자 갖가지 소리가 새로 만들어졌다. 1929년에 뉴욕 시민을 대상으로 가장 짜증스러운 소리가 무엇인지 조사했더니, 10위권 안에 든 소리는 모두 자동차 경적 소리, 라디오에서 떠드는 소리 등등 기계음이었다. 최악으로 꼽힌 소리는 쉴 새 없이 부르릉대며 거리를 오가는 자동차 소리였다.

지난 100년에 걸쳐 우리는 대체로 이런 소리에 익숙해졌다. 짜증스럽지만 아마도 없어서는 안 될, 물질문명이 진보하면서 생긴 부산물 정도로 받아들였다. 미국 작가 카이저는 이런 태도를 반영해 책 제목을 《우리가 좋아하는 물건이 내는 싫은 소리The Unwanted Sound of Everything We Want》라고 짓기도 했다.[3] 소음과 소비가 동일시되기에, 소음에 대해 불평하는 사람은 대책 없이 옛날을 미화하거나 남들의 기분을 거스르면서 인류가 현대 문명의 이기를 누리지 못하게 한다고 여겨지기 십상이다. 그러면서도 많은 사람들은 인류가 지난 100년 사이 어느 순간에 결정적인 분기점을 넘었다고, 이유가 자본주의인지 세계화인지 아니면 정보혁명인지는 몰라도 인류가 진보하면서 만들어낸 소음이 오히려 인류의 발목을 잡는 단계에 들어섰다고 여기게 되었다. 〈새터데이 리뷰 오브 리터러처〉가 1925년 다음과 같이 예측했듯, 이 단계에서 현대인의 삶이 내는 소리는 견딜 수 없는 지경으로, 어쩌면 회복 불가능한 지경으로 높아질지도 모를 터였다.

> 아무도 도시에서 거리를 산책하지 않는다. 자동차나 지하철에 안식이란 없다. 그 어디든 자연보다 빠르게 고동치는 소리가 들리는 곳에 휴식이란 없다. 불안한 가슴이 잇따른 소음에 반응하면서, 우리는 급히 차를 몰고 덜컹이는 기차를 재촉하며 도시로 몰려든다. 도시는 갈수록 공중으로 높이 솟아오르고, 대기는 역겹게 터져 나오는 소리 너머 저 위에서 순수한 리듬으로 고동친다.**4**

소음이 맹공격해오자 사람들은 우선 기업가의 호주머니에 호소함으로써 반격했다. 소음은 산업이 활기를 띨 때 자연스레 내는 웅성임 따위가 아니며, 오히려 노동자의 효율을 저하시켜 이윤에 타격을 주리라 주장한 것이다. 주장의 결정적인 근거는 맨해튼에 있는 타자수 사무실에서 나왔다. 1927년에 산업심리학자 도널드 레어드Donald Laird는 주변 환경이 조용할 때와 시끄러울 때 타자수가 타자치는 속도와 오타를 내는 횟수를 비교하고, 타자수에게 기계를 연결해 칼로리를 얼마나 빨리 소모하는지도 측정했다.

결과는 놀라웠다. 실력이 가장 뛰어난 타자수들은 주위가 조용할 때 일하는 속도가 7퍼센트가량 빨라졌다. 반면 주위가 시끄러우면 타자수가 소모하는 열량은 평균 19퍼센트나 늘어났다. 타자수의 위장 근육이 불수의적으로 수축한 것이 주된 이유로 보였다. 마치 원초적인 공포 반응이 약한 형태로 나타나는 듯했다. 결론은 분명했다. 소음은 노동자의 신체에 영향을 미쳐 비용을 발생했다.[5] 인간의 신경성 에너지는 상업적인 자산과도 같았다. 수백수천만 명의 에너지는 귀중한 국가 자원과 맞먹을지도 몰랐다. 그런데 순전히 도시 소음 때문에 그 귀중한 자원이 깎여나가는 듯했다.

이러한 근거에 자극을 받아, 뉴욕에서는 최초로 시 차원의 반소음운동이 펼쳐졌다. 2년 뒤 뉴욕 시는 '소음 감소 위원회'를 설립하여, 줄리아 바넷 라이스Julia Barnett Rice가 앞장서 펼친 반소음운동을 공인했다. 라이스는 뉴욕에서 가장 노련한 운동가이자 맨해튼에 거주하는 부유한 의사로, 이미 수년 전부터 허드슨강에서 끌배가 밤낮없이 울려대는 경적 소리를 규제하려고 애써왔다. '불필요한 소음 금지 협회'를 설립하기도 하고, 시 당국을 설득하여 학교와 병원 근처에 소음 규제 구역을 설치하도록 하기도 했다.

앞서 보았듯이, 라이스는 반소음운동을 강화하기 위해 '필요한' 소음과 '불필요한' 소음을 신중하게 구분함으로써 기업의 지지를 확보했다. 또한 라이스는 교실 밖이 시끄러워지면 학교 수업 시간이 최대 25퍼센트까지 줄어든다는 사실을 입증하는 식으로 효율이라는 관념에 호소했다. 1929년에 이르러 소음을 측정하여 주거지, 기업, 산업체에 맞게 구역을 별도로 책정한다는 발상은 보편화되었고, 몇 가지 참신한 조치도 도입되었다. 경찰이 호루라기를 부는 대신 신호등을 이용하는 것이 한 예이다. 그러나 소음 규제에 나선 주체들은 소음의 총량을 줄이려

시도해봤자 실패할 수밖에 없음을 곧 깨닫게 되었다.[6]

일단 소음을 규제할 대상 자체를 종종 잘못 잡은 게 문제였다. 이들은 소음을 줄이려는 전면적인 조치를 코니아일랜드 유원지에서 최초로 시도했다. 코니아일랜드는 20세기 초부터 뉴욕의 노동계급이 주말마다 가족 단위로 수만 명씩 놀러와, 맛있는 음식도 먹고 음악도 즐기고 놀이공원에서 시끌벅적한 볼거리도 구경하는 곳이었다. 유원지 측은 이미 제1차 세계대전 전부터 놀이공원에서 호객꾼이 메가폰으로 손님을 끄는 행위를 금지했는데, 이런 조치가 코니아일랜드로부터 도시전체로 차츰 확산되어 노점상, 신문팔이 소년, 거리 악사, 심지어 생각없이 길거리에서 깡통을 걷어찬 사람까지도 규제를 받게 되었다. 뉴욕중산층은 도시에 질서가 잡혔다고 보아 만족했지만, 정작 소음의 진짜주범은 따로 있었다. 바로 차량 통행이었다. 이 조치는 문제를 해결하기는커녕 엄청나게 악화했다. 행상도 악사도 노는 아이들도 나오지 못하게 하니, 거리는 텅 비어버려 사람들이 어울리는 장소가 아니라 그저차량 통행로에 불과하게 되었다.[7] 뉴욕 사례가 주는 교훈은 두고두고새길 만하다. 소음을 규제하려고 들면 예기치 못한 결과가 발생할지도모르니 조심해야만 한다.

물론 뉴욕 너머, 미국 너머, 서구 너머에는 더 넓은 세상이 존재하여, 놀라울 정도로 다양한 사운드스케이프를 여전히 간직하고 있다. 하지만 그 어디의 사운드스케이프라도 갈수록 평화롭고 고요해지지는 않는 듯하다. 예컨대 브라질 살바도르 시의 파우다리마Pau da Lima 파벨라(브라질의 빈민촌-옮긴이)를 보자. 현지 주민이 소리의 '샐러드'라고 부르는 사운드스케이프에 지난 10년에 걸쳐 새로운 '재료'가 들어왔다.

새로 생긴 복음주의 기독교 교회가 전부터 있던 가톨릭 교회와 고객 유치 경쟁을 벌이는 소리이다. 신자의 영혼을 끌어들이는 싸움에서 이기려면 무엇보다도 존재감을 확실히 드러내는 것이 필수이다. 즉, 자기 영역을 확보해야 한다.

다양한 교회가 문을 활짝 열어젖히고 목청껏 노래를 부르며 가로등 대에 매어놓은 확성기로 설교 내용을 방송한다. 설교가 끝나면 복음주의자 디제이가 확성기를 넘겨받아 권면하기 시작하고, 그 소리는 밤새도록 공중에 울린다.[8] 가나의 수도 아크라에서는 최근 복음주의 기독교 교회는 물론이고 이슬람 모스크 한두 곳도 지나치게 시끄럽다고 주민에게 비난을 들었다. 어느 가스펠 교회 근처에 사는 사람들은 예배가 열리면 집안에서 대화하거나 전화를 걸 수조차 없다고 주장하기도 했다. 심지어 어느 주민이 주장한 바에 따르면, 목사에게 확성기 방송 소리를 줄여달라고 요청했더니 목사가 도리어 신도들에게 더 크게 소리치고 박수치라고 시켰다고 한다.[9] 시 당국이 조치를 취하려 노력했지만, 아직도 별 효력이 없다. 종교에 대한 열정이 뜨거워질수록 한동안은 종교 자체가 점차 시끄러워질 듯하다.

그렇기는 해도 20세기 말의 소리를 규정하면 하느님보다는 악마의 소리가 큰 것이 확실하다. 1920년대 맨해튼의 특징이었던 소비주의는 오래전에 전 세계로 퍼져나갔다. 세계 각지에서 사람들은 더 많은 물건, 더 좋은 물건, 더 새로운 물건, 그리고 더 시끄러운 물건을 갖고 싶어 한다. 무엇보다도 사람들은 자동차를 갖고 싶어 한다. 그 결과, 어느 도시로 가든 시내 중심가에서는 잠시라도 정상적인 대화를 지속하기가 거의 불가능하다. 서구인이 아크라 같은 도시에 여행을 오면, 자동차가 지나가는 소리, 경적 소리, 확성기가 요란하게 울리는 소리가 한 꺼번에 터져 나오는 낯선 경험에 종종 생생한 충격을 받는다. 그런 도시는 분명 놀라우리만치 시끄럽긴 하지만, 사실 세계 어디서나 나타나는 경향이 그곳에서 과장되게 나타난 것에 불과하다. 배경음이 점점 커짐에 따라, 다들 자신이 내는 소리가 묻히게 하지 않으려고 갈수록 더 시끄러운 소리를 낼 수밖에 없었다.

아크라에서도 다소 조용한 구역으로 가면 세계화된 21세기 특유의 소음을 또 하나 접하게 된다. 획일화가 슬그머니 이루어지는 소리이다. 아크라 시내 중심가 가게 여러 곳에서는 아직도 가나 특유의 사운드가 요란하다. 앞서 언급했던 하이라이프와 힙라이프는 물론이고, 아샨티 족 전통 음악도 가끔 들린다. 반면 수많은 호텔 로비에서 트는 음악은 서양 클래식이거나 적어도 그 비슷한 음악이다.

한편 아크라 국제공항으로 가보자. 뭐라 뭐라 지껄이는 안내 방송 소리, 리놀륨 바닥에 끊임없이 울리는 발걸음 소리, 짐수레 바퀴가 끽끽 대는 소리, 방송에서 흘러나오는 음악 소리 따위가 여느 국제공항과 다를 바가 없다. 문학사가인 스티븐 코너Steven Conner는 이런 분위기를 일컬어 "급히 서두르는 소리, 기계와 인간이 내는 소리가 섞여 만들어진 웅얼거림"이라 불렀다.[10] 공항이야말로 한 장소에서 나는 소리가 철저히 균질화된 나머지 장소의 개성이 완전히 사라지는 현상을 가장 순수하게 보여주는 사례이다. 공항에서 들리는 소리만으로는 자신이 어디에 있는지 알 길이 없다. 물론 어딜 가나 똑같은 사운드스케이프 덕에 국제 여행이 그럭저럭 견딜 만하다고 느끼는 이들도 적지 않으리라. 익숙하면 편안하기 마련이니까.

그러나 상업과 차량과 여행으로 인해 발생하는 소음이 증폭됨에 따라, '토박이' 소리는 (인간과 자연이 내는 소리를 막론하고) 편안히 숨 쉬고 존재감을 드러낼 여력을 많이 빼앗긴 것이 사실이다. 카이저가 지적했듯이, 인간이 대화하는 소리는 열대우림 소리와는 잘 어울려도 제트스키나 전기톱 소리와는 어울리지 않는다.[11] 북극권에서 이제 가장 흔히 들리는 소리는 스노모빌 소리이다. 그 소리가 너무도 큰 나머지 청력을 손실한 원주민 비율이 극적으로 늘었을 뿐만 아니라 이야기 소리, 이누이트 전통 민요, 북극 야생동물이 내는 소리 등등 다른 소리들은 더 이상 나오지 않거나 들리지 않게 되었다. 더 우려스러운 점도 있다. 도시에서도 특히 붐비고 시끄러운 지역에 사는 사람이 부촌에 사는 사람보다 훨씬 건강이 나쁘듯이, 엘크나 늑대 같은 동물도 스노모빌 소리에 자주 노출되면 면역체계가 약해지는 증상을 보인다. 한편, 고래는 음향을 민감하게 감지함으로써 서로 의사소통을 하는데, 해상 교통에서 방출하는 소음 때문에 방향 감각을 잃고 고통스러워한다.[12]

이처럼 충격적인 사실이 밝혀지자, 특히 1960년대부터 소음은 무절제한 소리이자 사실상 일종의 공해이며 토박이 소리는 멸종 위기에 처한 생물종과 같다는 생각이 널리 퍼졌다. 음악가이자 박물학자인 버니 크라우스Bernie Krause는 소음이 환경 문제라고 누구보다 앞장서서 호소한다. 크라우스는 지난 40년 가까이 세계 각지를 여행하며 야생의 사운드스케이프를 녹음하는 데 전념했다. 녹음한 분량은 무려 4,000시간가량에 달한다. 그러나 크라우스가 추산한 바에 따르면, 그가 방문한 장소 중 족히 절반은 인간의 손길이 뻗치고 소음에 잠식당해 개성 있고 청정한 소리 환경을 더 이상 유지하지 못한다고 한다.

크라우스는 자연의 소리가 얼마나 아름다운지 사람들이 관심을 갖도록 함으로써 인류의 행동 양식을 바꾸고자 한다. 하지만 그가 녹음한 소리는 마치 슬픈 노래와도 같아서 듣는 마음이 편치 않다. 이제 자연 그대로의 사운드스케이프는 세심하게 보존한 박물관 유물로 남을 지경에 이른 듯하다. 후세인들은 유물로만 남은 소리를 들으며 호기심과 놀라움을 금치 못하리라. 그때가 다가오는 동안, 인류가 체험할 수 있는 바는 온갖 증폭된 소음으로 인해 비극적이게도 대폭 줄어드리라고 크라우스는 주장한다.[13] 바로 그래서 카이저도 책 제목과는 달리 소음을 싫어할 대상이 아니라 지속 불가능한 것으로 간주해야 하지 않을까 고민한다.[14]

그리하여 소음은 무절제함을 나타내는 소리가 되었지만, 무절제한 물질만능주의로 인해 나는 소리만이 소음은 아니다. 소음은 사실 인터넷 시대에 매일 무절제하게 쏟아지는 정보를 표현하는 데 가장 어울리는 비유이다. 우리는 삶에 '잡음'이 많다느니 정치인이 '소음기계'처럼 미사여구를 남발한다느니 '신호'와 '소음'을 구분해야 한다느니 하는 표현을 쓰는데, 이때 소음이란 거치적거리는 쓰레기 데이터를 뜻한다. 소음은 유용한 데이터를 접하는 데 방해가 되는, 스팸메일 같은 데이터이다. 게다가 소음 때문에 우리는 자신이 무슨 생각을 하는지조차 모르게 된다.[15] 코너의 말을 빌리자면, 소음은 "엉뚱하고 정신을 산만하게 하고 소화되지 않으며 무질서하다."

또한, 아마 소음이 온 세상에 자동신호를 내보내는 기계며 전자기기와 밀접한 관련이 있기 때문에(스마트폰과 태블릿이 딩동 울리는 소리며 자동차 경적이 빽 하고 울리는 소리 등등) 때로는 소음이 저 혼자 알아서 울리는 듯도 하다.[16] 현실적으로도, 이처럼 막을 수 없을 것 같은 소음이나 정말로 막을 수 없는 소음이나 위험하기는 마찬가지이다. 결국 따져보면 우리를 초조하게 하고 괴롭히는 소리는 남들이 내는 소리이지 자기가 내는 소리가 아니다. 남들이 내는 소리는 내 마음대로 켜고 끄지 못하기 때문이다. 바로 그래서 소리는 그냥 소리가 아닌 '소음'이 되는 것이다.

소음을 막을 수 없다면 적어도 관리할 수는 있지 않을까? 옛날 뉴욕에서는 제2차 세계대전 전까지만 해도 창조적이고 가슴 따뜻한 사람 몇몇이 도시의 불협화음을 포용하여 직면하고자 했다. 그럴 의지와 능력을 갖춘 사람들 가운데에는 음악가인 듀크 엘링턴Duke Ellington도 있었다. 엘링턴의 명곡 〈할렘 가의 수직 통풍구Harlem Air Shaft〉를 자세히 들어보면, 공동주택 건물을 오르내리며 아파트를 방방마다 이어주는 수직 통풍구를 따라 인간이 어쩔 수 없이 내는 소리, 좋은 소리 나쁜 소리 가릴 것 없이 내는 소리가 들린다. 엘링턴은 이를 다음과 같이 설명했다.

> 할렘가의 수직 통풍구에서는 온갖 일이 벌어집니다. (…) 수직 통풍구에서 할렘가의 정수를 만끽할 수 있지요. 싸우는 소리도 들리고, 저녁식사 냄새도 나고, 사랑을 나누는 소리도 들립니다. 친근하게 잡담을 나누는 소리도 흘러 내려오고, 라디오 소리도 들립니다. 수직 통풍구는 거대한 확성기나 마찬가지죠.[17]

물론, 이 모든 소리가 증폭된다고 생각해도 엘링턴이 견딜 만하다고 느낀 이유가 있었다. 이런 소리는 자신과 같은 아프리카계 미국인이 내는 소리, 너무 오랫동안 침묵을 강요당한 사람들이 내는 소리이자, 공통의 경험과 공동체 의식을 표현하는 소리이기도 했다. 다시 말해, 더 많은 사람들에게 널리 알려야 할 소리였다. 할렘의 시인 랭스턴 휴스Langston Hughes가 썼듯이 "흑인 재즈 밴드 연주가 울려 퍼지고 베시 스미스가 우렁차게 블루스를 부르는 소리"는 미학적인 이유뿐만 아니라 윤리적인 이유로도 듣지 않을 수 없었다.[18]

21세기에는 너무도 많은 소음이 기계에서 만들어지고, 사람이 못 견딜 정도로 크게 증폭되어, 저 혼자 살아 움직이는 듯 설쳐댄다. 수직 통풍구를 따라 내려오는 소리조차 가까운 이웃이 아니라 이름 모를 낯선 이들이 내는 소리이다. 이런 시대에도 소음을 이토록 관대하게, 거의 찬양하듯이 받아들일 수 있을까? 그럴 가능성은 없어 보인다. 오히려 소음에, 때로는 다른 인간에게조차 등을 돌리려는 욕구가 강해지는 듯하다. 또 다시 흔하지도 않고 붙잡기도 어려운, 고요함이라는 특질을 추구하기 위해서.

30 고요함을
찾아서

옥스퍼드대학교 부속 애슈몰린Ashmolean 박물관은 매년 3차례, 아무리 심드렁한 방문객이라도 솔깃할 만한 기회를 제공한다. 휘황찬란하게 전시된 유물뿐 아니라 수백 명의 방문객이 거닐며 떠드는 곳으로부터 멀찍이 떨어져, 불교 명상과도 같은 평화와 고요함을 맛보는 순간이라고밖에는 묘사할 길이 없는 체험이다. 장소는 옥탑이나 지하 카페(그런 곳들은 쾌적하긴 하나 손님이 떠들고 접시가 쨍그랑대는 탓에 시끄럽기 일쑤이다) 따위가 아니라, 박물관 2층에 있는 호젓하고 아담한 갤러리 36호실이다. 예고된 날짜에 36호실에 가면, 정교한 대나무 구조물인 '닌겐도仁互堂 다실'에서 일본식 다도를 구경하고 참가하기까지 할 수 있다.

다도에 초대받은 손님은 작고 낮은 출입구를 통해 닌겐도로 들어와야 한다. 그러려면 몸을 굽혀 겸허하고 공손한 자세를 취하지 않을 수 없다. 마치 오크니제도 매즈오 석실묘에 들어갈 때처럼 말이다. 이곳에서도, 방문자는 다른 차원의 영역으로 들어가는 느낌을 받게 된다. 다실 내부에는 아무 장식도 없다. 정갈하고 차분하고 조화로운 분위기이다. 방석에 무릎을 꿇고 앉으면, 다실 주인이 뒤쪽에 난 별도의 출입구로 들어와 고도로 조직화된 일련의 동작을 수행한다. 주인과 손님은 인사만 몇 마디 나눌 뿐 거의 아무 말도 하지 않는다.

침묵 속에서 차가 준비되는 가운데, 의식이 순서대로 지나갈 때마다 미세한 소리가 귀를 자극한다. 주인은 비단 기모노를 사각거리며 움직이고, 의례에 따라 다구를 닦고 주전자에서 쉭쉭 끓는 물을 차완에 부어서 대나무 차선으로 휘저어 거품을 낸 다음 손님에게 건넨다. 손님은 규칙대로 차를 천천히 음미한다. 차완을 손 안에서 돌려도 보고 내려도 놓아 감상한 다음, 다시 집어 들어 한 모금 한 모금 조심스레 차를 마시고, 조용히 절하여 감사를 표한다. 차 한 잔 마시는 데 참 거창하기도 하다 싶을지도 모르겠다. 그렇지만 라프카디오 헌Lafcadio Hearn이 일본 문화를 관찰하여 1905년에 저술한 바대로, 다도는 단순히 목마름을 해소하는 행위가 아니라 수년 간 연마하여 터득한 예술을 체험하는 장이다. "최선을 다해 가장 완벽하고 공손하고 우아하고 매력적인 태도로 행위를 완수하는 것이야말로 극히 중요하다."[1]

일본 본토에서는 전체 과정이 몇 시간씩 걸리기도 한다. 일단 다실에 찾아가려면 아마 나무와 덤불이 우거지고 이끼 끼고 이슬 맺힌 정원을 굽이굽이 돌아서 가야 할 터이다. 가다 보면 도시에서 나는 소리가 저 뒤로 멀어지며 방문자는 내면에 집중하게 된다. 도착하면 대야에 손을 씻어 정결하게 한 다음 신을 벗고 들어가야 한다. 다도 의식 자체도 더욱 정교할 뿐만 아니라, 의례화된 동작과 대화도 훨씬 많을 터이다. 하지만 애슈몰린 박물관에서조차, 시계가 폐관 시간을 향해 똑딱거리고 근처에 사람들이 앉아 지켜보고 이웃한 전시관에서 수런거리는 소리가 끊임없이 배경에 깔리는 와중에도, 닌겐도 다실은 자연 속에 있는 듯한 분위기를 자아낸다. 졸졸 물 흐르는 소리, 보글보글 거품 이는 소리, 쉭쉭 물 끓는 소리는 정말이지 도쿄에서 정원 소나무 사이로 바람이 휘익 부는 소리 같다.

내가 다도에 참가하고 나서 다실 주인 교코 리건Kyoko Regan이 설명해주기를, 다도의 핵심은 말하지 않고 이야기를 들려주는 데에, 무엇보다도 '분위기를 조성하는' 데에 있다고 했다. 물론 아무 분위기나 조성하지는 않는다. '우리 내면을 키우는' 분위기를 의식적으로 조성한다. 귀중한 1시간 동안, 리건은 특별한 공간을 빚어낸다. 완전히 고요하지는 못해도, 평일에 북적이는 도시에서 침묵을 최대한 만끽할 수 있는 공간이다. 즉, 사색을 가능케 하는 소리 오아시스이다.

애슈몰린 다도 체험 표가 일찌감치 매진되는 것도, 다도가 이제 전 세계 박물관에서 인기 행사로 자리 잡은 것도 우연이 아니다. 돈만 내면 다도뿐만 아니라 인기 있는 감각 체험을 종류별로 누릴 수 있다. 한 예로, 아이오와주에 가면 완만하게 경사진 농경지 사이에 뉴멜러레이 New Melleray 수도원이 있는데, 수도원에 예약하면 수사들과 사흘간 침묵 피정을 체험할 수 있다. 수도원은 방문객에게 휴대 라디오나 CD 플레이어 따위를 두고 오라고 정중하게 권고한다. 그래야 "부산스러운 일터, 야단법석인 거리 (…) 요란하게 떠드는 언론" 및 "현대인의 폭주하고 소란스러운 삶"에서 벗어날 수 있다고 한다.[2] 수도원은 침묵과 고독을 통해 "나 자신과 마주치는" 것이 피정의 목적이라고 설명하지만, 공교롭게도 그럴 기회는 쉬이 오지 않을 것 같다.[3] 뉴멜러레이 수도원은 애슈몰린 다도 체험관 이상으로 예약이 빡빡하게 잡혀 있기 때문이다. 수도원 피정은 이제 야생 캠핑보다도, 주말 연휴에 산속에서 늑대와 어울리며 울부짖을 기회보다도 인기가 있는 듯하다.

이런 식으로 휴가를 떠나기가 도저히 불가능하다면, 가장 싸고 손쉬운 방법이 남아 있다. 집에서 독서를 하면 된다. 특히 요즘 침묵에 관한 책이 쏟아져 나오니 1권 골라 거기에 푹 빠지는 것도 좋겠다. 프로호니크의 《침묵의 추구In Pursuit of Silence》, 세라 메이틀런드Sara Maitland의 《침묵의 책A Book of Silence》를 비롯해, 존 레인John Lane의 《침묵의 정신The Spirit of Silence》도 있다. 책 제목을 더 나열하지 않아도, 내가 무슨 말을 하려는지 지금쯤 다들 알아차리셨으리라. 소음으로 가득 찬 세상에서, 고요함의 가치는 폭등하고 있다.

이 모든 징황을 보면, 1980년대와 1990년대에 유행한 슬로푸드 운동이나 슬로시티 운동에 견줄 만한 움직임이 소리에서도 일어나고 있다고 보인다. 고요함을 추구하는 움직임은 부산하게 돌아가는 소비사회를 기특하게도 멈춰 세우려 노력한다는 점에서 슬로푸드·슬로시티 운동과 마찬가지이다. 프로호니크의 말마따나, 고요함을 추구함으로써 사람들은 세상이 좀 더 잠잠하고 조용해질 때 "긍정적인 무언가"가 있는 생활양식이 활성화되리라 여긴다.[4]

하지만 명상적인 다도와 사흘짜리 수도원 피정의 세계를 회의적인 시각으로 바라볼 수도 있다. 카이저가 지적하다시피, 서구인들이 인도에서 묵언수행을 한답시고 비행기에 오르면 비행경로 아래에 사는 사람들이 누리는 고요함은 산산조각난다는 잔혹한 역설이 발생하기 때문이다. 카이저의 말대로 우리가 조용히 앉아 읽는 책은 사실 대량으로 소음을 일으키는 과정을 거쳐 제조되었고, 그 소음은 우리가 아닌 타지 사람들, 예컨대 삼림벌목꾼이나 멀리 있는 종이공장 근처 주민이나 화물트럭이 우르릉대는 물류창고 근방 주민이 고스란히 감당한다.[5] 개인 차원에서 고요함을 보충하려 매 순간 애써봤자, 소음이 '바깥세상'에서 만연하는 문제는 해결되지 않는다.

오히려 문제가 악화하기도 한다. 이런 방편이 문제인 이유는 소음을 사적으로만 해결하려 하기 때문이다. 세상에 등을 돌리고 외부에서 오는 다리를 끊어버린 다음, 다리 건너 외부에 남은 사람에게는 사실상 죽으라고 하는 꼴이다. 실제로 소리의 역사를 살펴보면 소음의 근원을 뿌리뽑기보다는 소음으로부터 도망치려는 시도가 오랜 세월 반복된다. 고대 로마의 지배층은 팔라티누스 언덕에 저택을 지어 모여들었고, 18세기 에든버러의 부유층은 자기들만을 위해 신 시가지를 따로 건설했으며, 토머스 칼라일은 다락에 창문 없는 서재를 지었다. 피정이며 다도 따위가 다시 유행하기 전부터, 지난 100년 동안 우리 인류는 최신 과학기술을 동원해 거리의 소음을 차단하려 애썼다.

초창기에 과학기술을 동원한 사례로, 제1차 세계대전이 발발하기 직전 흔해빠진 타일이 개량된 것을 들 수 있다. 뉴욕 5번가에 있는 세인트토머스 교회는 언뜻 보기에는 중세 유럽에 지은 웅장한 고딕 양식 석조 대성당과 다를 바 없어 보이지만, 실은 고작 1913년에 지어졌다. 고딕 양식 건물은 내부 음향에 짜증스러운 결점이 있다. 반향이 울려서 음악은 듣기 좋을지 몰라도 설교는 제대로 들리지 않는다는 것이다. 이 시기에 이르자 기술로 이 문제를 해결하는 것이 가능해졌다. 세인트토머스 교회는 아치 내면에 '럼포드 타일Rumford tiles'이라는 신형 타일을 깔았다. 타일은 점토와 흙을 특수하게 혼합한 재료로 만들었는데, 타일 안에 미세한 공기구멍이 서로 가득 이어져 있어서 소음을 차단했다. 예로부터 바깥 소음을 차단하려고 건물 벽에 뭉친 종이나 풀이나 소털을 채우기는 했었지만, 이는 반창고를 붙이듯 뒤늦게 급조된 임시방편에 불과했다. 세인트토머스 교회는 달랐다. 럼포드 방음 타일은 재질 자체가 애초에 반향을 줄이도록 설계하여 제작했기 때문이다.[6] 신세대 건축가와 공학자들은 럼포드 타일의 음향 효과에 영감을 받아, 맨해튼 길거리의 시끄러운 소리를 완전히 차단할 갖가지 건물을 만들어내고자 했다.

이들의 노력은 1928년에 뉴욕라이프 보험사 본사가 입주할 건물이 매디슨 가에 완공되면서 결실을 맺었다. 음향 역사 연구자인 에밀리 톰슨이 서술했듯이, 건축가 캐스 길버트Cass Gilbert는 당대에 알려진 방음 기술을 모두 설계에 반영했다. 벽에는 꼭대기부터 맨 아래층까지 위생 처리한 소털과 석면을 압축해 만든 특수자재를 채워 넣었다. 창문은 일반 유리보다 두꺼운 유리로 만들고 육중한 창틀을 달았다. 게다가 인공 환기 시설을 설치해 창문을 열 필요조차 없게 했다. 고속 엘리베이터나 우편전달용 압축공기관을 작동하는 데 필요한 배관 설비와 기계류는 전부 사무실에서 멀리 떨어진 장소에 설치했다. 주방 역시 사무실에서 멀리 배치했다. 구내식당으로 음식을 배달하느라 특수 제작한 컨베이어 벨트와 승강기를 사용하기 때문이었다. 사무실과 복도에는 성능이 가장 뛰어난 방음재만을 사용했다. 파티션은 금속과 유리로 육중하게 만들었고, 천장에는 방음 타일을 대었으며, 바닥에는 코르크를 깔아 발소리를 죽였다.[7] 그 결과는 〈사이언티픽 아메리칸Scientific American〉이 1929년에 보도했듯이 환상적이었다.

할 수 있다면 상상해보시라. 커다란 사무실에서 타자기와 계산기가 달각거리고 전화벨이 울리고 서류보관함이 열렸다 닫히고 문이 닫히고 사무원이 왔다 갔다 하는데도, 나직하게 웅얼대는 정도밖에 소리가 나지 않는다. 밖에서 철강 노동자가 리벳을 박는 소리조차 잔잔하게 들려올 뿐이다. 처음에는 이런 환경이 도통 믿겨지지 않지만, 알고 보면 이 빌딩 사무실에서는 보통이다. 흡음재를 대대적으로 설치함으로써 비로소 만들어진 환경이다. (…)[8]

물론 비용은 만만치 않았지만, 뉴욕라이프 보험사 빌딩 안에서 근무하는 노동자 6,000명은 그곳을 경이롭게 여겼다. 마치 도시 속에 또 다른 도시가 있는 듯했다. 조용하고 효율적이며 밀폐된 빌딩은 북적이고 거칠게 요동치는 바깥세상으로부터 은둔하듯 격리되어 있었다.

그런데 이처럼 공학기술이 승리한 결과 장기적으로는 어떤 효과가 나타났을까? 적지 않은 경우, 일은 예상대로 되지 않았다. 톰슨이 지적했듯이, 때로 우리는 고요함을 추구하다가 결국 고요함 그 자체는 별달리 특별하지도 않으며 조용해진 신식 사무실은 세계 어딜 가나 똑같은 사운드스케이프의 일부가 될 뿐임을 깨닫는다. 현대 기술로 만들어낸 소리는 '깨끗'할수록 차갑고 비인간적으로 느껴지기도 한다. 바로 그래서, 음악 애호가 상당수가 CD나 MP3처럼 깔끔하고 차가운 디지털 음원 대신 흐릿하고 지직대는 LP를 들으며 아날로그의 매력을 즐기는 게 분명하다. 무엇보다도, 우리는 소음이 단순한 기술 문제가 아니며 기술로 쉽게 해결하지도 못한다는 것을 깨달을 공산이 크다. 소음은 사회 문제이기에, 까다로워도 사회적으로 해결하여야 한다.

방음은 대체로 고요함을 사유재로 만든다. 대기업이나 부유한 개인만이 방음을 할 여력이 있고, 극히 시끄럽고 인구가 밀집한 환경에서 생활하는 사람들은 방음이 절실히 필요한데도 정작 할 형편이 못 된다. 게다가 방음 처리된 벽 안에 안전히 격리되고 나면 고요함에 너무 익숙해진 나머지 바깥 소음에 과민해진다. 소음이 전보다 더 시끄럽고 험악하게 들리기 때문이다. 카이저가 주장했듯이, 우리가 알고 좋아하는 사람이 내는 소리는 "좀처럼 '원치 않는' 소리로 느껴지지 않는다."[9]

그러나 방음을 하면 바깥 사람들은 우리에게 낯선 이가 된다. 스스로 바깥세상과 단절한 결과, 갖가지 소리들을 꼭 들어야 함에도 듣지 못하고 산다. 미국 드라마 〈매드맨Mad Men〉에서 이러한 후천성 청각손실을 멋지게 포착해냈는데, 공교롭게도 드라마의 배경은 매디슨 가이다. 길버트가 훌륭하게 방음 처리한 뉴욕라이프 보험사 빌딩이 세워진 바로 그곳이다. 〈매드맨〉의 등장인물들은 종일 안락하고 조용한 광고 회사 사무실에 들어앉아 대중의 입맛이 요새는 또 어떻게 바뀌었는지 알아내려고 필사적으로 애를 쓰지만, 페미니즘과 민권운동이 대두하면서 미국 사회가 극적으로 변한 양상을 이해하지 못한 나머지 고생만 하다 실패한다. 광고장이들은 할렘과 그리니치빌리지로부터 1960년대가 돌진해 온 소리를 듣지 못했기에, 세상물정에 무지해진다는 대가를 치른 것이다.

"방음은 방탄조끼처럼 훌륭하다." 프로흐니크는 이렇게 말한 뒤 덧붙인다. "그렇지만 총에 맞을까 봐 걱정할 필요가 아예 없는 게 낫지 않을까?"[10] 다들 입을 모아 '그렇다'고 답해야 마땅하다. 소음 문제를 해결하려면 공론장에서 다함께 힘을 모아야 하기 때문이다.

근래 들어 이런 식으로 소음에 대처한 결과, 극적인 성과를 거둔 사례도 종종 나타난다. 암스테르담을 비롯해 몇몇 네덜란드 도시에서는 오래전부터 정책적으로 보행자와 자전거에게 자동차보다 우선권을 주었다. 그 결과 거리와 광장과 상가의 사운드스케이프는 자동차에 짓밟힌 영국 도심과는 확연히 달라졌다. 주위는 전혀 귀청이 터질 만큼 시끄럽지도, 완전히 고요하지도 않다. 그 덕에 네덜란드 도시 주민은 생생한 소리 스펙트럼을 향유한다. 노점상이 내는 소리, 자갈길을 걷는 발소리, 교회 시계 소리와 종소리, 이야기를 나누고 웃는 소리 등등, 다른 도시에서는 억눌리거나 없어진 소리가 들린다.[11]

네덜란드보다 덜 진보적인 문화권에 사는 사람들은 비교적 제한된 방음 조치에 만족하고 지낼 수밖에 없다. 한 예로, 건축가와 도시계획가들은 '포켓 공원', 즉 사람들이 차량 통행에 방해받지 않고 잠시 쉬어 갈 만한 작은 공간을 구상했다. 뉴욕에서 포켓 공원을 짓자는 발상을 처음 한 사람은 '24. 도시 생활'에서 맨해튼 로어이스트사이드 공동주택의 생활환경을 개선하고자 앞장섰던 제이콥 리스로 알려져 있다. 하지만 최초의 포켓 공원인 팰리Paley 공원은 1967년에야 비로소 개장했다.[12] 영국에서는 더 오랜 시간이 지나서야 비로소 트라팔가Trafalgar 광장 북쪽에 차량 통행을 막아, 국립미술관 앞 계단에 앉은 사람들이 근처 분수에서 나는 소리를 즐길 수 있게 되었다.[13]

이 모든 사례에는 공통점이 있다. 산업이나 차량 통행에서 나는 강압적인 소음을 억제해도 세상을 고요하게 만들지는 못한다. 현실적으로 세상을 완전히 고요하게 하지도 못할 뿐더러, 무엇보다도 우리가 그런 상태를 싫어하게 될 터이기 때문이다. 완전한 침묵은 무의식에 경종을 울린다. 바로 그래서, 유명한 영화 편집자이자 사운드 디자이너인 월터 머치Walter Murch는 영화에 정적이 흐르는 순간을 종종 집어넣는다. 예컨대 〈지옥의 묵시록Apocalypse Now〉에서 정글을 배경으로 하는 장면이 나올 때 머치는 그 장면에서 소리를 차츰차츰 모두 제거한다. 그러면 시청자도 등장인물도 영문은 모르지만 신경이 절로 곤두선다. 뭔가 잘못되었다는 느낌을 받기 때문이다. 그리고 그 느낌이 맞다는 것을 곧 알게 된다. 정적이 흐른 이유는 가까이에서 호랑이가 어슬렁거리고 있기 때문이었다.[14]

그렇기에, 침묵은 시끄러운 소음만큼이나 강력하다. 우리는 마음 깊은 곳으로부터 침묵을 불편하게 여기기에, 20세기 초반에 공들여 방음 처리해둔 일터에는 다시 인공 소음이 도입되었다. 런던에 있는 어느 사무실은 1999년에 특수 기계를 설치해 배경음으로 '수런대는' 소리가 깔리도록 했다. 사무실이 너무 조용한 나머지 그곳에서 근무하는 회계사들이 스트레스를 받을 뿐만 아니라 외로움마저 느낀다고 호소했기 때문이다.[15]

〈해리 포터Harry Potter〉 시리즈의 저자 J. K. 롤링Joan K. Rowling은 글의 대부분을 에든버러에 있는 어느 카페에서 썼다고 설명하면서, 카페에 가면 무엇보다도 따뜻해서 좋았다고 말했다. 그런데 따뜻함이란 단지 온도 문제가 아니다. 공간의 분위기도 온화해야 할 뿐만 아니라, 그 안에 있는 사람도 무의식 차원에서 소음을 어느 정도 필요로 할 터이다. 2012년 캐나다에서는 대학생을 대상으로 잔잔한 소리가 깔린 각종 사운드스케이프에서 짧은 창작 글을 쓰도록 하는 실험을 실시했다. 연구 결과, 떠드는 소리가 끊임없이 들리고 사람이 북적이는 카페에서 생산성이 가장 높은 것으로 나타났다. 특히 창의력이 높은 학생일수록 카페에서 작업이 잘 되었다. 다시 말해, 사람 소리가 배경에 깔리는 장소가 최적이었다.[16]

이런 결과가 나온 데에는 소리 자체에 분명 기본적으로 실용적인 기능이 있기 때문이기도 하다. 간단히 말해, 사람을 놀라게 하거나 집중하는 데 방해가 될 만한 소리가 배경음에 묻혀 들리지 않는다. 하지만 소리가 문화에 미치는 영향도 분명 한몫을 했으리라 본다. 반쯤 무의식적인 차원에서, 소리는 우리를 다른 생명체와 직접 이어주기 때문이다.

소리는 그런 역할을 한다. 인류의 역사를 통틀어, 좋든 나쁘든 그런 역할을 해왔다. 우리가 고요함을 추구하는 이유는 고요함 그 자체를 원해서가 아니라 생각할 공간을 찾고 싶어서이다. 그런데 알고 보니, 우리 인간은 가까이 있는 사람의 소리가 들릴 때 비로소 원활하게 생각하고 서로를 친절하게 대한다. 시끄러운 세상에 적응하고 살려면, 소리가 평등하고 절제되며 인간다운 규모를 유지하도록 하는 것이 필수이다. 소리는 그 본질 때문에 어느 정도는 공공재가 될 수밖에 없다. 소리는 대기 중에 자유롭게 떠돌면서, 모종의 자유방임주의적인 성격을 요구한다. 네덜란드는 1970년대에 소음 감소 캠페인을 펼치면서 구호를 내걸었는데, 그 구호를 되살릴 때가 된 듯하다. 구호는 단순하다. "서로에게 부드럽게 대합시다."[17]

분쟁과 불안과 의심으로 멍 들고 피 흘리는 현대인의 귀에 이 구호는 뜨뜻미지근하게 들릴지도 모르겠지만, 오늘날에도 소리를 관리하려면 기술이나 강제력이 아니라 윤리가 필요하다는 점을 일깨워준다. 이 구호가 만들고자 하는 세상은 누구도 남보다 도드라지게 시끄럽게 굴지 않으면서도 겁을 집어먹고 쥐죽은 듯 침묵하지 않아도 되는 세상, 누구나 살아가면서 콧노래를 부르고 휘파람을 불고 서로에게 말을 거는 세상이자, 남들도 그렇게 행동하는 소리가 들리는 세상이다.

2011년에 개봉한 영화 〈퍼펙트 센스Perfect Sense〉는 가공의 바이러스가 전 세계를 휩쓸며 인간의 감각을 하나씩 앗아간다는 내용이다. 암흑과 침묵으로 끝날 수밖에 없는 이야기이다. 하지만 등장인물에게 전혀 희망이 없지는 않다. 적어도 영화 초반에는 말이다. 이들은 인간이 역경에 처했을 때 얼마나 강인해지고 변화에 잘 적응하고 놀라운 창의력을 발휘하는지를 깨닫고, 새로운 사회질서에 적응한다. 주인공들은 후각과 미각을 잃자 촉각이 얼마나 강렬한 쾌감을 주는지 새삼 깨닫는다. 길거리 공연자들은 공연에서 소리를 통해 냄새를 전달한다. 식당은 음식 맛을 특별하게 내는 대신 질감을 기막히게 만드는 데 주력한다. 상황이 이상하게 돌아가도 사람들은 나름대로 적응하고 잠시나마 서로 더 가까워진다. 하지만 등장인물들이 청각을 잃기 시작하면서 온 사회조직은 무너지고 상황은 파국으로 치닫는다. 의사소통은 파국을 맞고, 감정과 의견과 정보는 잘못 전달되거나 아예 표현조차 되지 못하고, 오해는 쌓여가고, 생각의 폭은 좁아진다. 사람들이 더 이상 서로의 말을 듣지 못하는 순간에 영화는 절정을 맞는다. 바로 그 순간에 인류가 창의력만으로는 상황을 견뎌낼 수 없음을, 모든 이들의 세계가 극적으로 좁아지면서 소멸이 임박했음을 우리 시청자는 깨닫게 된다.

영화 내용은 말도 안 될지도 모르겠다. 그러나 〈퍼펙트 센스〉는 청각이 오늘날에도 우리 삶에서 얼마나 큰 사회적인 역할을 하는지 상징적으로 일깨워준다. 또한 과거의 소리를 듣지 않으면 역사를 이해할 때 많은 점을 놓친다는 것을 일깨워주기도 한다. 역사학자 마크 M. 스미스Mark M. Smith가 지적했듯이, 소리를 끄고 영화나 텔레비전 프로그램을 보면 질감, 의미, 서사, 특히 감정을 거의 언제나 뭉텅이로 놓치게 된다.[1]

물론 영화나 텔레비전 영상을 눈으로 보지 않을 때에도 놓치는 것은 많다. 하지만 화면에 나오는 행동은 사운드트랙을 통해 설명된다. 화면과 사운드트랙이 '단단히 엮여' 있다고 해도 좋으리라. 스토리의 기본 정보는 여전히 상당 부분 말로 전달된다. 게다가 주인공이 느끼는 감정도, 그에 따른 행동 동기도, 화면보다는 음악이나 음향효과를 통해 더 강력하게 드러나는 경우가 많다. 우리는 소리를 들음으로써 표면에 드러나는 현상 너머를 통찰하고 다른 이들의 마음에 다가가는 듯하다. 마찬가지로, 과거 인류도 소리에 담긴 미묘한 의미를 해석함으로써 기분을 조절하거나 자신과 다른 사람을 잇는 데 좋은 방향으로든 나쁜 방향으로든 도움을 받았다. 귀로 듣고 이해한 세상은 눈으로만 보고 이해한 세상과는 판이할 수밖에 없다. 귀를 기울임으로써 우리는 과거 인류의 삶을 주관적인 측면으로나 사회적인 측면으로나 더 실감나게 이해할 수 있다.

그렇다면 역사의 볼륨을 높여 과거의 소리를 포착하면 과연 어떤 소리가 들릴까? 세상이 점차 시끄러워졌다는 주장에 반박하기는 어렵다. 객관적으로 말하자면 사람도 기계도 차량 통행도 언론 매체도 늘어났다. 숫제 모든 것이 다 늘어나버렸다. 만약 어떻게든 배경소음을 데시벨로 측정해 신뢰할 만한 연대표를 작성할 수 있다면, 대다수 국가가 시간이 지날수록 '시끄러워'졌다는 점을 입증하는 것이 이론상으로는 가능할 터이다. 하지만 선조들이 체험한 소음을 절대 과소평가해서는 안 된다. 동굴과 신석기시대 석굴에는 아마 읊조리는 소리와 북소리가 메아리쳤을 것이다. 로마 같은 고대 도시는 하루 24시간 내내 시끌벅적하게 붐볐고, 중세 수도원에는 종소리가 울려 퍼졌다. 원주민의 귀는 북소리, 나팔 소리, 종소리, 유럽 식민지배자가 쏘는 총소리에 시달렸다. 전쟁터 한복판에 있는 사람들은 늘 귀가 먹먹했고, 산업혁명기에는 수많은 공장 노동자들이 청각에 돌이킬 수 없는 손상을 입었다.

이런 예는 열거하면 끝이 없다. 세월이 흐르면서 인류가 소음을 줄이려고 취한 조치도 만만찮게 많다. 두꺼운 벽과 방음 시설을 설치하고, 자갈길에 쇠테 두른 바퀴로 다니는 대신 아스팔트길에 고무 타이어로 다니고, 일터에서 소음을 줄이기 위한 법률을 제정하고, 차량 통행량 및 야간·주말 건축 공사를 규제하고, 확성기를 사용하지 못하게 제한하는 등등. 인간이 얼마나 창의적으로 기술을 발휘하는지를 감안하면, 세상이 돌이킬 수 없이 시끄러워지리라고 속단할 이유는 없다. 실제로 지난 1세기 동안 행정기관의 노력과 진보적인 사회 입법을 통해 최악의 소음은 줄어들었다. 지금까지 역사를 돌아보면, 세상은 태곳적에 고요한 낙원이었다가 현대로 올수록 귀청이 터질 듯한 지옥으로 변하지는 않았다. 세상이 한결같게, 끊임없이 시끄러워진 것은 아니라는 말이다.

하지만 소음을 이처럼 객관적으로 논하는 자체가 어차피 말이 안 된다. 소음은 대체로 주관적인 경험 문제이다. 이 점을 내가 잘 설명했기를 바란다. 누군가에게는 시끄럽고 짜증나는 소리가 누군가에게는 감미로운 음악으로 들리기도 한다. 그래서 나는 소음을 다른 소리와 구분되는 별도의 범주로 접근하기보다는 수사修辭적인 장치로 활용함으로써 소리가 수행하는 사회적 역할의 핵심, 특히 역사상 여러 시점에서 소리를 둘러싸고 극적으로 펼쳐진 사건들에 다가가고자 했다.

흔히 정의하듯이 소음이 '싫은' 소리에 불과하다 치자. 그렇다면 소음이 삶의 체험에 어떤 영향을 미쳤는지 제대로 이해하기 위해, 시대와 장소에 따라 정확히 누가 특정한 소리를 좋은 소리라고 정했고 정확히 누가 특정한 소리를 싫은 소리라 정했는지, 그리고 왜 그렇게 정했는지를 알아내야 한다.[2] 몇몇 단편적인 장면을 통해서나마 과거를 개관해보면, 3가지 상호연관된 요소가 거듭 강력하게 나타난다. 바로 권력, 통제, 그리고 불안이다.

셋 중에서도 권력은 가장 무자비하고 직접적이다. 도시 통치자, 성직자, 무장한 식민지배자, 노예주, 공장 관리자 등등 힘과 권위가 딸린 지위에 앉은 자들은 대체로 자기들이 정한 행동 기준을 권위 없는 자들, 예컨대 시민, 교구민, 원주민, 노예, 고용인에게 강요할 수 있었다. 누구는 말을 해도 되고 누구는 해서는 안 되는지, 누가 내는 소리는 소음이고 누가 내는 소리는 소음이 아닌지, 누가 누구의 말을 들어야 하는지는 이들이 결정했다. 즉, 이들은 권력을 행사해 사운드스케이프를 형성했다. 물론 전혀 놀랄 만한 일은 아니다.

하지만 이 점은 지적할 만하다. 소리를 통해 인간관계를 탐색하면, 즉 어떻게 사람들이 종소리에 불려 왔는지, 총소리나 북소리에 굴복했는지, 노래하거나 침묵하게끔 지시를 받았는지, 끔찍한 기계음에 밤낮없이 노출되었는지를 탐색하면, 힘없고 가난한 사람들이 어떤 기분이었을지 한층 깊이 통찰할 수 있다. 권력이 없다는 것은 단지 추상적인 상태가 아니라 사람들이 오감으로 늘 경험하는 상황임을 깨닫게 된다. 소리를 둘러싸고 분쟁이 일어났을 때 '시끄럽게' 구는 쪽은 누구이며 누가 누구에게 조용히 하라고 요구하는지를 파악하려면, 그 이면에서 어떤 권력 투쟁이 벌어지는지 살펴보아야 한다는 점도 깨닫게 된다.

통제라는 문제는 권력과 밀접하게 연관되어 있다. 여기서 통제라 함은, 시대와 장소를 막론하고 인간 집단이 자기 주위의 사운드스케이프에 얼마나 통제권을 갖는지를 의미한다. 물론 내가 책에서 내내 주장했듯이, 소리는 변덕스럽다. 소리는 공중을 자유롭게 떠돌며, 그 어떤 제도나 집단도 소리를 자기네의 전유물인 양 온전히 소유하거나 조작하는 데 성공한 적이 없다. 노예들이 노골적으로 탄압을 당하면서도 기지를 발휘해 전통 음악과 구술을 연출한 이야기나, 1789년 프랑스 혁명 때 민중이 투쟁가요를 불러 부르봉 왕조에 혐오를 표현한 이야기가 이를 충분히 뒷받침한다.

한발 더 나아가면, 전파는 격리할 도리가 없기에 전파를 타고 떠도는 갖가지 소리는 본질적으로 얼마간 혁명적인 성질을 띤다고 결론을 내릴 수도 있다. 한 집단에서 내는 소음은 가청거리 안에 있는 다른 집단에게 '새어나가'므로, 우리는 흔히 소리를 통해 다른 문화를 발견하고 이해하게 된다. 고대 로마에서도 이런 일이 있었다. 갖가지 신비 종교들이 서로에게 귀를 기울이며 상대방의 의식과 전통을 자유롭게 빌려왔다. 거의 2,000년 후에도 또 이런 일이 일어났다. 1930년대, 40년대, 50년대에 미국 백인은 아프리카계 미국인이 연주하는 재즈와 블루스 음악을 동네 가게에 놓인 확성기에서, 거리를 걷다 열린 창문 너머로, 아니면 거실 라디오에서 접하게 되었다. 그 사이의 여러 시점에서, 소리는 종종 일종의 문화 교역 지대가 되어주었다. 시각과 문자의 세계가 보여주는 풍경과 경계는 고정되는 경향이 있다. 반면 사운드스케이프는 좀 더 유연한 무언가를 보여준다. 사운드스케이프는 매 순간 크기와 모양과 성질을 바꾸고, 서로 겹치고, 예상치 못한 방식으로 서로에게 스며든다.

통제라는 문제는 사라지지 않는다. 단지 곡조가 늘 바뀔 뿐이다. 그러나 그 와중에도 소리에는 제법 변치 않고 유지되는 특징이 있다. 사람들은 언제든 스위치를 내려 소리를 끌 수 있다고 생각하면 주위가 시끄러워도 보통 너그럽게 참아주는 경향이 있다. 역사를 통틀어, 스위치에 가장 쉽게 손을 뻗을 수 있는 사람은 바로 권력층이었다. 고대 로마의 지배계급과 18세기 에든버러의 중산층은(사실 부자라면 세계 어디서든) 시끌벅적한 도심을 벗어나 마음껏 고요함과 사생활을 누릴 수 있었다. 21세기 맨해튼으로 넘어오면 사무실 노동자도 값비싼 방음재를 양껏 써서 지은 건물에서 바깥 거리의 소음을 차단하고 지낼 수 있었다. 반대로, 가난하고 힘없는 사람들은 어떤 소리에 노출될지를 결정할 발언권이 별로 없었다. 오늘날 가난하고 힘없는 이들이 북적이는 공항 가까이에 살아야 하듯이, 몇 세기 전 이들은 대장간이며 무두질 공장이며 각종 작업장에서 쿵쾅대는 소리에 시달리며 살아야 했을 터이다.

비록 같은 소리가 누군가에게는 소음으로 들리고 다른 누군가에게는 감미로운 음악으로 들릴지라도, 듣기 싫은 소리는 전 세계에 걸쳐 매우 불공평하게 분배되기 일쑤임을 명심해야 한다. 빈민이든 부자든 잠은 자야 한다. 어쩌면 가난한 이들에게 잠이 더 절실할지도 모른다. 하지만 역사를 통틀어 보면 가난한 이들은 잠을 종종 설쳤고, 결국 늘 대가를 치렀다. 130년 전에 정신질환과 청각장애가 가장 창궐했던 곳은 뉴욕 로어이스트사이드의 허름한 공동주택과 글래스고의 보일러공 작업장이었다. 오늘날에도 도시에서 인구가 가장 밀집한, 따라서 가장 시끄러운 지역에 사는 사람일수록 처방약을 복용할 확률도, 학력이 낮아질 확률도 높아진다.[3] 중국, 인도, 브라질 같은 나라에서 인구가 증가하고 경제가 성장하는 수준을 고려하면, 이런 양상은 탈산업화에 들어선 북반구·서구보다는 산업화가 급격히 진행 중이지만 규제는 별로 없는 남반구와 아시아에서 다시 나타날 가능성이 더 높다.

하지만 사람이 넘쳐나고 가난하며 사회로부터 외면받는 구역은 어디에나 있기 마련이다. 그러므로 소음의 역사 전반에 걸쳐 나타나는 패턴을 굳이 찾고자 한다면, 소리가 점점 커지는 패턴보다는 고요함을 접할 기회가 갈수록 불평등하게 분배되는 패턴을 찾아야 한다. 불평등 문제를 결코 가볍게 여겨서는 안 된다. 그간 드러난 사실에 따르면, 우리는 소음이 균등하게 분포되었다고 느낄수록 소음을 관대하게 받아들이기에, 다른 사람과 충돌하는 경우도 줄어든다. 이 점이 중요하다. 가령 아크라나 이스탄불 같은 곳에서 길거리 시장바닥이 아무리 시끌벅적해도 참을 만하다고 느끼는 이유는 다들 함께 소리를 내기 때문이다. 시장바닥의 소리는 어느 한 사람이 일방적으로 쏟아 붓는 소리가 아니라, 거리에 나선 사람들 모두가 똑같이 내는 소리의 총합이다. 말하자면 '그들'이 아니라 '우리'가 내는 소리이다. 반면 사적인 공간을 공적인 공간보다 훨씬 가치 있게 여기는 문화권에서는 사람들이 소음에 대해 현저하게 더 많이 불평한다.[4]

이제 소리가 수행하는 사회적 역할을 이해하는 데 필요한 요소 중 세 번째, 바로 불안에 대해서 이야기할 차례이다. 무엇이 우리를 불안하게 하는가? 이질적인 존재, 낯선 존재, 타자이다. 유사 이래 결정적인 순간마다 '우리'와 '그들'을 가르는 고정관념이 강화되었다. '우리'와 '그들'이 누구인지는 그때그때마다 달라질지언정, '우리'는 '그들'과 다른 소리를 낸다고 여겨졌다. '우리' 쪽 소리는 순수하고 고귀하고 가치 있고 풍요롭고 원기를 북돋는다고 여겨지는 반면, '그들' 쪽 소리는 이질적이거나 야만적이거나 미개하거나 품위 없거나 숫제 해롭다고 여겨진다. 다시 말해 '그들' 쪽 소리는 의미 없는 소리의 혼합물, 즉 소음 취급을 받는다.

이런 양상은 17～18세기 미국에서 나타났는데, 유럽 식민지배자들은 원주민의 발화와 음악 전통을 "지옥 같은" 소음이라고 무시했다. 빅토리아 시대 런던에서도 마찬가지로, 칼라일 같은 작가들은 집 밖에서 "역겨운" 이탈리아인 연주자가 풍금으로 시시한 가락을 "켜댄다"고 비난했다. 오늘날에도 마찬가지로, 영국에서 어느 신문 칼럼니스트는 기차 여행길에 "웬 남자가 지지직거리며 아이팟을 듣는 소리, 꼬마 아이가 게임기를 갖고 노는 소리, 수다쟁이 여자애가 뷔페에 다녀와 뜨겁고 찬 음료 목록을 줄줄이 읊는 소리"를 참고 견뎌야 했다고 한탄했다.[5] 이런 비판 담론에서 소리는 소리를 내는 사람과 구분되지 않는다. 소리는 단지 추상적인 자극이 아니다. 현대 대중문화가 짜증날 정도로 너무 가까이 다가왔는데도 도저히 입 닥치게 만들 수가 없다는 조짐이다. 우리는 이런 소리를 내는 사람들에게 신경 쓰기 싫기에, 이들이 내는 소리도 듣고 싶지 않다.

사실이라면 이는 어쩌면 '사회적인 청각장애', 즉 우리가 사회에서 반감을 느끼거나 이해하지 못하는 양상을 차단하기 위해 일부러 귀를 닫는다는 점을 보여주는 사례일지도 모른다.[6] 오언 존스Owen Jones는 저서 《채브: 노동계급의 악마화Chavs: The Demonization of the Working Class》(채브는 행실이 거칠고 차림새가 화려한 저소득층 젊은이를 가리키는 영국 속어이다-옮긴이)에서, 영국 중산층이 노동계급의 문화적 관습이 무례하다고 비난함으로써 노동계급에 대한 불신뿐만 아니라 계급에 대해 이야기하는 것 자체에 대한 불편함을 표출하는 양상을 절절히 기술한다. 사실상 '그들'을 이질적이고 원시적인 '부족'쯤으로 치부하는 것이다.

그 과정에 소리도 한몫을 한다. 부족 구성원이 어떤 식으로 말하고 어떤 음악을 들으며 어떤 소음을 내는지는 그 특정 집단의 속성을 싸잡아 규정하는 데 음식이나 옷차림만큼이나 결정적인 역할을 한다. 그리고 오언 존스도 분명 동의하겠지만, '우리'는 '부족'이 살아가는 방식을 천박하다고 얕잡아 보듯이 '부족'이 내는 소리도 얕잡아 본다.[7] 이것도 일종의 사회적인 청각장애이다. 우리가 낯선 소리를 충분히 주의 깊게 듣지 않기 때문이다. 낯선 소리를 제대로 듣지 않기 때문에, 우리는 그런 소리의 의미를 제대로 깨닫지 못하고 무시해버린다. 바로 그래서 이질적이라고 여겨지는 소리는 데시벨이 낮다 해도 예외 없이 소음이라 간주된다.[8]

역사는 우리에게 낯선 소리를 뭉뚱그려 소음 취급하면 비싼 대가를 치르리라는 교훈을 준다. 유럽인은 16세기에 미국을 식민지배할 때나 19세기에 오스트레일리아의 오지를 탐험할 때나, 자기네가 접한 원주민에게 복잡한 언어와 다양한 음악 전통이 있음에도 이 모두를 "미개하고" 의미 없는 소리라고 모호하게 뭉뚱그려 버렸다. 이를 구실 삼아 나중에는 원주민이 유럽인과 동등한 권리, 심지어 토지에 대한 권리마저도 주장하지 못하게 입을 막아버렸다. 마찬가지로, 보통 사람들이 기차에서 시간을 때우는 행동조차 업신여긴다면 노동계급의 문화 전반을 악마 취급할 위험도 커진다. 더 나아가, 이를 구실 삼아 특정한 사람들이 공공장소를 점유할 권리를 짓밟자고, 넓은 의미에서 이들이 목소리를 낼 권리를 짓밟자고 정치적으로 행동할 위험도 커진다.

이 모든 현상의 바탕에는 불안이 깔려 있다. 별도의 사운드스케이프에 틀어박힐 때, 즉 외부 소리를 방음 처리하거나 다른 사람들이 존재감을 드러내지 못하게 막을 때, 우리는 서로에게 낯선 존재가 된다. 낯선 사람은 우리를 불안하게 한다. 그래서 우리는 외부세계를 더 강력히 차단하고 낯선 사람들이 하는 말에 더욱 귀를 닫는다. 다시 말해 낯설거나 다루기 힘든 소리를 무시한다면, 역사학자 조애나 버크Joanna Bourke가 증오의 역사를 논한 저서에서 말했듯이 남을 의심하거나 심지어 증오할 "심리적 성향"이 강해질 가능성이 높다.[9] 소리의 역사는 사회적인 청각장애가 만연할 때 심각한 결과가 발생할지도 모른다고 경종을 울림으로써, 인간이 서로를 더 잘 이해해야 한다고 촉구한다.

우리가 귀를 통해 긍정적으로 사고하지 못하리라고 단정할 근거는 없다. 인류는 수만 년 동안 소리를 이용해 주위 세상을 기민하게 인지하고, 방향과 시간의 흐름을 파악하고, 사회적 유대관계를 형성하고, 영적이고 문화적인 체험을 형성하고, 그저 즐기기도 했다. 귀 기울여 들음으로써 우리는 자칫 무의미한 소음으로 들릴 법한 소리를 이해하고, 소리 속에 실제로 어떤 사회적 관계가 얽히고설켜 담겨 있는지를 이해한다.

인류가 역사를 통틀어 낸 모든 소리에는, 듣기 좋은 소리든 기분 나쁘고 듣기 싫은 소리든 온갖 의미가 담겨 있다. 소리는 우리 선조들뿐만 아니라 우리에게도 여전히 어떤 시공간으로 이동한 느낌, 위협적이거나 편안한 느낌, 다른 사람들과 이어져 있다는 느낌을 선사해왔다. 소리는 우리를 인간답게 만들었다. 그러니 소리가 인류의 일상에 얼마나 중요한 역할을 해왔는지 다시금 실감해야 한다. 사운드스케이프라는 단순해 보이는 현상이 실제로는 얼마나 많은 것들을 좌우했는지를 다시금 상기해야 한다.

감사의 말

그간 내가 썼던 책들 중에서도, 이《소리의 탄생》은 유난히 많은 사람들과의 공동 작업을 통해 완성되었다. 가령 BBC 라디오4 다큐멘터리 시리즈가 없었다면 이 책도 없었을 것이다. 그러므로 우선 BBC 라디오4 시리즈 제작을 의뢰한 BBC의 토니 필립스Tony Phillips와 로켓하우스Rockethouse 사의 노련한 프로듀서 맷 톰슨Matt Thompson에게 감사드린다. 또한 로켓하우스 사에서 녹음 장소 섭외 담당자 및 보조 프로듀서로서 효율적으로 일해준 캐시 피츠제럴드Cathy Fitzgerald, 파리에서 방송 녹음을 보조해준 다이나 버드Dinah Bird에게도 큰 고마움을 전한다.

대영도서관 소리 아카이브도 이 프로젝트 전반에 걸쳐 핵심 파트너로 협력하면서, 전문적으로 우리를 지도해주었을 뿐만 아니라 훌륭한 녹음 자료 모음을 접할 소중한 기회를 제공해주었다. 그러므로 대영도서관 시청각자료실 실장 리처드 랜프트Richard Ranft와 셰릴 팁Cheryl Tipp, 스티브 클리어리Steve Cleary, 폴 윌슨Paul Wilson, 재닛 토파전Janet Topp-Fargion을 비롯한 산하 큐레이터 팀원들께 감사를 드린다. 맷 톰슨과 내가 프로젝트를 위해 현장에서 녹음한 자료가 모두 대영도서관 소리 아카이브에 등록되어, 일반 대중도 언제까지나 이 자료를 접할 수 있기를 바란다.

그 외에도 옥스퍼드대학교 보들리언 도서관Bodleian Library 다락방 도서실 직원 일동과 피트 리버스 박물관Pitt Rivers Museum의 노엘 로블리Noel Lobley 박사는 내가 조사 과정에서 아카이브 자료, 도서 자료 초기 판본, 녹음 자료, 귀중한 참고 자료를 접하도록 도와주었다. 데이비아 넬슨과 니키 실바, 일명 '키친 시스터즈Kitchen Sisters'는 9/11 음성 추모 프로젝트가 보유한 녹음 자료를 제공해주었다.

라디오 시리즈를 제작하고 책을 집필하는 과정에서, 소리를 녹음할 목적으로 공간을 개방하기를 거부한 기관은 단 1곳뿐이다. 로마 산클레멘테 대성당의 도미니코 수도회 말이다. 하지만 리사 버지Lisa Budge, 커크월Kirkwall의 마이클 브래들리Michael Bradley, 케임브리지대학교 세인트존스대학 합창단, 아르시쉬르퀴르 동굴의 프랑수아 드 라 바랑드Francois de La Varende, 하버드대학교 심리학과, 엠파이어스테이트 빌딩, 키라 가르시아Kira Garcia 및 뉴욕 로어이스트사이드 공동주택 박물관, 히스토릭 스코틀랜드, 도미니크 르 콩트Dominique Le Conte, 세라 나오미 리Sarah Naomi Lee, 영국과 스코틀랜드의 문화유산국민신탁, 뉴욕라이프 보험사 빌딩, 웰스 대성당 합창단의 오르간 연주자 겸 단장인 매튜 오언스Matthew Owens, 하버드대학교 와이드너 도서관 밀먼 패리 컬렉션, 마르타 페로타Marta Perrotta와 이고르 레즈니코프, 세바스티안 슈미트Sebastian Schmidt, 카펠라 노바Cappella Nova의 크리에이티브 디렉터인 앨런 태버너Alan Tavener, 서섹스대학교에서 '행동주의의 재구성Reframing Activism' 블로그를 운영하는 레이철 태버너Rachel Tavernor, 스코틀랜드 성

안드레아대학교, 예일대학교 출판사를 비롯해 다른 모든 이들과 기관에서는 기꺼이 도와주었다.

케임브리지대학교 뉴넘대학의 메리 비어드 교수, 볼로냐대학교의 프란체스코 베노초 박사, 일리노이대학교 스프링필드 캠퍼스의 제임스 W. 어마팅어James W. Ermatinger 교수, 옥스퍼드대학교 우스터대학의 로버트 길디아Robert Gildea 교수, 세인트앤드루스대학교의 크리스 기븐윌슨Chris Given-Wilson 교수, 하버드대학교의 데이비드 D. 홀David D. Hall 교수, 옥스퍼드대학교 오리엔탈 인스티튜트의 조위타 크레이머Jowita Kramer 박사, 조지프 랜자, 노엘 로블리 박사, 더럼대힉교의 크리스 스카Chris Scarre 교수, 그리고 옥스퍼드대학교 울프슨대학의 세라 쇼Sarah Shaw 박사를 비롯해, 많은 분들이 여러 장章의 초고를 읽고 매우 유용한 논평을 해주신 데 대해 감사드린다. 새삼 말할 필요도 없겠지만, 그래도 책에 오류가 있다면 전적으로 내 잘못이다.

'9. 아우성치는 군중'에 실은 조지 오웰의 글은 'Shooting an Elephant', in George Orwell, *Some Thoughts on the Common Toad* (London : Penguin Books, 2010)에서 인용하였다. '21. 산업혁명의 소음'에 실은 헨리 데이비드 소로의 글은 Henry David Thoreau, *Walden* (Oxford : Oxford University Press, 1999)에서 인용하였다. '25. 소리를 포착하기'에 실은 고렐 경Lord Gorell의 시는 경의 손녀이자 유고 관리인인 헨리에타 길Henrietta Gill에게 허락을 받아 게재하였다. 26장에 실은 로버트 그레이브스의 글은 Robert Graves, *Goodbye to All That* (London : Penguin Books, 2000)에서 인용하였다.

371

이 책과 라디오 시리즈는 모두 사실 내가 지금 작업 중인 더 큰 프로젝트의 일부이다. 〈언론과 근대정신의 형성Media and the Making of the Modern Mind〉 프로젝트는 레버흄 재단Leverhulme Trust에서 재정을 지원받으며, 고맙게도 이들이 내게 2년치 연구장학금을 제공하였다. 원래 '곁다리 프로젝트'였던 《소리의 탄생》은 처음에 기획했던 범위를 넘어 제멋대로 커져버렸는데, 이를 용인해주신 레버흄 재단의 유연한 태도와 열린 마음에 이 기회를 빌려 감사를 표한다. 이 프로젝트가 완료되고 났을 때, 레버흄 재단에서 내가 잠시 한눈을 판 것에 가치가 있었다고 생각하게 되기를 바란다. 또한 서섹스대학교 미디어영상음악대학 동료들에게도 감사드린다. 덕분에 새로운 직무를 맡기 전,《소리의 탄생》과 〈언론과 근대정신의 형성〉 프로젝트의 연구조사를 우선 완수할 수 있었다.

앞서 라디오 시리즈가 없었다면 책도 나오지 못했을 거라고 말했는데, 뛰어난 에이전트를 만나지 못했다면 역시 이 책은 나오지 못했을 것이다. 유나이티드 에이전츠 소속 에이전트인 캐럴라인 도니Caroline Dawnay는 이 프로젝트의 잠재력을 알아보고 프로파일북스 출판사의 대니얼 크루Daniel Crewe에게 프로젝트를 재빨리 제시했다. 프로파일북스와 연결되어서 다행이다. 모든 면에서, 처음부터 끝까지, 프로파일북스는 매우 효율적이고 프로답게 출판을 맡아주었다. 이 책의 집필을 의뢰하고 집필 과정 내내 중요한 도움을 주신 데 대해 크루에게 감사드린다. 또한 책 제작을 지휘한 페니 대니얼Penny Daniel, 원고를 놀라울 정도로 빠르고 신속하게 교열해준 캐럴라인 프리티Caroline Pretty, 홍보를 담당한 루스 킬릭Ruth Kielick과 드루 제리슨Drew Jerrison에게도 감사드린다.

늘 그렇듯이 이번에도 나의 가장 가까운 가족인 헨리에타, 엘로이즈, 모건이 지난 1년여 동안 제일 고생했다. 30회짜리 라디오 시리즈와 30장章짜리 책을 집필하느라, 과장 한마디 안 보태고 나의 모든 것을 쏟아 부었다. 헨리에타와 엘로이즈와 모건 덕에 스트레스와 중압감을 견딜 수 있었다. 가족은 나의 부재를 변명해주고 내가 다른 데 정신이 팔려도 용서해주었다. 늘 말했듯이 가족 없이는 이 프로젝트를 해낼 수 없었을 터이므로, 이 책도 사랑을 담아 가족에게 바친다.

주

머리말

1 영국 물리학자 G. W. C. 케이George William Clarkson Kaye가 한 말. Karin Bijsterveld, *Mechanical Sound: Technology, Culture, and Public Problems of Noise in the Twentieth Century* (Cambridge, Mass., & London: MIT Press, 2008), 240에서 재인용.

2 Emily Thompson, *The Soundscape of Modernity: Architectural Acoustics and the Culture of Listening in America*, 1900 – 1933 (Cambridge, Mass., & London: MIT Press, 2004), 132에서 재인용.

3 John Cage, 'The Future of Music: Credo' (1937), in Richard Kostelanetz(ed.), *John Cage: An Anthology* (New York: De Capo Press, 1991).

4 Thompson, *The Soundscape of Modernity*, 143~144에서 재인용.

5 Elizabeth Foyster, 'Sensory Experiences: Smells, Sounds, and Touch', in Elizabeth Foyster and Christopher A. Whatley(eds.), *A History of Everyday Life in Scotland* (Edinburgh: Edinburgh University Press, 2010), 217.

6 Hillel Schwartz, *Making Noise: From Babel to the Big Bang and Beyond* (New York: Zone Books, 2011); Veit Erlmann, *Reason and Resonance: A History of Modern Aurality* (New York: Zone Books, 2010); Mike Goldsmith, *Discord: The Story of Noise* (Oxford: Oxford University Press, 2012).

7 Thompson, *The Soundscape of Modernity*, 1.

8 Dan McKenzie, *The City of Din: A Tirade against Noise* (London: Adlard & Son, Bartholomew Press, 1916), 1; 25.

9 R. Murray Schafer, *The Soundscape: Our Sonic Environment and the Tuning of the World* (Rochester, Vt.: Destiny Books, 1994), 84.

10 Thompson, *The Soundscape of Modernity*, 2.

11 Douglas Kahn, *Noise, Water, Meat: A History of Sound in the Arts* (Cambridge, Mass., & London: MIT Press, 1999), 5.

1. 어둠 속의 메아리

1 Ian Cross and Aaron Watson, 'Acoustics and the Human Experience of Socially-organized Sound', in Chris Scarre and Graeme Lawson(eds.), *Archaeoacoustics* (Cambridge: McDonald institute Monographs, 2006), 107~116.

2 위의 책, 108~109.

3 Iégor Reznikoff, 'Prehistoric Paintings, Sounds and Rocks', in Ellen Hickmann, Anne D. Kilmer, Ricardo Eichmann(eds.), *Studien zur Musikarchäologie III* (Rahden: verlag Marie Leidorf, 2002), 44; 47~48.

4 위의 책, 42~44; 47~48.

5 Iégor Reznikoff, 'The Evidence of the Use of Sound Resonance from Palaeolithic to

Medieval Times', in Scarre and Lawson, *Archaeoacoustics*, 78~79.

6 위의 책, 80.

7 Steven J. Waller, 'Intentionality of Rock-art Placement Deduced from Acoustical Measurements and Echo Myths', in Scarre and Lawson, *Archaeoacoustics*, 31~39.

8 Ian Cross, 'Lithoacoustics-Music in Stone : Preliminary Report', http://www.mus.cam.ac.uk/~ic108/lithoacoustics/ (2000/10).

9 Cross and Watson, 'Acoustics and the Human Experience', in Scarre and Lawson, *Archaeoacoustics*, 113.

10 위의 책, 114.

11 Steven J. Waller, 'Psychoacoustic influences of the echoing environments of prehistoric art', Paper for the Acoustical Society of America, Cancun (2002/11).

12 Waller, 'Intentionality of Rock-art Placement', in Scarre and Lawson, *Archaeoacoustics*, 35.

13 David Lewis-Williams, *The Mind in the Cave: Consciousness and the Origins of Art* (London : Thames and Hudson, 2002), 148~149.

14 Chris Scarre, 'Sound, Place and Space : Towards an Archaeology of Acoustics', in Scarre and Lawson, *Archaeoacoustics*, 1~10.

15 Cross, 'Lithoacoustics'.

16 Francesco D'errico and Graeme Lawson, 'The Sound Paradox : How to Assess the Acoustic Significance of Archaeological Evidence?', in Scarre and Lawson, *Ar-chaeoacoustics*, 41~58.

17 Ezra B. W. Zubrow and Elizabeth C. Blake, 'The Origin of Music and Rhythm', in Scarre and Lawson, *Archaeo-acoustics*, 117~126.

2. 말하는 북소리

1 James Gleick, *The Information : A History, a Theory, a Flood* (London : Fourth estate, 2011), pp. 15, 18.

2 예컨대 "속이 빈 나무 한 쪽을 아무 동물의 날가죽으로나 덮어 고정시킨 북"을 "아프리카 고향 땅에서 전쟁 때 사용했다"는 데 대한 언급은 Hans Sloane, *A Voyage to the Islands Madera, Barbados, Nieves, S. Christophers and Jamaica* (London : 1701), Vol. 1, liii 참조. 또한 Richard Cullen Rath, *How Early America Sounded* (Ithaca, N.Y., and London : Cornell University Press, 2003), 78도 참조.

3 Roger T. Clarke, 'The Drum Language of the Tumba People', *American Journal of Sociology*, 40 : 1 (1934/07), 39.

4 위의 책, 40.

5 Gleick, *The Information*, 22~27.

6 Steven Mithen, *The Singing Neanderthals : The Origins of Music, Language, Mind, and Body* (London : Phoenix, 2006), Chapter 6, 'Talking and Singing to Baby' 참조.

7 Mithen, *The Singing Neanderthals*, Chapter 2, 'More than Cheesecake?'

8 Martin Clayton, Rebecca Sager and Udo Will, 'In Time with the Music : The Concept of Entrainment and Its Significance for Ethnomusicology', *European Meetings in Ethnomusicality*, 11 (2005).

9 Ian Cross, 'Music and Cognitive Evolution', in Louise Barrett and Robin Dunbar (eds), *Handbook of Evolutionary Psychology* (Oxford: Oxford University Press, 2007), 26~28.

3. 노래하는 야생

1 Sigurd F. Olson, *Listening Point* (1958: reprint, Minneapolis, Minn.: University of Minnesota Press, 2001), 7~8. 또한 Peter Coates, 'The Strange Stillness of the Past: Toward an Environmental History of Sound and Noise', *Environmental History*, 10:4 (2005/10)도 참조.

2 Bernie Krause, *The Great Animal Orchestra* (London: Profile Books, 2012), 51: R. Murray Schafer, *The Soundscape: Our Sonic Environment and the Tuning of the World* (Rochester, Vt.: Destiny Books, 1994), 23.

3 Schafer, *The Soundscape*, 22~23에서 재인용.

4 John Muir, *The Mountains of California* (1894), in *The Eight Wilderness Discovery Books* (London: Diadem Books, 1992), 399.

5 Krause, *The Great Animal Orchestra*, 46~47.

6 Colin Turnbull, *The Forest People* (London: Picador, 1976), 17~18.

7 Krause, *The Great Animal Orchestra*, 10.

8 Schafer, *The Soundscape*, 18~19.

9 Krause, *The Great Animal Orchestra*, 41~43.

10 위의 책, 27~30.

11 Steven Feld, *Sound and Sentiment: Birds, Weeping, Poetics, and Song as Kaluli Expression* (Philadelphia, Penn.: University of Pennsyl-vania Press, 1982), 62: 144~150.

12 Feld, *Sound and Sentiment*. Steven Feld, 'Doing Anthropology in Sound', *American Ethnologist*, 31:4 (2004)도 참조.

13 Marina Roseman, 'Healing Sounds from the Malaysian Rainforest' (1991). David Howes (ed.), *Sensual Relations: Engaging the Senses in Culture and Social Theory* (Ann Arbor, Mich.: University of Michigan Press, 2003), 38~40에서 참고한 글을 재인용.

14 Steven Mithen, *The Singing Neanderthals: The Origins of Music, Language, Mind, and Body* (London: Phoenix, 2006), Chapter 11, 'Imitating Nature'.

15 Claudette Kemper Columbus, 'Soundscapes in Andean Contexts', *History of Religions*, 44:2 (November 2004).

16 Stacie King and Gonzalo Sanchez Santiago, 'Soundscapes of the Everyday in Ancient Oaxaca, Mexico', *Archaeologies: Journal of the World Archaeological Congress* (2011).

17 S. Houston and K. Taube, 'An Archaeology of the Senses: Perception and Cultural Expression in Ancient Mesoamerica', *Cambridge Archaeological Journal*, 10 (2000), 261~294.

4. 제사와 의식

1 Aaron Watson, 'The Sounds of Transformation: Acoustics, Monuments and Ritual in the British Neolithic', in Neil S. Price (ed.), The *Archaeology of Shamanism* (London & New York: Routledge, 2001), 178~179.

2 Aaron Watson, '(Un)intentional Sound?

Acoustics and Neolithic Monuments', in Chris Scarre and Graeme Lawson (eds.), *Archaeoacoustics* (Cambridge: McDonald Institute Monographs, 2006), 12.

3 위의 책, 13.

4 Anna Ritchie, *Prehistoric Orkney* (London: B. T. Batsford/Historic Scotland, 1995), 55~58.

5 Watson, 'The Sounds of Transformation', in Price, *The Archaeology of Shamanism*, 180~181)

6 Aaron Watson and David Keating, 'Architecture and Sound: An Acoustic Analysis of Megalithic Monuments in Prehistoric Britain', *Antiquity*, 73 (1999), 199.

7 Watson, 'The Sounds of Transformation', in Price, *The Archaeology of Shamanism*, 181~182.

8 Paul Devereux, 'Ears and Years: Aspects of Acoustics and Intentionality in Antiquity', in Scarre and Lawson, *Archaeoacoustics*, 29.

9 Watson, 'The Sounds of Transformation', in Price, *The Archaeology of Shamanism*, 187~188.

10 Francesco Benozzo, 'Sounds of the Silent Cave: An Ethnophilological Perspective on Prehistoric "Incubation"', http://www.contInuitas.org/texts/benozzo_sounds.pdf (2012/09/04 기준으로 접근 가능).

11 Benozzo, 'Sounds of the Silent Cave'.

12 위의 글.

5. 샤먼의 등장

1 David Lewis-Williams, *The Mind in the Cave: Consciousness and the Origins of Art* (London: Thames & Hudson, 2002), 131~135.

2 Waldemar Bogoras, *The Jessup North Pacific Expedition, Volume VII: The Chukchee, Part II: Religion* (Leiden: Brill, 1907), 433.

3 위의 책, 439.

4 위의 책, 429.

5 위의 책, 277~281; 289~290.

6 David Lewis-Williams and David Pearce, *Inside the Neolithic Mind: Consciousness, Cosmos and the Realm of the Gods* (London: Thames & Hudson, 2005), 286~287; 강조 표시는 필자가 한 것.

7 Bogoras, *The Jessup North Pacific Expedition*, 374; 강조 표시는 필자가 한 것.

8 위의 책, 382~383.

9 Lewis-Williams, *The Mind in the Cave*, 131; Lewis-Williams and Pearce, *Inside the Neolithic Mind*, 8~9.

10 Carolyn Marino Malone, *Façade as Spectacle: Ritual and Ideology at Wells Cathedral* (Leiden&Boston: Brill, 2004). 웰스에 대한 자세한 내용은 Graeme Lawson, 'Large Scale-Small Scale: Medieval Stone Buildings, early Medieval Timber Halls and the Problem of the Lyre', in Chris Scarre and Graeme Lawson (eds.), *Archaeoacoustics* (Cambridge: McDonald institute Monographs, 2006), 및 Jerry Sampson, *Wells Cathedral West Front: Construction, Sculpture and Conservation* (Stroud: Sutton Publishing, 1998) 참조.

11 R. Murray Schafer, *The Soundscape: Our Sonic Environment and the Tuning of the World* (Rochester, Vt.: Destiny Books, 1994),

10~11.

12 위의 책.

13 Lewis-Williams and Pearce, *Inside the Neolithic Mind*, 86~87; 288.

6. 서사시적 이야기

1 Rosalind Thomas, *Literacy and Orality in Ancient Greece* (Cambridge: Cambridge University Press, 1992).

2 Edward Luttwak, 'Homer Inc', *London Review of Books* (2012/02/23).

3 Marshall T. Poe, *A History of Communications: Media and Society from the Evolution of Speech to the Internet* (Cambridge: Cambridge University Press, 2011), 67~72.

4 Robert L. Fowler, 'Who Wrote the Iliad?', *Times Literary Supplement* (2012/03/14).

5 Fowler, 'Who Wrote the Iliad?'. 따옴표로 인용한 부분은 파울러가 M. L. West, *The Making of the Iliad* (Oxford: Oxford University Press, 2011)를 해석한 내용의 일부임.

6 Ian Morley, 'Hunter-Gatherer Music and Its Implications for Identifying Intentionality in the Use of Acoustic Space', in Chris Scarre and Graeme Lawson (eds.), *Archaeoacoustics* (Cambridge: McDonald Institute Monographs, 2006), 100~102.

7 Poe, *A History of Communications*, 55.

8 Plato, *Phaedrus*, trans. R. Hackforth (Cambridge: Cambridge University Press, 1972), 157.

9 예컨대 Walter Ong, *Orality and Literacy: The Technologizing of the Word* (London: Routledge, 2002), 8~9; 23; 27~29; 41~44 참조.

10 예컨대 Poe, *A History of Communications*, 26~99 및 Asa Briggs and Peter Burke, A Social History of the Media (Cambridge: Polity Press, 2002) 참조.

11 C. Mackenzie Brown, 'Purāna as Scripture: From Sound to Image of the Holy Word in Hindu Tradition', *History of Religions*, 86:1 (August 1986), 68~86.

12 Stamis L. Vassilantonopoulos and John N. Mourjopoulos, 'A Study of Ancient Greek and Roman Theatre Acoustics', *Acta Acustica United with Acustica*, 89 (2003), 123~136.

13 위의 책, 123~133. K. Chourmouziadou and J. Kang, 'Acoustic Evolution of Ancient Greek and Roman Theatres', *Applied Acoustics*, 69 (2008)도 참조.

14 Peter D. Arnott, *Public and Performance in the Greek Theatre* (London and New York: Routledge, 1989), 5~6.

15 위의 책, 6~11; 23; 75.

7. 설득의 메시지

1 Sam Leith, *You Talkin' to Me? Rhetoric from Aristotle to Obama* (London: Profile Books, 2011), 6~7.

2 Charlotte Higgins, 'The New Cicero', *Guardian* (2008/11/26).

3 Leith, *You Talkin' to Me? Rhetoric from Aristotle to Obama*, 219.

4 Amanda Claridge, *Rome: An Oxford Archaeological Guide* (Oxford: Oxford University Press, 2010), 75~77, 85~87.

5 Leith, *You Talkin' to Me? Rhetoric from Aristotle to Obama*, 6.

6 Higgins, 'The New Cicero'.

7 Leith, *You Talkin' to Me? Rhetoric from Aristotle to Obama*, 30.

8 Zadie Smith, 'Speaking in Tongues', *New York Review of Books* (2009/02/26).

9 Peter D. Arnott, *Public and Performance in the Greek Theatre* (London & New York: Routledge, 1989), 79~80.

10 Arnott, *Public and Performance in the Greek Theatre*, 81.

11 위의 책.

12 Leith, *You Talkin' to Me? Rhetoric from Aristotle to Obama*, 175에서 재인용.

13 Leith, *You Talkin' to Me? Rhetoric from Aristotle to Obama*, 173~174.

14 Cicero, in *Catilinam*, Speech 1, 1.16~1.17, Latin Texts and Translations, Perseus under PhiloLogic website: http://perseus. uchicago.edu/perseus-cgi/citequery3.pl?dbname=PerseusLatinTe xts&getid=1&query=Cic.%20 Catil.%201.17

15 플라톤의 《국가》 내용을 Arnott, *Public and Performance in the Greek Theatre*, 82에서 재인용.

16 Charles Hirschkind, 'Hearing Modernity: Egypt, Islam, and the Pious Ear', in Veit Erlmann (ed.), *Hearing Cultures: Essays on Sound, Listening and Modernity* (Oxford: Berg, 2004), 137.

17 위의 책, 133~134.

18 위의 책, 134.

19 옥스퍼드대학교 오리엔탈 인스티튜트의 조위타 크레이머 및 옥스퍼드대학교 올프슨 칼리지의 세라 쇼 박사와의 개인적 교신 (2012/04/30).

20 Marshall T. Poe, *A History of Communications: Media and Society from the Evolution of Speech to the Internet* (Cambridge: Cambridge University Press, 2011), 26~27.

21 Rosalind Thomas, *Literacy and Orality in Ancient Greece* (Cambridge: Cambridge University Press, 1992), 20~21.

22 Simon Goldhill, 'Introduction: Why Don't Christians Do Dialogue?', in Simon Goldhill (ed.), *The End of Dialogue in Antiquity* (Cambridge: Cambridge University Press, 2009), 2.

23 Charlotte Higgins, 'Who's the Modern Cicero?' (2009/10/20), *Guardian* blog, http://www.guardian.co.uk/culture/charlottehigginsblog/2009/oct/20/classics-barack-obama.

8. 고대 로마의 왁자지껄한 일상

1 Garret Keizer, *The Unwanted Sound of Everything We Want: A Book about Noise* (New York: Public Affairs, 2010), 81.

2 Juvenal, *Satire III*, 232~267, 'And Then There's the Traffic'; *Satire III*, 268~314, 'And the Violence'. A. S. Kline (trans.), *Poetry in Translation* (web archive): http://www.poetryintranslation.com/PiTBR/Latin/JuvenalSatires3.htm#_Toc281039208

3 Seneca, Epistle 56.1~56.2; Jerry Toner, *Popular Culture in Ancient Rome* (Cambridge: Polity Press, 2009), 130에서 재인용.

4 Florence Dupont, *Daily Life in Ancient Rome*, trans. Christopher Woodall (Oxford: Blackwell, 1992), 47~49.

5 Toner, *Popular Culture in Ancient Rome*,

140~142.

6 위의 책, 142.

7 위의 책.

8 Dio Chrysostom, *Orations*, 20.9~20.10, Loeb판 번역을 소폭 수정하여 Toner, 위의 책, 131에서 재인용.

9 Ray Laurence, *Roman Passions: A History of Pleasure in Imperial Rome* (London: Continuum, 2009), 9.

10 위의 책, 5.

11 Keizer, *The Unwanted Sound of Everything We Want: A Book about Noise*, 89.

12 Amanda Claridge, *Rome: An Oxford Archaeological Guide* (Oxford: Oxford University Press, 2010), 263.

13 Alex Marshall, *Beneath the Metropolis: The Secret Lives of Cities* (London: Constable, 2006), 104.

14 Toner, *Popular Culture in Ancient Rome*, 129.

15 Keizer, *The Unwanted Sound of Everything We Want: A Book about Noise*, 89~90.

16 Toner, *Popular Culture in Ancient Rome*, 130.

17 위의 책, 138~139.

18 위의 책, 129.

19 Laurence, *Roman Passions*, 34.

20 위의 책, 46~47; Toner, *Popular Culture in Ancient Rome*, 146~152.

21 Dupont, *Daily Life in Ancient Rome*, 50~51에서 재인용.

9. 아우성치는 군중

1 Keith Hopkins and Mary Beard, *The Colosseum* (London: Profile, 2011), 24~25; 41.

2 Amanda Claridge, *Rome: An Oxford Archaeological Guide* (Oxford: Oxford University Press, 2010), 312~315.

3 Hopkins and Beard, *The Colosseum*, 100.

4 Alison Futrell, *The Roman Games: A Sourcebook* (Oxford: Blackwell, 2006), ix.

5 Harry Sidebottom, *Ancient Warfare: A Very Short Introduction* (Oxford: Oxford University Press, 2004), 115~118; 31~34.

6 위의 책, 86~88.

7 Futrell, *The Roman Games*, 7.

8 Hopkins and Beard, *The Colosseum*, 42; 94~95.

9 Sarva Daman Singh, *Ancient Indian Warfare with Special Reference to the Vedic Period* (Leiden: E. J. Brill, 1965), 79~83; Alfred S. Bradford, *With Arrow, Sword, and Spear: A History of Warfare in the Ancient World* (Westport, Conn. & London: Praeger, 2001), 125~128.

10 Futrell, *The Roman Games*, 8.

11 Hopkins and Beard, *The Colosseum*, 31~34.

12 Ovid, *The Art of Love*, 1.135~1.170; Futrell, The Roman Games, 105에서 재인용.

13 Futrell, *The Roman Games*, 101.

14 위의 책, 27; Hopkins and Beard, *The Colosseum*, 100. 플리니우스가 묘사한 내용은 그가 저술한 《자연사》 제7~8권에 등장함. 이 소란을 자세히 묘사한 내용은 Mary Beard, *The Roman Triumph* (Cambridge, Mass.: Harvard University Press, 2009), 15~31에 등장함.

15 Futrell, The Roman Games, 27 참조.

16 Bradford, *With Arrow, Sword, and Spear*,

128.

17 George Orwell, 'Shooting an Elephant', in George Orwell, *Some Thoughts on the Common Toad* (London: Penguin, 2010), 96.

18 Futrell, *The Roman Games*, 27.

19 위의 책.

20 위의 책, 25.

21 위의 책, 20; 37~38.

22 Hopkins and Beard, *The Colosseum*, 41.

10. 지하 세계의 황홀경

1 Judith Toms, 'Catacombs', in Amanda Claridge, Rome: An Oxford Archaeological Guide (Oxford: Oxford University Press, 2010), 454.

2 또한 Peregrine Horden, 'Introduction', in Peregrine Horden (ed.), *Music as Medicine: The History of Music Therapy Since Antiquity* (Aldershot: Ashgate, 2000), 4~7도 참조.

3 Claridge, *Rome*, 320~323.

4 Roger Beck, 'Ritual, Myth, Doctrine, and Initiation in the Mysteries of Mithras: New Evidence from a Cult Vessel', *Journal of Roman Studies*, 90 (2000), 145~180 참조.

5 Roger Stalley, *Early Medieval Architecture* (Oxford: Oxford University Press, 1999), 20.

6 James W. Ermatinger, *Daily Life of Christians in Ancient Rome* (Westport, Conn. & London: Greenwood Press, 2007), ix.

7 Jerry Toner, *Popular Culture in Ancient Rome* (Cambridge: Polity Press, 2009), 160~161.

8 R. Murray Schafer, *The Soundscape: Our*

Sonic Environment and the Tuning of the World (Rochester, Vt.: Destiny Books, 1994), 25~26.

9 위의 책, 142~143.

10 Ermatinger, *Daily Life*, 72; 147~149; Toner, Popular Culture in Ancient Rome, 125.

11 C. Mackenzie Brown, 'Purāna as Scripture: From Sound to Image of the Holy Word in Hindu Tradition', *History of Religions*, 86:1 (August 1986), 68~86.

12 Percival Price, *Bells and Man* (Oxford: Oxford University Press, 1983).

13 위의 책, 3~4.

14 C. M. Woolgar, *The Senses in Late Medieval England* (New Haven, Conn. & London: Yale University Press, 2006), 70.

15 Barbara Ehrenreich, *Dancing in the Streets: A History of Collective Joy* (London: Granta Books, 2007), 75~76.

16 Ermatinger, *Daily Life*, 167.

17 Stalley, *Early Medieval Architecture*, 25.

18 Ehrenreich, *Dancing in the Streets*, 65.

19 Ehrenreich, Dancing in the Streets, 73에서 재인용.

20 위의 책.

21 Ermatinger, Daily Life, 148.

22 Ehrenreich, *Dancing in the Streets*, 74.

23 Simon Goldhill, 'Introduction: Why Don't Christians Do Dialogue?', in Simon Goldhill (ed.), *The End of Dialogue in Antiquity* (Cambridge: Cambridge University Press, 2009) 참조.

11. 종소리의 힘

1 R. Murray Schafer, *The Soundscape: Our*

Sonic Environment and the Tuning of the World (Rochester, Vt.: Destiny Books, 1994), 54~55 및 Alain Corbin, *Village Bells: Sound and Meaning in the Nineteenth-Century French Countryside* (London: Macmillan, 1999), 5 참조.

2 Percival Price, *Bells and Man* (Oxford: Oxford University Press, 1983), 82~83.

3 위의 책, 83~106.

4 수도원에서 종을 사용하는 방식에 관한 세부 내용은 C. M. Woolgar, *The Senses in Late Medieval England* (New Haven, Conn. & London: Yale University Press, 2006), 70ff 및 Price, *Bells and Man*, 86~90; 106 를 참고함.

5 Price, *Bells and Man*, 118.

6 위의 책, 85.

7 위의 책, 117.

8 위의 책, 13에서 재인용.

9 Woolgar, *The Senses in Late Medieval England*, 71.

10 Schafer, *The Soundscape*, 54.

11 Price, *Bells and Man*, 119.

12 위의 책, 128.

13 위의 책, 15.

14 위의 책, 122.

15 위의 책, 83~84.

16 위의 책, 124에서 재인용.

17 Woolgar, *The Senses in Late Medieval England*, 72; Price, *Bells and Man*, 112.

18 Price, *Bells and Man*, 114.

12. 육신을 조율하기

1 *Gesta Romanorum, or Entertaining Moral Stories, translated from the Latin with Preliminary Observations and Copious Notes by the* Revd Charles Swan, Vol. ii (London: C. & J. Rivington, 1824), 34.

2 위의 책.

3 위의 책, 35.

4 C. M. Woolgar, *The Senses in Late Medieval England* (New Haven, Conn., & London: Yale University Press, 2006), 11~16; Christopher Page, 'Music and Medicine in the Thirteenth Century', in Peregrine Horden (ed.), *Music as Medicine: The History of Music Therapy Since Antiquity* (Aldershot: Ashgate, 2000), 109~119.

5 Page, 'Music and Medicine', in Horden, *Music as Medicine*, 116~117.

6 Woolgar, *The Senses in Late Medieval England*, 75~77.

7 위의 책, 87.

8 위의 책, 77.

9 위의 책, 88.

10 Rosemary Horrox (ed.), *The Black Death* (Manchester & New York: Manchester University Press, 1994), 150~153.

11 Robert of Avesbury, from the chronicle 'De gestis mirabilibus regis edwardi Tertii'. W. O. Hassall (ed.), *Medieval England as Viewed by Contemporaries* (New York: Torch Books, 1965), 157~158에서 재인용.

12 Woolgar, *The Senses in Late Medieval England*, 88. 다음도 참조. Norman Cohn, *The Pursuit of the Millennium*, revised edition (London: Secker & Warburg, 1970).

13 Robert Bartlett, *The Natural and the Supernatural in the Middle Ages* (Cambridge: Cambridge University Press, 2008).

14 Jamie James, *The Music of the Spheres:*

Music, Science and the Natural Order of the Universe (London: Abacus, 1995), 30~31, 59, 69~78; Woolgar, *The Senses in Late Medieval England*, 23; Charles Burnett, 'Sound and its Perception in the Middle ages', in Charles Burnett, Michael Fend and Penelope Gouk (eds.), *The Second Sense: Studies in Hearing and Musical Judgement from Antiquity to the Seventeenth Century* (London: The Warburg institute, 1991), 43~69; Peregrine Horden, 'Musical Solutions: Past and Present in Music Therapy', in Horden, *Music as Medicine*.

15 Page, 'Music and Medicine', in Horden, *Music as Medicine*, 110~111.

16 Horden, 'Musical Solutions', in Horden, *Music as Medicine*, 23~24.

17 위의 책, 9~10.

13. 천상의 소리

1 C. M. Woolgar, *The Senses in Late Medieval England* (New Haven, Conn. & London: Yale University Press, 2006), 66.

2 2012년 9월 어느 날, BBC4 라디오 시리즈를 녹음하던 중 내가 직접 경험한 일이다. 나는 맷 톰슨, 레즈니코프 교수, 가수 도미니크 르콩트와 함께 베즐레를 방문하여, 수녀들의 인공적으로 증폭된 노랫소리뿐만 아니라 레즈니코프 및 르콩트가 신도석 주위를 걸으면서 고대 음계로 노래하는 소리도 녹음했다. 소리가 '화음을 이루는' 효과는 전혀 메아리치지 않으면서도 낭랑하여, 아름답기 그지없었다.

3 Iégor Reznikoff, 'The Evidence of the Use of Sound Resonance from Palaeolithic to Medieval Times', in Chris Scarre and Graeme Lawson (eds.), *Archaeoacoustics* (Cambridge: McDonald institute Monographs, 2006), 77~83.

4 위의 책, 82.

5 Roger Stalley, *Early Medieval Architecture* (Oxford: Oxford University Press, 1999), 191~192; Reznikoff, 'The Evidence of the Use of Sound Resonance', in Scarre and Lawson, *Archaeoacoustics*, 81~83.

6 Stalley, *Early Medieval Architecture*, 116~119.

7 저자와의 인터뷰, 2012년 9월.

8 Woolgar, *The Senses in Late Medieval England*, 66; Thomas Forrest Kelly, *Early Music: A Very Short Introduction* (Oxford: Oxford University Press, 2011), 20~24.

9 Paul Calamia and Jonas Braasch, 'Musical Granite Pillars in Ancient Hindu Temples', *Journal of the Acoustical Society of America*, 123:5 (2008), 3604.

10 Peter Robb, *A History of India*, 2nd edition (Basingstoke: Palgrave Macmillan, 2011), 75~77.

11 Deborah Howard and Laura Moretti, *Sound and Space in Renaissance Venice: Architecture, Music, Acoustics* (New Haven, Conn. & London: Yale University Press, 2009)에서 자세히 설명함. 본 문단 및 다음 두 문단에서 설명하는 세부 사항은 이 매혹적인 책에서 따왔는데, 특히 5, 17~21 및 27~42를 많이 참조하였음.

12 위의 책, 27~28.

13 위의 책, 39.

14 위의 책, 5; 20~23.

15 Ebru Boyar and Kate Fleet, *A Social*

History of Istanbul (Cambridge: Cambridge University Press, 2010), 47~64.

16 Robb, A History of India, 70; 77.

14. 빼앗긴 자들의 카니발

1 Jonathan Sterne, 'Quebec's #Casseroles: On Participation, Percussion and Protest', Sounding Out! blog (2012/06/04), http://soundstudies-blog.com/2012/06/04/casseroles/ (2012/10/22 방문). 또한 Jonathan Sterne and Natalie Zemon Davis, 'Quebec's Manifs Casseroles are a Call for Order', Globe and Mail (2012/05/31 작성, 2012/10/22 방문)도 참조.

2 http://www.globalnoise.net (2012/10/22 방문).

3 Barbara Ehrenreich, Dancing in the Streets: A History of Collective Joy (London: Granta Books, 2007), 83에서 재인용.

4 위의 책, 78~80.

5 Mikhail Bakhtin, Rabelais and His World (New York: Wiley, 1984), 75.

6 E. P. Thompson, Customs in Common (London: Penguin Books, 1993), 51.

7 Bruce R. Smith, The Acoustic World of Early Modern England: Attending to the O-Factor (Chicago & London: University of Chicago Press, 1999), 133.

8 위의 책, 133~134.

9 위의 책, 164.

10 위의 책, 154~155.

11 Sterne, 'Quebec's #Casseroles'.

12 Smith, The Acoustic World of Early Modern England, 144~145.

13 위의 책, 134.

14 Martin Ingram, 'Ridings, Rough Music and the "Reform of Popular Culture" in Early Modern England', Past and Present, 105 (1984), 82; David Underdown, Rebel, Riot, and Rebellion: Popular Politics and Culture in England, 1603–1660 (Oxford: Oxford University Press, 1985), 58. 또한 Emmanuel Le Roy Ladurie, Carnival in Romans: Mayhem and Massacre in a French City (London: Phoenix, 2003)도 참조.

15 Thompson, Customs in Common, 68.

16 Leonardo Cardoso, 'Sound Politics in Sao Paulo, Brazil', Sounding Out! blog (2012/10/15), http://soundstudiesblog.com/2012/10/15/sound-politics-in-sao-paulo-brazil/ (2012/10/22 방문). 또한 Andrea Medrado, 'The Waves of the Hills: Community and Radio in the Everyday Life of a Brazilian Favela', 출판되지 않은 박사 논문, University of Westminster, 2010도 참조.

15. 절제와 침묵

1 Hannah Woolley, The Gentlewoman's Companion, Or, a Guide to the Female Sex: The Complete Text of 1675, with an Introduction by Caterina Albano (London: Prospect Books, 2001), 109~114.

2 위의 책, 79.

3 위의 책, 78~79.

4 위의 책, 80.

5 위의 책.

6 위의 책, 77.

7 Roger Thompson, Sex in Middlesex: Popular Mores in a Massachusetts County, 1649–1699 (Amherst, Mass.: University of Massachusetts Press, 1989), 157~165.

8 Woolley, *The Gentlewoman's Companion*, 69.

9 Barbara Ehrenreich, *Dancing in the Streets: A History of Collective Joy* (London: Granta Books, 2007), 97~100 참조.

10 Keith Thomas, 'The Place of Laughter in Tudor and Stuart England', *Times Literary Supplement* (1977/01/21), 77~81.

11 Thomas, 'The Place of Laughter', 80에서 재인용.

12 Woolley, *The Gentlewoman's Companion*, 90~99.

13 Emily Cockayne, *Hubbub: Filth, Noise & Stench in England 1600–1770* (New Haven, Conn. & London: Yale University Press, 2007), 121.

14 위의 책, 11; 110~111.

15 위의 책, 115~116.

16 위의 책, 115.

17 Woolley, *The Gentlewoman's Companion*, 72.

18 위의 책, 77.

19 Richard Cullen Rath, *How Early America Sounded* (Ithaca, N.Y., & London: Cornell University Press, 2003), 19~20.

20 위의 책, 129.

21 Ehrenreich, *Dancing in the Streets*, 119~120.

22 Woolley, *The Gentlewoman's Companion*, 115~116.

23 위의 책, 96.

24 Robert Darnton, *The Great Cat Massacre and Other Episodes in French Cultural History* (New York: Basic Books, 1984), 133.

25 E. P. Thompson, *Customs in Common* (London: Penguin Books, 1993), 56~57.

16. 식민지배자

1 William Strachey, *A True Reportory of the Wracke and Redemption of Sir Thomas Gates, Knight; upon and from the Ilands of the Bermudas: his coming to Virginia, and the estate of that Colonie then, and after, under the government of the Lord La Warre (1610/07/15), Volumes I~IV* (London: William Stansby, 1625).

2 위의 책

3 위의 책

4 위의 책

5 Richard Cullen Rath, *How Early America Sounded* (Ithaca, N.Y. & London: Cornell University Press, 2003), 51~53.

6 Strachey, *A True Reportory*.

7 R. Murray Schafer, *The Soundscape: Our Sonic Environment and the Tuning of the World* (Rochester, Vt.: Destiny Books, 1994), 47.

8 위의 책, 47.

9 Rath, *How Early America Sounded*, 55.

10 위의 책, 55~57, 60~68.

11 Mary Rowlandson, *A Narrative of the Captivity, Sufferings, and Removes of Mrs. Mary Rowlandson* (Boston, Mass.: Massachusetts Sabbath School Society, 1856), 9~11; 20; 24.

12 Rath, *How Early America Sounded*, 148.

13 위의 책, 7~8; 156~157.

14 위의 책, 19.

15 위의 책, 59에서 재인용.

16 위의 책, 148~149.

17 John Oxley, *Journals of Two Expeditions into the Interior of New South Wales, by Order of the British Government in the Years 1817–18* (Web edition: http://ebooks.adelaide.edu.au/o/oxley/john/o95j/), 22.

18 위의 책, 29. 또한 Diane Collins, ˈAcoustic Journeys˸ Exploration and the Search for an Aural History of Australiaˈ, *Australian Historical Studies*, 37˸128 (2006), 1~17도 참조.

19 Collins, ˈAcoustic Journeysˈ, 8.

20 위의 책, 11~14.

21 위의 책, 11.

22 위의 책.

23 Major T. L. Mitchell, *Three Expeditions into the Interior of Eastern Australia with Description of the Recently Explored Region of Australia Felix and of the Present Colony of New South Wales, Vol. I* (London˸ T. & W. Boone, 1839), 109.

24 Collins, ˈAcoustic Journeysˈ, 6.

17. 통행금지 이후의 소음

1 *Edinburgh Life in the Eighteenth Century, with an Account of the Fashions and Amusements of Society, Selected and Arranged from ˈCaptain Topham's Lettersˈ* (Edinburgh˸ William Brown, 1899), 2~3.

2 Jan‑Andrew Henderson, *The Town Below Ground˸Edinburgh's Legendary Underground City* (Edinburgh & London˸ Mainstream Publishing, 2008), 20.

3 Henderson, *The Town Below Ground*, 28에서 재인용.

4 *Edinburgh Life in the Eighteenth Century*, 2~3.

5 Amanda Vickery, *Behind Closed Doors˸At Home in Georgian England* (New Haven, Conn. & London˸ Yale University Press, 2009), 34 참조.

6 *Edinburgh Life in the Eighteenth Century*, 3~4.

7 Charles McKean, ˈImprovement and Modernisation in Everyday Enlightenment Scotlandˈ, in Elizabeth Foyster and Christopher A. Whatley (eds.), *A History of Everyday Life in Scotland* (Edinburgh˸ Edinburgh University Press, 2010), 52~54.

8 Henderson, *The Town Below Ground*, p. 30˛ Emily Cockayne, *Hubbub˸Filth, Noise & Stench in England 1600–1770* (New Haven, Conn. & London˸ Yale University Press, 2007), 122.

9 *Edinburgh Life in the Eighteenth Century*, 2.

10 위의 책, 19~20.

11 Elizabeth Foyster, ˈSensory Experiences˸ Smells, Sounds, Touchˈ, in Foyster and Whatley, *A History of Everyday Life in Scotland*, 217~233.

12 위의 책, 226.

13 Henderson, *The Town Below Ground*, 29.

14 Vickery, *Behind Closed Doors*, 31.

15 위의 책, 26˛ 32~33.

16 *Edinburgh Life in the Eighteenth Century*, 11.

17 R. Murray Schafer, *The Soundscape˸Our Sonic Environment and the Tuning of the World* (Rochester, Vt.˸ Destiny Books, 1994), 61.

18 John Macdonald, *Memoirs of an Eighteenth Century Footman˸John Macdonald Travels 1745–1779* (London & New York˸ Routledge Curzon, 2005), 12.

19 위의 책, 12.

20 Henderson, *The Town Below Ground*, 61~62에서 재인용.

21 Hugh M. Milne (ed.), *Boswell's Edinburgh Journals 1767–1786* (Edinburgh˸ Mercat Press, 2001), 51˛ 265˛ 292.

22 Robert Darnton, *The Great Cat Massacre and Other Episodes in French Cultural History* (New York: Basic Books, 1984), 75~104.

23 Cockayne, *Hubbub*, 121; 129.

24 McKean, 'Improvement and Modernisation', 63~64; Cockayne, *Hubbub*, 128.

25 McKean, 'Improvement and Modernisation', 64.

26 Leah Leneman, *Alienated Affections: The Scottish Experience of Divorce and Separation, 1684–1830* (Edinburgh: Edinburgh University Press, 1998), 4; McKean, 'Improvement and Modernisation', 52; 65.

27 *Edinburgh Life in the Eighteenth Century*, 7.

28 McKean, 'Improvement and Modernisation', 67.

29 Cockayne, *Hubbub*, 128.

30 위의 책, 130.

18. 주인과 하인

1 Leah Leneman, *Alienated Affections: The Scottish Experience of Divorce and Separation, 1684–1830* (Edinburgh: Edinburgh University Press, 1998), 31~32에서 재인용.

2 Amanda Vickery, *Behind Closed Doors: At Home in Georgian England* (New Haven, Conn. & London: Yale University Press, 2009), 7; 33~35.

3 Emily Cockayne, *Hubbub: Filth, Noise & Stench in England 1600–1770* (New Haven, Conn. & London: Yale University Press, 2007), 120.

4 위의 책.

5 위의 책.

6 Vickery, *Behind Closed Doors*, 14~18; 24~26.

7 위의 책, 27; 38.

8 John L. Locke, *Eavesdropping: An Intimate History* (Oxford: Oxford University Press, 2010), 172~174.

9 Vickery, *Behind Closed Doors*, 38.

10 Locke, *Eavesdropping*, 83~84.

11 *Edinburgh Life in the Eighteenth Century, with an Account of the Fashions and Amusements of Society, Selected and Arranged from 'Captain Topham's Letters'* (Edinburgh: William Brown, 1899), 20~21.

12 이 사건의 세부 사항 및 사건 관련 인용문은 모두 *Trials for Adultery: Or, The History of Divorces, Being Select Trials at Doctors Commons, for Adultery, Cruelty, Fornication, Impotence, &c., From the Year 1760, to the Present Time, Including Whole of the Evidence of each Cause, Vol. VI* (London: 1780), 1~22에서 인용함.

13 Leneman, *Alienated Affections*, 31~34.

14 Locke, *Eavesdropping*, 176~178.

15 위의 책, 186.

16 위의 책, 113; 139~140; 175~179.

17 Vickery, *Behind Closed Doors*, 27; Locke, *Eavesdropping*, 187.

18 위의 책, 187.

19 위의 책, 27~29에서 재인용.

19. 노예들의 반란

1 Mark M. Smith (ed.), *Stono: Documenting and Interpreting a Southern Slave Revolt* (Columbia, S.C.: University of Southern Carolina Press, 2005), 4에서 재인용.

2 위의 책, 7.

3 위의 책, 9.

4 위의 책, 12.

5 Peter Charles Hoffer, *Cry Liberty: The Great Stono River Slave Rebellion of 1739* (Oxford: Oxford University Press, 2010).

6 'Account of the Negroe Insurrection in South Carolina', 작자 미상, c. October 1739, reprinted in Smith, *Stono*, 13~15.

7 Hoffer, *Cry Liberty*, 102~106.

8 Hans Sloane, *A Voyage to the Islands Madera, Barbados, Nieves, S. Christophers and Jamaica, Vol. I* (London, 1701), xlvii~xlviii.

9 위의 책, xlvii~xlviii; xlii.

10 위의 책, xlviii~xlix.

11 위의 책, xlii.

12 Richard Cullen Rath, *How Early America Sounded* (Ithaca, N.Y., & London: Cornell University Press, 2003), 79.

13 위의 책, 78~79.

14 위의 책, 77.

15 John K. Thornton, 'African Dimensions of the Stono Rebellion', *American Historical Review*, 96 (1991), 1103~1113.

16 Hoffer, *Cry Liberty*, 157. 또한 John Hope Franklin and Loren Schweninger, *Runaway Slaves: Rebels on the Plantation* (Oxford & New York: Oxford University Press, 1999), 11~12도 참조.

17 Rath, *How Early America Sounded*, 89.

18 위의 책.

19 위의 책, 91.

20 위의 책, 91~93.

21 Shane White and Graham White, 'Listening to Southern Slavery', in Mark M. Smith (ed.), *Hearing History: A Reader* (Athens, Ga. & London: University of Georgia Press, 2004), 247~266.

22 Frederick Law Olmsted, *A Journey in the Back Country* (New York: Mason Brothers, 1861), 188~189.

23 Hoffer, *Cry Freedom*, 47.

24 Caryl Phillips, *The Atlantic Sound* (London: Vintage, 2001).

25 Steven Feld, *Jazz Cosmopolitanism in Accra: Five Musical Years in Ghana* (Durham, N.C., & London: Duke University Press, 2012), 2~10.

20. 혁명과 전쟁

1 Simon Schama, *Citizens: A Chronicle of the French Revolution* (London: Penguin, 1989), 238에서 재인용.

2 Mark M. Smith, *Listening to Nineteenth-Century America* (Chapel Hill, N.C., & London: University of North Carolina Press, 2001), 201에서 재인용.

3 Schama, *Citizens*, 114; 151.

4 위의 책, 115.

5 프랑스어 원문은 Pierre Constant, *Musique des fêtes et cérémonies de la révolution française* (Paris: Imprimerie Nationale, 1899), 146~147. 영문 번역은 Roy Rosenzweig Center for History and New Media, George Mason University: http://chnm.gmu.edu/revolution/browse/songs/#에서 재인용.

6 Schama, *Citizens*, 316에서 재인용.

7 위의 책, 324~325.

8 위의 책

9 위의 책, 138~139; 325.

10 위의 책, 326.

11 George Rudé, *The Crowd in History* (London: Serif, 1995), 93~133 참조.

12 Smith, *Listening to Nineteenth-Century*

America, 198.

13 위의 책, 202.

14 스미소니언 협회(Smithsonian Institution) 는 참전 군인이 "반란의 외침"을 재현한 영상을 소장함. http://www.smithsonianmag.com/video/What- Did-the-Rebel-yell-Sound-Like.html

15 Smith, *Listening to Nineteenth-Century America*, 196; 201.

16 위의 책, 205.

17 Charles D. Ross, 'Sight, Sound, and Tactics in the American Civil War', in Mark M. Smith (ed.), *Hearing History: A Reader* (Athens, Ga. & London: University of Georgia Press, 2004), 270.

18 위의 책, 275~276.

19 위의 책.

21. 산업혁명의 소음

1 Henry David Thoreau, *Walden* (Oxford: Oxford University Press, 1999), 102.

2 위의 책, 116~117.

3 위의 책, 112~113.

4 위의 책, 106.

5 R. Murray Schafer, *The Soundscape: Our Sonic Environment and the Tuning of the World* (Rochester, Vt.: Destiny Books, 1994), 81.

6 Thoreau, *Walden*, 109.

7 위의 책, 108.

8 Jeremy Black, *A History of the British Isles*, 2nd edn (Basingstoke: Palgrave Macmillan, 2003), 201.

9 Charles Dickens, *Dombey and Son* (London: Bradbury and Evans, 1848), 219.

10 위의 책, 233.

11 Schafer, *The Soundscape*, 73. 또한, 같은

변화에 대해 미국인이 어떤 관점을 취했는지에 대해서는 Leo Marx, *The Machine in the Garden: Technology and the Pastoral Ideal* (London & New York: Oxford University Press, 2000) 참조.

12 Hugh Miller, *First Impressions of England and Its People* (Edinburgh: Adam & Charles Black, 1861), 156~157.

13 위의 책.

14 Letter of Thomas Carlyle to Alexander Carlyle (1824/08/11). Humphrey Jennings, *Pandaemonium 1660-1886: The Coming of the Machine as Seen by Contemporary Observers*, Mary-Lou Jennings and Charles Madge (ed.) (London: André Deutsch, 1985), 165에서 재인용.

15 Dan McKenzie, *The City of Din: A Tirade Against Noise* (London: Adlard & Son, Bartholomew Press, 1916), 90에서 재인용.

16 Schafer, *The Soundscape*, 75에서 재인용.

17 McKenzie, *The City of Din*, 91.

18 Miller, *First Impressions*, 157~158.

19 위의 책.

20 위의 책, 25~30.

21 Paddy Scannell and David Cardiff, *A Social History of British Broadcasting, Vol. 1 1922-1939: Serving the Nation* (Oxford: Basil Blackwell, 1991), 342.

22 위의 책.

23 Schafer, *The Soundscape*, 63. 또한 Lewis Mumford, *Technics and Civilization* (London: Routledge, 1934), 201도 참조.

24 Schafer, *The Soundscape*, 75~77.

25 위의 책, 79.

22. 심장 뛰는 소리, 파리 걸음 소리

1 Edward Shorter, *Doctors and Their Patients* (New Brunswick & London: Transaction, 1991), 49에서 재인용.

2 J. Worth Estes, 'Dropsy', in Kenneth F. Kiple (ed.), *The Cambridge World History of Human Disease* (Cambridge: Cambridge University Press, 1993), Cambridge Histories Online (2012/11/19 방문), DOi:10.1017/CHOL9780521332866.101.

3 Shorter, *Doctors and Their Patients*, 49~50.

4 위의 책, 84.

5 Jonathan Sterne, 'Mediate Auscultation, the Stethoscope, and the "Autopsy of the Living": Medicine's Acoustic Culture', *Journal of Medical Humanities*, 22:2 (2001), 119에서 재인용.

6 위의 책, 118.

7 위의 책, 117.

8 Shorter, *Doctors and Their Patients*, 76.

9 Sterne, 'Mediate Auscultation', 128~129.

10 Kate Flint, *The Victorians and the Visual Imagination* (Cambridge: Cambridge University Press, 2008), 13~19.

11 Malcolm Nicolson, 'Having the Doctor's Ear in Nineteenth-Century Edinburgh', in Mark M. Smith (ed.), *Hearing History: A Reader* (Athens, Ga. & London: University of Georgia Press, 2004), 157에서 재인용. 또한 W. F. Bynum and Roy Porter (eds.), *Medicine and the Five Senses* (Cambridge: Cambridge University Press, 1993)도 참조.

12 Nicolson, 'Having the Doctor's Ear', in Smith, *Hearing History*, 160.

13 위의 책.

14 위의 책.

15 위의 책, 152; Shorter, *Doctors and Their Patients*, 31~34.

16 위의 책, 83.

17 John M. Picker, *Victorian Soundscapes* (Oxford & New York: Oxford University Press, 2003), 3.

18 Picker, *Victorian Soundscapes*, 3에서 재인용.

19 위의 책, 4.

20 위의 책, 6.

23. 새로운 듣기 태도

1 John Muir, *My First Summer in the Sierra* (London: Constable, 1911), 255~256.

2 위의 책, 247~248.

3 John Muir, *Our National Parks* (1901), in *The Eight Wilderness Discovery Books* (London: Diadem Books, 1992), 459; 544.

4 John Picker, *Victorian Soundscapes* (Oxford: Oxford University Press, 2003), 7.

5 위의 책, 8.

6 Peter Gay, *The Bourgeois Experience, Victoria to Freud, Vol. IV: The Naked Heart* (New York & London: Norton, 1995), 24.

7 위의 책, 14.

8 위의 책.

9 위의 책, 15~18.

10 위의 책, 13.

11 위의 책, 27.

12 위의 책, 31.

13 Peter Watson, *The German Genius: Europe's Third Renaissance, the Second Scientific Revolution, and the Twentieth Century* (London & New York: Simon & Schuster, 2010), 특히

65~88; 198 참조.

14 Gay, *The Bourgeois Experience*, 19.

15 위의 책, 19~20.

16 위의 책, 20~21.

17 위의 책, 21.

18 위의 책, 35.

19 James H. Johnson, *Listening in Paris: A Cultural History* (Berkeley, Los Angeles & London: University of California Press, 1995), 233.

20 Gay, *The Bourgeois Experience*, 19.

21 Charles Lamb, 'A Chapter on Ears', in *The Essays of Elia* (London: Dent, 1923), 46. 또한 Picker, Victorian Soundscapes, 8도 참조.

22 Johnson, *Listening in Paris*, 236.

23 Kate Flint, *The Victorians and the Visual Imagination* (Cambridge: Cambridge University Press, 2000), 64~78; 86.

24 Oliver Lodge, *Past Years: An Autobiography* (London: Hodder & Stoughton, 1931), 174; 345~346.

24. 도시의 배경음

1 Letter, Thomas Carlyle to Margaret A. Carlyle (1852/12/31), *Collected Letters*, Vol. 27, 387~388. The Carlyle Letters Online, http://carlyleletters.dukejournals.org

2 Letter, Jane Carlyle to Isabella Carlyle (1841/11/24), *Collected Letters*, Vol. 13, 307~308.

3 Letter, Jane Carlyle to Grace Welsh (1842/02/23), *Collected Letters*, Vol. 14, 49~50.

4 Letter, Thomas Carlyle to Margaret A. Carlyle, 12 March 1853, *Collected Letters*, Vol. 28, 73~74; letter, Thomas Carlyle to Jane Carlyle (1853/07/08), *Collected Letters*, Vol. 28, 185~187.

5 Letter, Thomas Carlyle to Margaret A. Carlyle (1853/07/11), *Collected Letters*, Vol. 28, 196~198.

6 위의 책.

7 Letter, Jane Carlyle to Kate Sterling (1853/11/19), *Collected Letters*, Vol. 28, 318~319; letter, Jane Carlyle to Charles Redwood (1853/12/25), *Collected Letters*, Vol. 28, 350~351.

8 Garret Keizer, *The Unwanted Sound of Everything We Want: A Book about Noise* (New York: Public Affairs, 2010), 109.

9 John Picker, *Victorian Soundscapes* (Oxford: Oxford University Press, 2003), 42.

10 위의 책, 46~47.

11 Edwin Hopewell-Ash, *On Keeping Our Nerves in Order* (London: Mills & Boon, 1928).

12 Dan McKenzie, The City of Din: A Tirade against Noise (London: Adlard & Son, Bartholomew Press, 1916), 32~33, 105~108.

13 위의 책, 32~33.

14 위의 책, 33~34.

15 위의 책, 38; 63.

16 위의 책, 52.

17 James Ford, *Slums and Housing, with Special Reference to New York City: History, Conditions, Policy* (Cambridge, Mass.: Harvard University Press, 1936), 526~527.

18 Katherine Greider, *The Archaeology of Home: An Epic Set on a Thousand Square Feet*

of the Lower East Side (New York: Public Affairs, 2011), 143.

19 Jacob A. Riis, *How the Other Half Lives* (London: Penguin Books, 1997), 91.

20 Jacob A. Riis, *Children of the Tenements* (New York & London: Macmillan, 1903), 35: 127~129, 208~209.

21 Lawrence J. Epstein, *At the Edge of a Dream: The Story of Jewish Immigrants on New York's Lower East Side 1880–1920* (New York: Wiley, 2007), 45.

22 Riis, *How the Other Half Lives*.

23 Greider, *The Archaeology of Home*, 144.

24 Riis, *Children of the Tenements*, 135.

25 위의 책, 3~4.

26 Riis, *How the Other Half Lives*, 10.

27 위의 책, 11.

28 Linda Granfield and Arlene Alda, 97 *Orchard Street, New York: Stories of Immigrant Life* (New York: Tundra Books, 2001).

29 Riis, *How the Other Half Lives*, 84~85.

30 위의 책, 101.

31 *New York Herald* (1894/05/13). Greider, *The Archaeology of Home*, 165에서 재인용.

32 Greider, *The Archaeology of Home*, 164~169.

33 Riis, *How the Other Half Lives*, 14.

34 위의 책, 122~123; 128~131.

25. 소리를 포착하기

1 'Voice Mail Delivers, Retains Final Words', *St Petersburg Times*, (2002/09/08).

2 The Sonic Memorial Project: http://www.sonicmemorial.org/sonic/public/about.html

3 Michael Chanan, *Repeated Takes: A Short History of Recording and Its Effects on Music* (London & New York: verso, 1995), 1.

4 William Howland Kenney, *Recorded Music in American Life: The Phonograph and Popular Memory, 1890–1945* (Oxford & New York: Oxford University Press, 1999), 23~24.

5 Carolyn Marvin, *When Old Technologies Were New: Thinking about Electric Communication in the Late Nineteenth Century* (Oxford & New York: Oxford University Press, 1988), 73~74.

6 Jacques Attali, *Noise: The Political Economy of Music* (Manchester: Manchester University Press, 1985), 91에서 재인용.

7 Susan Douglas, *Listening In: Radio and the American Imagination, from Amos 'n' Andy and Edward R. Murrow to Wolfman Jack and Howard Stern* (New York: Times Books, 1999), 46에서 재인용.

8 Evan Eisenberg, *The Recording Angel: Explorations in Phonography* (New York: McGraw-Hill, 1987), 57.

9 John Picker, *Victorian Soundscapes* (Oxford: Oxford University Press, 2003), 133.

10 Ronald Gorell, 'To a Gramophone in an African Camp', 28 August 1910, in Lord Gorell, *1904–1936 Poems* (London: John Murray, 1937), 20.

11 Quoted in Steven Connor, 'Megaphonics', BBC Radio 3 (1997/02/28).

12 *The Times* (1914/06/16).

13 Chanan, *Repeated Takes*, 10~12.

14 Chanan, *Repeated Takes*, 7: 26~30; 37; 48~50. Kenney, *Recorded Music in American Life*, 40~42.

15 Chanan, *Repeated Takes*, 15~16.

16 위의 책, 15.

17 Halifu Osumare, *The Hiplife in Ghana: West African Indigenization of Hip-Hop* (New York: Palgrave Macmillan, 2012), 1.

18 Kenney, *Recorded Music in American Life*, 18~19.

19 Chanan, *Repeated Takes*, 15.

20 Chanan, *Repeated Takes*, 51에서 재인용.

21 위의 책.

22 위의 책, 19; 52~53.

26. 포격 쇼크

1 Ian Passingham, *Pillars of Fire: The Battle of Messines Ridge, June 1917* (London: The History Press, 2012), 102.

2 Robert Graves, *Goodbye to All That* (London: Penguin Books, 2000), 92.

3 Paul Fussell, *The Great War and Modern Memory* (Oxford: Oxford University Press, 2000), 36~74; Yaron Jean, 'The Sonic Mindedness of the Great War: Viewing History through Auditory Lenses', in Florence Feiereisen and Alexandra Merley Hill (eds), *Germany in the Loud Twentieth Century* (Oxford: Oxford University Press, 2012), 51~62.

4 Erich Maria Remarque, *All Quiet on the Western Front* (New York: Random House, 1958), 106.

5 위의 책, 59; Graves, *Goodbye to All That*, 82~83.

6 Peter Watson, *German Genius: Europe's Third Renaissance, the Second Scientific Revolution, and the Twentieth Century* (London & New York: Simon & Schuster, 2010), 550에서 재인용.

7 Graves, *Goodbye to All That*, 127.

8 위의 책, 83.

9 Jean, 'The Sonic Mindedness of the Great War', in Feiereisen and Hill, *Germany in the Loud Twentieth Century*, 54.

10 위의 책.

11 위의 책, 51; Graves, *Goodbye to All That*, 83.

12 Graves, *Goodbye to All That*, 102.

13 위의 책, 96. 또한 R. Murray Schafer, *The Soundscape: Our Sonic Environment and the Tuning of the World* (Rochester, Vt.: Destiny Books, 1994), 8~9도 참조.

14 Graves, *Goodbye to All That*, 176.

15 위의 책, 142~143; Jean, 'The Sonic Mindedness of the Great War', in Feiereisen and Hill, *Germany in the Loud Twentieth Century*, 54.

16 Graves, *Goodbye to All That*, 98.

17 Anton Schnack, 'In a Shellhole'. Watson, *German Genius*, 551에서 재인용.

18 Graves, *Goodbye to All That*, 133.

19 위의 책.

20 Schafer, *The Soundscape*, 9.

21 Peter Barham, *Forgotten Lunatics of the Great War* (New Haven, Conn. & London: Yale University Press, 2007), 16.

22 Edwin L. Ash, *Nerve in Wartime* (London: Mills & Boon, 1914), 24~26.

23 Charles Myers, *Shell Shock in France 1914–18* (Cambridge: Cambridge University Press, 1940), 24~25.

24 위의 책, 26.

25 Graves, *Goodbye to All That*, 143.

26 Barham, *Forgotten Lunatics*, 4.

27 위의 책, 53.

28 위의 책, 84.

29 Ash, *Nerve in Wartime*, 26.

30 Fiona Reid, *Broken Men: Shell Shock, Treatment and Recovery in Britain 1914–30* (London & New York: Continuum, 2010), 75.

31 Barham, *Forgotten Lunatics*, 43.

32 Edwin Lancelot Ash, *The Problem of Nervous Breakdown* (London: Mills & Boon, 1919), 220.

33 Barham, *Forgotten Lunatics*, 18~21.

34 위의 책, 45~50.

35 Jay Winter, 'Thinking about Silence', in Efrat Ben Ze'ev, Ruth Ginio and Jay Winter (eds.), *Shadows of War: A Social History of Silence in the Twentieth Century* (Cambridge: Cambridge University Press, 2010), 3~31 참조.

36 Edwin L. Ash, *Nerves and the Nervous*, revised edition (London: Mills & Boon, 1921), 21.

37 Graves, *Goodbye to All That*, 235. 또한 Michael Roper, *The Secret Battle: Emotional Survival in the Great War* (Manchester: Manchester University Press, 2009)도 참조.

38 Jean, 'The Sonic Mindedness of the Great War', in Feiereisen and Hill, *Germany in the Loud Twentieth Century*, 60.

39 Ash, *Nerves and the Nervous*, 11.

27. 라디오 전성시대

1 'Aerial Voices', *London Standard* (1912/12/28).

2 David Hendy, 'The Dreadful World of Edwardian Wireless', in Siân Nicholas and Tom O'Malley (eds.), *Moral Panics, Social Fears, and the Media: Historical Perspectives* (London & New York: Routledge, 2013), 76~89.

3 Richard Evans, *The Third Reich in Power* (London: Penguin Books, 2006), 121.

4 Corey Ross, *Media and the Making of Modern Germany: Mass Communications, Society, and Politics from the Empire to the Third Reich* (Oxford: Oxford University Press, 2008), 330.

5 Ralf Georg Reuth, *Goebbels*, trans. Krishna Winston (London: Constable, 1993), 176~177.

6 위의 책, 176; Evans, *The Third Reich*, 135; Ross, *Media and the Making of Modern Germany*, 330.

7 위의 책, 330~331.

8 Leon Trotsky, 'Radio, Science, Technique and Society', *Labour Review*, 2:6 (1957년 11~12월). 원문은 트로츠키가 1926년 3월 1일 모스크바에서 연설한 내용.

9 William Hard의 글을 Michele Hilmes, 'British Quality, American Chaos: Historical Dualisms and What They Leave Out', *Radio Journal: International Studies in Broadcast and Audio Media*, 1:1 (2003), 13에서 재인용.

10 Michele Hilmes, *Radio Voices: American Broadcasting 1922–1952* (Minneapolis & London: University of Minnesota Press, 1997); Susan Douglas, *Listening In: Radio and the American Imagination* (New York: Times Books, 1999).

11 Gerd Horten, *Radio Goes to War: The Cultural Politics of Propaganda during World War II* (Berkeley & Los Angeles: University of California Press, 2003), 17; David Ryfe,

'From Media audience to Media Public: a Study of Letters Written in Reaction to FDR's Fireside Chats', *Media Culture & Society*, 23 (2001), 767~781.

12 J. C. W. Reith, *Broadcast over Britain* (London: Hodder & Stoughton, 1924), 34: 64.

13 위의 책, 161~162. 또한 David Hendy, 'BBC Radio Four and Conflicts over Spoken English in the 1970s', Media History, 12:3 (2006), 273~289도 참조.

14 Hadley Cantril and Gordon W. Allport, *The Psychology of Radio* (New York & London: Harper & Brothers Publishers, 1935), 20.

15 위의 책, 109~125.

16 위의 책, 259~260.

17 Ryfe, 'From Media Audience to Media Public', 770: Horten, Radio Goes to War, 51~52.

18 Greg Goodale, *Sonic Persuasion: Reading Sound in the Recorded Age* (Chicago: University of illinois Press, 2011), xi.

19 Horten, *Radio Goes to War*, 52에서 재인용.

20 Ross, *Media and the Making of Modern Germany*, 331에서 재인용.

21 위의 책, 334~340.

22 Paddy Scannell and David Cardiff, *A Social History of British Broadcasting, Volume 1, 1922–1939: Serving the Nation* (Oxford: Basil Blackwell, 1991), 375.

28. 쇼핑할 때도 음악, 일할 때도 음악

1 Joseph Lanza, *Elevator Music: A Surreal History of Muzak, Easy-Listening and other Moodsong* (London: Quartet Books, 1995), 17에서 재인용.

2 위의 책, 18.

3 Antony Copley, *Music and the Spiritual: Composers and Politics in the 20th Century* (London: Ziggurat Books, 2012).

4 Jonathan Sterne, 'Sounds Like the Mall of America: Programmed Music and the architectonics of Commercial Space', *Ethnomusicology*, 41 (1997), 22~50 참조.

5 Lanza, *Elevator Music*, 39.

6 위의 책, 21: 27~28.

7 위의 책, 36~37에서 재인용.

8 프리츠 랑의《메트로폴리스》에 대해서는 Anton Kaes, 'Metropolis (1927): City, Cinema, Modernity', in Noah Isenberg (ed.), *Weimar Cinema* (New York: Columbia University Press, 2009), 173~191 및 Ian Roberts, *German Expressionist Cinema: The World of Light and Shadow* (London & New York: Wallflower, 2008) 참조. 전간기에 영화의 기계 미학과 소리 사이에 어떤 관계가 있었는지에 대해서는 James Mansell, 'Rhythm, Modernity and the Politics of Sound', in Scott Anthony and James Mansell (eds.), *The Projection of Britain: A History of the GPO Film Unit* (Basingstoke: Palgrave Macmillan, 2011), 161~167 참조.

9 Lanza, *Elevator Music*, 27.

10 Christina L. Baade, *Victory through Harmony: The BBC and Popular Music in World War II* (Oxford: Oxford University Press, 2012).

11 위의 책, 65~66.

12 *Manchester Evening Chronicle*, 9 March 1943: Baade, *Victory through Harmony*, 60

에서 재인용.

13 위의 책, 62~67.

14 위의 책, 70~71.

15 위의 책, 63~79.

16 Lanza, *Elevator Music*, 2~4.

17 위의 책, 28~29에서 재인용.

18 위의 책, 2~4에서 재인용.

19 George Prochnik, *In Pursuit of Silence: Listening for Meaning in a World of Noise* (New York: Anchor Books, 2010), 111~112.

29. 세상은 정말 더 시끄러워졌는가

1 Emily Thompson, *The Soundscape of Modernity: Architectural Acoustics and the Culture of Listening in America, 1900–1933* (Cambridge, Mass., & London: MIT Press, 2004), 148.

2 'Noise', *Saturday Review of Literature*, 1. Thompson, The Soundscape of Modernity, 117에서 재인용.

3 Garret Keizer, *The Unwanted Sound of Everything We Want: A Book about Noise* (New York: Public Affairs, 2010).

4 'Noise', *Saturday Review of Literature*, 1. Thompson, *The Soundscape of Modernity*, 119~120에서 재인용.

5 위의 책, 155~157.

6 위의 책, 118~127; 157~158.

7 위의 책, 124~125.

8 Andrea Medrado, 'The Waves of the Hills: Community and Radio in the everyday Life of a Brazilian Favela', unpublished PhD thesis, University of Westminster, 2010.

9 예컨대 http://ama.ghanadistricts.gov.gh/?arrow=nws&read=45694 and

http://www.ghananewsagency.org/details/Social/Dansoman-residents-call-on-ama-to-act-against-noisy-church/?ci=4&ai=35356를 참조.

10 Steven Connor, *Noise*, BBC Radio 3 (1997/02/27).

11 Keizer, *The Unwanted Sound of Everything We Want*, 7~8.

12 위의 책, 131; Bernie Krause, *The Great Animal Orchestra* (London: Profile Books, 2012), 188~193.

13 위의 책, 187.

14 Keizer, *The Unwanted Sound of Everything We Want*, 30.

15 위의 책, 124. 또한 이하의 책 참조. James Gleick, *The Information: A History, a Theory, a Flood* (London: Fourth Estate, 2011); John Brockman (ed.), *Is the Internet Changing the Way You Think?* (New York & London: Harper, 2011); Nicholas Carr, The Shallows: *How the Internet is Changing the Way We Read, Think and Remember* (London: atlantic, 2011); Susan Jacoby, *The Age of American Unreason* (London: Old Street Publishing, 2008) 및 Nate Silver, *The Signal and the Noise: The Art and Science of Prediction* (London: Allen Lane, 2012).

16 Steven Connor, *Noise*, BBC Radio 3 (1997/02/28).

17 Thompson, The Soundscape of Modernity, 131에서 재인용.

18 위의 책, 131~132.

30. 고요함을 찾아서

1 Lafcadio Hearn, *Japan: An Attempt at Interpretation* (1905), 애슈몰린 박물관 전시관

36호실에서 전시한 내용을 재인용함.

2 'Making a Personal Retreat', New
Melleray Abbey: http://www. new-
melleray.org/retreatbrochure.asp?dis-
play=sub (2012/12/14 방문).

3 George Prochnik, *In Pursuit of Silence: Lis-
tening for Meaning in a World of Noise* (New
York: Anchor Books, 2010), 27.

4 위의 책.

5 Garret Keizer, *The Unwanted Sound of
Everything We Want: A Book about Noise*
(New York: Public Affairs, 2010), 132.

6 Emily Thompson, *The Soundscape of
Modernity: Architectural Acoustics and the
Culture of Listening in America, 1900–1933*
(Cambridge, Mass., & London: MIT Press,
2004), 174~183.

7 위의 책, 198~205.

8 Stanford Corbett, 'An Office Building of
the New Era', *Scientific American* (Decem-
ber 1929), Thompson, *The Soundscape of
Modernity*, 202에서 재인용함.

9 Keizer, *The Unwanted Sound of Everything We
Want*, 45.

10 Prochnik, *In Pursuit of Silence*, 197.

11 Keizer, *The Unwanted Sound of Everything
We Want*, 132~137.

12 Prochnik, *In Pursuit of Silence*, 117~119.

13 위의 책, 221~223.

14 Walter Murch, 'Touch of Silence', in
Larry Sider, Diane Freeman and Jerry
Sider (eds.), *Soundscape: The School of Sound
Lectures, 1998–2001* (London: Wallflower
Press, 2003), 83~102.

15 Kevin Maguire, 'BBC Cheers Up Lone-
ly Staff with the Chit-chat Machine',
Guardian (1999/10/14): http://www.
guardian.co.uk/media/1999/oct/14/
bbc.uknews

16 Ravi Mehta, Rui Zhu and Amar Chee-
ma, 'Is Noise Always Bad? Exploring
the Effects of Ambient Noise on Creative
Cognition', *Journal of Consumer Research*,
39:4 (2012), 784~799. 또한 Leo Hick-
man, 'Want to Get Creative? Then Visit
a Coffee Shop', *Guardian* (2012/06/24):
http://www.guardian.co.uk/theguard-
ian/shortcuts/2012/jun/24/get-crea-
tive-visit-coffee-shop도 참조.

17 Keizer, *The Unwanted Sound of Everything
We Want*, 242.

맺음말

1 Mark M. Smith, *Listening to Nineteenth-Cen-
tury America* (Chapel Hill & London: Uni-
versity of North Carolina Press, 2001), 262.

2 위의 책, 264.

3 Garret Keizer, *The Unwanted Sound of
Everything We Want: A Book about Noise* (New
York: Public Affairs, 2010), 34.

4 Michael Bull and Les Back, 'Introduction:
Into Sound', in Michael Bull and Les
Back (eds.), *The Auditory Culture Reader*
(Oxford & New York: Berg, 2003), 9.

5 Harry Mount, 'The Queen's Earplugs Are
Just the Lead We Require in the Battle
on Noise', *Daily Telegraph* (2012/08/30).

6 Bull and Back, 'Introduction: Into
Sound', in Bull and Back, *The Auditory
Culture Reader*, 9.

7 Owen Jones, *Chavs: The Demonization of the
Working Class* (London: Verso, 2011), 8.

8 Smith, *Listening to Nineteenth-Century Amer-ica*, 266.

9 Joanna Bourke, *Fear: A Cultural History* (London: Virago, 2005), 353.

찾아보기

ㅎ

옮긴이 **배현**
서울대학교 미학과를 졸업했고, 인간의 다양한 존재 방식을 참신한 시각으로 바라보는 책들에 관심이 많다. 옮긴 책으로 《타인의 시선》, 《기억의 집》, 《값싼 음식의 실제 가격》, 《나쁜 초콜릿》, 《불의란 무엇인가》, 《굿 보스 배드 보스》, 《구글 파워》, 《줄리언 어산지》, 《블랙스완과 함께 가라》, 《권력의 경영》, 《남자의 종말》(공역) 등이 있다.

옮긴이 **한정연**
서울대학교 경제학부와 이화여자대학교 국제대학원을 졸업했다. KT&G 상상마당 출판번역 과정, 컬처컴퍼니 썸 출판번역 실습 심화과정을 수료했으며 여성인권영화제 상영작 〈분노의 여신들〉 외 다수의 영화와 시놉시스를 번역했다.

소리의 탄생

2018년 11월 16일 초판 1쇄 인쇄
2018년 11월 23일 초판 1쇄 발행

지은이 | 데이비드 헨디
옮긴이 | 배현, 한정연
발행인 | 이원주
책임편집 | 최안나
책임마케팅 | 문무현

발행처 | (주)시공사
출판등록 | 1989년 5월 10일(제3-248호)

주소 | 서울시 서초구 사임당로 82(우편번호 06641)
전화 | 편집 (02)2046-2861 · 마케팅 (02)2046-2894
팩스 | 편집 · 마케팅 (02)585-1755
홈페이지 | www.sigongsa.com

ISBN 978-89-527-9493-2   03900

이 도서의 국립중앙도서관 출판예정도서목록(CIP)은 서지정보유통지원시스템 홈페이지(http://seoji.nl.go.kr)와 국가자료공동목록시스템(http://www.nl.go.kr/kolisnet)에서 이용하실 수 있습니다.(CIP제어번호: CIP2018035702)